古代歷史文化_{研究}_{輯刊}

研究
輯刊

三二編

王 明 蓀 主編

第4冊

五胡治華史論集（上）

雷家驥 著

國家圖書館出版品預行編目資料

五胡治華史論集（上）／雷家驥 著 -- 初版 -- 新北市：花木
蘭文化事業有限公司，2024〔民 113〕
序 2+ 目 4+250 面；19×26 公分
（古代歷史文化研究輯刊 三二編；第 4 冊）
ISBN 978-626-344-867-4（精裝）
1.CST：五胡十六國 2.CST：中國史
618　　　　　　　　　　　　　　　113009405

ISBN-978-626-344-867-4

9 786263 448674

古代歷史文化研究輯刊
三二編　第四冊　　　　　ISBN：978-626-344-867-4

五胡治華史論集（上）

作　　　者　雷家驥
主　　　編　王明蓀
總 編 輯　杜潔祥
副總編輯　楊嘉樂
編輯主任　許郁翎
編　　　輯　潘玟靜、蔡正宣　美術編輯　陳逸婷
出　　　版　花木蘭文化事業有限公司
發 行 人　高小娟
聯絡地址　235 新北市中和區中安街七二號十三樓
　　　　　　電話：02-2923-1455 ／傳真：02-2923-1452
網　　　址　http://www.huamulan.tw 信箱 service@huamulans.com
印　　　刷　普羅文化出版廣告事業
初　　　版　2024 年 9 月
定　　　價　三二編 28 冊（精裝）新台幣 84,000 元　　版權所有‧請勿翻印

五胡治華史論集（上）

雷家驥 著

作者簡介

雷家驥，廣東順德人，1948 年出生於廣州，曾先後在大陸、香港、臺灣受教育，獲教育部部頒文學博士學位，現為臺灣的中正大學榮譽教授，並任大陸的西北大學歷史學院特聘講席。治學斷限以漢至唐為主，領域橫跨政治與政制、戰史與軍制、民族與文化、史學思想與歷史文學。著有專書十餘部，論文凡百篇。

提　　要

　　中國史上之一國兩制，大體曾有「屬國體制模式」與「五胡體制模式」兩種。筆者因好奇於鄧小平提倡「和平統一，一國兩制」，以這是西方國家所無，「是我們根據中國自己的情況提出來的」而自豪，遂引起研究動機。本書主旨以考述五胡王朝之體制建立、變革、特色與利弊得失為務，並對各朝作分析比較，疏通綜論，冀能古今印證，提供借鑒。本書以「五胡治華」為稱，有別於「五胡亂華」之名，蓋是為了彰顯五胡改制求治的意義。

序

　　本書收集筆者前後發表過的十四篇論文而成，研究動機則因對鄧小平所倡的「和平統一，一國兩制」構想好奇，並感時局之遞變，思求歷史之借鑒而引起。

　　筆者為滿足此好奇，曾於中正大學歷史研究所多次以「五胡治華專題研究」為名開設課程，與諸生講論探索，也曾促成系上單獨舉辦乃至發展成與港、陸之大學聯合舉辦，以「漢化、胡化」，後來加上「洋化」，而以「漢化、胡化、洋化」為名的國際學術研討會，共同探索國史此三化多方面的變化問題，冀能引起治史者的好奇及興趣，眾起研究，填補國史此方面論述的闕如，滿足此方面的求知慾，能提供當今借鑒更佳。此期間，筆者陸續撰就本書所收諸文，以供同好參考。現今退休閒野，將之集結整理為書，蓋敝帚自珍而已。

　　本書所收十四文，以「五胡治華」為稱，蓋以別於「五胡亂華」之名，彰顯其改制求治的意義也。論文之名概見於書目，而分為三篇。第一篇凡三文，以「五胡統治面對胡化漢化問題的困擾與思考」為篇名，用以檢討研究五胡的理論，「五胡」涵義及其漢化思考，以及選擇胡化、漢化之間的擺盪困擾；第二篇凡七文，是本書主體結構所在，以「逐鹿中原及其實質統治」為篇名，用以分別討論五胡各朝的統治政策與發展趨勢，為何設計胡、漢分治的一國兩制，其施行以及變化如何，有何利弊得失；第三篇凡四文，以「漢化涵化成效的檢討：以軍事為例」作篇名，蓋以前趙後趙軍制傾向漢制化以及西魏北周採取胡、漢涵化為例，檢討其成敗興壞，然後再以晉平吳、隋平陳兩戰為例，實際觀察及較論五胡軍制之變革及其成效影響。至於第一篇之〈略論魏周隋之間

的復古與依舊：一個胡、漢統治文化擺盪改移的檢討〉，以及第三篇之〈試論西魏大統軍制的胡漢淵源〉，皆已收入拙著《中古大軍制度緣起演變史論》一書之中，今再列入此書，概為方便讀者作一以貫之的閱讀而已。作者與出版社俱同，出版社也同意本書將之列入，宜無侵權的問題。

由於本書各文發表時間前後不同，皆獨立為文，尤以考述五胡諸朝之體制建立、變革、特色以及利弊得失、成敗興壞為甚，關聯甚少，以故為補救此憾，遂撰就一冗長〈敘論〉以作綜貫觀察，疏通而綜論之。讀者或宜先讀此〈敘論〉，使能對五胡治華獲致較深入而周全的瞭解，以利於理解筆者獨立所論之諸文。

至於中國史上之一國兩制，大體曾有「屬國體制模式」與「五胡體制模式」兩種，皆事涉非漢族族群在華的統治，如今他們可能已經成為我人的祖先。「祖先打架」後人本不宜情兼向背，志懷彼我；但治史所重為「實錄」，筆者本此原則而需還原歷史情景，以故不得不用胡、夷諸名以稱之。或因學淺而用詞不當，然而非對少數民族有歧視之意，幸讀者勿以「漢族沙文主義」等意識形態辭語相扣。

2023 年清明節赴長安前夕

目

次

敘　論

　　「中國」一名始見於殷周之間，歷代王朝包括本書所論之五胡中原諸朝多以此自稱，以故性質上是一個中性名詞。中國政治史雖然是合久必分、分久必合，但政治思想則以「正統」及「大一統」為貴為重。一統時期之天朝對屬國固是實行一國兩制，但此模式並非本書論述主旨所在，本書諸文所欲論的是另一種模式，即五胡體制模式。中國分裂時期曾經同時出現過兩個中國乃至多個中國的情勢，然而其一國之內曾經同時實行過兩種統治制度者，則首先集中出現於五胡所建諸政權；不過由於文獻闕如，其實行情況欠詳，以故本書主體所在之第二篇凡七文遂聚焦於此，分別獨立為文，以考述五胡各中原王朝之體制建立、變革、特色與利弊得失為務，兼及其國家之成敗興壞，目的是要還原各朝的歷史真相，而不遑就此諸項目對各朝作分析比較，疏通綜論。今為補救此憾，乃欲就此作綜貫觀察，長撰〈敘論〉，俾能鳥瞰五胡王朝的體相全貌而較論之，冀能獲得較宏觀綜合的理解。

　　本書諸文因鄧小平之「和平統一，一國兩制」倡議而引起研究動機，故〈敘論〉先從鄧小平此倡議之內涵及其是否有過經歷「一國兩制」之經驗起論；然後依本書分為三篇之旨逐一問題綜論，而以五胡史的研究理論相印證，檢討五胡王朝之施行「一國兩制」而比較之；最後略論北方政權之武力建設成果及國統觀念對其國家安全的影響，以檢視五胡王朝實行「一國兩制」而胡制因素與時推移遞變遞減效應，並迴視鄧小平之倡議略作古今印證。

　　本〈敘論〉分為八節，諸節均不另立標題，以便所論能暢而貫之。

一、

　　國史上誠然實行過類型頗為不同的一國兩制，古代中國如漢朝的屬國體制、五胡十六國的胡漢分治體制，乃至近代如中華民國國民政府與中華民國陝甘寧邊區政府並存，中華民國與中華人民共和國政府先後與西藏噶廈政府並存等，（噶廈政府為清朝中國所設置的藩屬政府，原是中國傳統屬國體制下之綜理藏務衙門，但在清末列強交侵之下，藏人試圖獨立，處於半獨立狀態，故噶廈政府於此期間類同於西藏中央政府。由於中華民國與中華人民共和國皆無屬國體制，是以皆置其為西藏地方政府，及至 1959 年「西藏事件」發生後，十四世達賴喇嘛流亡印度，中華人民共和國政府遂解散西藏地方政府，改制為西藏自治區政府；而十四世達賴喇嘛在印度設立的西藏流亡政府，其藏人行政中央仍被稱為噶廈。）皆是實行過而又較顯著的一國兩制。中華蘇維埃共和國政府改制為中華民國陝甘寧邊區政府時，鄧小平躬逢盛會；及至處理西藏問題時，鄧小平更是先以中共中央西南局第一書記、西南軍區政治委員，後以國務院副總理、中共中央書記處總書記參與其事，此經驗應為其日後提出一國兩制構想的淵源，因此宜先略作探討，以窺其經驗與理論所本，用備古今印證，俾能作當今參考。

　　首先需瞭解鄧小平所提出的一國兩制內涵，其概略如下。

　　上世紀 80 年代鄧小平提出一國兩制的初步構想，旨在改變中國當今的兩岸分裂現狀，促進中國統一。此時處於華國鋒過渡時期，鄧小平已是中華人民共和國黨和國家實際的最高領導人，所以其構想很快就引起兩岸乃至國際的關心注意。所謂初步構想，是指如果實現祖國統一，對臺灣的政策將根據臺灣的現實來處理，概念尚模糊。及至 1982 年 1 月 10 日，鄧小平接見來訪的美國華人協會主席李耀基時，才第一次正式提出「一個國家，兩種制度」的較清晰概念，其後所提越來越具體，要之在統一的前提下，國家的主體實行社會主義制度，臺灣實行資本主義制度。

　　一國兩制的構想自鄧小平最初提出以至其後來的多次講話，內涵前後頗有不同，最包容而具誠意的是 1983 年 6 月 26 日，鄧小平會見美國西東大學政治學教授楊力宇時曾表示「如果能夠統一，國號也可以改」。（此次談話要點見其〈中國大陸和台灣和平統一的設想〉，《鄧小平文選》第三卷，北京人民出版社，1993 年）當然，這僅是會客時的談話而非正式文件，只能是代表他的個人倡議，所以當日《人民日報》將此次談話彙整為〈鄧六條〉，其中即無可以更改中華人民共和國國號的說法。〈鄧六條〉迄今猶為中共解決兩岸分裂的官方談話乃至正式文

件之基調，內容是：

（一）臺灣問題的核心是祖國統一。和平統一已成為國共兩黨的共同語言。

（二）制度可以不同，但在國際上代表中國的，只能是中華人民共和國。

（三）不贊成臺灣「完全自治」的提法，「完全自治」就是「兩個中國」，而不是一個中國。自治不能沒有限度，不能損害統一的國家的利益。

（四）祖國統一後，臺灣特別行政區可以實行同大陸不同的制度，可以有其他省、市、自治區所沒有而為自己所獨有的某些權力。司法獨立，終審權不須到北京。臺灣還可以有自己的軍隊，只是不能構成對大陸的威脅。大陸不派人駐臺，不僅軍隊不去，行政人員也不去。臺灣的黨、政、軍等系統都由臺灣自己來管。中央政府還要給臺灣留出名額。

（五）和平統一不是大陸把臺灣吃掉，當然也不能是臺灣把大陸吃掉，所謂「三民主義統一中國」不現實。

（六）要實現統一，就要有個適當方式。建議舉行兩黨平等會談，實行國共第三次合作，而不提中央與地方談判。雙方達成協議後可以正式宣佈，但萬萬不可讓外國插手，那樣只能意味著中國還未獨立，後患無窮。

這就是鄧小平感到非常自豪的「和平統一，一國兩制」構想。因此曾於1984年聲稱：「我們的政策是實行『一個國家，兩種制度』，具體說，就是在中華人民共和國內，十億人口的大陸實行社會主義制度，香港、臺灣實行資本主義制度。……『一個國家，兩種制度』的構想是我們根據中國自己的情況提出來的，而現在已經成為國際上注意的問題了。……從世界歷史來看，有哪個政府制定過我們這麼開明的政策？從資本主義歷史看，從西方國家看，有哪一個國家這麼做過？……」。（同上《文選》第三卷。）

筆者專長不在世界史，對世界各國曾否有過類似的政策制度向未關注；不過，由中華人民共和國建國以來講「解放台灣」，中華民國撤退臺灣後講「光復大陸」，至鄧小平率先提出「和平統一，一國兩制」，則的確是根據中共自己的情況而提出來，但並非史無前例。遠的如西漢時因為匈奴昆邪王率

眾來降，「乃分處降者於邊五郡故塞外，……因其故俗為屬國」。顏師古注曰：
「不改其本國之俗而屬於漢，故號屬國。」昆邪王為匈奴單于統治下的西部
王，治下有若干國部裨王，故漢武帝亦相對的於朝廷之下置五屬國以處之。
此屬國制度後來獲得推廣，且各置屬國都尉以監護之。（參《漢書・衞青霍去病
傳》並注。顏師古另於《漢書・武帝紀》元狩二年條注：「凡言屬國者，存其國號而屬漢朝，
故曰屬國。」《漢書・百官公卿表上》則載：「典屬國，秦官，掌蠻夷降者。武帝元狩三年昆
邪王降，復增屬國，置都尉。……成帝河平元年省并大鴻臚。」按：南匈奴入漢後之「使持
節・使匈奴中郎將」，相當於駐匈奴特命全權大使，不稱屬國都尉，本書第二篇第一文已詳
論之。）此類在漢朝大一統下的屬國，既能不改其國號及本國之俗，即類同於
實行與漢朝不同制度文化之邊區特別屬國，以別於徼外羈縻屬國；而其中漢
朝施行監護力較強大的邊區特別屬國則無異類同於當前的特別行政區或少
數民族自治區，與〈鄧六條〉之差異，主要在它能否存其國號來屬以及中央
監護力的強弱而已。下文之所以敘論西藏，即是用以作為檢視屬國體制在近
世施行之例。此類屬國其實是大一統下的一國兩制，在中國史上最常見，但
兩晉分裂時期則有另類一國兩制出現。匈奴別部劉淵建國號漢，於一國之內
置單于臺制度用胡制管治非漢族人一當時稱為六夷，而置尚書臺制度沿用晉
制以管治漢族人一當時稱為晉人、夏人或華人，兩個管治體系均直屬於漢元
首一元首初以「漢王・大單于」為號、後以「皇帝」為號，則直是另一種典
型的一國兩制，為稍後五胡十六國政權以及後來遼金元王朝所或多或少而效
法模仿。至於中國當代，中華民國建國以來，外憂內患，政治紊亂，蒙疆等
地少數民族獨立建國以及日寇扶植的傀儡政權暫時不算，國民政府時期不僅
曾出現一國兩府、兩國兩府的情況，（前者如在京兆的中華民國北京政府與在廣州的
中華民國國民政府，後者如在南京的中華民國國民政府與在瑞金的中華蘇維埃共和國政府。
後者不僅是兩國兩府，且是兩制。）抑且抗日戰爭時期，中華蘇維埃共和國政府為
全國團結抗日，而取消其國號改稱為中華民國陝甘寧邊區（曾稱特區），並將
其中央政府降稱為中華民國陝甘寧邊區政府，紅軍改編為國民革命軍第八路
軍及國民革命軍陸軍新編第四軍；但其管治區內基本上仍保持蘇維埃政權本
質，邊區政府由中共中央領導，八路軍、新四軍則由中共中央革命軍事委員
會指揮，可說近乎「完全自治」或「極高度自治」，有些像一國兩制下的一
國兩府，可視為當代一國兩制的典型模式。〈鄧六條〉之內涵，大抵接近此
一模式。

二、

當代一國兩制的典型模式經驗為何及如何發生，其間有何變化？鄧小平的一國兩制經驗從何而來？

筆者學淺，不說訓政時期的中華民國國民政府以及行憲時期的中華民國政府，單就中國共產黨領導下的政府而論，中共政權其實擁有過相當豐富的體制變革經驗，而鄧小平皆躬逢其會，因此對體制變革也應有所體會，只是他在變革時居位高低有所不同而已。

按：共產黨自有其建黨目標、理論以及發展方式，中國共產黨在辛亥革命後十年成立，人少力弱，奉共產國際指示加入國民黨的聯俄容共體系，(中共稱聯俄聯共。)而孫中山領導下的國民黨對其目標理論以及發展方式亦知之，只是為打倒北洋軍閥、排拒列強而聯之容之，操作統一戰線而已。當時十餘歲的鄧小平在歐洲勤工儉學，擔任旅歐共青團小幹部。民國十六年（1927 年）由蘇聯回國，被共產國際派往馮玉祥處工作，擔任在西安之中山軍事學校任政治處長兼政治教官，同時兼任該校共產黨組織書記；是年，國民政府寧、漢分裂為一國兩府，實行「清黨」，第一次國共合作破裂，鄧去武漢，任中共中央秘書。這是他經歷的第一次政治變革。稍後中共南昌起義，成立蘇區，其間鄧小平參與百色起義和龍州起義，創立中國工農紅軍第七軍，任紅七軍政治委員，民國二十年（1931 年）調任中共江西瑞金縣委書記。同年 11 月，中國共產黨召開中華蘇維埃第一次全國代表大會，宣告中華蘇維埃共和國成立，(後來統一稱呼為中華蘇維埃人民共和國。)以瑞金為首都，並通過《中華蘇維埃共和國憲法大綱》。《大綱》在民國二十三年（1934 年）1 月修訂通過，其第一條規定「保證蘇維埃區域工農民主專政的政權和達到他在全中國的勝利。這個專政的目的，是在消滅一切封建殘餘，趕走帝國主義列強在華的勢力，統一中國，……以轉變到無產階級的專政」；第三條規定「中華蘇維埃共和國之最高政權為全國工農兵蘇維埃代表大會，在大會閉會的時（期）間，全國蘇維埃臨時中央執行委員會為最高政權機關，在中央執行委員會下組織人民委員會處理日常政務，發佈一切法令和決議案」。中華蘇維埃共和國是中國共產黨在蘇聯和共產國際支持下創建的國家體制，和當時師法蘇聯的國民黨一樣「以黨領政」，此時中共中央總書記是秦邦憲，中央執行委員會主席及中央人民委員會主席均是毛澤東。中央執行委員會相當於後來的中華人民共和國政府，中央人民委員會相當於國務院，下設部、局，行政區劃設相當於

省級的特區、省、縣。這是中共政權第一次劃有地方特區。12 月 1 日，毛澤東、張國燾等聯名發佈〈中華蘇維埃共和國中央執行委員會佈告〉：「從現在起，中國疆域內有不同的兩國。一個是中華民國，是帝國主義的工具。另一是中華蘇維埃共和國，是剝削與壓迫下廣大工農兵的國家。」（中共江西省委党校党史教研室編，《中央革命根據地史料選編》，江西人民出版社，1982 年。）於是中國域內出現了中華民國國民政府與中華蘇維埃共和國中央執行委員會「兩國兩制」的局面，也就是「兩國兩制」，而且後者劃有若干特區。鄧小平時任人民委員會之下的革命軍事委員會總政治部秘書長，是中級幹部，但卻是他經歷的第二次政變和第一次體制變革。中華民國國民政府視中華蘇維埃共和國為分裂國家的武裝叛亂割據政權，視其武裝部隊為匪軍，予以圍剿，逼使中華蘇維埃共和國中央政府撤離中央蘇區而長征，至民國二十四年（1935 年）抵達陝甘蘇區，中央政府變更對外名稱為「中央政府西北辦事處」，首都亦遷至延安。

　　長征途中意外的發生了一個插曲，就是張國燾中途召開會議，另立中共中央，此即「第二中央」，張國燾任中央主席，並開除毛澤東、周恩來等人的黨籍，稍後並在金川成立「中華蘇維埃共和國西北聯邦」，邵式平任聯邦政府主席，附近建立的中華蘇維埃政府格勒得沙共和國、中華蘇維埃政府博巴人民共和國等均隸屬之。這不僅是中國共產黨分裂為兩個中央，而且「中華蘇維埃共和國西北聯邦」顯然採用聯邦制，故此時中國共產黨所領導的政權其實分裂為「兩個黨中央的一國兩制」。約一年後，因張國燾戰敗，共產國際命令其取消第二中央，中華蘇維埃共和國西北聯邦亦隨之結束。此期間，鄧小平擔任毛澤東領導下的紅軍中央縱隊秘書長，可說經歷了第三次政變和第二次體制變革，同時具有了「兩國兩制」與「一國兩制」的經驗，（中華蘇維埃共和國中央政府對中華民國國民政府／中華蘇維埃共和國中央政府對中華蘇維埃共和國西北聯邦政府。）可謂罕見。

　　此後就是在民國二十五年（1936 年）西安事變後，國、共和談，展開第二次合作，共同抗日。翌年七七盧溝橋事變發生，抗戰全面爆發，根據兩黨協議，中共中央於 9 月將中華蘇維埃共和國中央政府西北辦事處變更為「中華民國陝甘寧邊區政府」，成為國民政府行政院的一個直轄行政區，屬自治性地方政府。其間，兩黨曾為陝甘寧是邊區政府抑或是特區政府，領導人稱為邊區政府主席抑或稱為特區行政長官，以及領導權之歸屬等問題引起爭辯，

中共也確曾一度頒令統稱邊區政府為「陝甘寧特區政府」。當時中共中央領導人是毛澤東，最後決定由邊區組織參議會，由參議會選舉林伯渠為邊區政府主席，下轄各廳及 23 個縣，「中華蘇維埃共和國」正式中止運作。中華蘇維埃共和國取消其國號而改稱為「中華民國陝甘寧邊區」並非出於政變，但連同中央政府亦降稱為「中華民國陝甘寧邊區政府」，則意謂著國體的取消，中共承認其政權是中華民國省級的地方政權，只是蘇維埃性質實際沒有大改變，故名義上是地方政府而實際上則是完全或極高度自治的特區政府罷了。這是鄧小平經歷的第三次體制變革。鄧小平後來所提出的「一個國家，兩種制度」以及「和平統一，一國兩制」，甚至一度提出兩岸連國號也可以協議改變，但最後構想則不是採取一國兩府或聯邦制，而是採取「一個國家，若干特區（港、澳、臺）」之體制，或與此三次政變以及三次體制變革，尤其是第三次體制爭論與變革的經驗有關。

　　蓋在中國傳統正統與大一統的思想意識之下，根據中國歷史的發展經驗，體制相同的兩國兩府以及體制不同的兩國兩制，本質上均是分裂政權，必然會爭，甚至最後訴諸武力解決；至於一國兩府及聯邦制則在當代中國已試之無效，若是實行國協或邦聯制則國史上卻無如此經驗。要之，在正統與大一統的思想意識下，此諸國家形態皆會造成秦廷所謂「是樹兵也」的終必戰爭效果。至於「一個國家，若干特區」由於具有主從關係，從而實行「一個國家，兩種制度」則為中國歷史所常見，藩部來屬、偏霸稱臣即是此國家形態的實踐經驗，中共延安經驗也屬此類經驗，較符鄧小平所謂「根據中國自己的情況提出來的」說法。

　　中共政權的「中華民國陝甘寧邊區政府」時期，中國工農紅軍改編為國民革命軍第八路軍及新四軍，鄧小平授任八路軍總政治部副主任，累遷為第 129 師政訓處主任、第一書記，與師長劉伯承並肩工作，後來被稱為「劉鄧大軍」。亦即軍隊名義上已改編，但中共透過領導邊區政府仍實質擁有自己的軍隊。抗戰後期，鄧小平更成為中國共產黨北方局書記，當選中央委員；晉冀魯豫軍區成立，劉伯承為司令員、鄧為政治委員，實際上已成為獨當方面的大員。及至民國三十四年（1945 年）日本投降後，內戰旋爆發，晉冀魯豫野戰軍改稱中原野戰軍，尋改為第二野戰軍，鄧仍擔任政治委員，並被任命為中原局第一書記，於淮海戰役（按：國軍稱徐蚌會戰。）和渡江戰役中，鄧出任總前委書記，負責對前線軍隊戰略指揮。此後至中華人民共和國成立，二野進軍大西南，鄧小

平累至西南局第一書記,被選為中華人民共和國中央人民政府委員、政協委員,並仍擔任西南軍政委員會副主席、西南軍區政委,(按:西南軍政委員會主席是劉伯承,西南軍區司令員是賀龍。)實際為西南政軍事務的第一把手,直至 1954 年撤銷大區一級黨政機構,始卸下兼任西南局第一書記,在北京以國務院副總理、中共中央秘書長任事,仍實際參與西藏問題的決策。此期間,他建議及主導揮軍入藏,建立西藏秩序之事值得注意,因為這是他獨當方面,實行「和平解放西藏」,直接累積處理一國兩制經驗的時期,更符其「根據中國自己的情況提出來的」經驗。此經驗尤與香港從英國回歸、香港特別行政區的設置,以及香港特區的前後變化關係密切。或許可以說,盡管鄧小平在香港回歸前已辭世,但香港特區的今昔演變,仍難脫是其西藏問題處理經驗的翻版。

要瞭解鄧小平處理西藏問題的一國兩制直接經驗,則需檢討中國治藏成敗興壞的歷史。

扼要說,西藏唐時稱吐蕃,與唐室為舅甥,國格平等。吐蕃亡後,分裂為許多地方勢力,後入於元朝,稱烏斯藏。元世祖忽必烈於中統元年(1260 年)即位後,薩斯迦僧八思巴為薩迦派(花教)第五代法王,為世祖灌頂,並創蒙古文字,世祖對之極為禮敬崇信,尊之為國師、帝師,命其統領全國佛教,升號大寶法王。《元史》本傳載謂「元起朔方,固已崇尚釋教。及得西域,世祖以其地廣而險遠,民獷而好鬥,思有以因其俗而柔其人,乃郡縣土番之地,設官分職,而領之於帝師。乃立宣政院,……必以僧為之,出帝師所辟舉,而總其政於內外者,帥臣以下亦必僧俗並用,而軍民通攝。於是帝師之命,與詔敕並行於西土」。又據《元史·百官三·宣政院》條所載,吐蕃等處分置宣慰司都元帥府,院本部則「掌釋教僧徒及吐蕃之境而隸治之」。此是中國自元朝始,即因藏俗粗曠而宗教篤虔,乃於中央及藏地特別設官治理,而採取政教合一之政策。明援元例,設宣政院及烏斯藏指揮宣慰等司,然而已「有僧號達賴喇嘛,居拉薩之布達拉廟,號為前藏;有班禪喇嘛,居日喀則城之札什倫布廟,號為後藏」,分藏而治。清初達賴、班禪皆曾入覲,順治承認二喇嘛在藏的宗教與政治地位。其後西藏為準噶爾侵併,康熙平之,「以西藏地賜達賴喇嘛」,至乾隆十五年(1750 年)將駐藏大臣正式定制為駐藏辦事、幫辦大臣,分駐前、後藏以轄之。藏俗稱其國為「圖伯特」,境內分為衛(前藏)、藏(後藏)、康、阿里四部,藏語「衛」即中央之意,為達賴所居,圖伯特政府噶廈即設於此。(按:藏音「蕃」作 bod,文獻所見圖伯特、土伯特或土番即吐蕃,故今人或將吐蕃讀作 Tubot,

英文為 Tibet。引文見《清史稿‧地理志‧西藏》。又，噶廈為圖伯特綜理藏務衙門，相當於中央政府，說已見前。噶廈設長官若干員，以四員為常，名噶卜倫或作噶倫。據《舊唐書‧吐蕃列傳》所載，吐蕃之「相為大論、小論，以統理國事」，蓋論即倫也，故藏俗沿舊視四噶倫為四相，頗有唐制中書門下法定四相之意。）

　　乾隆末，平定廓爾喀侵藏，頒行《欽定藏內善後章程》，大抵規定駐藏大臣地位與達賴、班禪平等；達賴、班禪與西藏各地大喇嘛的轉世金瓶掣籤以及坐床典禮—相當於朝廷對屬國的策封禮，均須由駐藏大臣主持；達賴等僧官上書均須經由駐藏大臣轉奏；高級僧官與俗官如有出缺均須由駐藏大臣會同達賴揀選，由皇帝任命；噶廈長官噶卜倫定員四人，所理政務須稟告達賴喇嘛及駐藏大臣，不得專擅；凡西藏地方邊防、駐軍、財經等事宜亦均由駐藏大臣節制之。可見清朝對藏的監護力較元、明兩朝增強而嚴密。但是，西藏作為清朝中國的「藩部」，別隸理藩院，政治地位與外藩頗不同，據《清史稿‧禮志‧賓禮‧藩國通禮》云：

　　　　清初藩服有二類，分隸理藩院、主客司。隸院者，蒙古喀爾喀、
　　西藏、青海、廓爾喀是也；隸司者，曰朝鮮，曰越南，曰南掌，曰緬
　　甸，曰蘇祿，曰荷蘭，曰暹羅，曰琉球。親疏略判，於禮同為屬也。

亦即蒙、藏系諸屬國「悉隸版圖」而為內藩，故隸於理藩院，與朝鮮、越南等屬國隸於主客司有所區分。按：漢制典屬國後併入大鴻臚，唐制主客為禮部四司之一而曾改名司蕃，司蕃即理蕃也，故歷朝與外國及藩屬交流，事權多歸於禮部及鴻臚寺；元朝特置總制院後改宣政院以掌治西藏及佛教其實是制度之一變，明朝宣政院將佛教管治權從院析出，是回歸政、教分離的管治制度，清朝創為理藩院以兼治蒙藏，則是將內藩蒙藏與其他屬國分別而治，是此制的沿襲改革。因此，《清史稿》所謂「理藩」一職是歷古未有的專「官」，而理藩院「為有清創制」，此從制度之宏觀演變看並不盡然，從官方專設治藏體制看亦不盡然。撰者對制度之具有因革性可能並未真正理解，（按：《論語‧為政》載子張問十世可知也？子曰：「殷因於夏禮，所損益可知也；周因於殷禮，所損益可知也；其或繼周者，雖百世可知也。」此說至鄭樵、馬端臨遂衍成相因與不相因論。）或許僅專執駐藏辦事大臣等「官」名職稱而言罷了。其後，光緒更定官制時改理藩院為理藩部，中華民國北京政府（北洋政府）併理藩部入內務部而置「蒙藏事務處」，尋改制為直隸於國務總理的「蒙藏事務局」，稍後又將蒙藏事務局改制為直隸大總統的「蒙藏院」，至民國十七年（1928年），國民革命軍北伐，

南京國民政府將蒙藏院改制為隸屬於行政院的「蒙藏委員會」，顯示中央治藏機關依違於隸部、隸院、隸府之間搖擺不定。筆者以為，此蓋與蒙、藏是由長期「不改其本國之俗而屬」的帝國內藩，轉屬為不設藩屬體制的共和中國，其政區之體制地位一時難以奠定的緣故有關。

　　按：蒙、藏「悉隸版圖」是歷史事實，蒙古在俄國（含蘇聯）教唆支持下獨立暫不析論，即以西藏而論，清廷的駐藏辦事大臣是中央駐藏代表，相當於漢朝的使持節‧使（或護）匈奴中郎將；但駐藏辦事大臣不僅對藏只有監護權，兼且擁有法定治藏之職權，遠非使匈奴中郎將可比。由此可知，西藏即使是圖伯特國，具有類同元首的達賴喇嘛，也有噶廈政府以及藏軍，但卻仍為藩屬，並非獨立之國，也非完全自治的地方政府，而是清朝沿襲漢朝以來的屬國體制，實施一國兩制下的高度自治屬國或藩部特區，只是因清末英人覬覦日甚，朝廷雖漸對局部藏地施行改土歸流，但仍對大藏區全局統治乏力，遂使西藏—此時指衛藏即前後藏—幾乎淪於清、英兩屬，甚至在外力支持下有獨立之勢，政情更為複雜。此情勢實為導致西藏體制地位一時難以奠定的原因，國民政府承之亦乏力難解。不過，辛亥革命成功後，孫中山於民國元年（1912年）元旦就任中華民國第一任臨時大總統，在〈中華民國臨時大總統宣言〉中，宣佈了漢、滿、蒙、回、藏五族共和，以及民族及領土統一的政綱，尋而在《中華民國臨時約法》明確規定：「中華民國領土，為二十二行省，內外蒙古、西藏、青海。」向全世界宣佈了中國對西藏擁有主權，而非僅有宗主權，成為政府日後解決西藏問題的基本原則。不久，袁世凱繼任臨時大總統，於4月22日頒發〈大總統令〉：「現在五族共和，凡蒙、藏、回疆各地方，同為我中華民國領土，則蒙、藏、回疆各民族，即同為我中華民國國民。此後，蒙、藏、回疆等處，自應統籌規劃，以謀內政之統一，……其理藩院事務，著即歸併內務部接管。」此前清廷已將理藩院改為理藩部，故實際上是取消蒙藏回疆等藩屬名稱及撤銷理藩部，改歸內務部接管，翌月並於部內設「蒙藏事務處」，使內政正常化。這是正式宣示西藏事務為中國內政事務的官方宣言，尋因「藏族的文化上、經濟上、教育上，與內地恐不能一致，所以須要積極主義，方可發展蒙藏的事務」，乃於年中改制為「蒙藏事務局，直隸於國務總理」。其後更將蒙藏事務局改制為「蒙藏院」，直隸大總統。（參張羽新，〈蒙藏事務局及其对藏政的管理〉，《中國藏學》2003年01期。）此應與西藏原是「不改其本國之俗而屬」的特殊情況密切有關。然而，由於十三世達賴喇嘛曾在民國二年趁清朝滅亡、中國政局

混亂之時發表〈西藏全體僧俗大眾今後取捨條例〉，（又稱〈水牛年文告〉或〈聖地佛論〉。）詞涉曖昧的獨立語氣；雖非正式的西藏官方獨立文告，中華民國從未承認其獨立，世界任何一國或聯合國也未予以承認，不過西藏主權歸屬問題遂一直存著擾漾，西藏成為事實獨立或半獨立的自治實體。民國十七年（1928年），南京國民政府將蒙藏院改制為「蒙藏委員會」，隸屬於行政院，而於西藏設置駐藏辦事處，但是現實上，南京國民政府繼承北京政府的管治形勢如此，英人覬覦以及西藏尋求外援以謀獨立的趨勢如彼，故蒙藏委員會自成立之初即顯得無力，大抵僅能管理藏傳佛教喇嘛轉世等相關事務。及至中華民國政府撤退臺灣，噶廈政府驅逐蒙藏委員會拉薩辦事處所有人員，這是繼清亡時驅逐駐藏官兵的第二次驅漢事件。蒙藏委員會後隨中華民國政府遷往臺北，至民國一〇六年（2017年）為蔡英文政府所裁撤，於是從中華民國角度看，宣政院—理藩院—內務部蒙藏事務處—蒙藏院—蒙藏委員會，此一中央傳統治藏制度及其政策遂走入歷史。

由此觀之，西藏此時即使處於事實獨立狀態，但畢竟尚未法理獨立，西藏政府在中華民國及中華人民共和國初期，大體上仍視中國政府為中央政府，故此時之西藏圖伯特或可視為共和中國尚未確定地位的舊藩部屬國，也可視為中國的特別行政區，要之其轄地皆為中國領土，而法律公文上則常稱之為「西藏地方」。因此，噶廈或可視為中國屬國政府，或可視為特區政府，也或可視為「西藏地方政府」。中華人民共和國初建時即將之視為「西藏地方政府」，雖符合清朝「悉隸版圖」，以及民初以來法令宣告西藏地方為中國領土的事實，但對其歷史上具有「不改其本國之俗而屬」之屬國或特區性質，則似乎重視不足或掉以輕心。因為若是「地方政府」，則中央政府當然毫無疑問可得全權管治之，解決其政教合一的問題，以免日後糾紛之患；若是「特區政府」、「屬地政府」或「屬國政府」，則中央政府能否全權管治、如何分權而治則宜仔細商榷，明訂法令而依法治施行。可惜民國以來建立共和未久，又值外侵內亂，國衰力弱，故不能果斷畢其功於一役。

抗戰勝利後國共內戰興起，中國共產黨目標是要用解放軍「解放全中國」，當然也就包括作為中國領土的西藏地方。然而中共對西藏的方針是要「和平解放」，而不是要「武力解放」，更非要「和平統一」，似有顧忌其原為內藩，而欲尊重「不改其本國之俗」而使其歸屬之意。當然，西藏高原平均海拔4000米以上，居高屋建瓴之勢而交通不便，易守難攻，解放軍當時既要

「解放臺灣」，又要「抗美援朝」，能否傾力「武力解放」全藏可能也是需要考慮的問題。要之，既言「和平解放」，也就意謂著和平與解放無望之必要時仍需動用武力。此時十四世達賴喇嘛尚未親政，噶廈政府本就不服從中華民國國民政府的命令，中華民國政府撤臺後則更無論矣，西康省（大藏區之康區在民國二十八年正式成立西康省。）西部和西藏地方處於事實上的獨立自主狀態，並與英國等外國勢力往來。於是，中華人民共和國中央人民政府與西藏噶廈政府談判破裂後，1950 年二野電請中央，由 18 軍擔任入藏主力，發動昌都之役，消滅了藏軍主力，實行「以戰逼談」，而鄧小平此時正是居其位而當其事。「以戰逼談」的結果，就是翌年 5 月 23 日簽訂了〈中央人民政府和西藏地方政府關於和平解放西藏辦法的協議〉，（簡稱〈十七條協議〉。）使解放軍順利進入拉薩。

〈十七條協議〉簡單明了，殆非憲制性的基本法。其前言說明「國內各民族除西藏及臺灣區域外，均已獲得解放」，並稱協議是中央人民政府全權代表和「西藏地方政府全權代表」談判的結果，內容除了其他相關事宜外，重要者大抵可歸納為 7 點：

1.「西藏人民團結起來，驅逐帝國主義侵略勢力出西藏，西藏人民回到中華人民共和國祖國大家庭中來」（第一條）；

2.「解放軍進入西藏」，「西藏軍隊逐步改編為人民解放軍」，「為保證本協議之執行，中央人民政府在西藏設立軍政委員會和軍區司令部，除中央人民政府派去的人員外，儘量吸收西藏地方人員參加工作。參加軍政委員會的西藏地方人員，得包括西藏地方政府及各地區、各主要寺廟的愛國分子，由中央人民政府指定的代表與有關各方面協商提出名單，報請中央人民政府任命」（第二、八及十五條）；

3.「在中央人民政府統一領導之下，西藏人民有實行民族區域自治的權利」（第三條）；

4.「對於西藏的現行政治制度，中央不予變更。達賴喇嘛的固有地位及職權，中央亦不予變更。各級官員照常供職」，「班禪額爾德尼的固有地位及職權，應予維持」，「達賴喇嘛和班禪額爾德尼的固有地位及職權，系指十三世達賴喇嘛與九世班禪額爾德尼彼此和好相處時的地位及職權」，（按：指九世班禪因反對十三世達賴改革，於民國十二年被達賴壓逼而逃至北京前之狀態，此前達賴與班禪分治前、後藏，班禪較

親華。)「過去親帝國主義和親國民黨的官員，只要堅決脫離與帝國主義和國民黨的關係，不進行破壞和反抗，仍可繼續供職，不咎既往」(第四、五、六及十二條)；

　　5.「實行中國人民政治協商會議共同綱領規定的宗教信仰自由的政策，尊重西藏人民的宗教信仰和風俗習慣，保護喇嘛寺廟。寺廟的收入，中央不予變更」(第七條)；

　　6.「有關西藏的各項改革事宜，中央不加強迫。西藏地方政府應自動進行改革，人民提出改革要求時，得採取與西藏領導人員協商的方法解決之」(第十一條)；

　　7.「中央人民政府統一處理西藏地區的一切涉外事宜，並在平等、互利和互相尊重領土主權的基礎上，與鄰邦和平相處，建立和發展公平的通商貿易關係」(第十四條)。

　　第 1 點屬於主權問題，是理所當然之事。第 2 點為規定中央擁有西藏駐軍權與軍政組織設置權，以及其人事行政權。第 3 點是規定中央政府有領導權及藏人有自治權，即規範了中央與地方的政治關係。第 4 點是對西藏現行政制不予變更，各級官員照常供職；達賴與班禪的固有地位及職權，中央亦維持不變。第 5 點是尊重藏人的宗教信仰和風俗習慣，保護喇嘛寺廟及維持寺廟經濟現況而不予變更。第 6 點是中央不強迫西藏改革，但西藏地方政府應自動進行改革。第 7 點是規定中央政府擁有西藏的外交權，以及西藏涉外的指導權。

　　按：〈十七條協議〉對西藏地方政府的規定，明顯較國民政府對陝甘寧邊區政府為嚴，與清朝治藏政策制度則相當類似，內涵具有「不改其本國之俗」而實行「一個國家，兩種制度」之意；只是參加軍政委員會的藏人必須是「愛國分子」，以及規定西藏地方政府（即噶廈政府）各級官員必須脫離與帝國主義和國民黨的關係，不進行破壞和反抗，此則與清朝大不相同，與國民政府對陝甘寧邊區政府亦不相同。其第 2、3、4、5 點，應即是香港特區一國兩制構想所依本的淵源。不過，〈十七條協議〉相較於〈鄧六條〉，鄧小平宣稱「臺灣還可以有自己的軍隊，只是不能構成對大陸的威脅。大陸不派人駐臺，不僅軍隊不去，行政人員也不去。臺灣的黨、政、軍等系統都由臺灣自己來管」，則又確是承諾「臺灣特別行政區可以實行同大陸不同的制度，可以有其他省、市、自治區所沒有而為自己所獨有的某些權力」，與西藏待遇顯有不同。然而更值

得注意的是，中央政府對地方政府當然擁有全國的國防、外交以及領導權，只是中華人民共和國政權性質一直是以黨領政、一黨專政、實行民主集中制，依中國共產黨的目標、理論以及運作方式，畢竟與藏人的政教合一、宗教信仰、社會結構、政治運作等「本國之俗」有本質上的矛盾，恐怕會令藏人疑忌，遲早互不相容。而且，所謂「解放」也者，應是涵涉解放其「本國之俗」，但中央既已規定及承諾其維持不變，卻期望其「應自動進行改革」，而又未明文規定其不變與應變的時間，可謂是矛盾中之矛盾，無疑自己埋下了藏人不自動改革時的炸彈。因此，鄧小平可能吸收了此經驗，後來說香港特區五十年不變，意謂五十年後則需改變。至於對臺灣如成特區後可以有多少年不變，改變時的變革方向、原則為何亦未明言，則似乎以「戰略模糊」的方式作處理，或許期待兩岸談判時的「一切可以談」來解決。鄧小平對臺的這種保留態度與倡言，或可能亦與其經歷 1959 年發生「西藏事件」的經驗有關。

　　蓋十三世達賴喇嘛於民國二十二年（1933）圓寂，噶廈政府派團尋訪其化身，最後認定丹增嘉措是十三世達賴喇嘛的轉世化身，國民政府於民國二十七年特派蒙藏委員會委員長吳忠信主持達賴喇嘛的轉世認定事宜，噶廈遂正式宣佈其為第十四世達賴喇嘛，開始達賴喇嘛的各種學習，而暫由其他大喇嘛攝政。及至昌都之役後，解放軍進駐拉薩，達賴喇嘛提前親政，但噶廈派出的北京和談代表團並未獲得達賴的授予全權。

　　和談協議簽訂後，十四世達賴喇嘛成為中國人民政治協商會議第一屆全國委員會委員，1954 年與十世班禪同赴北京會見毛澤東，當時在北京任中共中央秘書長兼組織部部長的鄧小平且曾迎接之。達賴隨後以西藏代表身分參加第一屆全國人民代表大會討論憲法草案，通過首部《中華人民共和國憲法》，並當選為第一屆全國人民代表大會常務委員會副委員長，與中共關係可謂合作良好。然而，中共早在 1950 年代將解放區實行的「土地改革」，以劇烈和暴力的方式推廣至大陸各省，尋而又發起總路線、大躍進、人民公社的「三面紅旗」運動，毛澤東復於 1957 年夏發動「反右運動」，大藏區皆受到波及，藏人疑忌的事情終於發生，引起西藏上層喇嘛貴族的反抗，〈十七條協議〉至此可謂已被雙方所撕毀。這時鄧小平已是中共中央政治局委員，稍後遷政治局常委、中央書記處總書記，擔任國務院副總理，成為黨和國家的領導人，並且擔任中共中央反右領導小組組長。初時鄧小平聽取西藏報告後，猶指示西藏政軍人員積極做好西藏上層人士之統戰工作，冷靜理智地處理問題，僅「在叛匪威

脅黨政機關和主要交通線時就打」。此時藏區騷動既被視為「叛亂」，隨著反右運動蓬勃進行以及藏區騷亂日漸蔓延，在此內外氛圍之下，實際主持一線工作的中共中央副主席劉少奇連續召集會議研究對策，劉、鄧二人在會上聲稱：「和平解放西藏已經八年，我們沒有進行民主改革，是為了等待上層人物覺悟；現在一些上層人物要叛亂，逼得我們不得不進行改革。」（參中共中央文獻研究室編，楊勝群、劉金田主編：《鄧小平傳（1904～1974）》下卷，香港：中和出版社，2014年。）尋因西藏軍區邀請達賴看戲之事，引發藏人認為達賴會被挾持的疑忌，遂演變成嚴重武裝衝突的「起義」與「鎮壓」，達賴出走印度，噶廈轉變為流亡政府內閣。情勢演變快速，不僅身後之事莫之能料，即使生前亦莫之能料，或許鄧小平對臺持保留態度，倡言帶有「戰略模糊」，胥與此經驗有關。至於鄧小平死後，中共對香港有些人「暴動」，或許已覺得威脅到黨政機關和主要交通線，因而予以打擊，不得不進行改革，也不在乎港人是否出走，恐怕亦與此經驗有關。

　　總歸來說，鄧小平一生經歷過中華蘇維埃共和國之中央人民政府／西北聯邦政府、中華民國之國民政府／陝甘寧邊區政府、中華人民共和國之中央人民政府/西藏噶廈政府三種型式的一國兩制，第一種型式短命不算，第二種則是親身經歷，第三種更是親自經略，現在實踐中的中華人民共和國中央人民政府／中華人民共和國香港特區政府，雖由其憑藉過去經驗所倡創，但已來不及由其憑藉過去經驗所主導。因此〈鄧六條〉所建議的內容，僅是其在「十年浩劫」後復出，政躬繁忙之下的經驗總結，是「根據中國自己的情況提出來的」，應非經實證研究後的結論。然而時代不同，奉行文化、地區情勢各異，單就〈鄧六條〉的第一條而論，所謂「和平統一已成為國共兩黨的共同語言」，即因臺灣政黨之輪替而已經不符當前兩岸情勢。上天沒有規定國體政體必須如何才符「普世價值」，沒有規定一國兩制如何才是標準模式，沒有規定自治到何種程度才算高度或完全，要之適合相對族群而兩合同意就是好體制好模式，鄧小平所謂「能捉老鼠就是好貓」是也。若要適合相對族群而兩合同意，此即需要兩合願意坐下來談判，而如何令兩合願意談即是其關鍵所在。鄧小平當年對藏「以戰逼談」，僅是選項之一，恐有後患；然而在中國傳統之正統及大一統觀念下，政權分裂而不談判，遲早會以武力解決。鄧小平倡言「和平統一，一國兩制」，但卻絕不承諾最後不用武力，意在斯乎。

　　鄧小平經歷過上述三種型式的一國兩制，後兩種是一個中央、一個特區的型式，也就是一國之內兩種制度而有主從關係。此是其親歷經驗所得，故所提

港、臺一國兩制大抵即憑此而生。由於是經驗之總結，故是名符其實的「根據中國自己的情況提出來的」；此與五胡十六國時期匈奴屠各胡最初的創制，採用一個元首、兩種平行行政體制的模式不盡相同，與羯胡變容之制則頗為類似。

三、

「胡」是匈奴自稱的名詞，漢人亦以此稱之，「五胡」一名在史書則首見於東晉穆帝升平元年（357）臨朝褚太后的手詔。褚太后臨朝（344～357）時當後趙石虎由生前極盛轉變為身後內亂崩亡的時期，其時冉閔與石虎諸子混戰，晉朝藩屬之鮮卑慕容儁承亂經略中原，後趙大將氐族苻健改臣於晉而後趁亂西歸關隴，另一後趙大將羌族姚襄則依違稱臣於晉、燕之間，然後亦率眾西還，故此時手詔所言「五胡叛逆」的「五胡」，（見《晉書・康獻褚皇后列傳》。）殆不包含鮮卑與氐羌，而僅是指匈奴胡系而言。蓋匈奴屠各部劉氏以五部興起，史書常稱之為「五部」，或即「五部胡」、「五胡」一名之由來。羯族石氏雖亦原為匈奴胡之別部，而稱為「羯胡」，但應非「五部胡」之屬。筆者之所以斤斤計較此名，是因歷史語言內涵的改變常表示歷史曾發生過古今之變，根究之即足以知其變，劉知幾所謂「足以驗氓俗之遞改」是也。（參《史通・言語》篇。）若忽此而不根究，則不可能真切知道匈奴如何從與漢朝國格平等，入漢淪為流亡政權，再淪為保護國性質之屬國，雖在漢魏晉實行一國兩制之下，其胡制亦不易保存的悲慘遭遇，以及五部胡為何挺身反抗魏晉中國，致使羯、鮮卑、氐、羌亦被驅動捲入反晉風暴的原因。

屠各劉氏率先建立漢與（前）趙，合稱漢趙。漢趙治下之所謂「六夷」，據劉淵、劉聰父子載記所見，除了匈奴屠各胡本種族不算之外，似應包含西胡系之羯，東胡系之鮮卑與烏桓，以及西夷系之巴、氐與羌六族。諸族匯集於匈奴五部胡旗下而反晉，猶如以「胡」為高壓中心，由西北帶動周邊氣流順時針席捲中原也，因而伏下了後世對廣義「五胡亂華」的理解。其實此諸族因原居地域、語言風俗，信仰意識、生產方式各有差異，而形成不同的民族文化，各有其政治實體，只是從兩漢以降皆臣屬於中國，漸成屬國體制或隸郡散處情態，而以相對優勢的漢族文化為強勢文化罷了。即使沒有戰爭，諸族長期與漢族接觸，則其文化皆應會互相影響，自然地互相涵化；苟若經歷戰爭與易勢統治，尤其諸族統治深入到漢族腹地而後無退路之時，則涵化

的變質變容就會更速更甚，乃至最後會被強勢文化的一方所同化。諸族於涵化或同化之間可能會選擇別途，尋求發展非胡非漢或亦胡亦漢的第三文化，屠各劉漢的統治體制庶幾屬於此類型，此類型模式經前趙、後趙、前秦、後秦之先後變易，使胡制因子漸隱，漢制因子漸顯，發展趨勢傾向漢化，逐漸匯歸於當時中國制度文化的主流。如此的民族文化接觸交流分裂融合趨勢，就是五胡諸國統治體制問題的所由起。

為此，筆者在第一篇之第一、二文，對接觸漢文化後之五胡統治體制涵化變容，概略作了類型的比較分析，同時指出他們入主中原皆以武力征服方式為之，應屬「弱征服」性質的征服王朝。（筆者將一個國族對其他國族實行武力征服後，把自己的文化價值與制度強加於被征服者，謂之強征服；若基於尊重、安撫或其他需要，而使自己的文化價值及制度，與被征服者的文化價值及制度同時並存以並行者，則稱之為弱征服。）正惟如此，所以筆者將此入主中原之國族，又比較分析為有意識採行文化並存的甲型如漢趙，全盤同化的乙型如北魏後孝文帝時期，文化和合的丙型如西魏北周；以及不在中原建國，雖保守舊俗但亦不得不略為變化之因舊俗而雜變的丁型，如氐族楊氏之隴西國，用以作為對照組。

由於五胡國族僅以弱征服方式入主中原建立王朝，並無絕對實力將其本族文化價值與標準，強施於人口眾多而文化優勢的漢族；且在受到漢文化正統及大一統思想意識影響之下，也不可能容許己國與原先的宗主國平等並存，或繼續讓原先的宗主國仍然統領己國。因此，五胡王朝基於統治上的利害關係，勢須面臨國族認同或永久區隔，以及如何與漢族乃至與六夷相處諸問題。屠各劉淵曾留學洛京，自稱系出單于宗室，為單于與漢公主和親之苗裔，而匈奴又幸運地被《史記》明確記載為夏淳維之後，以故劉淵雖然有意「興邦復業」先復建胡國，但最後仍決定胡、漢兩祧，國號亦稱為漢，創行一國兩制，欲塑造其國為亦胡亦漢之國，可謂異想奇葩。其餘五胡十六國的統治者頗仿效之，但是只能勉強宣稱其源出於中國古代先聖先王之後，用以緩和胡、漢間的矛盾與衝突。此是當時流行的冒蔭現象，其目的殆是為了塑造一個華夏大家庭、各族皆手足的意識形態，以便有利於統治。不過，也正因有此作為，遂意外地為日後五胡族群之融入漢族主體，鋪設了一個良好的基礎。

至於如何遂行統治的現實問題，則基於漢趙國內民族文化存在著六夷與漢族之多重性而考慮，但由於匈奴原為「百蠻大國」而諸夷皆曾役屬之，故可視匈奴與其所治之百蠻為一體，而漢族另為一體，合為「胡漢二元性」的

結構。劉淵因於此特殊的結構,為漢趙構想出一個「一國兩制」的政治制度,用以實施胡、漢分治。這是秦漢以來,中國史上內地本部首次由非漢族主導以成,而且與漢朝之屬國體制類型不同的一國兩制。按:匈奴原本是北亞的「百蠻大國」,有過大國統治的歷史經驗,以故匈奴史上所謂的「別部」胡夷,依胡俗部落可得稱為「國」的習俗,性質上無疑就是其屬國,其後漢武帝所推行之屬國體制恐怕也是淵源於此。劉淵及其先世雖說有過因其故俗而為漢魏屬國的經驗,但是劉淵在開國侘傺之際創行此另類一國兩制,大概也是「摸著石頭過河」的性質─因匈奴從未統治過漢族以為部落也,只是其此創制所表現出來的智慧與魄力,則誠屬史所罕見,難怪《晉書》史臣曰稱讚其為人傑,「習以華風,溫乎雅度;兼其舊俗,則罕規模」。至於其餘從無大國統治經驗的羯氐羌諸國族,或許鑒於漢趙體制既是「摸著石頭過河」的先例,所以也就邯鄲學步,仍是探索著過河,依違於胡化、漢化之間而變革;或有另闢途徑試圖探索第三文化的可能者,如本篇第三文即舉匈奴裔鮮卑人宇文泰的體制變革為例,用以印證屠各劉淵之後繼續進行的第三種探索及其結果。

　　日本學界所謂的「胡漢二重性」,通常著眼於胡、漢兩族之二元文化以及政治上的胡、漢二元統治政策,而較少指涉胡、漢二元統治體制。實際上,自匈奴強大以來即視其本部人為「國人」,故漢趙當時除了被稱為華人、夏人、漢人或晉人的漢族人外,尚須面對別部性質的羯、鮮卑、氐、羌、巴、烏桓以及其他「雜胡」。統治者對這些被統治的別部族群,常統稱以「六夷」,而此稱呼漢人早已用之,「六」字蓋意涵虛數而非實數,寓有眾多之意也。是故現實上的統治問題,在於十六國統治者皆不可能以其本族的價值與標準,用一套本國的體制,去強迫人口眾多的漢族以及六夷完全接受、適應與服從,也不可能或未想過允許各國部各依其固有體制而實行類似聯邦或邦聯式的政治。這就是十六國統治者需要摸索著嘗試開創一套新體制的原因。率先創行另類一國兩制的劉淵,其創意是將游牧及以半畜牧半農耕作為主要生產方式,而社會結構均為部落的「六夷」,統合於曾有「百蠻大國」歷史經驗的匈奴「胡」制內,用傳統匈奴王長名號以及涵化變容後的漢式部司、軍鎮部勒之,用以與優勢農業文化而仍行州郡制的漢族相區隔,如此遂形成了「胡漢二重制」體系。然而,劉淵政權是先建胡國而後才建漢國,故在此基礎上,劉淵是先以大單于統領胡國,而後另以漢王統領漢國,因而當時最早出現、迥異於屬國體制的一國兩制,其實是兩國兩制而由一人兼其元首,類似一人

出任兩國君主的聯合王國體制。也就是說，劉淵初時自任為「大單于・漢王」，無異是以胡國大單于兼為漢國國王，充其量為「雙兼君主型一國兩制」的聯合王國的元首。按：「大單于」原為匈奴元首的位號，與中國之皇帝相當，但自魏晉以來中國王朝已將「大單于」政廳化，僅能比諸強勢部落酋長或中國官廳長官，地位恰與魏晉政制之王國親王、尚書臺之尚書令或持節州都督相當，假設此「雙兼君主型」為一國兩制之 A 型，則曾留學洛京的劉淵，可能察覺到已將國格降低，故尋而變革為 B 型。

　　所謂一國兩制之 B 型，就是劉淵不再實行雙兼君主，而是依中國體制從雙兼君主升級為至尊無二的皇帝，國體改變為中國式的君主（皇帝）制。皇帝是國家唯一至尊的位號，向無兼職，故劉淵於其下分置兩個最高行政機關—尚書臺與單于臺。尚書臺掌理漢系行政，單于臺掌理胡系行政，也就是維持大單于及其單于臺政廳化，在體制上不再作為胡系元首之位號。按：尚書臺自東漢以來已漸成最高行政機關，魏晉時已定型，故中國政治慣例是皇帝統領尚書臺以總理全國政務，因此單于臺驟視之似是一個特別行政機關；其實不然，因為 B 型一國兩制之單于臺與尚書臺於制度上大體平行，是因應國情需要而創置，性質為正式的胡系最高行政機關，而非特別行政機關，故此體制無異是同時設置胡、漢兩個中央政府，既是一國兩府也是一國兩制。此為 B 型與 A 型一國兩制最大不同之處。易言之，就是為因應國家實際上的「胡漢二元性」結構，而將治權一分為二，各設最高行政機關以掌理之，使 B 型與 A 型一國兩制不同，更與先前的匈奴及漢朝之屬國體制模式不同，政體成為典型的「胡漢二元制」，故本書名之為「一君兩制型一國兩制」。

　　不過，盡管五胡十六國在國體政體上不斷摸索著過河，嘗試錯誤，但是從長時段角度作觀察，則可發現一個變革趨勢與特色，就是摸索著變革的五胡國家，愈後建國則其制度之胡式因子愈隱而漢式因子愈顯，呈現出「胡制因素與時推移遞變遞減效應」，最後均被強勢民族文化的一方所同化。論隋唐制度史者若從此角度作觀察，則心得自會較多而較確。例如五胡十六國皆以武力崛起而建國，胡制中較強的是部落兵制，其胡因子在二趙二秦時涵化於部司制及軍鎮制內，至西魏北周時宇文氏遂將之變容為野戰二十四軍制及總管制，至隋唐再變容為十二衛常制以及回復都督制，（宇文泰於西魏朝廷外另立隱含部落聯盟之組織，援引匈奴盛時二十四長軍隊建制編成二十四野戰軍而直接指揮之，二十四軍本非西魏國家常制，不直隸於天子，筆者已曾論之，其說見本書第三篇第二文，及拙著

〈隋唐十二衛淵源：北朝後期侍衛體制的演變與定型〉，收入拙著《中古大軍制度緣起演變史論》，新北市：花木蘭文化事業有限公司，2019 年。）最終以隋唐府兵制的漢制面貌見稱於世，是為以此角度作觀察之佳例。

四、

本書從文化變容的角度，分析入主中原的五胡國族出現過文化並存的甲型、全盤同化的乙型以及文化和合的丙型三種型式。其中乙型呈現的容貌是從涵化趨向於漢同化，丙型呈現的是胡、漢混和雜用下之涵化，只有甲型是明顯的一國兩制，為本書所關注而著墨者。此三種型式均同出一類型而變化有差異，皆與顏師古所謂「不改其本國之俗而屬於漢，故號屬國」的漢朝以來傳統屬國體制模式不同，是傳統屬國體制外的新興另類。本書又從統治體制的角度，對甲型一國兩制作分析，分析了劉淵的漢趙曾先後創行過一國兩制之 A 型與 B 型—即「雙兼君主型一國兩制」與「一君兩制型一國兩制」，而其他五胡諸國，則據此兩型而學步，依違於胡化、漢化之間而變革調整，不過無論如何變革調整皆脫不出文化並存甲型的範疇。然而，由於本書第二篇共有七文，皆為分別具體探究入主中原的五胡各朝，其體制的建立、變革以及特色各為何，雖是本書主體結構之所在，但是關於其體制對其政權成敗興壞之關鍵，各朝體制特色的比較，以及各朝自成一國兩制後與晉朝形成兩國兩制，卻為何不能和平共存而需發動戰爭，則皆未遑疏通。因此敘論至此，為補此七文獨立為文之憾，欲將五胡王朝前後體制特色乃至對晉的認知思維，作一些比較與綜論。

屠各劉氏在華所建之國，劉淵、劉聰立國於平陽時國號稱為漢，至劉曜在長安立國而改稱為（前）趙，史家慣稱漢趙以區別於漢朝及後趙。劉淵初起即先後創行 A 型與 B 型一國兩制，成為五胡諸國所本的變革模式，而卻未依原定「興邦復業」的目標，北還草原恢復匈奴帝國，此實與當時東亞政治發展的歷史條件有關。

按：匈奴自從橫掃並統一北亞後與秦漢相峙，有侵陵秦漢之志，至漢高祖時始有「長城以北，引弓之國，受命單于；長城以內，冠帶之室，朕亦制之。使萬民耕織射獵衣食，父子無離，臣主相安，俱無暴逆」的約定。（見《史記・匈奴列傳》，《漢書・匈奴傳》同。）兩國雖協定國格平等，和親而互不侵犯，但劫掠是匈奴生產手段之一，故仍有陵壓漢朝之意，是以遂造成北方游牧文

明與南方農業文明的兩大文明衝突。及至西元前一世紀中葉，匈奴分裂，呼韓邪單于稱臣入朝，漢廷以為「自古未之有也。單于非正朔所加，王者所客也」，因此宣帝不敢輕忽怠慢，詔令「以客禮待之，位在諸侯王上」，後並遣兵送歸「居幕南，保光祿城，詔北邊振穀食。郅支單于遠遁，匈奴遂定」。（《漢書·匈奴傳》。）王莽時期，因措置失當，匈奴不再稱臣而恢復平等國格，且乘中國內亂而頗侵中國。降至西元一世紀初，匈奴復分裂，其南邊八部擁立虛連題·比，亦稱為呼韓邪單于，向光武帝稱臣，帝詔聽其率眾入居雲中，亦予以軍事、經濟之援助，史書稱之為南匈奴南單于。（《後漢書·南匈奴列傳》，本書稱虛連題·比為呼韓邪二世以資區別。）不過，鑑於先前匈奴的表現，東漢朝廷雖然協防南匈奴以保護其不被北匈奴侵略消滅，但卻始終不允許其北還草原復國，並一再南遷其單于庭而使之更內入，且設置使匈奴中郎將持節將兵，駐庭以衛護之，實行軍事監護政策，使南匈奴由流亡政權變成漢朝的保護國。然而匈奴畢竟曾是百蠻大國，單于在漢朝境內能保持其固有位號以及統治體制，對周邊諸國部仍有影響力，以故漢朝監護日嚴，令單于常為使匈奴中郎將所侮辱甚至廢殺，身分地位一再實質淪降，至晚漢更將具有駐匈奴特命全權軍事大使性質的持節「使」匈奴中郎將官稱改為持節「護」匈奴中郎將，正名其為執行監護任務的全權特派員，無異是漢朝對之實行屬國體制模式的一國兩制。其後，南匈奴「國人」因不滿單于屈從於漢，遂因漢廷徵兵事件，聯絡屠各諸「別部」起兵叛亂而弒之，南單于子弟遂率少數殘部從離石單于庭逃遷至平陽立庭，自是在漢匈奴復分裂為平陽與離石二庭。平陽庭雖為虛連題氏單于的嫡系正裔，然而殘敗之餘已無足輕重，益成傀儡屬國；而離石庭的叛胡則違背傳統，另立異姓須卜骨都侯為單于。須卜單于一年而死，離石諸部遂虛單于之位，以老王行國事，而以屠各部最為豪貴。歷漢魏晉中國，由於視離石叛胡為「匈奴桀惡之寇」，（見《晉書·江統列傳》。）因而僅承認平陽庭之虛連題氏單于為正統單于。這段歷史史書記載隱約，故筆者於本篇之第一文特意發覆之，並說明匈奴胡部其實也有正統、大一統的觀念意識，不僅漢族始有。

降至漢末建安（西元 196～219 年）時期，曹操將離石庭解構，而將其部眾於所在之郡整編為五部，部置部帥，各置司馬監督之，上隸於并州刺史，這就是筆者所稱「五部胡」之由來，遂使南匈奴原離石庭諸部淪為邊郡部落，屬國體制亦漸隨之消失。至晉，復將部帥改為都尉，正式將之列入晉朝中國的官

僚體系，單于王長空有其名而已，至是部民也就漸成中國的編戶，備受強迫徵役，喪失游牧部落自由民的身分。這種改變，就是令屠各諸部深感「晉為無道，奴隸御我」的原因。由此觀之，南匈奴入附初時雖曾有意北還草原復國，但漢朝一直不許，匈奴故地又漸被鮮卑諸部游入侵佔，久之南匈奴遂無力也不敢北還復國，反而其貴族人民因長期被漢魏晉所統治，乃漸漸涵化於漢文化之中，部落體制也逐步變容而納入漢式都尉制，此為文化漸漬、人為因素所促成的結果，而也是五部胡起兵反晉的背景。

再者，東漢不僅協防南匈奴，也大舉出擊北匈奴，致有東漢永元元年（西元 89 年）竇憲率羌胡邊雜之師出擊，「一舉而空朔庭」的成功，不僅使「北單于逃走，不知所在」而漠南無王庭，連漠北也無了。自後匈奴故地漸漸被西徙鮮卑所入居，於漢魏之間且曾出現強大的鮮卑部落聯盟，其後聯盟雖瓦解，但鮮卑拓跋氏卻又不旋踵崛起，於劉淵起事前已發展成「統國三十六，大姓九十九」，「與晉和好，百姓乂安，財畜富實，控弦騎士四十餘萬」的政治實體。（匈奴事參《後漢書·竇融列傳·竇憲附傳》，拓跋氏參《魏書·序紀》。）經筆者研究，以為屠各部本是南匈奴叛亂的桀惡之寇，劉淵恐怕也不是虛連題氏單于嫡裔，所以不能盡匈奴胡部而號召之，僅能發五部之眾以起事，並需兼以漢王、漢皇帝號召晉人。劉淵所部區區十萬之眾，連太原晉軍也久攻不下，更遑論越太原而北上，進攻拓跋鮮卑，以實力光復匈奴故地，「興我邦族，復呼韓邪之業」矣，因此只能退而在華謀求建國。此為客觀形勢所限，也是其創行一國兩制的背景與主因。

就國體而論，A 型一國兩制的本質其實是胡、漢聯合王國之兩國兩制共戴一君，B 型始是典型的一國兩制。但是劉淵遷都平陽建立核心區後，於此分六夷、晉人為兩大族群以遂行統治，或許因單于體制雖有助其號召六夷，然而卻未必有利於號召晉人，故劉聰政變嗣位時猶有「愚人係漢之心未專，而思晉之懷猶盛」之說，（單于名號有利於號召六夷，如石勒就是以「劉單于」名義說服上黨胡部歸順劉淵，參《晉書·劉聰載記》及〈石勒載記〉。）可能即因實行 B 型一國兩制造成胡、漢兩族群不能有效團結有關。由於平陽核心區之六夷以氐羌人數最多，劉淵蓋為此而破例，不與傳統單于四姻族之任何一族聯婚，以保持匈奴王室兩個半婚姻圈的傳統結構，反而立氐酋單氏女為皇后，強化匈、氐婚姻聯盟，用以促進與六夷族群的團結；不過卻又以單于傳統姻族之一的呼延氏之子劉和為皇太子，另以張夫人之子劉聰為大司馬·大單于·錄尚書事掌

握實權，以致匈奴胡與六夷出現裂隙，死後諸女所生之子互相政變誅戮，劉聰且對單太后所生、曾領大單于的皇太弟劉乂及其官屬猜忌屠戮，因而導致氐羌叛者有十餘萬落之多，似乎透露了即使在胡系體制內亦藏有民族不和、歧視或迫害的情況，更遑論漢系體制內華人思晉之懷猶盛矣。劉淵與劉聰皆曾接受漢文化教育，劉淵在位六年、劉聰在位九年，國家常處於征戰狀態，殆未考慮興學教育以統一意識形態之重要性，是以胡漢諸族並無統一的文化價值觀，宜乎在其一國兩制之下族群嚴重分裂，政潮迭起，以致短促亡國。

在此民族分治結構之下，由於平陽核心區位於農牧咸宜地帶，適合六夷的部落生活，保持其民族文化，故至劉聰遂對官制大事整頓，將區內單于臺所領的胡系制度—單于左右輔各主六夷十萬落，萬落置一都尉—採用匈奴盛時的十進位軍制，納入已行之有年的魏晉五部胡「都尉（部帥）—部落」制之中，而都尉一官卻也曾是匈奴盛時之官名。或者可以說，萬落置一都尉既有魏晉統治五部胡制度的性質，也有匈奴傳統制度的性質，是變容的胡漢涵化體制。至於區內尚書臺所領的漢系制度—置左右司隸各領戶二十餘萬，萬戶置一內史，凡內史四十三—其進位結構亦有匈奴制度的遺意，只是平陽核心區為都畿所在，以故依魏晉制度將郡守改名為內史，表面看似漢制而已，其實亦為涵化體制。劉漢核心區此胡、漢兩系體制皆是胡漢涵化制度，但所呈現的因子則胡制濃於漢制，以故核心區較傾向於胡化體制。然而，核心區約佔魏晉平陽、河東兩郡之地而已，至於陸續征服太行山以東廣袤的山東之地，由於領土遠大於核心區，為晉人所居之農業文化精華區，故漢趙於此並不施行核心區體制，而是仍採魏晉現行的州郡制度，而上屬於尚書臺。因此，從宏觀看其立國態勢，是中央核心區行胡制、山東征服區行漢制；而核心區本部亦以兩制分治胡、漢，是以劉漢 B 型一國兩制之特色為「重疊型一國兩制」。據此態勢觀察，尚書臺因為直接管治核心區內的漢系行政體系，且常以單于子弟錄尚書事，故屠各劉氏對此系統治力強；相對的，征服區因處於征戰狀態，劉氏對之鞭長莫及，而統治力弱，故容易造成山東遠征軍諸將有將州郡分離割據的機會，成為石勒崛起的制度性主因。

或問，屠各劉氏為何不遷都山東，以就近統治全國？

按：劉氏在離石、平陽一帶恢復單于體制，平陽為末代正統單于庭所在，故上可安撫以「興邦復業」作為反晉目標之部眾心理，又因漢朝自稱遙繼堯後而堯都平陽，故亦符祧漢立都的史實，恐怕這就是攻陷洛陽後寧可屠殺焚掠，

將晉帝百官以及文物府藏遷往平陽,而不欲遷都於洛的原因。攻洛大將漢人王彌首倡遷都之議而被拒,為此而怒罵曰:「屠各子,豈有帝王之意乎!汝奈天下何!」其實王彌是不明 B 型一國兩制創制的原因,以及由此而造成族群文化不易整合的現實,劉聰蓋是為此緣故,並遷就核心區內胡系族群之部落文化生活,而不遷都於此農業文化精華區也。(王彌語見《晉書·王彌列傳》。按:劉淵兩祧,祧胡則末代正統單于庭設在平陽,祧漢則漢朝自認劉氏遙繼堯後,而帝堯亦都平陽,故劉聰之不遷離平陽蓋與此有關,但史無明文。)當然,此歷史發展也應與政體的設計有關。

從治權所繫的政體看,自漢趙以降,十六國君主鮮有修訂律令以作建制規範之事,可能與戰爭頻繁、國祚短促、兩制分治創行未久的情勢有關,以故單于臺與尚書臺兩行政體系,常因沒有律令明文作為制度運作以及權限分際之規範,加上單于臺胡系諸高級官員常兼尚書臺漢系之官,益使兩系之間運作分際不明,甚至混亂。就此而觀,十六國人治色彩甚重,統治者殆是從實踐中不斷嘗試錯誤,不斷對兩制適應調整。

例如,漢、前後二趙、前後二秦之五胡王朝皆以武力崛起,但其武力體制卻常是危害其國家安全的體制,自漢趙已然,此即兩制失調所出現的現象與結果。蓋當五胡王朝諸君主以皇帝或天王作為元首位號而行一國兩制時,單于臺長官大單于通常改由單于子弟擔任。單于臺所統領之六夷部族,原是主力兵源所從出,然而單于臺在政廳化的設計下似乎僅掌理六夷諸部的行政,罕見其統率並指揮軍隊,軍隊統率權則掌握於晉制諸將軍手中而統於大司馬或大將軍。晉制大司馬、大將軍、都督中外諸軍事、持節州都督等高級武官軍職,職權本就規劃不甚明確,以致釀成「八王之亂」。如今單于臺與尚書臺政令關係欠缺詳明,胡系大單于暨諸王長常與晉制大司馬、大將軍、都督中外諸軍事等官互兼雜置,而大單于又無六夷全軍兵權,以故遂常造成胡、漢兩系的權力緊張,為導致政局不穩而釀伏危機的原因。茲以劉淵、劉聰、劉曜之施為作實例。(以下引文若非另註,則皆據《晉書》諸劉載記,不再贅註。)

劉淵即皇帝位,以其子大將軍劉和為大司馬,後立單氏為皇后,改和為皇太子,宗室悉封郡縣王。及至劉淵寢疾時,以劉歡樂為太宰,劉洋為太傅,胡制獨鹿王劉延年為太保,鹿蠡王劉聰為大司馬・大單于,並錄尚書事,置單于臺于平陽西。按:以胡制名王兼晉制八公諸王,又以駐城外單于臺之胡系最高行政長官大單于錄尚書事,本已是相當不協調的制度,故劉淵死而劉

和嗣位後，和舅呼延攸等說和曰：「先帝不惟輕重之計，而使三王總強兵於內，大司馬握十萬勁卒居于近郊，陛下今便為寄坐耳。此之禍難，未可測也，願陛下早為之所。」正指此不協調制度使劉和有「寄坐」（或作寄主）之感，而致政變發生。蓋「三王總強兵於內」指的是禁兵，而呼延攸既稱「大司馬握十萬勁卒居于近郊」，顯示當時是以大司馬於京郊單于臺統率部落勁卒也。大單于掌治六夷而不握其兵，兵權反而握於漢式諸將之手，則胡系部落對屠各皇帝之支持力恐將有虞，是以劉和有寄坐之憂懼，此實因制度適應失調所造成。因此，劉聰政變即位後可能鑒於此，遂以其弟北海王乂為皇太弟‧領大單于，司空劉景為大司馬，並以其子劉粲為使侍節‧撫軍大將軍‧都督中外諸軍事，可能就是為了分散大司馬對六夷部落的影響力與兵權。其後劉聰大定百官，置相國等官以及輔漢、都護等大將軍，營各配兵二千，皆以諸子為之，而以劉粲為丞相‧領大將軍‧錄尚書事，此時大將軍為最高級武官，大司馬實權已略遜，其分散兵權更為明顯。劉聰尋又以粲為相國，總百揆，而相國於魏晉制度為非復人臣之任，是則劉聰、劉粲父子因忌皇太弟‧領大單于的劉乂，欲以粲壓抑乂也，故尋而廢殺乂，改以粲為皇太子領相國‧大單于。此先後革易，顯是為了針對此失調體制，而卻又作了過度的調整變革。

劉聰死於 318 年（漢麟嘉三年即劉粲漢昌元年，劉曜光初元年，晉元帝太興元年）七月，劉粲嗣位，當時迭決尚書奏事的大臣乃有七人之多，為魏晉所鮮見，其中曾任京畿部隊最高指揮官—都督中外諸軍事—的劉驥改為大司馬，靳準則為大司空‧領司隸校尉掌控京畿治安，而未置大單于以撫領京畿核心區的胡夷部落。靳準承此空檔將有異圖，以群臣陰謀廢立，擁護大司馬統萬機為言離間劉粲君臣，粲遂誅殺劉驥等人，而以靳準為大將軍‧錄尚書事，軍國之事一決於準。翌月靳準勒兵入宮，執粲而殺之，劉氏男女無少長皆被斬殺；遂自號大將軍‧漢天王，置百官，遣使稱藩于晉。（按：《十六國春秋輯補》及《晉書‧劉聰載記》均作「漢大王」，《晉書‧元帝紀》作「漢王」；《晉書‧王延列傳》與《通鑑》皆作「漢天王」，《通鑑》所述略詳，應另有所本。按：「大王」是臣民對封有王爵者的泛稱，並非元首位號，而且漢魏晉封建制均無「大王」或「天王」之爵，恐怕靳準是為了方便向晉交涉稱藩，而權宜自稱「漢王」，其在平陽國內或以「漢天王」自稱。無論如何，「王」爵位號低「皇帝」一等，而靳準兵變主政，短暫自稱「漢天王」若真，則為十六國主自稱「天王」的先例。此事恐待新史料始能確，暫以《晉書‧王延列傳》與《通鑑》所述為是。又：《輯補》及《載記》均載述一神異之事：即聰死前三年其子劉約死，後復甦，自言曾見劉淵於不周山之蒙珠離國中，淵告以

「東北有遮須夷國，無主久，待汝父為之」云云。約辭歸，道遇猗尼渠餘國國主，授約一囊，請轉交漢皇帝劉聰。約甦後，取囊開之，有一方白玉，題文曰：「猗尼渠餘國天王敬信遮須夷國天王，歲在攝提，當相見也。」遂呈聰。然此兩國不知何在，且劉約魂遊所見，恐不能當真。或許當時平陽地區有某種信仰有此兩國，國主皆稱天王，而為靳準稱「漢天王」所本歟？）石勒聞變而來，六夷數萬落陸續降附之，靳準尋因胡夷舊部反政變而被殺，石勒乃入平陽，盡收六夷十餘萬落東遷山東。劉粲嗣位實際僅有兩個月而平陽政權亡，其潛在的導火線正是因劉粲曾為皇太子領相國・大單于及大將軍，劉驥則由大將軍・都督中外諸軍事・錄尚書事改遷為大司馬，均對六夷部眾具有影響力，因而在大單于缺位的情況下遂能輕易被靳準所離間。此為一國兩制在磨合適應過程中，治權與政體所出現的問題，適足以印證筆者所言一國兩制在此方面的制度性缺憾，探討五胡十六國為何屢生政變以及何以國祚短促者所不能不注意。

又，平陽之亂時劉曜駐長安，亦聞亂回援，只是不及石勒之先著，遂於同年十月在途中稱帝，翌年（319年）遷都長安，改國號為（前）趙，於是平陽以東入於石勒；數月後石勒亦自稱趙王，史稱後趙。（劉曜王號中山，石勒根本在襄國，兩地皆屬趙地，故因地緣關係而皆國號為趙。）此二政權皆系出於漢，國體同源而異類，而政體之差異則更大，蓋因對漢一國兩制因革重點有所不同之故，然其革易也與其政權之成敗興壞有所關聯，故需繼而論之。

根據《晉書・劉曜載記》所載，劉曜是劉淵族子，曾受漢文化教育以及游學洛京，資兼文武，其亡國的表面原因與酗酒軍敗，被石勒所擒有關，但不盡然。他是攻陷洛京統帥之一，也是拒絕王彌遷都建議的主角，更是後來攻陷長安的主帥，至於其時擔任匈奴何號王長則不明，恐怕並非位居胡系名王的前列，（據《通鑑》永嘉四年七月條，劉淵死時曜領單于左輔・始安王，其後不詳。按：始安王蓋是雜號王，與石勒封為平晉王略同，而非匈奴名王之號。）前趙前半期沒有恢復單于臺體制，與此或許不無關係。按：平陽既陷於石勒，故劉曜當然需要遷都，然而其稱帝則另有緣故，值得重視。蓋劉曜回援時，與平陽出逃諸大臣會合，因諸大臣上尊號而遂即皇帝之位，此時應是仍稱漢皇帝，故劉曜猶以漢皇帝身分稱靳準「執心忠烈，行伊霍之權」，欲以「政由靳氏，祭則寡人」的方式與其妥協。稍後平陽反政變集團遣使來獻傳國六璽，劉曜大悅而謂來使曰：「使朕獲此神璽而成帝王者，子也！」顯示其有當漢式正統天子之意。劉曜徙都長安後，實行「繕宗廟、社稷、南北郊；以水承晉金行，國號曰趙，牲牡尚黑，旗幟尚

玄；冒頓配天，元海配上帝」等整套漢式儀制，而不重置單于臺體制，這是胡人首次將國家認同與民族認同分離，顯示出有意建立漢式單一君主制。劉曜不再祧漢，根據傳國六璽而以五行學說宣示其政權的合法性，是劉淵國策以一國兩制來興邦復業之反動或修正。應與大變之後，屠各慘遭屠戮，人眾已少，而關中晉人具有戶口優勢，隴上氐羌尚未歸附之形勢格局有關。一國兩制需與時俱變，誠是現實問題，稍後石勒之變易亦是如此。

　　劉曜初徙都長安之時，因其直轄領土大約僅有長安以及周邊渭水盆地之地而已，山東諸將已有割據之勢，而關隴四山巴氐羌鮮卑雜胡諸部落，人口繁熾，卻是未被征服，或拒絕服從或興兵對抗，劉曜皆需不斷以武力屈服之，是以立國形勢危微。或許基於此，加上劉曜是攻陷晉兩京，俘虜懷、愍二帝的統帥，所以索性用流行的五行相生思想學說宣佈改國號，以趙德繼晉行，無異是宣告晉朝已亡，無視於較其稱帝早半年即已復立的（東）晉王朝，其目的當是為了穩住治下晉人之心。至於以冒頓配天，劉淵配上帝，則恐怕是為了要安撫僅有的匈奴胡部。如此，則國家既要繼晉金德，民族又要承匈奴脉統，國、族認同分離不免有所矛盾。然而親陷兩京，屠各眾少，認同矛盾，與周邊胡夷意識形態不相統一等因素，匯合起來應該就是前趙不再復置單于臺體制，而逕建單一漢式王朝的催生原因。

　　不過，劉曜因獲得傳國六璽而將國號改為趙，宣告以水承晉金，建立漢式單一君主制國體，而作中國正統天子之舉，在魏晉南北朝政治史上具有劃時代的重大意義與影響：第一、是啟示了胡夷可得在華建立單一漢式王朝，而未必需要返回原居地建國，國內亦未必需要採用一國兩制的政體；第二、是胡夷所建漢式王朝可得依五行學說自行作正統排序，而不必在意晉朝─一意涵漢族人所建之中國王朝─是否尚存或已亡。揆諸歷史發展，除了河西川隴間國小力弱而偏霸一隅的非漢族政權外，自後匈奴胡系以及受此系影響而元首稱大號之中原諸國，不管元首是否仍帶大單于之號，其國統多以前趙稱木德為始端而自行排列統緒，以與南中國王朝爭正統，並為之興起戰爭，最後形成南、北兩朝相峙之局，降至隋唐終於南、北正統兩認，所修成之《南史》與《北史》皆列為「正史」。另外，由於受到前趙建立單一漢式王朝之先例啟示，這些自行排列統緒以爭正統的北中國胡系王朝，其體制之胡因子愈後愈弱，而漢因子則愈後愈強，呈現胡制日隱、漢制日顯的與時推移遞變遞減效應，終至回歸漢式國體與政體。其間，北魏孝文帝一度達至此趨勢效應之高峰，而其死後所引發的

六鎮之亂以至宇文氏之復古主義體制改革，僅是一時的逆潮流返祖現象而已；但宇文氏之復古改制，其體制之漢因子仍不免顯於胡因子。

劉曜重建單于臺以恢復 B 型一國兩制，乃是在其稱帝七年之後，去其亡國僅剩四年之時。其實劉曜之所以重建單于臺體制，也是格於形勢丕變所不得不爾之舉。蓋劉曜征伐四山胡夷，其屈服投降者則常授其酋帥以漢式官爵而保存其部落統治權，其豪強難服者則將之逼遷長安，並收其部眾為兵。例如劉曜徙都後不久，即因殘殺巴酋徐庫彭等人，「於是巴氐盡叛，推巴歸善王句渠知為主，四山羌、氐、巴、羯應之者三十餘萬，關中大亂，城門晝閉」。劉曜尋因諫言而改採較懷柔的手段，遂使降者十餘萬，隴右氐羌悉定。稍後，陝北氐羌十餘萬落保嶮不降，酋大虛除權渠且自號秦王，後因戰敗而降，劉曜遂分徙其部落二十餘萬口于長安，其他氐羌部落莫不歸附。即此兩大役，劉曜就降伏收編了胡夷部眾五十萬人以上，俱是在武力征服與威脅下而歸附者。因此，稍後劉曜親征河西之（前）涼國張茂，史稱趙軍「戎卒二十八萬五千，臨河列營，百餘里中，鍾鼓之聲沸河動地，自古軍旅之盛未有斯比」，此是其極盛時的軍容兵力；不過張茂的參軍陳珍，卻藐視說趙軍「精卒寡少，多是氐羌烏合之眾」。（珍語見《晉書‧張軌列傳‧張茂附傳》。）無論如何，欲安置這些羌胡將士，長此以往，殆有復置單于體制，仍由其豪傑酋帥統率之必要。因而又數年之後（趙光初八年，晉太寧三年，325 年），劉曜派遣其侍中‧都督中外諸軍事‧中山王劉岳東征石勒，大敗被擒，劉曜親自率軍往援亦潰還長安，遂因精銳折損，益需依賴胡夷將士，於是於同年重建單于臺體制，「署（長子）劉胤為大司馬，進封南陽王，以漢陽諸郡十三為國；置單于臺于渭城，拜大單于。置左右賢王已下，皆以胡、羯、鮮卑、氐、羌豪桀為之」。渭城單于臺體系之王長不僅人物種族大事換血，抑且在武力征服威脅下而收編改制的胡系王長以及四山種落，殆也未必認同於冒頓—劉淵之脉統而誠心支持大單于，以致劉胤不能有效動員指揮此諸胡夷種落。此由三年後第二次東征之役，劉曜亦大敗被擒之後，大司馬‧大單于‧南陽王劉胤等議論西保秦州，尚書胡勳以為「今雖喪主，國尚全完，將士情一，未有離叛，可共并力距險，走未晚也」，這僅是指長安當時的情況；但劉胤不從，率百官奔于上邽。秦州以上邽為首府，是羌胡混雜生存的核心空間，是以稍後劉胤從上邽反攻長安時，「隴東、武都、安定、新平、北地、扶風、始平諸郡戎夏皆起兵應胤」。然而如此分散響應之態勢，與六夷集中於平陽核心區大不相同，故恐怕仍是烏合之眾，

虛張聲勢者居多，因此才能為石虎區區二萬騎所大敗，且被乘勝追擊，上邽大潰，導致劉胤與太子劉熙等將相諸王以及卿校公侯三千餘人被殺，臺省文武、關東流人、秦雍大族九千餘人被強逼遷于襄國的結果，可以知之矣。

　　按：前述劉曜平定四山羌、氐、巴、羯三十餘萬眾以及陝北氐羌十餘萬落，由於當時尚未重建單于臺，以故對之並未予以妥善的組織部勒，所以陳珍才會說趙軍「多是氐羌烏合之眾」。及至重置單于臺體制，因時間短促，僅僅四年，情況並無多大改進，是以即使諸郡戎夏起兵響應大司馬・大單于劉胤以對抗石虎也無多大效果，以致最後被深入追擊，大潰亡國，不僅前趙百官被殺被遷，連帶羌胡大族包括羌部姚氏、氐部蒲（苻）氏也先後被逼東遷。也就是說，劉曜逼於形勢丕變而重置的單于臺體制，不僅成立的時間短促，抑且組織人事與平陽體制亦大不相同，如渭城單于臺體制羌胡部落並未改易為都尉制，而且分散於四山而未集中於核心區等，可謂面目已非。因此，前趙雖說是因外力而滅亡，但也可以說是因一國兩制設計不良，而又適應失調，部勒運作失效而亡。

五、

　　上節論及劉曜稱帝改國號之舉具有劃時代的重大意義與影響，促成胡系王朝之體制呈現胡制與時推移遞變遞減效應。此效應首先見於石勒的後趙體制，而以其元首位號之前後變化以及六夷部司制最為明顯，軍鎮制則降至前、後二秦而益明。然而，由於石勒在五胡十六國中首創以「天王」作為元首位號，有論者認為是源於西方佛教佛王傳統之「天王制」，而非根於中土君主制度的演變。事關五胡之國體，是以本節不免需論證此說之可靠性，致使行文不免稍詳而贅。

　　根據《晉書・石勒載記》，石勒是上黨武鄉羯人，其先為匈奴別部羌渠之胄，祖、父並為部落小率。羌渠當即康居之對音，為中亞游牧聯邦制國家或酋邦，匈奴與其關係密切且曾統領之。康居所屬小邦或土著定居，園作從商，而未必全皆游牧，以故石勒先世殆源出其沙漠綠洲後來的石國，是有文字文化，以定居園作，擅長商業，信奉祆教的粟特城邦之一。因此石勒父祖並為部落小率也者，恐怕其先世蓋是粟特城主、堡主之流，後屬匈奴為別部而仍是別部的小首領，而曾無大國的統治經驗，是以石勒之建國，只能仿效漢趙的規模，以及其生活在魏晉時的現行魏晉體制而變通用之，以致其後亦因體制適應失調而亡國。晉時對中亞諸國已有「西胡」之稱，以別於匈奴之胡及東胡，石勒少

小時曾從事園作及商賈，且曾被晉軍掠賣為農奴，生活文化本與匈奴不盡相同，所以其後建國仍保有一些粟特文化。據此可知，當劉琨不理會平陽天子是胡人劉氏，而於致石勒之招降書中，強調「自古以來誠無戎人而為帝王者，至於名臣建功業者則有之矣」時，石勒答以「事功殊途，非腐儒所聞。君當逞節本朝，吾自夷，難為效」，表示其自我認同為夷，（按：兩漢以來視西方民族部落為西夷或西戎，與胡及東胡不同。）不僅不認同於漢族，殆也不認同於匈奴，這是他建立後趙而不宗祧冒頓─劉淵統緒的原因。魏晉漢人視其部族為雜胡，稱之為羯胡；而匈奴則置之為別部，劉曜則稱石勒為大胡，顯示時人亦知羯族與他族有所分別也。在漢趙統治時，石勒一再固辭依晉制所封的郡公爵位，而保留「平晉王」的胡制雜號王稱號，並護持祆教在其轄區內的生存發展，故至石虎時鄴中猶有祆寺、祠天諸事；（按：天，在中國傳統觀念以及在祆教皆是具有最高位格之神，與佛教諸天以及諸天各有護法天王的概念不同。石虎「立二畤于靈昌津，祠天及五郊」，所行可能是漢式祠天地、五郊之禮，但也不能完全排除祠胡天。）至於他經略山東的早期，戰略以就地取材、以戰養戰的流寇式運動戰為主，待地盤穩定後則在戰區內推動農業的興復，建國後更特重推動重農興學的政策，雖說在山東地區受到漢文化的影響，但也未必與其定居園作、有字文化的舊俗無關，顯然頗異於匈奴所建的漢趙。研究者若對此不予重視或重視不足，則殆難真正瞭解後趙的政治體制，以及理解此後諸胡國在此方面受其影響的發展。

石勒於晉惠帝太安（302～303）中因并州飢亂，而與家人及本部諸小胡亡散，尋即被晉軍掠賣為奴，備極艱苦。後趙為五胡諸國屠殺漢人最兇殘的政權，尤以屠殺晉朝軍人官吏為甚，後來亦被冉閔反種族屠殺，羯族因而滅絕國亡，未必不與此民族仇恨無關。然而石勒憑以崛起的武力基礎並非全靠羯族武士，而是雜胡群盜，由八騎發展為十八騎，加上後來被其說服而歸附「劉單于」，且被劉淵悉數配屬給石勒統率的雜胡與烏丸，兵力凡有七千人，大單于‧漢王劉淵因而授勒為「輔漢將軍‧平晉王」─前銜蓋為漢制雜號領兵官，後銜為胡制雜號王，稍後遂加勒「督山東征討諸軍事」之職，令其與其他七將率眾三萬進寇山東地區，發展迅速，於是「魏郡、頓丘諸壘壁多陷之，假壘主將軍、都尉，簡強壯五萬為軍士」。按：以將軍加督領胡夷漢人之制二趙概稱部司，由此可以徵見劉淵於內地施行一國兩制，以及石勒崛起之以戰養戰實況於一斑，並可確定後趙的武力基礎並非全靠羯族一族，而其兵力結構多為諸胡夷，而且漢族人更多，此所以後趙建國後征伐四方，在山東河北地區動輒能興兵數十萬

以至百萬，而且擁有龐大舟師的原因，也因此而不得不在山東河北此漢文化優勢區採用部司制以管治夷夏，將之納入漢式軍制之中，使之異於平陽本部之都尉制也。

　　本篇諸文本司馬遷「考之行事」，然後再「稽其成敗興壞之理」的方法論進行研究，故第三文之目的旨在重建後趙發展之始末及利弊，並不特意解釋其行為措施以及其背後所蘊藏的意識形態。今此敘論，筆者因後趙對二秦政治與政制的影響大於漢趙，加上有人謂後趙稱為天王以及治國均是受西方佛教意識形態的影響，是故有意對其一些重要而費解的行為措施，作綜貫性的解釋，以補第三文之論述未及。

　　首先在政治方面：第一、隨著石勒軍功累積及勢力發展，他一再固辭漢趙所進授的高官大爵，由輔漢將軍、平東大將軍累授至征東大將軍而一再固辭，會攻洛陽而陷之也歸功於劉曜與王彌，自己則率軍出屯轘轅，應與當時東征諸將尚未盡被石勒所兼併，晉朝河北諸將尚未盡被石勒所消滅，以故不想做「出頭鳥」，以免成眾矢之的而為人所忌有關，蓋因「征東大將軍」乃是魏晉方面軍統帥最高級的稱號也；第二、他固辭汲郡公的封爵，直至進封上黨郡公則接受之，其理與固辭征東大將軍而接受并州刺史相同，蓋因其為并州上黨郡人，并州上黨是其本邑，封以本邑是魏晉慣例，不致引起他人太大注意；第三、增封州郡、授予殊榮，表示平陽朝廷承認其地盤擴張與勢力坐大，所以他從接受并州刺史起，累授幽州牧，督并幽二州諸軍事・領并州刺史，都督冀幽并營四州雜夷征討諸軍事・冀州牧，至平滅幽州王浚後，劉聰進授其為大都督陝東諸軍事・驃騎大將軍・東單于，加金鉦黃鉞，乃至賜以弓矢，加崇策授其為陝東伯，得專征伐，拜封刺史將軍守宰列侯的特權，以及劉曜稱帝後署其為大司馬・大將軍，加九錫，增封十郡，并前十三郡，進爵趙公，稍後又署太宰・領大將軍，進爵趙王，增封七郡，并前二十郡，出入警蹕，冕十有二旒，乘金根車，駕六馬，如曹公輔漢故事等等殊榮與特權，他皆欣然接授，蓋因皆是收實惠而非務虛之故；反而劉聰死前驛召他為大將軍・錄尚書事，入朝受遺詔輔政，勒則固辭，蓋避免離開地盤而涉身複雜難測之地也。此種種舉措，顯示石勒視情勢而作為，是一個聰明而狡猾，具有政治天分的實用主義者，與殘暴成性、唯權位是尚的繼任者石虎大異，是故能開創一番與漢趙不同的事業，而石虎則只能繼承勿替。

　　復次在治國意識形態方面：論者因為石勒石虎尊崇「大和尚」佛圖澄，

而刻意挑揀史料，舉灌頂浴佛等行為及製造類似佛教器物等少數事例，欲作全稱命題式解說，用以證明二石因佛圖澄而護持佛教，並且以佛教意識形態治國，甚至謂二石因佛圖澄之輔助而稱「天王」，並實行源於佛教佛王傳統的「天王制」。(詳古正美，《從天王傳統到佛王傳統》，台北市：商周出版，2003 年。) 筆者按：以宗教意識形態治國於今世界仍所在多有，且皆明顯表現於其國立國精神與制度政策。由於論者所言事涉佛教教義及佛教史，此處不容多辯，但以筆者識陋，略知二石因佛圖澄而護持佛教，舉行一些佛教活動，固是事實；然而「治國」屬於政治範疇，與「教化」不同，以何種思想理論治國則講究立國精神以及如何具體表現於政策措施制度之中。揆諸載記，二石所表現的應與佛教教化活動有關，筆者不明論者所謂「治國」究是何所指，尤其不能因二石自稱「天王」即謂其行佛教「天王制」，蓋所謂制者需表現於典章制度而為政府所常行之事，二石「天王制」之內涵是甚麼，佛教「天王制」的內容如何，兩者有何密切關係，論者皆無合理說明，恐是顧名思義而硬套也。筆者概略知悉，佛教諸天天王乃是佛教護法之神，雖各統一天，然卻非世俗君主。其神雖分住於諸天，統領該天的眷屬鬼神，但亦頗有巡行世間，督導人間遵行佛教善道、庇佑佛教子民之責任，以故是護法之神，佛教經論對此多有所述，但其如何統治諸天之制則未詳。又，佛教傳說佛菩薩天王鬼神皆有化身，以故後世人間國主或會自稱是天王降世或是天王之子裔，甚至如北魏之「皇帝・如來」以及梁朝的「皇帝・菩薩」，更是以佛菩薩自任。然而採此說以示眾的人君，在中國歷史上皆是二石以後才有事例，之前蓋未聞中國天子有自稱為佛教天王或天王子裔，而以天王自號，逕直統治人間俗國之事者。即使論者謂漢桓帝是中國第一個轉輪王，但桓帝及臣民僧侶皆未曾以此視之或自視，更不用說桓帝兼信黃老矣。魏晉間西行求法僧侶所撰之書記，亦罕見其述及當時西域諸國人君世主以「天王」自號者，晉宋之間或有此號，蓋因後趙二秦之君主當時已自稱「天王」而為僧徒所借用也。(按：前面注文謂劉約死後魂遊而提及有兩國國主稱天王，事不可信。古正美前揭書則謂漢桓帝是中國第一位轉輪王，但漢桓帝自稱皇帝而未聞臣民僧侶信徒稱之為輪王、法王或天王者，所謂第一位轉輪王恐是古正美封之。至於其所舉東南亞諸例則皆是南朝以後之事例，此時印度及中南半島婆羅門教濕婆信仰流行，濕婆雖被佛教吸收為護法神─即大自在天，但古正美卻在未能確證扶南等國究是信仰婆羅門教之濕婆抑或佛教之大自在天的情況下，逕斷扶南等國所信是後者，遂謂此為大乘密教，而佛圖澄是大乘密教僧人；然而，佛圖澄究是大乘密教抑或小乘佛教僧

人佛學界猶無定論，信仰濕婆被佛教視為外道，凡此等等古正美皆未論證說明，而且用後見的扶南等國事例以比附二石之稱天王，方法上也可能有問題。又，其復舉釋道安於所撰〈檄魔文〉中用到天王二字，用以證明此天王即是法王或佛，天王傳統實際上也是一種佛王傳統。筆者以為，佛教視第六天魔王波旬正是大自在天化身，而道安此文蓋撰於前秦苻堅稱天王之時，為僧徒仿天子詔書之作，借以方釋迦之高祖是法王，是故若用道安所稱「天王」之名來表示是法王或佛王，證明天王傳統實際上是一種佛王傳統，此在佛教或許可行；但若用以指稱後趙時期人君世主之稱天王者是法王或佛王，或是法王或佛王之化身後裔，而謂二石苻堅之稱天王是取法於此，則恐怕差之毫釐矣。）

　　石勒種族源出中亞，本尚祆教，語言禮俗仍有見存於後趙者，只是漢朝以來佛教流行，故生活於魏晉的石勒染有佛教禮俗、喜好異風器物，甚至崇尚外道神通，皆不足為奇，猶如今人雖不信基督而亦過聖誕節，好尚聖誕禮物，相信天堂地獄而已。至於二石因深信圖讖鬼神，是以尊崇神通第一的佛圖澄而號之為「大和尚」，蓋重其神通而已；（按：梁朝釋慧皎撰《高僧傳》即將佛圖澄列入「神異」類第一人，《大藏經》諸相關佛書亦僅多記佛圖澄神異之事而已。《十六國春秋輯補》卷十一載勒將郭黑略以佛圖澄「有道術，進之於勒，試之有效，甚尊重之」，《高僧傳》及《晉書・佛圖澄列傳》本之略同；至於稱其為「大和尚」，尊敬莫比，乃是石虎僭位後之事。）亦猶如石勒好尚謀略，粟特民族尚右下左，故尊崇其謀主大執法張賓而敬呼為「右侯」，如此一僧一俗皆為石勒所尊崇罷了。盡管石勒曾因佛圖澄救活其子弟，致令諸子多在澄寺中養之，未必就能證明二石篤信佛教或由祆教改信佛教，否則鄴都置有祆寺以為司法之所，執掌胡人之大政，（按：胡俗政簡，匈奴與粟特皆以平理訴訟為國之大政，而氐羌烏桓鮮卑舊俗亦以司法為大政。只是匈奴以姻族留庭平訟，粟特則由祆寺神職人員執法，故降至隋唐，朝廷猶特置薩保之官以為粟特人之首領，用以管治粟特人商旅之餘亦兼理其宗教與訴訟也。）當作如何解釋？宣揚善道，維護善俗，不僅只是佛教之教義然，即使方內世俗之學如儒學等亦然。二石自稱「天王」以及統治後趙的意識形態應與儒學有關，於茲不嫌累贅而略述之，用釋真相，避免以偏概全。

　　按：石勒初奉命攻略山東，翌年（漢永鳳元年，晉永嘉二年，308年）連陷魏、趙諸郡縣堡壁，〈石勒載記〉載謂「眾至十餘萬，其衣冠人物集為君子營。乃引張賓為謀主」，以刁膺、張敬為股肱，原十八騎諸將為將率。這是石勒集中管制士人並予以起用之始。兩年之後劉聰嗣漢皇帝位，授勒征東大將軍・并州刺史・汲郡公，持節、開府、都督、校尉、王如故。石勒固辭將軍，此時

已然兼併友軍,「欲有雄據江漢之志」。降至 311 年(漢嘉平元年,晉永嘉五年),石勒圍殲東海王越部眾二十餘萬,會師攻陷洛陽後,再攻掠豫州諸郡,屯于葛陂。(按:郭黑略進佛圖澄於石勒蓋即此時之事,當在石勒尊崇張賓之後。)晉并州刺史劉琨送還與其相失的母親與石虎,並致書向勒招降,石勒答以「事功殊途,非腐儒所聞。君當逞節本朝,吾自夷,難為效」,實則已有獨立自建事功之意,只是難與腐儒言之。翌年納張賓之計進據襄國,遂都於此,劉聰不得已,在原官職上加署使持節・散騎常侍・都督冀幽并營四州雜夷征討諸軍事・冀州牧・上黨郡公以安撫之。石勒的戰略至此已以襄國作為核心,挾擁華夷以擴張地盤,士人則更如張賓所言「自將軍神旗所經,衣冠之士靡不變節」,於是遂有人才用以推行「立太學,簡明經善書吏署為文學掾,選將佐子弟三百人教之」的教育政策與制度,與平陽朝廷大不相同,開始以儒家意識形態來治理轄區,強化統治基礎。

　　兩漢以來重農興學、壓抑末業,原為中國社會政治的重要意識形態,儒學獨尊後尤然。山東地區經永嘉喪亂,如今淪於石勒,浸及於整個中原,在局面漸漸安寧之下,為求長治,故更待此舊觀之興復。民生經濟之重要不必說,但興學擢才較能帶動社會政治的重建,以及突顯官方的意識形態,故對後趙此方面的施為,於此先舉而述之,然後再論其國家定位以及一國兩制。

　　蓋石勒都督冀幽并營四州雜夷是以襄國為都,此後征戰所獲之華夷人口常被強遷於此,不足容納則部署於周邊郡縣。初期六夷以山東河北的烏丸、鮮卑為多,攻取平陽後則以氐羌最為大量,故至 314 年(漢嘉平四年,晉建興二年)石勒襲殺其河北勁敵晉幽州都督王浚之後,劉聰遂在原有官爵上再加授石勒大都督陝東諸軍事・驃騎大將軍・東單于,翌年又加崇為陝東伯。所謂東單于,是因石勒所部胡夷已多,故授其為陝以東之單于,俾能名正言順以統治也;所謂陝東伯,伯即霸也,亦即確認其為陝東霸主。此時,石勒開始整頓社會財經,「始下州郡閱實人戶,戶貲二匹,租二斛」,租稅較魏晉為輕,治國始有規模矣。降至 319 年(前趙光初四年,東晉太興二年),劉曜署勒太宰・領大將軍・趙王,增封至以二十郡為王國,而且特許出入警蹕,冕十有二旒,乘金根車,駕六馬,如曹公輔漢故事,實則儀制上已是實際的天子。尋因平陽之亂而與劉曜矛盾,石勒怒甚,於是下令曰:「帝王之起,復何常邪!趙王、趙帝孤自取之,名號大小豈其所節邪!」遂在劉曜改稱(前)趙皇帝之後五個月自行即趙王之位。石勒由趙王以至為(後)趙皇帝,陸續推行如下政策措施:

（1）振興經濟：即王位之初遂遣使循行州郡，勸課農桑；其後復制定度量衡，鑄造豐貨錢，欲恢復久已不行的貨幣經濟。後又差遣勸課大夫、典農使者、典勸都尉等循行州郡，核定戶籍，勸課農桑；農桑最修者賜爵五大夫。

（2）整頓禮俗：即王位之初曾下書「禁國人不聽報嫂及在喪婚娶，其燒葬令如本俗」。330 年（後趙太和三年，東晉咸和五年）稱帝後，石勒曾巡行冀州諸郡，引見高年、孝悌、力田、文學之士，班賜穀帛有差；又「禁州郡諸祠堂非正典者皆除之，其能興雲致雨，有益於百姓者，郡縣更為立祠堂」。

（3）佑文興學：即王位之初，石勒特置魏晉所無的經學祭酒、律學祭酒、史學祭酒之官，並「增置宣文、宣教、崇儒、崇訓十餘小學于襄國四門，簡將佐豪右子弟百餘人以教之，且備擊柝之衛」，目的殆欲培養文武兼資的官員。及至稱帝後，復「起明堂、辟雍、靈臺于襄國城西」；又「命郡國立學官，每郡置博士祭酒二人，弟子百五十人」，是則復興中央太學以及地方郡國學矣。史載石勒曾「親臨大小學，考諸學生經義，尤高者賞帛有差」，顯示其對教育非常重視，而且並非造作假裝。因為其太子石弘就是幼習經、律，「虛襟愛士，好為文詠，其所親昵，莫非儒素」之人，致使石勒憂慮「大雅（弘字）愔愔，殊不似將家子」，其後果為石虎所廢弒。

（4）擢才任官：即王位後恢復選舉制度，「以張賓領選。復續定九品，署張班為左執法郎，孟卓為右執法郎，典定士族，副選舉之任。令羣僚及州郡歲各舉秀才、至孝、廉清、賢良、直言、武勇之士各一人」；其後命記室參軍王波「典定九流，始立秀、孝試經之制」。稱帝後復下書「令公卿百僚歲薦賢良、方正、直言、秀異、至孝、廉清各一人，答策上第者拜議郎，中第中郎，下第郎中。其舉人得遞相薦引，廣招賢之路」；又規定各學校諸生「三考修成，顯升台府。於是擢拜太學生五人為佐著作郎，錄述時事」。如此的政策措施，其實是將兩漢的鄉舉里選、學校擢才以及魏晉的九品中正制雜復而並興，擴大人才的吸納。

作為胡主而有如此的社會經濟以至禮俗教育作為，規模顯非漢趙可比，則石勒之學識是承自漢朝以來儒家經學的思想意識，抑或是取自佛教的佛王傳統意識形態，可以知矣。據〈石勒載記〉，內中並無其閱讀佛教經典乃至祆教經典的記載，《大藏經》中之相關經典亦然；反而因少小顛沛流離，未受教育，是故石勒為將之後努力向學，有聽儒生為其讀史的習慣。〈石勒載記〉載云：

勒雅好文學，雖在軍旅，常令儒生讀史書而聽之，（按：《十六國

春秋輯補》作「令儒生讀春秋史漢諸傳而聽之」。）每以其意論古帝王善惡，
朝賢儒士聽者莫不歸美焉。嘗使人讀漢書，聞酈食其勸立六國後，
大驚曰：「此法當失，何得遂成天下！」至留侯諫，乃曰：「賴有此
耳。」其天資英達如此。

因此，石勒之重視中國學術，能獲得歷史知識以及能考究諸生經義，胥與此有
關。而其所創用的元首稱號─天王，以及別具特色的一國兩制，亦與此有關。

石勒在位時間為319～333年，凡十四年。319年自為趙王，330年改稱大
趙天王，同年七個月後即皇帝位。此期間其「趙王、趙帝孤自取之」的思想意
識，以及國家體制，可作如下考察：

稱趙王以前，石勒已為大都督陝東諸軍事・驃騎大將軍・東單于・陝東
伯，劉曜稱帝且進為大司馬・大將軍・趙公，因漢趙朝廷尚在，襄國周邊仍
有強敵，大者如并州劉琨、豫州祖逖、青州曹嶷、幽州段氏鮮卑等，故仍需
假漢趙名義進行兼併征服，是以石勒答石虎等百餘人第一次勸稱尊號之書
曰：「孤猥以寡德，忝荷崇寵，夙夜戰惶，如臨深薄，豈可假尊竊號，取譏四
方！昔周文以三分之重，猶服事殷朝；小白居一匡之盛，而尊崇周室。況國
家道隆殷周，孤德卑二伯哉！其亟止斯議，勿復紛紜。自今敢言，刑茲無赦！」
是即引周文王、齊桓公之例，聲言自慚寡德，比不上二伯而堅拒之，顯示出
其聰明之處，對現實局勢以及經史知識確有所識，並非盲動主義者。稍後眾
人第二次上書勸即皇帝位，主張非常時期應行非常之事，但知石勒不稱帝的
意志堅決，退而求其次，謂「大司馬雖位冠九台，非霸者之號。請改稱大將
軍・大單于・領冀州牧・趙王，依劉備在蜀、魏王在鄴故事，以河內、魏、⋯⋯
樂平十一郡，并前趙國、廣平、⋯⋯樂陵十三郡，合二十四郡、戶二十九萬
為趙國，封內依舊改為內史。準禹貢、魏武復冀州之境，南至盟津，西達龍
門，東至於河，北至於塞垣，以大單于鎮撫百蠻，罷并、朔、司三州，通置
部司以監之」。（按：《晉書・石勒載記》與《通鑑》對此文俱予節錄，載記更刪掉最重要的
「請改稱大將軍・大單于・領冀州牧・趙王」一句，今依《十六國春秋輯補》。）石勒推讓
再三乃許之，遂即位稱趙王而非皇帝之位。

按：劉備在蜀、曹操在鄴最初皆未稱帝，僅以王號暫為君主，石勒稱趙王
即是依此故事，但卻採用群僚所建議的體制而變通用之，稍後又「制軒懸之樂，
八佾之舞，為金根大輅，黃屋左纛，天子車旗，禮樂備矣」，則是故意與趙皇
帝劉曜作對，表示「趙王、趙帝孤自取之，名號大小豈其所節邪」。其後遷都

於鄴、復建洛陽為南都，當亦與依曹魏故事有關。至於劉聰早已授石勒為都督
冀幽并營四州雜夷征討諸軍事‧冀州牧，而石勒由於源出粟特小邦，邦內曾無
複雜的民族結構，以故其國家體制遂以「王國」自處，雜用胡、漢制度，而不
純採天朝官制或魏晉王國之制，更不純用匈奴以及屠各劉漢之舊制，顯示在意
識形態上，石勒實是另闢一途，可視之為「稱王的中國皇帝」。聽讀史書而能
活用史學一至於斯，可謂善於讀史者，自與腐儒不同。其胡、漢雜用的王國規
模如下：

> 太興二年（319），勒偽稱趙王，……依春秋列國、漢初侯王每
> 世稱元，改稱趙王元年。始建社稷，立宗廟，營東西宮。署從事中
> 郎裴憲、參軍傅暢、杜嘏並領經學祭酒，參軍續咸、庾景為律學祭
> 酒，任播、崔濬為史學祭酒。中壘支雄、遊擊王陽並領門臣祭酒，
> 專明胡人辭訟，以張離、張良、劉羣、劉謨等為門生主書，司典胡
> 人出內，重其禁法，不得侮易衣冠華族。號胡為國人。……加張賓
> 大執法，專總朝政，位冠僚首。署石季龍為單于元輔、都督禁衛諸
> 軍事，署前將軍李寒領司兵勳，教國子擊刺戰射之法。命記室佐明
> 楷、程機撰上黨國記，中大夫傅彪、賈蒲、江軌撰大將軍起居注，
> 參軍石泰、石同、石謙、孔隆撰大單于志。自是朝會常以天子禮樂
> 饗其羣下，威儀冠冕從容可觀矣。

　　從事中郎、記室、參軍等乃是魏晉王國方鎮之屬官，此時蓋仍為大將軍‧
領冀州牧‧趙王諸屬官，石勒僅是選其中之裴憲等人兼領魏晉所無的經學、
律學、史學祭酒，以推行學術而已；而將軍支雄等人則多為當年起家的十八
騎胡將，故使之兼領門臣祭酒與門生主書，以專司胡人司法以及行動管制。
此胡、漢兩系官吏皆上總於大執法而不置尚書臺，是則大執法無疑就是尚書
臺之異名。按：前註謂粟特政簡，以平理訴訟為國之大政，由祆寺神職人員
執法，至隋唐而置有薩保之官，則此大執法殆即胡職涵化之漢官。是則其王
國要官不僅區分為胡、漢兩系，且國內亦嚴格區分為華人與國人，（按：石勒以
雜胡、鮮卑、烏丸起家，故國人除粟特人外，恐怕也應包含匈奴胡、其他西胡以及東胡，可謂
之泛胡人，只是西胡羯人深目高鼻，體貌有異罷了。至於華人，史書也稱作趙人或夏人。然而
六夷中的巴氐羌則不詳，可能直接稱其族名為巴、氐、羌。但是筆者讀二石載記，知其國內亦
有「六夷」之名，或疑國人僅指羯人而言，匈奴、烏丸、鮮卑、巴、氐、羌則統歸為六夷。史
料不詳，容待確考。）恐怕事涉種族隔離，為日後冉閔之種族滅絕伏下了危機。

至於其胡系組織亦不置單于臺，蓋因單于臺已政廳化，故不置尚書臺也就不置單于臺，而逕由大將軍‧領冀州牧之石勒自領大單于以鎮撫百蠻而統領部司，僅設單于元輔以襄助之，也因此則元輔的事權地位恐下於「專總朝政」的大執法。據此可知，石勒既以趙王親領大將軍‧大單于‧冀州牧，故史書遂僅載其即「趙王」之位，而未言其由東單于登大單于之位也，蓋因趙王國之君主是趙王而非大單于也。趙王國體制如此胡、漢雜用，嚴格說是羯、漢雜用，所以其王國並非是一君兼統的兩國兩制，也非純粹的 A 型或 B 型一國兩制，而是類似一個元首（趙王）、一個中央（大執法）、兩套行政的 A 與 B 型變通版，姑名之為 C 型一國兩制。此外，石勒又依春秋列國及漢初侯王每世稱元故事而稱趙王元年，不建天子年號，但卻服御漢式天子儀注，效法漢式天子般修撰國記、起居注乃至胡制所無的大單于志，可見其變通之靈活。

至於地方行政制度，趙國本部二十四郡依晉制置為內史，其政事則當與其他州郡般皆總於大執法，此蓋仿自魏晉以及劉淵之制而稍作變通。至於所謂「以大單于鎮撫百蠻，罷并、朔、司三州，通置部司以監之」者，則是因并、朔二州自漢末以來早已荒殘，且曾廢置，為胡夷所居，司州則是新殘於永嘉之亂，百姓流散，地曠人稀之故，因而通置部司。所謂部司，史無甚解，筆者以為概指以軍事機關部勒以胡夷為主的部眾，而其下不置郡縣的軍事組織，長官通常以將軍等武官任之，其部大眾多者則將軍加督銜，故名之為部司，後漸轉變為軍鎮制。部司制本身自有其制度史源，殆源起於漢末以降曹操將離石庭匈奴分為五部，各置部帥以領之的「五部胡」制度。大抵匈奴五部制度至屠各建立劉漢，乃將匈奴盛時軍制與之糅合，變易為平陽核心區之單于臺系都尉制；由於石勒曾以將軍都督冀幽并營四州雜夷，部眾龐多而部族複雜，非平陽核心區之都尉制可比，是以變通此制而創為部司，不僅初於并、朔、司三州通置，抑且亦漸施行於山東漢文化優勢區，使制度形式更像漢制。因此可以說，部司制是漢魏晉離石匈奴五部制—屠各劉漢平陽單于臺都尉制的發展擴大而變容，其最明顯之例莫如東遷後的氐族苻氏以及羌族姚氏。據二氏之載記，石虎滅前趙後，苻洪說石虎徙關中豪傑及羌戎內實京師，遂以洪為龍驤將軍‧流人都督，徙其部眾十餘萬于司州汲郡之枋頭；姚弋仲亦說石虎徙隴上豪強以實畿甸，遂先以弋仲行安西將軍‧六夷左都督就地部勒，其後亦率部眾數萬遷于冀州之清河，拜奮武將軍‧西羌大都督。枋頭與清河皆在後趙都畿二十四郡之內，苻、姚二部屯駐於此以屯耕營生；若部司

移防鎮守州郡，殆即變易為軍鎮制，降至隋唐遂發展為地方軍之鎮戍，使部
司之名自二秦以降消失。至於魏晉以來曹操創行之雜夷護軍制，以及石勒所
創之「君子營」，殆皆以相同的軍制原理而創建。（關於軍鎮制，嚴耕望先生有專章
論述，可詳其《中國地方行政制度史（乙部）：魏晉南北朝地方行政制度》，中研院史語所專刊
之四十五 B。軍鎮地位至隋唐淪為以鎮戍面世，轉而促成節度體制的創建，可詳拙著〈從戰略
發展看唐朝節度體制的創建〉，收入拙著《中古大軍制度緣起演變史論》，新北市：花木蘭文化
事業有限公司，2019 年。秦漢以降護軍之本職為軍隊督察長，曹操因與劉備爭戰，唯恐劉備
鼓動川隴胡夷，是以將之強逼東遷，用護軍制部勒監護胡夷，其情況請參馬長壽之《碑銘所見
前秦至隋初的關中部族》，北京：中華書局，1985 年。）按：此時諸部司皆採用魏晉軍
制以為部勒組織，其胡夷軍人蓋已納入軍隊統率系統，而其家屬以及附軍營
戶則當由大單于鎮撫，而以單于元輔佐之，與仍然施行漢式州郡制，由刺史
太守治理編戶，齊民不一定當兵之地方行政系統不同。此胡、漢分治的地方
行政制度大體皆為二趙所行用，只是石勒特稱之為部司，而本身以趙王自領
大單于罷了，要之後趙的襄國體制雖頗異於漢趙，然而皆是胡制與漢制相涵
化的結果。

　　趙王國因於屠各漢制而作上述的革易，此或與石勒系出匈奴羌渠別部，原
有舊俗文化頗異於匈奴有關；然而其於 308 年初略魏趙諸郡，將所虜「衣冠人
物集為君子營」的君子營則頗為特殊，為漢趙所無之制。按：「君子營」既以
營為稱，則當如營戶般隸屬軍管也，恐怕是變形的特殊部司組織。誠如張賓所
言「自將軍神旗所經，衣冠之士靡不變節」，則可見此類君子營應當日有擴充，
不僅一營。揆諸歷史，當趙王國建立後，始「徙朝臣掾屬已上士族者三百戶于
襄國崇仁里，置公族大夫以領之」，蓋因局面漸寧，以故由軍管改為鄉治而已；
但是仍有此類君子營未獲改變，需待石虎當國後才獲得解除「兵貫」，還復士
人身分。由於士族有助於石勒建國，營造官方意識形態，為特殊的戰略資源，
因此需要立營以作管制，是以疑其性質是變形的部司，或許亦與粟特商旅身分
特殊而歸由薩寶管理的習俗有關，至於是否直屬於君主則史無記載。

　　由於史料不足，筆者僅能大略推見趙王國之襄國體制，知其胡系行政體系
已漸向漢制系統傾斜；至於國家元首之位號全銜為「大將軍・大單于・冀州牧・
趙王」，以故頗異於劉淵的 A 型與 B 型一國兩制。以此類「大將軍（或某某大將
軍）・大單于・某州牧（或某州刺史）・某王（或某公）」作為君主全銜，用以宣示國
體政體，遂為此後不少胡夷偏霸之國所效法，視之為 C 型一國兩制的典型可

也，其特色在大單于位階低於國主，政體雜用胡、漢，而胡系體制則向漢系傾斜。如此而形成的發展趨勢，遂使胡系國體政體逐漸變為隱性，終至消退，全面變容為漢式王朝體制。其始，則肇啟於石勒之襄國體制也。

石勒自為趙王後之十年而滅前趙，獲得傳國玉璽，又假祥符並萃，乃於翌年（晉咸和五年，330年）二月改稱「趙天王・行皇帝事」，同年九月稱「皇帝」，鄙意所據者仍是儒家經史之學的思想意識。

按：「單于」本就有天子、天王之意，而姬周天子之正式名號是「王」，而諸侯則稱之為「天王」，《春秋》三傳及諸經屢言之。《史記》、《漢書》則載漢文帝即位前因疑懼迎立的大臣而占卜，得占「余為天王」，而卜人解釋曰：「所謂天王者乃天子。」其義尤為明確。只有例外之例，是漢、匈馬邑事變時，匈奴單于從尉史之言得悉漢軍有埋伏，乃警覺撤兵，躲過被殲的後果，因而以為得到尉史是天意，遂以尉史為「天王」。（按：《周禮・坊記》引孔子云「天無二日，土無二王，家無二主，尊無二上，示民有君臣之別也。《春秋》不稱楚、越之王喪，禮：君不稱天，大夫不稱君，恐民之惑也」。蓋周天子之正式名號是「王」，孔子修《春秋》起魯隱公，隱公以前楚已稱王，以後吳、越等陸續稱王，為示天無二日、民無二王，故《春秋》稱周王為「天王」以示至尊。顧炎武《日知錄・天王》條所言蓋本於此，《史記》、《漢書》所載則參二書之〈孝文帝紀〉、〈匈奴傳〉及〈韓長孺傳〉。吳洪琳撰〈王、天王、皇帝——十六國時期各政權首領名號研究〉一文，曾參考拙著，然僅依史料作概略的歸納分類及文獻分析，而非作動態研究以及深入的比較分析，又不將此諸號與單于位號的變化合論，惜乎難以探究其名號體制之真相；其文見《西北民族論叢》第九輯。）亦即對漢朝而言，「天王」乃是「天子」非正式的舊名，而「皇帝」是「天子」正式的新名。因此，石勒之先為「趙天王・行皇帝事」，而後即真為「皇帝」，其意當是以「天王」此非正式的舊名來暫時假攝「皇帝」之權位，用以觀察輿論風向而已，猶如《漢書・王莽傳》記載王莽之自為「安漢公」、「攝皇帝」、「假皇帝」，而後藉祥符屢至，輿論推戴，從太皇太后手中取得傳國玉璽，於是篡漢即真為「皇帝」罷了。這些史實，常令儒生「讀春秋史漢而聽之」的石勒不容不知。因此，石勒之稱「天王」，應與佛圖澄是否輔助無關，更不是施行所謂佛教佛王傳統的甚麼「天王制」。

333年石勒死，太子弘嗣，翌年，當時已為丞相・魏王・大單于而加九錫的石虎廢嗣皇帝，羣臣勸其稱尊號。石虎下書曰：「朕聞道合乾坤者稱皇，德協人神者稱帝，皇帝之號非所敢聞，且可稱居攝趙天王，以副天人之望。」遂以讖文天子當從東北來，於是備法駕行自信都而還以應之。三年之後居攝趙天

王石虎「依殷周之制」自稱大趙天王，即位于南郊。降至 349 年（後趙太寧元年，晉永和五年），大趙天王石虎遂即真為皇帝。石虎由居攝以至即真，其輿服儀制，乃至假符瑞圖讖以示天命，以觀輿論，其實皆是師法石勒的故智。因此，石勒上述的政治體制與治國政策，大抵皆為石虎所遵行，其亡國則是與石虎父子殘暴奢淫，自相屠戮之個人行為以及處理兩制磨合適應失調有關。

　　至於石勒為何短暫自稱「天王」，而不直接即「皇帝」之位，其所觀察的輿論風向為何？揆諸二石載紀，所謂輿論風向，概指石勒在尚未完全征服北中國之下，自慚寡德，比不上二伯；石虎亦在弒君篡位之餘，自認道未合、德未協，是故皆權且稱為天王，暫時掩人視聽，以探究天人之望—一時人的反映—而言。筆者以為，依律則石勒尚是前趙之臣，竟在趙皇帝劉曜眼皮下公然自為趙王而僭用天子儀制即是謀大逆，石虎在趙皇帝石弘屈讓之餘仍行廢弒，且屠滅先帝石勒一族則是謀反，依照中國政治傳統的看法二人得位皆不正，加上東晉衣冠在側，能否奉天承運固不可知也，是以他們最在意的應是臣民如何以中國傳統意識形態的「正統」與「大一統」問題輿論之。此正是他們道德自慚意識以及民族自卑意識之所由生，且是其最需要觀察的輿論風向能否「副天人之望」的焦點所在。

　　石勒具有學識、思考細緻，遠勝於石虎之粗暴無禮。當日劉琨致書讚許石勒為名將而欲招降之，聲稱「自古以來誠無戎人而為帝王者，至於名臣建功業者則有之矣」，所言足以代表兩漢以來的漢人意識形態，石勒雖以「事功殊途，非腐儒所聞。君當逞節本朝，吾自夷，難為效」為答，但在自認「吾自夷」，又常「令儒生讀春秋史漢而聽之」的石勒心理意識中，仍不可能不受到夷夏之辯、奉天承運以及正統大一統思想意識的影響。所以後來詐降於王浚，欲令其鬆懈而予以襲滅時，石勒即利用此民族文化意識，遣使奉表推戴王浚為天子，自云「勒本小胡，出於戎裔。……伏惟明公殿下，州鄉貴望，四海所宗，為帝王者，非公復誰？勒所以捐軀命、興義兵誅暴亂者，正為明公驅除爾。伏願殿下應天順時，踐登皇祚」！其使亦強調「昔陳嬰豈其鄙王而不王，韓信薄帝而不帝者哉？但以知帝王不可以智力爭故也。……且自古誠胡人而為名臣者實有之，帝王則未之有也。石將軍非所以惡帝王而讓明公也，顧取之不為天人之所許耳。願公勿疑」！遂令王浚深信不疑以至於被襲滅。石勒既能如此善用此民族文化的心理意識，則其自己必也受此影響。

　　石勒死前，大臣以石虎父子掌兵權，性格殘忍無賴，恐不可輔少主為慮，

建議早除之。石勒不聽。中書令徐光乘暇問勒何以神色不悅，復承間言之，對話略如下：

> 光復承間言於勒曰：「陛下廓平八州，帝有海內，而神色不悅者何也？」勒曰：「吳蜀未平，書軌不一，司馬家猶不絕於丹楊，恐後之人將以吾為不應符籙。每一思之，不覺見於神色。」光曰：「臣以陛下為憂腹心之患，而何暇更憂四支乎！何則？魏承漢運，為正朔帝王，劉備雖紹興巴蜀，亦不可謂漢不滅也。吳雖跨江東，豈有虧魏美？陛下既苞括二都，為中國帝王，彼司馬家兒復何異玄德，李氏（指成漢）亦猶孫權。符籙不在陛下，竟欲安歸？此四支之輕患耳。中山王（石虎）……英武亞於陛下，兼其殘暴多姦，見利忘義，無伊霍之忠。……臣恐陛下萬年之後，宗廟必生荊棘，此心腹之重疾也，惟陛下圖之。」勒默然，而竟不從。

這段對話出於君臣閒談時徐光之借題發揮，正可見出石勒真正的長期憂患，厥在其政權的正統性與大一統問題。按：後趙與東晉、成漢鼎足而立，猶如魏蜀吳三分天下，此為客觀的格局，當然談不上大一統，憂也沒有用；只是石勒所憂不在鼎足三分，而是獨憂「司馬家猶不絕於丹楊，恐後之人將以吾為不應符籙」。徐光可謂不達其旨，難怪石勒默然而不從。蓋魏晉南北朝大分裂時代，爭正統者常持五行相生說、圖籙符瑞說、夷夏血緣說、傳國玉璽說、建都中原說、衣冠器物說等原則以為爭論依據，而以第一種說法在社會政治上最具影響力。然而石勒在自為趙王後即符瑞陸續而至，自稱趙天王而行皇帝事時則效法前趙劉曜宣布「以趙承金為水德，旗幟尚玄，牲牡尚白，子社丑臘」，亦無異宣告了晉朝已亡，復從平陽及長安獲得晉朝的器物與玉璽，且已苞括二都而為中國帝王，是則其真正的唯一所憂，實在憂患夷夏血緣說此一正統原則。亦即憂司馬家此漢兒血統復國於丹楊，晉朝在建康而未亡也。劉備家販履織席為業，劉淵系出逆胡部族，雖皆以復國為目標，自言是漢室苗裔，但世次渺不可考，焉能與妨礙其政權正統性的司馬家兒相比，是以自稱「吾自夷」、「勒本小胡，出於戎裔」的石勒，遂懷此終身之憂。此所以筆者謂其有民族自卑意識也，而有論者批評本人為大漢族主義者，能不三思。

再者，懷此終身之憂的石勒，於死前半年曾遣使欲與東晉修好而被拒，《晉書‧成帝紀》對此事並無特別載述，僅於咸和八年正月記謂「石勒遣使

致賂，詔焚之」。筆者以為，趙皇帝既已宣告晉朝已亡而己之政權繼承其統，今卻致送禮物給吾此已亡之國統，是則顯然有意修好雙方的關係，甚或可能有意承認兩個朝廷也。晉朝既被宣告已亡，荊豫等州又常被侵擾，當然（東）晉也就焚其禮物以拒絕之。由此可知石勒的終身之憂可謂極深，以致進退失據。即使降至石虎稱趙天王時，青州上言濟南平陵城北石獸一夜中忽移在城東南，石虎竟為之大悅曰：「獸者，朕也。自平陵城北而東南者，天意將使朕平蕩江南之徵也。天命不可違，其敕諸州兵明年悉集。朕當親董六軍，以副成路之祥。」而羣臣皆賀。（按：獸即虎，避唐諱，參見其載記。）又，沙門吳進曾言于石虎，謂「胡運將衰，晉當復興，宜苦役晉人以厭其氣」，石虎于是發近郡男女十六萬，車十萬乘，運土築華林苑及長牆于鄴北以厭之。可見「司馬家猶不絕於丹楊，恐後之人將以吾為不應符籙」的意識，仍是石虎念念不忘的心腹重疾。

由此觀之，除非推翻史料的記載，否則從精神層面以至實際作為，二石受儒家所代表的中國意識形態影響可云大矣。是則筆者識淺，誠不知二石之先為天王，而後即真為皇帝，以至治國的意識形態，如何因佛圖澄之輔助而為之，以及為何能與佛王傳統之「天王制」連上了關係？

至於前面提到，後趙亡國原因之一與處理兩制磨合失調有關。蓋趙王國 C 型體制原是變通劉淵 A 型與 B 型的一國兩制，而其漢系體制本無臺省制度；及至 330 年滅亡前趙，石勒自號趙天王行皇帝事，以其世子石弘為太子時，署別子石宏為持節・散騎常侍・都督中外諸軍事・驃騎大將軍・大單于・秦王，中山公石虎為太尉・守尚書令・中山王，使軍、政／胡、漢分離而建立三省，進升其軍府王國之佐吏為三省官，而且下書「自今有疑難大事，八坐及委丞郎齎詣東堂，詮詳平決。其有軍國要務須啟，有令僕尚書隨局入陳，勿避寒暑昏夜也」，此是取代大執法「專總朝政」的機制。此時兵權殆皆操於漢式的將軍體系，故都督中外諸軍事・驃騎大將軍・大單于石宏實是掌握了中央兵權而兼鎮撫六夷。不過，一般行政既事歸臺閣，或決於主相尚書令石虎，大事由臺官集體平決，軍國要務則八座隨局入陳，而不置錄尚書事，雖符合兩漢以來尚書臺之正常體制，但卻無異是趁此削除了原為車騎大將軍的石虎兵權，以及削弱了其尚書令的行政權，故此制僅施行三年遂發生制度混亂以致政變的問題。

問題發生之端在石虎勇冠諸將，最為兇殘，而為石勒所仗以專征之人。石

勒當初任其為魏郡太守,尋署車騎將軍,擁重兵以鎮鄴,其後因納臣下意見而對石虎略加防範,藉遷都而營建鄴宮的機會改以石弘鎮鄴,「車騎所統五十四營悉配之,以驍騎領門臣祭酒王陽專統六夷以輔之」,是則不僅奪其兵權,抑且亦奪其對所部六夷的管治權,遂伏下石虎後來政變的遠因。及至石勒自為大將軍‧大單于‧趙王,乃署石虎為劉淵體制所無的單于元輔一官,並任都督禁衞諸軍事一職,但尋又授太子石弘領中領軍。按中領軍為領軍將軍資淺之號,為晉制禁軍法定之常制統帥,是則石勒有意以石弘牽制石虎也。降至石勒從趙天王即真為皇帝,改授石虎為太尉‧守尚書令‧中山王,遂使其脫離胡系體制以及軍隊統率系統。史謂石虎「自以勳高一時,謂勒即位之後,大單于必在己,而更以授其子弘。(按:應為宏。蓋石勒別子大單于石宏與太子石弘史書時相混淆。)季龍深恨之,私謂其子邃曰:『主上……以吾躬當矢石。二十餘年,……剗殄十有三州。成大趙之業者,我也。大單于之望實在于我,而授黃吻婢兒,每一憶此,令人不復能寢食。待主上晏駕之後,不足復留種也!』」更有甚者,石勒死前「令其太子省可尚書奏事,使中常侍嚴震參綜可否,征伐刑斷大事乃呈之。自是震威權之盛過于主相矣。季龍之門可設雀羅,季龍愈怏怏不悅」。蓋太子省可尚書奏事無異是太子於體制外行使錄尚書事之權,是以石虎尚書令之權益被壓抑並削弱。此皆顯示出體制磨合運作已失調。

按:漢式王朝自周秦以降,太子在正常情況下原不預聞政事,匈奴儲君左賢王亦僅是二十四長之一,無權過問全局,而石勒不僅讓太子奪去石虎原有的兵權,並且兼撫其部六夷,至此復令太子領中領軍制衡禁軍,又讓太子省可尚書奏事凌駕了其尚書令的行政權,則是嚴重的體制混亂。此風由劉聰晚年偶開先例,即已造成平陽亡國之禍,石勒、石虎皆未吸收此歷史教訓,為之更甚而亦為禍益烈,皆因體制磨合運作失調之故,遂下開隋唐太子預政掌兵以至於亂的先河。蓋不論 A 或 B 型一國兩制,原意均取兩制分開並行之創意,至此已不能貫徹實踐;C 型僅置一個中央,而石勒之太子無異就是太上中央,由是失調亂象益甚。太子石弘在石勒的興學政策下,原就被陪養成不似將家子的儒素之人,石虎雖被剝奪了原有兵權以及削弱了法定行政權,然其個性凶悍,屢專征伐,威名仍在,故石勒遺令雖警誡諸子「司馬氏汝等之殷鑒,其務於敦穆也。中山王深可三思周、霍,勿為將來口實」,卻不能減輕石虎的憤恨。於是勒死之後,石虎「執弘使臨軒,命收程遐、徐光下廷尉,召其子邃率兵入宿衞,文武靡不奔散」,而遂行政變。嗣皇帝雖固讓帝位而不可得,只得策拜石虎為丞

相‧魏王‧大單于，統領胡、漢兩系以總攝百揆，尋建立魏臺，並加授石虎諸子石邃為使持節‧侍中‧大都督中外諸軍事‧大將軍‧錄尚書事，石宣為使持節‧車騎大將軍‧冀州刺史，石韜為前鋒將軍‧司隸校尉，不僅取代了石宏之大單于、都督中外諸軍兩職權，抑且更使石虎父子掌握了全軍以及切實掌控都畿核心之區，故再下來就是將石「勒文武舊臣皆補左右丞相閑任，季龍府僚舊昵悉署臺省禁要」，完成易鼎部署，然後收禁殺害石勒一族。

不過，石虎雖然殘忍粗暴，但也有善政。自 334 年稱居攝趙天王後，大抵仍然施行石勒所建立的體制與政策，有些政策甚至尚有進一步的發展。例如史載石虎為大趙天王時，曾「下書令諸郡國立五經博士。初，勒置大小學博士，至是復置國子博士、助教」，此是繼承石勒的教育政策而發展也。又，石虎「以吏部選舉斥外耆德，而勢門童幼多為美官」，遂將負責的郎中罷免；其後認為「有所調用，皆選司擬官，經令僕而後奏行。不得其人，案以為令僕之負，尚書及郎不坐」；更下書確立「先帝創臨天下，黃紙再定。至於選舉，銓為首格。自不清定，三載于茲。主者其更銓論，務揚清激濁，使九流咸允也。吏部選舉，可依晉氏九班選制，永為揆法。選畢，經中書、門下宣示三省，然後行之。其著此詔書于令。銓衡不奉行者，御史彈坐以聞」之制，此是對提拔人才制度的整頓與改善也。復且，因「鎮遠王擢表雍、秦二州望族，自東徙已來，遂在戍役之例，既衣冠華胄，宜蒙優免，從之。自是皇甫、胡、梁、韋、杜、牛、辛等十有七姓蠲其兵貫，一同舊族，隨才銓敘，思欲分還桑梓者聽之」，此是將類同部司的君子營，其隸軍士族之兵貫戍役制度一併解放，以改善士人待遇而使之復歸正常也。只是〈石季龍載記〉記載漢系體制活動日多，而記載胡系活動則殊少，似乎胡系適應漢制出現了失調，太子預聞政事的亂象日甚即是嚴重失調事例之一。

按：石虎初立的太子是石邃，政變時石邃與石宣、石韜兄弟三人均立有功勞，而邃為大都督中外諸軍事‧大將軍‧錄尚書事尤其重要。石虎在 337 年依殷周之制即真大趙天王，遂仿此制將石邃由世子升為天王皇太子，而將原來之親王、藩王皆貶為郡公、縣侯。公、侯依殷周之制乃至漢魏晉制與太子絕席，位差甚大，原不可能覬覦太子的地位與繼承權，但是匈奴單于之繼承權殆依二十四長位次而排序，以故子弟封拜名王而覬覦左賢王乃至單于的權位則不時有之，以故造成匈奴政爭分裂。由於石虎「荒游廢政，多所營繕，使邃省可尚書奏事，選牧守，祀郊廟；惟征伐刑斷乃親覽之」，此是石虎繼石勒之後，違

反漢式體制而令太子預政掌權之始。下段引文即顯示出其父子兄弟，非常不能適應殷周之制以及漢式行為故事：

> 邃自總百揆之後，荒酒淫色，驕恣無道，或盤游于田，懸管而入，或夜出于宮臣家，淫其妻妾。妝飾宮人美淑者，斬首洗血，置於盤上，傳共視之。又內諸比丘尼有姿色者，與其交褻而殺之，合牛羊肉魯而食之，……河間公宣、樂安公韜有寵於季龍，邃疾之如仇。季龍荒耽內游，威刑失度，邃以事為可呈呈之，季龍恚曰：「此小事，何足呈也。」時有所不聞，復怒曰：「何以不呈？」誚責杖捶，月至再三。邃甚恨，私謂常從無窮、長生、中庶子李顏等曰：「官家難稱，吾欲行冒頓之事，卿從我乎？」顏等伏不敢對。邃稱疾不省事，率宮臣文武五百餘騎宴于李顏別舍，謂顏等曰：「我欲至冀州殺石宣，有不從者斬！」行數里，騎皆逃散，李顏叩頭固諫，邃亦昏醉而歸。邃母鄭氏聞之，私遣中人責邃。邃怒，殺其使。季龍聞邃有疾，遣所親任女尚書察之。邃呼前與語，抽劍擊之。季龍大怒，收李顏等詰問，顏具言始末，誅顏等三十餘人。幽邃于東宮，既而赦之，引見太武東堂。邃朝而不謝，俄而便出。季龍遣使謂邃曰：「太子應入朝中宮，何以便去？」邃逕出不顧。季龍大怒，廢邃為庶人。其夜，殺邃及妻張氏并男女二十六人，……。

> 立其子宣為天王皇太子，宣母杜昭儀為天王皇后。……以其太子宣為大單于，建天子旌旗。……（後）以石韜為太尉，與太子宣迭日省可尚書奏事。……生殺拜除皆迭日省決，不復啟也。

所謂「吾欲行冒頓之事」，是指匈奴開國史上著名的冒頓弒父的故事，可見石虎父子思想行為之胡風甚濃。此外，石虎又以燕公石斌為使持節・侍中・大司馬・錄尚書事，是則石斌與天王皇太子・大單于石宣、太尉・樂安公石韜兄弟三人皆有權省可尚書奏事，位均勢齊。因此，在太子預政，太子兄弟共同決政而不上聞之完全違反漢制政治的情況下，遂使體制與權力嚴重失調，為再次政爭伏下了危機。

據載記所述，石虎亦因少逢亂離而失去教育機會，但卻無石勒般好學，故父子兄弟皆淫酒荒獵，閼氏（皇后妃嬪）可得與聞外事，諸子有權嗣位，是以石邃兄弟竟欲行冒頓之事，此固可視之為保存了匈奴胡人風習，然而懷此風習而欲適應漢式體制，其不敗亂者幾希。因此，史載石宣、石韜乘大輅，羽葆、

華蓋，建天子旌旗，弓馬衣食皆號為御，建置行宮，府內起殿等等行為，即是對漢式故事以及儀注制度嚴重失調的大問題；而石虎竟在觀望知道後，笑謂「我家父子如是，自非天崩地陷，當復何愁，但抱子弄孫日為樂耳」！而不知大禍之將至。司徒申鍾諫之，謂「慶賞刑威，后皇攸執，名器至重，不可以假人，……太子國之儲貳，朝夕視膳而不及政也。庶人邃往以聞政致敗，殷鑒不遠，宜革而弗遵。且二政分權，尟不及禍」云云，石虎竟然不從，大有對漢式體制故事蔑視之意。胡族大單于當了漢式皇帝而不知或無意如何扮演皇帝角色，是亦不能適應而嚴重失調也，遂導致父子兄弟互相屠戮，慘酷駭人聽聞。（按：石韜于太尉府起宣光殿，石宣使人刺殺之，並欲乘石虎臨喪而行大事。石虎疑宣害韜，馳使收其知者，具首服，故以殘酷方式殺宣，並及其妻子九人。東宮將率、屬官數百人皆車裂節解，棄之漳水，並將東宮高力衛士十餘萬人謫戍涼州，逼成中途之兵變。）稍後議立新太子，石虎鑒於吾「生凶子，兒年二十餘便欲殺公，今世方十歲，比其二十，吾已老矣」，乃捨石斌，以石世生母是劉曜幼女而貴為由，立世為太子，劉氏為皇后，此又成為石虎病危之時，劉氏為求母子安保而排斥石虎掌兵預政之諸子，遂造成石斌兄弟稱兵致亂而亡國的原因。

又，石勒稱趙王、石虎稱魏王時皆是自領大單于，待稱天王或皇帝正式建立王朝後始改由其子為大單于，而石勒朝僅有石宏一例，石虎朝亦僅有石宣一例，但石虎是先立石宣為天王皇太子然後再授以大單于，並使之建天子旌旗，表示大單于地位仍高。然而，二石授任大單于僅此兩例，其下亦未見有匈奴王長、都尉等官職名號，似乎有意使單于閒置化，並讓部司制取代王長都尉等胡官。其事若實，則兩例大單于殆僅是為了保存胡系體制首腦的名義而已，至於部司及其所部六夷眷屬，極可能已為天王或皇帝所直接統領鎮撫，甚至可能被「大都督中外諸軍事」或加黃鉞「都督中外諸軍事」一職所指揮。揆諸石虎死後，諸石子弟稱王稱帝而混戰，率多置有（大）都督中外諸軍一職，甚至有加黃鉞、金鉦而為全軍最高統帥者，而其領兵的指揮官名號則皆為將軍都督，曾無見有大單于或名王部酋率部作戰的紀錄，顯示六夷部落多因改制為部司而納入了漢式武官體系之內。這種改易，後來遂為曾隸屬於此體系，且曾以國子身分在後趙讀書的苻秦、姚秦君主所因襲，甚至為西魏宇文泰變革軍制所模仿。起碼宇文泰整編二十四軍，各級領兵指揮官皆以將軍帶督銜統領所部及其眷屬，否則僅為戎秩的軍制，於五胡王朝之中首先為後趙所推廣也。

　　茲再舉較著而可證之一例，以概見後趙軍職以及六夷諸部的設置概況。

　　石遵西征東宮衛士之反叛而還師，途中聞石虎之死，乃以石閔為前鋒，鼓行至鄴，耆舊羯士皆曰：「天子兒來奔喪，吾當出迎之，不能為張豺城戍也。」踰城而出，豺斬之不能止。（按：張豺為鎮衛大將軍‧領軍將軍‧吏部尚書，並受遺輔政，是皇后劉氏的腹心重臣。）入鄴，皇太后劉氏令以遵為丞相‧領大司馬‧大都督中外諸軍‧錄尚書事，加黃鉞、九錫，委以阿衡之任，遂奪張豺職權而為全軍統帥。遵尋殺豺，假皇太后令廢帝而嗣位，遂以石鑒為侍中，石沖為太保，石苞為大司馬，石琨為大將軍，石閔為中外諸軍事‧輔國大將軍‧錄尚書事，後又假石閔黃鉞、金鉦。此皆晉制公官，而竟無大單于之授。石「閔既為都督，總內外兵權」，乃提拔軍人以樹己恩。石遵疑憚，稍奪其兵權而謀誅之。石閔反廢遵而弒之，改立石鑒。石鑒亦謀誅閔，當時禁軍「龍驤孫伏都、劉銖等結羯士三千伏于胡天，亦欲誅閔等」，石閔攻斬伏都等，幽禁石鑒而後弒之，並「宣令內外六夷敢稱兵杖者斬之。胡人或斬關，或踰城而出者，不可勝數」，表示鄴都禁軍盡多羯士也。時無大單于可作鎮撫，他們不服從最高統帥軍令，而又反抗之，遂引發全國性的羯族滅絕事件。史載石閔：

　　　　令城內曰：「與官同心者住，不同心者各任所之。」敕城門不復相禁。於是趙人百里內悉入城，胡羯去者填門。閔知胡之不為己用也，班令內外趙人，斬一胡首送鳳陽門者，文官進位三等，武職悉拜牙門。一日之中，斬首數萬。閔躬率趙人誅諸胡羯，無貴賤男女少長皆斬之，死者二十餘萬，……屯據四方者，所在承閔書誅之，于時高鼻多鬚至有濫死者半。

此事件顯示，石勒時期胡夷原本多被強遷於襄國，因遷都之故，多數胡夷可能隨部攜眷復遷於鄴，所以才會有城內羯人「無貴賤男女少長」皆被斬之事。至於所謂「屯據四方者」，殆指分屯各地的部司而言，其主帥多承閔令而誅殺並誤殺所部體貌高鼻多鬚者也；但其中也有些主帥分據各地，如姚弋仲據混橋，苻洪據枋頭，未完全遵行軍令。石閔加黃鉞金鉦而都督中外諸軍，故是國內總內外兵權的最高統帥，上述行為皆是以軍令指揮行之，可見胡羯盡多隸屬於部司，而這種將六夷部落改編為部司，分散部署於各州郡的態勢，自石勒建國之前，石虎在鄴以車騎將軍統率數十營與六夷以來即然。如此之體制，軍人只能依軍隊統率系統上隸於天王或皇帝，而由天王或皇帝授權大都督中外諸軍事或假黃鉞‧都督中外諸軍事以指揮之，不可能隸屬於大單于。亦即靠武力起家

建國的後趙軍隊，胡制部落兵已漸被漢制所吸納，以故大單于僅能名義上「鎮撫百蠻」，用以保存胡系之特色而已。由於後趙立國於漢文化優勢地區，漢兵數量龐大，以故人口劣勢的胡夷文化即使不在政策設計之下，仍會被強勢的漢文化所自然吸納，何況經如此的制度設計？或許此亦與石氏源出匈奴別部之羯族，承染匈奴文化不深，不想採用匈奴盛時的大國制度也有關係。基於此種種原因，大單于之閒置化概為應然的趨勢，筆者看不出二石曾有強勢逆轉的政策措施，是故經此變化發展後的國體與政體，大單于所代表的胡系體制大抵已不為後趙舊部的氐羌系苻秦、姚秦所依本，更遑論與後趙關係不深的鮮卑系矣。因此，當遼左慕容氏與雲代拓跋氏稱帝之時，則連大單于之位號也予以取銷了，直由皇帝統率諸軍鎮百官；至於慕容鮮卑復國後所建諸燕，臨近崩亡時曾建有單于臺，其詳不審，或許與拉攏六夷以救亡圖存之權宜有關，與前趙劉曜晚期的政策制度改變略同。無論如何，此現象的發展，正足以說明胡系體制之適應失調而無效，概可印證筆者所言之胡制因子與時推移遞變遞減效應也。胡制既然遞變遞減，則一國兩制焉能長期維持。

六、

氐與羌，名稱雖早已見於殷周，但卻始終未出現過統一大國，當先秦之世，一部分部落民眾與夏人相融而漸漸構成漢族，一部分則在華夏壓力之下陸續西遷，至於川陝甘青之間，進入高山峻谷之中，以故漢代氐羌格於地理條件而更不易統一。也因此故，降至魏晉，氐羌社會文化仍處於部落乃至氏族狀態，或隨水草而游牧，或定著而畜牧耕織。由於氐族部落分散於中國邊郡的高山峻谷之中，定著畜牧耕織之暇時，頗進入城邑而受雇於漢人，故與漢文化接觸較早，受到影響亦較大；然而相對於漢族，氐羌的社會文化發展仍居於劣勢，因此漢魏王朝將之列為西戎或西夷，封其降附酋豪以政治地位較低級的君長、邑長等稱號，極少封為王、侯。由於有些氐羌部落在東漢、三國之際因雜胡起事而連帶動亂，其中雖有稱王稱帝者，但皆不旋踵而被平，尋因魏與蜀並跱爭戰，是以時有被逼東遷至關隴，散居各郡乃至為護軍制所部勒者。無論如何，氐羌與漢魏中國所接觸者，概為邊郡社會政治以及邊郡體制，向無入居中樞而參與中國高層政治之人，是則仍始終無建立及統治大國的契機。因此，氐族苻氏部落以及羌族姚氏部落之被後趙逼遷至山東魏趙之地，以部司形態生活於華夏人口優勢區及農業文化精華區，遂使此契機得

以出現。此所以筆者於本書第二篇，以長篇累贅探究並確定此事實也。（此篇以三文作探討，其實原稿僅為一文，因期刊篇幅限制而析為三文發表。）

後趙重視經學、律學與史學，置有宣文、崇儒等十餘小學，而簡將佐豪右子弟百餘人以教之，稍後又興復郡國學官，石勒且曾親臨大、小學考究並賞勵諸學生，是則東遷後最初作為龍驤將軍‧流人都督的苻洪與奮武將軍‧西羌大都督的姚弋仲，日漸躋身高層且在中央漸有發言權，其時當受此政策制度的影響。《晉書‧苻堅載記》謂堅「八歲，請師就家學。洪曰：『汝戎狄異類，世知飲酒，今乃求學邪！』欣而許之」，遂使堅長大後「博學多才藝，有經濟大志」。此即將佐豪右子弟在後趙教育政策與環境下努力讀書學習之例，其餘苻氏、姚氏以及諸豪右子弟之有中國學識者當一例視之。

石虎死後諸石子弟相爭戰，賊盜峰起，司冀大饑，人相食，而冉（石）閔與諸石羌胡相攻，無月不戰，竟至諸「州徙戶及諸氐、羌、胡、蠻數百餘萬，各還本土，道路交錯，互相殺掠，且饑疫死亡，其能達者十有二三。諸夏紛亂，無復農者」。（參見〈石季龍載記〉。按季龍即石虎，避唐諱以字名。）此時苻洪與姚弋仲各擁眾抵抗冉閔軍令，依違於諸石與東晉之間，稍後才一先一後率眾西還關隴。按：苻洪先於永和六年（350年）閏正月遣使降晉，晉廷視為「氐王」來降，故授以征北大將軍‧都督河北諸軍事‧冀州刺史‧廣川郡公；然而苻洪對此不滿，乃有自稱尊號之意，遂將蒲氏改姓為苻氏以應「艸付應王」的讖文，自稱大將軍‧大單于‧三秦王，以為「孤率眾十萬，居形勝之地，冉閔、慕容儁可指辰而殄，姚襄父子克之在吾數中，孤取天下，有易於漢祖」，只是於兩個月後為胡將麻秋所鴆而已。苻洪死前指示其子苻健曰：「所以未入關者，言中州可指時而定。今見困豎子，中原非汝兄弟所能辦。關中形勝，吾亡後便可鼓行而西。」此為前秦先取關中而後定中原的開國戰略構想，自幼即「每侍洪側，輒量洪舉措，取與不失機候」的苻堅不容不知。（參苻洪及苻堅載記。按：〈晉穆帝紀〉永和六年閏正月條僅載「苻洪遣使來降，以為氐王，封廣川郡公。假洪子健節，監河北諸軍事‧右將軍，封襄國縣公」，失載授洪官職，蓋東晉只視苻洪為氐王，未重視其為後趙要員也。）苻健嗣位後，去秦王之號而僅稱晉爵以告喪于東晉，一方面表示仍是晉臣，鬆弛晉廷以及晉關中勢力的戒心，另一方面則自稱晉征西大將軍‧都督關中諸軍事‧雍州刺史，盡眾西行。及至三輔略定，入都長安，始潛使部屬上尊號，於351年（晉永和七年）以秦為國號，自稱天王‧大單于，設置百官。翌年即皇帝位，以大單于授其子苻萇。此時冉

閔猶未為鮮卑所滅，可見苻洪之先機洞悉，苻健之決斷明快，而父子建國以及體制皆仿於故主石勒。

　　反觀姚弋仲，於351年底始遣使降晉，晉廷授以六夷大都督‧都督江淮諸軍事‧車騎大將軍‧儀同三司‧大單于‧高陵郡公。於晉官爵加大單于，顯示晉廷亦仍視之為六夷渠帥，故就其原有之部司形式而拜授之。（按：此銜據〈姚弋仲載記〉，同記載魏曾授弋仲父為鎮西將軍‧綏戎校尉‧西羌都督，是曹魏以夷帥任之也；及至弋仲降晉，〈晉穆帝紀〉僅謂授以車騎將軍、大單于，封高陵郡公，亦未提及都督。〈姚弋仲載記〉之校注者引《御覽》所引《後秦錄》及《通鑑》，謂「江淮」當作「江北」；又引《通鑑》胡注謂「江北」恐當作「河北」，認為江淮為東晉根本重地，豈能以都督授弋仲，弋仲時在清河，亦未必使其都督江北，胡說所疑為是云。筆者以為都督是軍區實職指揮官，晉廷已授苻洪河北都督，是則此處之「江淮」概可疑為「河淮」，竊疑因地接清河，故授弋仲以都督河淮間之六夷也。其督部受晉都督揚豫徐兗青五州諸軍事所轄，因而乃有下文姚襄為揚豫都督殷浩所質責，殷浩北伐時以襄為前鋒之事。）弋仲卒於352年（晉永和八年），此年上半年劉顯稱帝于襄國，苻健稱帝號于長安，而冉閔為慕容儁所滅，儁稱帝于中山，北中國已無姚氏馳騁立足之地，故弋仲死前曾戒其諸子曰：「吾本以晉室大亂，石氏待吾厚，故欲討其賊臣以報其德。今石氏已滅，中原無主，自古以來未有戎狄作天子者。我死，汝便歸晉，當竭盡臣節，無為不義之事。」可見其自我認同為戎夷之族，認知戎夷無作天子之例，因此先後欲效忠於後趙與東晉，並無乘亂獨立建國、自我尊大之野心。此心理對弋仲、姚襄父子之不能搶先捷足先登關中，以及其後姚襄叛晉而僅稱大將軍‧大單于，襄侄姚興更是去帝號而稱王，始終缺乏一統中原之雄心，應有一定的影響。

　　姚襄繼領弋仲部隊後，依父囑率戶六萬南行歸晉。南行前姚襄曾對部隊而予以整編，略可窺見氏羌部司組織之制，〈姚襄載記〉載云：

> 以太原王亮為長史，天水尹赤為司馬，略陽伏子成為左部帥，
> 南安斂岐為右部帥，略陽王黑那為前部帥，強白為後部帥，太原薛
> 讚、略陽權翼為參軍。

按：前謂部司乃是以軍事制度部勒六夷諸族的組織，大抵皆有軍府幕僚，而諸族部眾平時各由其族之酋豪統領，酋豪則各假以將軍等號上隸於都督而為其部屬，故將胡夷之督府稱為部司，以別於晉制督府之稱為統府。因此，當其行軍作戰之時，遂需另作行軍野戰編制。上述諸人的族屬包含了羌胡氐漢，

羌族殆為此集團的主要成員，是以後趙以「西羌大都督」、東晉以「六夷都督」名之。由此行軍編制，可推知姚氏部司之常制是置有長史、司馬、參軍等幕府系統，而統率系統則由麾下六夷酋豪各以將軍等號統領其胡夷部眾所組成，漢族流人為兵當亦如此編建為軍，行軍時乃將麾下諸軍整編為左右前後四部，各配屬於授任該部之部帥所指揮。〈苻洪載記〉載洪率十餘萬關中豪傑及羌戎在枋頭，授任流人都督，因累有戰功，「其部下賜爵關內侯者二千餘人，以洪為關內領侯將」，蓋也應作如是觀。姚襄官拜晉平北將軍·都督并州諸軍事·并州刺史·平鄉縣公，但因并州此時非晉所有，故其都督、刺史應是虛銜遙拜，實際職權仍只是以六夷之都督統其部司所屬夷夏軍民，而下無郡縣。部司統帥對所部可說是「土皇帝」，因而姚襄本人及其部眾也頗放縱不法，所部即因盜竊都督揚豫徐兗青五州軍事·揚州刺史殷浩所部馬匹等事，而被殷浩批評「姚平北每舉動自由，豈所望也」；襄部屬雖以「取馬者欲以自衛耳」為由，但殷浩仍以「王臣之禮固若是乎」相質，顯示姚襄及其部屬自始即不適應漢式軍令體制，難怪後秦建國後姚氏子弟之為將者時有叛亂，此與慕容鮮卑情況略同。筆者所以不厭其煩而舉此例，蓋欲為下文論說二秦國家建構實以部落聯合體為基礎，以及二秦部司軍鎮何以時常叛亂，先鋪一解釋基礎也。

適值 352 年下半年晉廷命殷浩北伐，浩以襄為前鋒，歸其作戰序列指揮，但因二人交惡，是以翌年姚襄叛晉，反擊殷浩而敗之，自稱大將軍·大單于，南攻晉之邊郡，但仍不敢建立王國。胥至 356 年（永和十二年）姚襄為桓溫大敗而西走，此時其志仍僅意圖率殘部還隴而已，並非欲與苻氏爭奪關中，但因借道西還不果，乃於翌年（357 年，晉升平元年）被秦將苻堅等擊斬於三原，襄弟姚萇率眾降，使弋仲部司一時瓦解。（此據〈苻生載記〉所述。）由此觀之，苻洪與姚弋仲的開國構想與實踐既有如此差異，因而二秦自開國以至治國，規模格局遂大有不同，而曾臣屬於前秦的姚氏子孫僅能步武前秦，國家體制之開展遠為遜色。

苻健在位五年，其子苻生繼之在位兩年，遂為苻法、苻堅兄弟聯手政變所廢弒，故踐祚歷時短促。政變後苻堅接受苻法之讓位，但卻自貶帝號而稱大秦天王，自後遂無單于體制的設計，而以單一漢式王朝而略雜夷制遺意以用之，是為前秦的特色。苻堅之治國，日本學者或稱之為德治主義，其實是繼承其伯皇帝苻健的政策而發展，或者可以說，苻洪子孫在後趙統治下生活學習幾二十年，固可視其父子兄弟模仿二石以天王君臨，以儒家意識形態治國也。不過，

苻堅飽讀經史，揚棄單于體制的胡系色彩，直以天王統轄漢化形式的部司軍鎮掌握政權，與後趙一國兩制不同，遂使其國的漢制因子益顯。如此的體制構思，顯示出苻堅在關中應有意步劉曜之後作單一的漢式天子，本篇第七文述前秦國體與政策時頗已論之矣。

又，苻秦統治集團因部司基礎而擴大，以故開國時期人事結構除了倚用氐豪—尤其是苻氏宗人一統部之外，仍不得不重用部司結構下的他族豪右，命之以將軍繼續統部，或居朝廷任高官重職，此所以苻健臨死，恐怕太子苻生不能保全家業而誡之，囑以「酋帥、大臣若不從汝命，可漸除之」，其故在此。因此苻生嗣帝位後，動輒誅鋤酋帥大臣乃至苻氏子弟，而且太猛太兇而非「漸除之」，雖說與其個性無賴，酗酒嗜殺有關，但與其父鑒於開國結構隱藏危機之遺囑亦應有極大的關係。苻生之舉，不僅促使苻堅兄弟憂懼自身安危而致政變，抑且也適足以為苻堅治國作了極大的人事驅除，因而苻堅朝的重要將軍以及方面大員雖仍多用宗室子弟，但三省長官則已能多用親信之人，使在部族政權之下卻能委政於漢人王猛，繼續實行壓抑豪右的政策，其成效遂令朝廷可將大部分精力用於治國，等待實踐祖父「中州可指時而定」的機會來臨。

在王猛的輔助下，據〈苻堅載記〉所言，國家遂至「百僚震肅，豪右屏氣，路不拾遺，風化大行」，故苻堅歎曰：「吾今始知天下之有法也，天子之為尊也！」於是遣使巡察四方及戎夷種落，以存撫高年孤寡，清理冤滯刑獄，勸課農桑，獎勵風俗，實行德治政策。至於苻堅既以天子自任，卻何以放棄元首之皇帝位號不稱而逕稱天王？姚興步武其後，甚至放棄現成皇帝之號而降稱秦王，其故何在？論者或謂受到佛教治國意識形態的影響，二秦之苻堅及姚興皆「步石虎之後塵使用『天王制』治國」云云，其說蓋為無稽之談，（引文見古正美前揭書之〈導論〉第24頁。另，古正美明知苻堅嗣位即稱大秦天王，二十餘年之後才攻襄陽以取釋道安，卻曲意解說，謂道安是佛圖澄之後的天王傳統專家，苻堅想要使用後趙天王模式治國，故派兵攻取在襄陽之道安來為其發展天王事業；又謂道安需要一位繼承者來為苻堅發展天王傳統，故建議苻堅發兵西域以取另一天王制專家鳩摩羅什，羅什遲至姚興時始來長安，遂輔助姚興使用天王制治國，稱為天王云云，可詳同書之〈東南亞的天王傳統與後趙石虎時代的天王傳統〉第78、96～98頁。按：古正美對苻堅及姚興之稱天王並無專文論述，僅於論石虎時附帶一提，且未證明道安與羅什是否真為「天王制專家」，道安是否真以此理由建議苻堅遣兵往取羅什，道安如何輔助苻堅以及羅什如何輔助姚興建立並使用「天王制」。古正美對此諸問題不作論述，蓋根據文獻記載而令其無可論述也，是以謂其言為無稽之談。而且，古正美舉僧肇所

撰之羅什誄辭稱「大秦苻、姚二天王」以作為唯一證據,不知僧肇參與姚興與羅什之譯經,固知姚興僅稱「秦王」而已,至於僧肇自己所撰諸經論序,如〈長阿含經序〉、〈肇論序〉等,之所以稱姚興為「大秦天王」也者,蓋是援引《春秋》尊周室以及苻堅前例而私稱之。其實僧侶間實知僧肇所稱之「大秦天王」實即「秦王」姚興,故在「大秦天王」與「秦王」二名於一文中互見時遂對之稍作區別解釋,以免誤會為二人。如《大正藏》收有釋元康所撰《肇論疏》及海印所撰《肇論新疏》,《肇論疏》於卷中〈般若無知論〉謂初序有四段,其第三是歎秦王,而解釋所謂「大秦天王者,第三歎秦王姚興也。興初承父之後僭稱皇帝,後之(去?)皇帝號,自稱秦王。……今不稱天子,此云天王耳」;《肇論新疏》亦於卷中解釋謂「大秦天王者,……王謙故不稱皇帝,但比跡三王,以春秋尊周為天王,故百王但汎舉前代帝王」云。是則僧侶皆知僧肇所稱「大秦天王」是指「秦王」姚興,因秦王姚興實為天子而非一般之王,故私下援引《春秋》尊周王為天王之例以稱姚興罷了。古正美之論,可謂武斷粗疏而又無據。)以故於此不容不略補正文之論述不足。

　　按:苻堅的確有步二石後塵之處,但僅是步武後趙使用天王稱號而非施行其一國兩制模式,更有甚者則是在廢弒君主、殺害賢兄之餘不免懷有道德上的自慚感,因而影響其正統意識。(苻堅兄弟、從兄弟經常擁兵造反,堅輒赦之,頂多殺其主者。因此《通鑑》於晉廢帝海西公太和三年十二月條特載堅母弟與苻健四子五藩聯反平定後,堅賜死五人而特原苻健諸孫,用以為苻健與苻生等先帝立後,但卻不為母弟立後。苟太后質問之,苻堅明確答以「天下者,高祖之天下,高祖之子不可以無後」云。可見苻堅對十年前的篡奪猶有極濃厚的自慚,所以才特原苻健諸孫,而對宗室之造反者亦始終採取較寬大的政策。為此,司馬光在晉孝武帝太元五年五月條述至苻堅赦免造反的苻洛時,遂特撰「臣光曰」,說明此政策適足以使宗室狃於為逆而不憂死,感嘆亂何自而息哉,能無亡乎!)加上苻洪所說「汝戎狄異類」所蘊含的民族自卑感,又尚未統有中州,以故才步二石之後,而援其祖父伯父之先例以自稱大秦天王,實則仍如二石般效法「周王—諸侯」的殷周封建體制以行當今之「天王—諸侯」體制,用「大秦天王」之名而行皇帝事也。此從其行用漢式天朝法制,又謂「吾今始知天下之有法也,天子之為尊也」,即可知之。

　　後秦則不同,嚴格說後秦僅是在383年苻堅肥水戰敗,前秦喪亂之下乘隙興起的割據政權之一。據〈姚萇載記〉,萇因戰敗懼罪,逃亡嶺北馬牧,「西州豪族尹詳、趙曜、王欽盧、牛雙、狄廣、張乾等率五萬餘家,咸推萇為盟主」,遂重新崛起。其所依靠的就是嶺北胡漢等族之新結合集團,而非全是姚弋仲當年部司之舊,是以後秦軍隊雖亦多控於姚氏子弟,但三省官長則多用

胡漢六夷，部族政權色彩略較前秦為淺。正因此多元結構，故姚萇初起時遂
僅自為大將軍‧大單于‧萬年秦王，位號雜用胡漢，其後始稱皇帝，但卻終
身從事開國戰爭，長期駐於安定大營，連關隴也未能統一。及至 393 年姚興
嗣位，不敢在發喪時稱皇帝，而僅自稱為大將軍，胥至翌年攻滅前秦殘存主
力符登後始即皇帝之位。然而，此時前秦舊土之內列國崛起林立，即以其強
者而言，後秦東面之後燕南燕、北面之北魏大夏、西面之後涼，皆堪稱勁敵，
而且其主不是稱皇帝則是稱天王；至於南面尚有頻頻北伐之正朔衣冠（東）
晉朝，可謂壓力甚大。相對的，後秦雖佔有長安、洛陽兩京，然其人民、領
土、國力卻遠遜於符堅當年，此對飽受儒家教育以及深受佛教薰陶的姚興來
說，未能一統中原而光宅四天下，則雖自我宣稱以火德繼承前秦木德，但其
事不僅不足以服眾，反而可能會成為出頭鳥，有被列強否定譏嘲甚至優先打
擊之虞，（如晉末河南太守辛恭靖，在姚興攻洛陽時被執至長安。姚興欲任以東南之事，恭
靖厲色曰：「我寧為國家鬼，不為羌賊臣。」興怒，幽之別室。數年後桓玄遣使聘興，請還恭
靖，興仍留之，最後恭靖誑守者，踰垣遁歸江東。此事《晉書‧忠義列傳‧辛恭靖傳》及〈姚
興載記〉均有記載。下文〈姚萇載記〉載萇被符堅所叱罵羞辱，更是其民族與政權被鄙視與
否定的顯例。氐人、晉人對羌人如此鄙視，自己國力又不及前秦與東晉，故對姚興的信心當
會有所影響。）何況後秦諸主並無統一天下之雄心耶。

　　所謂無統一天下之雄心，蓋與姚氏祖孫的實力以及思想意識有關。姚興
祖父弋仲曾戒諸子以「中原無主，自古以來未有戎狄作天子者。我死，汝便
歸晉，當竭盡臣節，無為不義之事」，語含羌族之自卑意識；加上其父姚萇擒
獲符堅而索求傳國璽時，反被符堅叱以「小羌乃敢干逼天子，豈以傳國璽授
汝羌也。圖緯符命，何所依據？五胡次序，無汝羌名。違天不祥，其能久乎！
璽已送晉，不可得也」的公然羞辱與否定。此事涉及民族與正統兩大問題，
既載之於氐羌史書，則應是當時的顯著問題，以故當會銘記於姚興之懷，困
擾其心理。在國際政治的現實格局下，姚氏祖孫三代自知實力不如人，而又
有此心理因素，是則若堅持自稱正統皇帝，無疑會令有識如姚興者內心難安，
以致必須尋求心理意識的緩解。因此，深信天文災異內學的姚興，遂在稱皇
帝五六年後，以天文告變為由而「降號稱王」，並令羣公卿士將牧守宰各降一
等，遂使國家較符堅更接近「周王─諸侯」所謂殷周之制的封建形式。當群
臣諫以「陛下勳格皇天，……雖成湯之隆殷基，武王之崇周業，未足比喻。……
豈宜過垂沖損，違皇天之眷命乎」之時，姚興則答曰：「殷湯、夏禹德冠百王，

然猶順守謙沖，未居崇極，況朕寡昧，安可以處之哉！」此即是筆者上注引《肇論新疏》，海印解釋「大秦天王者，……王謙故不稱皇帝，但比跡三王，以春秋尊周為天王，故百王但汎舉前代帝王」之援據；也是釋元康《肇論疏》解釋何以因姚「興初承父之後僭稱皇帝，後之（去？）皇帝號，自稱秦王。……今不稱天子，此云天王耳」，而私稱秦王姚興為大秦天王之原因。因為究其實際，後秦天子姚興之所以降號秦王，甚至連天王之號也不稱，蓋與其並無一統天下之志，（據姚興、禿髮傉檀兩載記，姚興遣兵伐後涼天王氐族呂隆，隆請降，授使持節‧鎮西大將軍‧涼州刺史‧建康公。隆尋懼河西鮮卑禿髮傉檀之逼，表請內徙。興以王尚行涼州刺史，配兵三千鎮姑臧，以將軍閻松為倉松太守，郭將為番禾太守，分戍二城，徙隆及其宗室僚屬于長安。其後傉檀獻馬與羊，興以為忠於己，乃署傉檀為使持節‧散騎常侍‧都督河右諸軍事‧車騎大將軍‧領護匈奴中郎將‧涼州刺史‧廣武公，徵王尚還長安。涼州人流涕謂興曰：「……今陛下方布政玉門，流化西域，奈何以五郡之地資之獫狁，忠誠華族棄之虐虜！……」會傉檀已至，遂棄涼州予之，傉檀尋稱（南）涼王。又，其後劉裕遣使請通和，求南鄉諸郡，興許之。羣臣咸諫以為不可，興曰：「天下之善一也，劉裕拔萃起微，匡輔晉室，吾何惜數郡而不成其美乎！」遂割南鄉、順陽、新野、舞陰等十二郡歸於晉。顯示姚興始終無領土野心，更無一統天下之志也。）而又有順守謙沖之心有關。由此觀之，此時之秦王國於五胡王朝中領土最為狹小，與魏晉一般之王國以及石勒之趙王國不同，與前趙名義上仍擁有石勒所據山東之地亦不同，以故姚興自動降號「秦王」，欲以單一王號作為國家元首，而政體則是沿襲前秦的漢式天朝體制，實際上是以秦王行皇帝事也，因此所謂「王謙故不稱皇帝」的確是姚興之謙詞。若從其子姚泓因無其父的心理困擾，所以嗣位之同時即恢復了皇帝稱號一事反觀，更足以反證姚興此時的心虛而謙虛。

此處所謂漢式天朝體制，實際上就是晉朝現行體制，只是羯氐羌之元首降號稱王或天王而不稱皇帝，封建諸國則依殷周之例各降一等為公侯而不封王而已，但政府組織以及宗室的軍事封建制則類同也。在晉制封建之下，諸國依國等高下各置國官及若干軍，相對稱中央之天子朝廷為「天朝」，引而伸之則朝臣乃至外藩亦普遍稱朝廷為天朝，故此名為《晉書》所常見。因此，依殷周之例而改革，既符合氐羌政權具有部落聯合體之特質，而「秦王—諸侯」的名義也較「大秦天王—諸侯」更與姬周之「周王—諸侯」名實相合，胡夷督部之部司且可順勢轉變為軍鎮制，猶如晉制封建諸國之置軍，使整個國家更接近漢制形式。然而，此國體形式需在國家大一統之下始能充分完成，

若國內有偏霸割據的政權，則必然會先爭正統以會諸侯臣民於此統，因此最終不是爭正統之雙方兵戎相見則是一方和平投降，然後始能完成大一統之正統天朝而無憾。這是五胡王朝與晉爭正統而必須兵戎相見的原因。

　　按：劉淵初起兵，國家目標是欲「興邦復業」，其後因無力重返草原興復匈奴邦業才在華建國，並以「紹漢」作為另一國家目標，是以劉漢不需特別強調正統以及大一統問題，因為漢朝原本就是正統而大一統之國家，宣告「紹漢」即已兩含其義，只是有待國土之武力光復而已；但是由於國策具有「復匈」與「紹漢」兩個目標，因此日後才會攻下洛陽而不還都，用以遷就布列於平陽核心區的六夷酋豪及其所領部眾，以致形成了匈、漢兩國君主合一而領土重疊的兩制立國態勢。其後石勒建國又不同，石勒系出匈奴雜胡別部，本無「復匈」或「紹漢」之國策目標問題，但恐他人不認同而危及國家安全而已，因此雖已佔領山東漢文化優勢區，苞括二都而為中國帝王，盡量使國家體制胡因子轉隱而漢因子呈顯，但仍恐「吳蜀未平，書軌不一，司馬家猶不絕於丹楊，恐後之人將以吾為不應符籙」，石虎更是憂慮「胡運將衰，晉當復興」，因而二石遂有政策上將大單于閒置化，並將匈奴名王各領國部之舊制放棄，而又將六夷酋豪及其所領部眾改編為形式漢制化的部司，汲汲於用以爭取優勢漢族人之認同，以免仍被視為胡國，不承認其統緒。〈石勒載記〉載勒「諱胡尤峻」，蓋可由此印證之。在此心理變化以及革易大趨之下，二秦更是進一步取消了胡系單于體制，偏向採行晉朝現行的官僚體制，其用以代表諸侯統領夷夏的部司又轉變為軍隊性質增強的軍鎮制。如此轉變由苻堅所推動，姚興所沿襲，故二秦元首不稱皇帝時雖位號各異，但其政體則無異更接近兩晉的天朝體制。其後北魏孝文帝將胡系官僚完全改編入漢式官僚體制內，軍鎮制也改回都督制，可說就是沿此變革大趨而發展出來的比較純漢式之天朝體制。當劉漢、二趙形成此趨勢之時，二秦遂不可能不受此影響。

　　大秦天王苻堅讀書成長於後趙，〈苻堅載記〉謂其「博學多才藝，有經濟大志，要結英豪，以圖緯世之宜」，可見青少年時代即與二趙諸主志氣不同。即天王位之前期，苻堅已大體上完成了單一漢式體制的建置，以天朝姿態對外修和戎之術，曾慨言「漢之二武其可追乎」！顯示其志即使能夠實踐祖父平定中州之遺言，但也決不會僅此而滿足。因而在國力漸盛，平滅北方週邊諸國後，苻堅遂日漸驕傲自信，至有強烈作中國正統天子之思，而議親征攻滅東晉以完成大一統，並同時發兵征服西域以促使天下大同之事。〈苻堅載記〉載堅送別呂光

西征軍時指示光曰:「西戎荒俗,非禮義之邦。羈縻之道,服而赦之,示以中國之威,導以王化之法,勿極武窮兵,過深殘掠。」遂加鄯善王休密馱使持節‧散騎常侍‧都督西域諸軍事‧寧西將軍,車師前部王彌寘使持節‧平西將軍‧西域都護,命二王率其國兵為光鄉導。按:呂光於 382 年西征,翌年苻堅有肥水之敗,但呂光則於 384 年討平西域三十六國,苻堅授光以都督玉門以西諸軍事‧安西將軍‧西域校尉,顯示已將西域列入版圖,故前秦領土較後趙尤廣。又,呂光西征之役始獲鳩摩羅什,去 357 年苻堅之稱大秦天王已二十五年,故後得的道安、羅什皆不可能早前即已輔助苻堅稱天王而行天王制。由苻堅指示呂光之言以及西域部署,可概見其促使天下大同之意,顯示出其強烈的天朝意識。)或有論者討論肥水之役究是民族戰爭抑或統一戰爭?筆者以為,前秦史官頗見實錄直筆,故應根據史書所載為是。據〈苻堅載記〉所載多次議論,雖子弟屢諫,道安諍言,苻堅皆不納,可見滅晉實是其素志決心的展現,茲扼要述之,以便解釋在上述大趨之下君臣如何議論滅晉,進而判斷此役究是民族戰爭抑或統一戰爭。

先是,苻堅滅燕之後,即有滅晉以一統天下之意,幸王猛死前諫以「晉雖僻陋吳越,乃正朔相承。……臣沒之後,願不以晉為圖」而暫止,故其謂太子宏曰:「天不欲使吾平一六合邪?何奪吾景略之速也!」其後苻堅仍遣軍攻取進東晉之荊州襄陽,獲得其宗教上深所信重的釋道安,晉軍後亦越河焚踐前秦之屯田,擄掠人戶,因而苻堅始引羣臣會議,問:「吾統承大業垂二十載,芟夷逋穢,四方略定,惟東南一隅未賓王化。吾每思天下不一,未嘗不臨食輟餔,今欲起天下兵以討之。略計兵杖精卒,可有九十七萬,吾將躬先啟行,薄伐南裔,於諸卿意何如?」於是羣臣先後屢諫,至釋道安亦諫以不宜勞身親征之時,苻堅則辯解說:「非為地不廣、人不足也,但思混一六合,以濟蒼生。天生蒸庶,樹之君者,所以除煩去亂,安得憚勞!朕既大運所鍾,將簡天心以行天罰。……且朕此行也,以義舉耳,使流度衣冠之胄,還其墟墳,復其桑梓,止為濟難銓才,不欲窮兵極武。」其後苻堅又從容謂羣臣曰:「軒轅,大聖也,其仁若天,其智若神,猶隨不順者從而征之,居無常所,以兵為衞,故能日月所照,風雨所至,莫不率從。今天下垂平,惟東南未殄。朕忝荷大業,巨責攸歸,豈敢優游卒歲,不建大同之業!每思桓溫之寇也,江東不可不滅。今有勁卒百萬,文武如林,鼓行而摧遺晉,若商風之隕秋籜。朝廷內外,皆言不可,吾實未解所由。晉武若信朝士之言而不征吳者,天下何由一軌!吾計決矣,不復與諸卿議也。」最後在整備軍隊,寢不暇旦之時,其都督中外諸軍事‧車騎大將軍,充任攻晉前鋒總指揮的季弟苻融,仍諫以

「窮兵極武，未有不亡。且國家，戎族也，正朔會不歸人。江東雖不絕如縷，
然天之所相，終不可滅。」苻堅反斥之曰：「帝王曆數豈有常哉，惟德之所授
耳！汝所以不如吾者，正病此不達變通大運。劉禪可非漢之遺祚？然終為中
國之所并。吾將任汝以天下之事，奈何事事折吾，沮壞大謀！汝尚如此，況
於眾乎！」（諸言皆見〈苻堅載記〉，王猛、苻融之言則見同記的附傳。）

　　按：前秦宣稱以木德繼統後趙之水德，故苻堅自認是「大運所鍾」，為帝
王曆數，原本就無視於東晉的正朔，並如二石般避稱晉之國號而稱之為吳；
然而苻堅對「大運所鍾」極為自信，故不像二石般憂司馬家猶不絕於丹楊，
恐後之人將以吾為不應符籙，反而高調地認為東晉僅是前秦未賓王化的南裔
而已。據此，知苻堅的確以華夏正統天子自居，甚至要效法華夏聖王軒轅黃
帝之討伐不庭，欲恃國力以一統天下，不容兩國二朝以及不順之國並存。苻
堅之所以感嘆「惟東南一隅未賓王化。吾每思天下不一，未嘗不臨食輟餔」，
其故在此。為此，苻堅同時開闢兩戰場，一方面準備南向滅晉，一方面命令
呂光西征西域，而不自認是窮兵極武；相反的，其此時之思考立場，並非從
祖父苻洪所說「汝戎狄異類」及季弟苻融所諫「國家，戎族也，正朔會不歸
人」的角度出發，而是撇開此言所代表的民族自卑感，從中國傳統的政治思
想，所謂「帝王曆數豈有常哉，惟德之所授耳」思考，以華夏聖王姿態，欲
「以義舉」，透過完成一統以徹底解決正統之問題，是以自辯「但思混一六
合」，以「建大同之業」云云。對此戰爭指導思想臣下率多不達其旨，故雖上
書面諫前後數十，或諫以東晉君臣和睦，上下同心，朝有人才；或諫以東晉
有長江之險；或諫以逆歲犯星；或諫以我數戰兵疲將倦；或諫以鮮卑、羌、
羯我之仇也，布諸畿甸，須優先提防；但皆不為苻堅所納，反而認為「朝廷
內外，皆言不可，吾實未解所由」。或許太子左衛率石越諫以晉主無淫虐昏暴
之罪，深願厲兵積粟以待天時之言，略可打動苻堅的思考，令其決定稍緩，
只是恰會晉荊州都督桓沖率眾十萬來攻，遂使苻堅下定最後決心，畢其功於
一役。由此觀之，苻堅發動肥水之役，其性質實為統一戰爭，而與民族戰爭
無關，更與劉淵因「晉為無道，奴隸御我」而發動反奴役以及復國的戰爭不
同。

　　苻洪被逼東遷枋頭時擁有「關中豪傑及羌戎」十餘萬眾，其後倚此部眾，
欲乘後趙喪亡之隙殄滅冉閔、慕容儁以及姚襄父子，初懷「取天下有易於漢
祖」之志；降至苻堅，繼其祖父取天下之志，而「思混一六合」以「建大同

之業」，則區區十餘二十萬眾必不能完成其志，故不可避免必需擴軍，走上窮兵極武之路。揆諸〈苻堅載記〉，苻堅於 357 年即大秦天王之位，經勵精圖治，370 年遣王猛率步騎六萬先鋒伐燕，自己則躬率精銳十萬為後繼，參戰兵力已有十六萬；六年之後，376 年滅代—拓跋魏前身—之役，出動幽州等三道兵力即達三十萬；又七年，383 年肥水之戰前苻堅自謂有兵可九十七萬，應是其常備兵，故經動員後兵力凡達一百一十二萬，尚未包含呂光之七萬西征軍在內，（按：《晉書》苻堅、呂光二載記及鳩摩羅什、龜茲國二列傳皆作七萬，獨〈周訪列傳·虓附傳〉作二十萬，恐有誇大之嫌，因西域諸國皆屬小國，苻堅用兵南伐之際當不至於遣兵二十萬以討西域也。）是則其兵力擴充之大之快可想而知。苻堅既以「建大同之業」作為國策，是以快速擴軍固與「混一六合」的軍事戰略有關，而亦與領土擴張後鎮守需要的區域安全戰略有關，此即具有胡制特質之宗室軍事封建制以及軍鎮制，在前秦得以乘時發展的原因。學界對此討論不多，故於此欲略論之。

　　二趙二秦乘亂以武力建國，除了來附或被大舉徵募的漢人外，主戰兵力蓋仍是倚靠本族以及降附的六夷雜胡。這些六夷雜胡除了離散部眾被收編而為護軍制所管轄外，其部落較完整者，趙、秦君主通常視其部落大小而例以將軍、校尉諸名號授其酋豪，仍令各統所部為軍，以為內臣；至於周邊外國之降附者，除了被逼遷至首都者外，則亦常授降附國主酋長以漢式官爵，而令其仍統國部以為內臣化之外臣，前注所揭鄯善王與車師前部王概可為例。後秦姚羌本部兵寡力弱，施行此制尤其明顯，是以屢屢因內外交叛，疲於征戰，導致有效統治的領土狹小。正因立國形勢如此，是以趙、秦君主不得不倚重本族酋豪尤其宗室子弟以掌兵，此即宗室軍事封建制與軍鎮制之所由興盛，以及國家具有部族政權色彩的原因。

　　二趙二秦宗室軍事封建制大抵有兩個淵源：遠源為匈奴盛世的二十四長制，近源則是晉朝的宗室封建制。蓋匈奴二十四長制是單于分封子弟為左、右賢王等官長，使各統國部，下轄萬騎、千騎等直屬部隊，分區監護所部裨小王國落之體制，說已見本書第三篇第二文。晉朝的宗室封建制則是分建宗室為王，其國依等級高下各置軍，其王亦常以將軍帶督銜奉派至諸州領兵鎮防之制。漢趙崛起後，初時實置有匈奴諸王長，尋因無力北還草原復國而在華建國，是以王長諸號漸漸鮮見，漢式王侯則漸多見，殆是漸將胡制封建變容於晉制封建之中，後趙封建子弟以及編建部司，即是此政策趨勢的沿襲發展。

漢魏軍常制為部曲制，而漸世兵化，戰時由將軍領營，將軍所領營兵蓋即為一「軍」，尋因戰爭頻繁，故主帥稱將軍者日漸冗多，其軍則以將軍之號為號。一軍之眾通常數百千，並無規劃兵力，但因魏晉戰爭規模日大，以故常集結諸軍以成大軍，而以「都督諸軍事」作為指揮大帥，資淺職低者則以監或督諸軍事為名，此即都督制所由起。（請詳拙〈試論都督制之淵源及早期發展〉，收入拙著《中古大軍制度緣起變化史論》，新北市：花木蘭文化事業有限公司，2019 年 3 月。）二趙二秦本之，六夷雜胡諸將軍統率其胡夷部眾駐於各地，遂逐漸成為地方上的軍級單位，所轄軍數多者則後趙常加督以統之，稱為部司。前述苻洪以流人都督率關中豪傑及羌戎十餘萬眾駐於枋頭，稱為關內領侯將，蓋因部眾多而分為諸軍，諸軍將立功多以故封侯者眾之故，但此流人都督平時的軍事任務仍以監督所部六夷胡漢從事屯田生產，協助大單于鎮撫百蠻為主。此為早期軍鎮或無「鎮」名而又不領州治民的佳例。二秦以降，部司之名不再，而都督率軍以「鎮」某州某地則漸常見，蓋是部司已融入都督制而仍保留部落軍性質之故。

例如，推廣此制的苻堅，載記載其於 379 年攻陷襄陽後，乃以中壘將軍梁成「為南中郎將‧都督荊揚州諸軍事‧荊州刺史，領護南蠻校尉，配兵一萬鎮襄陽」，後又「以毛當為平南將軍‧徐州刺史鎮彭城，毛盛為平東將軍‧兗州刺史鎮胡陸，王顯為平吳校尉‧揚州刺史戍下邳」。諸將除王顯不明外，餘皆為氐人，皆配兵領州出為鎮戍。其後苻堅轉遷從兄幽州都督苻洛「為散騎常侍‧持節‧都督益寧西南夷諸軍事‧征南大將軍‧益州牧，領護西夷校尉，鎮成都」，洛恃功不服，遂率眾七萬發和龍以圖長安，史載：

> 洛既平，堅以關東地廣人殷，思所以鎮靜之，引其羣臣於東堂議曰：「凡我族類，支胤彌繁，今欲分三原、九嵕、武都、汧、雍十五萬戶於諸方要鎮，不忘舊德，為磐石之宗，於諸君之意如何？」皆曰：「此有周所以祚隆八百，社稷之利也。」於是分四帥子弟三千戶，以配苻丕鎮鄴，如世封諸侯，為新券主。堅送丕於灞上，流涕而別。諸戎子弟離其父兄者，皆悲號哀慟，酸感行人，識者以為喪亂流離之象。於是分幽州置平州，以石越為平州刺史，領護鮮卑中郎將，鎮龍城；大鴻臚韓胤領護赤沙中郎將，移烏丸府于代郡之平城；中書令梁讜為安遠將軍、幽州刺史，鎮薊城；毛興為鎮西將軍、河州刺史，鎮枹罕；王騰為鷹揚將軍、并州刺史，領護（護？）匈奴

中郎將，鎮晉陽；二州各配支（氐？）戶三千；苻暉為鎮東大將軍、

豫州牧，鎮洛陽；苻叡為安東將軍、雍州刺史，鎮蒲坂。

上述除韓胤不詳之外，其餘皆為氐族將領，皆以將軍刺史之官率部出鎮要地。鎮將既領刺史，則是軍、民兼治，宛如諸侯，若大鎮分由宗室子弟出鎮，則為宗室的軍事封建制矣。至於封出氐戶之所以悲哀，蓋因從此出駐軍鎮而隸屬兵貫，由自由部民變為受軍法管束之鎮人故也，（按：後趙連「君子營」的士族也有兵貫，受軍令約束，二秦軍隊沿之亦然。據〈姚興載記〉，興命百僚刑政有不便於時者皆除之。兵部郎邊熙上陳「軍令煩苛，宜遵簡約。興覽而善之，乃依孫吳誓眾之法以損益之」。按：前秦實行宗室的軍事封建制，其擁兵據州鎮者之所以有能力造反，即與此因素有關。後秦政策制度本於前秦，是以用軍令管束軍民之煩苛亦應沿自前秦，因此宗室大鎮對所部具有強大的管束力，常挾所部數萬乃至十數萬眾反叛。後秦最致命的亡國之因，即為當東有晉將劉裕來伐、北有赫連大夏交侵之時，諸宗室大鎮卻相繼不聽朝廷號令或造反，令國家喪失抵抗力而致迅速滅亡；至於前秦、北魏實行此制卻不至驟也亡者，蓋與中央平時仍擁有強大武力有關，及至苻堅肥水之敗後前秦中央武力已潰，其所以未能驟亡，亦與出鎮的宗室子弟仍然擁有強大軍力以事抵抗有關。二秦軍鎮制之影響國家安全，由此可見一斑。）是以史載「堅之分氐戶於諸鎮」，侍臣趙整援琴而歌以諷之。

據此可知，軍鎮制之所以在苻堅時被推廣，實與苻堅鑒於國土日拓，地方社會民族政情複雜等因素，而「思所以鎮靜之」的戰略構想有關。由是，「鎮」若作為動詞用則有鎮守鎮壓之意，作為名詞用即成地方軍事單位，故姚萇崛起乃有「令留臺諸鎮各置學官」的措施。由於發展，「鎮」之下轄有「軍」、「戍」等下級單位，故軍鎮制其後發展為權位較低的隋唐鎮戍制，使地方軍事體系正常化。（二秦北魏鎮將位高權重，鎮下置戍、戍地位相當於郡之例，如後涼呂隆懼禿髮傉檀之逼，表請內徙。姚興遣齊難等率步騎四萬迎隆于河西。難至姑臧，以其司馬王尚行涼州刺史，配兵三千鎮姑臧，以將軍閻松為倉松太守，郭將為番禾太守，分戍二城，事見〈姚興載記〉。按：鎮戍所駐城之人眾多為胡夷之眾，通常稱為城人，史書常見。）軍鎮制或鎮戍制，從國防軍事角度論，實為一種區域安全戰略下的軍事體制，與其時仍沿用的魏晉都督制之差別，大抵在都督制主要是用於征伐作戰或區域防禦之指揮，基本上都督與刺史是軍、民分治，若兼治則以管治州郡漢人為主的制度，而與軍鎮多管治胡夷部眾，偏重鎮守警備者不同。所以發展至北魏，在地方制度上，軍鎮明確自成鎮將（或稱大將）—軍將（或軍主）—戍將（或戍主）的軍事建制系統，而與行政系統之州刺史—郡太守—縣令長

相匹比；其鎮將—尤其是宗室重臣—若以重號將軍出掌大鎮，則常加都督而稱都大將，地位權勢更在州刺史之上，上面所舉之苻洛、苻暉即為其例。至如苻堅滅燕後，命前敵總指揮尚書令王猛以使持節‧都督關東六州諸軍事‧車騎大將軍‧開府儀同三司‧冀州牧鎮鄴，六州之內聽以便宜從事，簡補關東守宰，此就連王猛也自我覺得權力太大，懇求只鎮督一州；而後秦皇帝姚萇由於常駐安定大營指揮與苻登作戰，故令姚興以皇太子鎮長安，則皆是罕見之特例，其地位權勢固可無論矣。

軍鎮制（鎮戍制）蓋是胡夷「征服王朝」以武力鎮守警備地方的區域安全體制。拓跋氏曾被苻堅滅國，入秦學習，其國民則備受秦制的監護及點兵，故復國後隨著領土的征服開拓以至統一北中國，遂仿前秦而擴大施行此制，在國內先後部署了大小凡九十餘鎮，大者比州，小者比郡，胥至孝文帝實行漢化政策，始改大鎮為州，小鎮為郡，欲恢復漢式州郡制；惜不旋踵而六鎮叛起，是以此制終仍保存至隋唐。（按：〈苻堅載記〉載苻堅滅代，「以翼犍荒俗，未參仁義，令入太學習禮。……散其部落於漢鄣邊故地，立尉監行事，官僚領押，課之治業營生，三五取丁，優復三年無稅租。其渠帥歲終令朝獻，出入行來為之制限」，可見苻堅對拓跋鮮卑之征服—鎮壓措施。及至拓跋復國，而其所建之軍鎮制度亦本於前秦，嚴耕望先生有專章完備論述，請詳其前揭之《魏晉南北朝地方行政制度史》第十一章。）只是隋唐鎮戍所掌為正規義務役府兵，兵力僅有數十百人，地位略與縣相比，權位江河日下，僅成為地方警備制度而已，是以促成節度體制之興起。要之，二趙二秦等五胡中原王朝皆以胡族武力「槍桿子裏出政權」，縱然一國之內胡、漢分治，實行兩種制度，但在胡制日隱的趨勢下，其能保存若干胡制特質而傳於後世者，厥以軍鎮制以及西魏北周所創的府兵制為最，然皆涵化變容於漢式制度，漸變為唐型軍制矣。（請詳拙著〈試論西魏大統軍制的胡漢淵源〉及〈從戰略發展看唐朝節度體制的創建〉兩文，均見前揭《中古大軍制度緣起變化史論》。）

七、

「五胡亂華」自成一系發展的是鮮卑，此與其活動於東北亞山林草原，介於匈奴、漢朝兩大之間，部族長期呈獨立或半獨立狀態有關。

鮮卑在漢朝居於戰國時燕之北，胡之東，因此以東胡見稱。東胡本為強盛之國，燕曾築長城以禦之，至西元前三世紀，東胡王為匈奴冒頓單于所破，殘部一支退保鮮卑山，另一支退保烏桓山，因山為名，地望約在今東蒙大興

安嶺、遼河上游一帶，漢朝之遼東塞外。鮮卑與烏桓相接，史稱言語習俗相同，故其入華建國自成系統，與二趙承襲匈奴而因革魏晉之變通體制頗有差異，是以第二篇第四文特論諸燕於漢化與胡化之間的統治與適應，用以見其發展之異同，此處則論其異同發展之特色。

近世考古或證鮮卑尚處於銅器時代，因隔於近塞之烏桓，故未嘗通於中國，後因烏桓漸移塞下，以故鮮卑隨後移近漢塞，於西元一世紀東漢初漸為漢人所知。至一世紀末漢驅北匈奴西走中亞，南匈奴入附於漢，餘種留者十餘萬落皆自號鮮卑，漠南遂無王庭，而鮮卑則乘虛西遷，與匈奴留者相雜，由此漸盛，頗侵於漢。二世紀初，鮮卑邑落百二十部各入質於漢，漢封其首領為率眾王、率眾侯不等，政治地位約當於西南夷。二世紀中漢桓帝時，其豪傑檀石槐崛起代北，建立部落聯盟，史稱其「兵馬甚盛，東西部大人皆歸焉。因南抄緣邊，北拒丁零，東卻夫餘，西擊烏孫，盡據匈奴故地，東西萬四千餘里，南北七千餘里。……乃自分其地為三部，從右北平以東至遼東，接夫餘、濊貊二十餘邑為東部，從右北平以西至上谷十餘邑為中部，從上谷以西至敦煌、烏孫二十餘邑為西部，各置大人主領之，皆屬檀石槐」，是則聯盟頗類於匈奴盛時的立國態勢。由於鮮卑經常入寇，以故 177 年漢靈帝遣軍三道出塞二千餘里擊之，檀石槐也命三部大人各帥部逆戰。這是漢—鮮首次大戰，而漢軍大敗。戰前朝議，議郎蔡邕反戰，理由之一為「精金良鐵，皆為賊有；漢人逋逃，為之謀主；兵利馬疾，過於匈奴」。是則此時鮮卑已能利用漢人以及運用漢之物質文明，漢軍大敗恐怕是忽視此敵情的結果。鮮卑舊俗以部、邑、落相統治，人民皆是自由牧民，法令制度簡單，部落可汗漢譯為大人，由選舉而出，「自檀石槐後，諸大人遂世相傳襲」，是為其政治史之一變；然而靈帝光和（178～183）中檀石槐死後，子姪爭國，眾遂離散，蓋尚未適應世襲之變局。至獻帝建安（196～219）中，眾推小種鮮卑軻比能為大人，「復制御羣狄，盡收匈奴故地，自雲中、五原以東抵遼水，皆為鮮卑庭」，（引文均見《後漢書·烏桓鮮卑列傳》。）但領土小於檀石槐。

漢、魏之際，魏文帝曹丕封軻比能為附義王，史稱其「部落近塞，自袁紹據河北，中國人多亡叛歸之，教作兵器鎧楯，頗學文字。故其勒御部眾，擬則中國，出入弋獵，建立旌麾，以鼓節為進退。……眾遂彊盛，控弦十餘萬騎」，是繼檀石槐之後善於利用漢人及漢文化的部落聯盟領袖。不過，軻比能對曹魏服叛不常，數犯塞寇邊，頗與蜀漢通訊息，復與遼西、塞外的魏封

諸歸義王素利、彌加、厥機等部相攻擊，成為曹魏外患，故降至 235 年（魏青龍三年，蜀建興十三年），魏明帝乃聽幽州刺史王雄遣劍客刺殺之，於是種落離散，互相侵伐，聯盟瓦解。（參《三國志‧烏丸鮮卑東夷傳》。）其後，檀石槐、軻比能所在核心地漸為拓拔部所據，而東部鮮卑則有宇文、慕容、段部之代興。

　　慕容鮮卑據考原屬聯盟中部，魏初莫護跋率其諸部入居遼西，後從司馬懿伐遼東公孫淵有功而拜率義王，始建國於棘城之北（地當今遼寧省朝陽市東南、錦州市西北），遂以慕容為氏。按：公孫淵被司馬懿滅於 238 年，244 年魏因「鮮卑內附，置遼東屬國，立昌黎縣以居之」，應與軻比能死後包含莫護跋在內的種落離散，互相侵伐情勢有關，莫護跋為魏封率義王侯之一，其子木延後從魏征高句麗有功，加號左賢王；木延子涉歸又以全柳城之功，進拜鮮卑單于，遷邑遼東北，於是「漸慕諸夏之風」。據此觀之，慕容部有匈奴單于王長之號實由魏而始封，非其本俗所固有。涉歸死，子廆代領部落，徙於徒何（或作徒河，地當今錦州市），故史書稱慕容氏為棘城鮮卑人，其部落為徒何鮮卑。慕容廆漸併鄰近諸部，又西與宇文、段部，東與扶餘、高句麗屢相侵伐，後因寇略遼西而為晉所敗，故於三世紀八十年代晉武帝時謀於眾曰：「吾先公以來世奉中國，且華、裔理殊，強弱固別，豈能與晉競乎？何為不和以害吾百姓邪！」乃遣使降晉。晉拜為鮮卑都督，受東夷校尉府節制。從慕容廆「巾衣詣（東夷府）門，抗士大夫之禮」，以及 294 年（晉武帝元康四年）廆以大棘城即帝顓頊之舊墟為由而復移居之，並「教以農桑，法制同于上國」，顯示受東夷府節制時的慕容廆已開始採用漢化政策。不過，根據上述所封授的名號，以及降至永嘉初附塞鮮卑素連、木津等部侵略遼東時，慕容廆僅乘亂自稱為鮮卑大單于而已，是則魏晉朝廷始終「以邊裔之豪處之」，廆亦以此自居，其部眾亦稱之為單于。（引文均據《晉書‧慕容廆載記》，並參考《十六國春秋輯補‧廆錄》及《魏書》、《北史》之〈徒何慕容廆列傳〉。）今慕容氏諸載記仍見有城大、城郎、中部俟離、左部、右部、單于八部、單于臺等名號，殆即此時期的部落遺制歟，惜不審其詳。由此而論，慕容廆實是保持其國部獨立而作為魏晉之外臣屬國，魏晉對之實行屬國體制之一國兩制，而廆則在此時開始漢化而已。此與南匈奴由流亡國家而漸屬國化甚至內臣化，長期接受漢魏晉一國兩制統治的情勢發展大不相同。此也正是前燕與二趙二秦體系發展不同的原因。

　　既已進一步接觸中國，故稍後慕容廆的發展眼光遂不再侷限於遼水東西，戰略構想改變，欲乘亂參與中原政局，遂促成了慕容國─胡族以部為國，如宇

文、段部史稱宇文國、段國―真正崛起的關鍵。

此轉變與慕容廆採納其子慕容翰的建言有關。史載翰建言:「求諸侯莫如勤王,自古有為之君靡不杖此以成事業者也。今連、津跋扈,王師覆敗,……遼東傾沒,垂已二周,中原兵亂,州師屢敗,勤王杖義,今其時也。單于宜明九伐之威,救倒懸之命,數連、津之罪,合義兵以誅之。上則興復遼邦,下則并吞二部,忠義彰於本朝,私利歸于我國,此則吾鴻漸之始也,終可以得志於諸侯。」廆從之。筆者以為,慕容廆其實是寓「興復遼邦」―殆指曾有過的鮮卑聯盟―之目標於「求諸侯莫如勤王」的霸政手段之中,是以討滅連、津二部後,慕容廆並不急著接受晉幽州都督王浚的承制拜授以及蒙難西走的愍帝拜授,甚至連晉王司馬睿(即元帝)承制拜授的假節‧散騎常侍‧都督遼左雜夷流人諸軍事‧龍驤將軍‧大單于‧昌黎公亦讓而不受,其表面理由是因「官非王命」之故。尋經部屬魯昌提醒,謂「今兩京傾沒,天子蒙塵,琅邪(司馬睿即晉王位前之本封)承制江東,實人命所係。明公雄據海朔,跨總一方,而諸部猶怙眾稱兵,未遵道化者,蓋以官非王命,又自以為強。今宜通使琅邪,勸承大統,然後敷宣帝命,以伐有罪,誰敢不從!」廆於是遣使浮海勸進。及至318年元帝即尊,再申前命,廆則僅固辭公封而已。慕容廆寧願接受大單于而固辭公封,顯示其仍寧願保持統有胡部以作一胡族獨立國之主,而不作晉朝五等爵之公侯也,至於願意接受都督將軍之官,則為了求得王命之官,可以名正言順討伐周邊部落,乃至晉朝殘留在北方的地方勢力而已,所謂「忠義彰於本朝,私利歸于我國」是也。這是保持獨立胡國君主身分以實行假公濟私的策略。慕容廆其後累至使持節‧都督幽州東夷諸軍事‧車騎將軍‧平州牧‧遼東郡公,常侍、單于如故,並得承制海東,命備官司,置平州守宰,因此遂能以勸進元勳身分而假此官爵帝命,可以公開討伐以及併吞諸部以興復遼邦,並能依晉制大量擴充府僚部屬以建立霸政府朝。然而慕容氏此時體制雖貌似雙兼君主的A型一國兩制,但性質卻依然是中國王朝對內臣化屬國君主典型的冊封形式。亦即大單于雖是慕容國君主之位號,但是州牧僅是州長,遼東郡公更是五等爵之一,與都督、將軍俱是晉朝的臣職,授予都督將軍州長而封郡公,自魏晉以降皆是典型的授任方面大員方式,以冊封方式承認藩屬國君的位號而加授方面之任,此在中國政制上是承認此國為天朝的內臣化屬國,因此此時之慕容國兼具獨立胡國與晉朝屬國的雙重國格。慕容廆以鮮卑國大單于兼受中國官爵,仍需假王命承制以行事,與劉淵典型的A型一國兩制不同,與同時期建國的

前趙劉曜建立單一漢式王朝不同，而亦與「趙王趙帝孤自取之」的石勒後趙王國 C 型一國兩制有所差異，因此國格不同，所以筆者說前燕與二趙二秦體系發展不同也。不過慕容國內行用胡、漢兩種制度則頗相類似，只是慕容氏國格開局與二趙不同罷了。

　　《晉書·慕容廆載記》謂東胡未被匈奴所破前，「風俗官號與匈奴略同」。今見漢譯鮮卑部落酋長為大人，其實稱為可汗，上舉俟離等號也迴異於匈奴官名，是知早期鮮卑官制雖簡，或有源於匈奴者，但因仍然雜用鮮卑官號而與匈奴系不同也；所謂官號與匈奴略同也者，殆是因魏晉授其酋長以單于王長等名號之故，因而為史官所誤會。蓋漢魏以來之所以授烏桓、鮮卑強部酋長為單于王長，殆是以匈奴元首大號及匈奴系官名，對體制簡陋之東胡系部落實行攏絡羈縻之故，而實際上鮮卑自有其體制。既已冊為大單于，後來慕容廆、皝父子一再向東晉要求的諸侯名號不是昌黎公或遼東公，而卻是燕王，殆因二公僅符邊裔之豪的身分，而兩遼舊屬燕地，故力求封燕之用意，與劉曜封王之中山舊屬趙地，石勒初都之襄國也屬趙地，因此皆稱其國號為趙相同。不過，慕容氏原非鮮卑強大部落，廆父祖以來即「漸慕諸夏之風」，隨著兼併戰爭日繁，領土日拓，漢人流民日眾，早期簡陋的鮮卑舊制勢必不敷應用，以故欲採華夏王國體制作擴充運用，遂致在華開國即呈現胡制隱而漢制顯的現象。漢式將軍官僚日見眾多暫擱不說，即使慕容廆在僅佔遼東、樂浪之地而未被授予平州刺史之前，即已廣置漢式諸郡以為統治，如〈慕容廆載記〉云：

> 時二京傾覆，幽冀淪陷，廆刑政修明，虛懷引納，流亡士庶多襁負歸之。廆乃立郡以統流人，冀州人為冀陽郡，豫州人為成周郡，青州人為營丘郡，并州人為唐國郡。於是推舉賢才，委以庶政，以河東裴嶷、代郡魯昌、北平陽耽為謀主；北海逄羨、廣平游邃、北平西方虔、渤海封抽、西河宋奭、河東裴開為股肱；渤海封弈、平原宋該、安定皇甫岌、蘭陵繆愷以文章才儁任居樞要；會稽朱左車、太山胡毋翼、魯國孔纂以舊德清重引為賓友；平原劉讚儒學該通，引為東庠祭酒，其世子皝率國冑束脩受業焉。廆覽政之暇，親臨聽之，於是路有頌聲，禮讓興矣。

此與當時後趙一方面沿用魏晉之州郡制，一方面將降附夷夏編置為部司，格局規模顯然不同。慕容廆與石勒均卒於 333 年（晉咸和八年，後趙建平四年），其王公時期所建的國家以及統治政策制度，則廆不如勒，或許與石勒接受漢式統治時

間較久，又有漢趙規模可供借鑒有關；而慕容廆征佔範圍主要在魏晉之遼東、昌黎二郡內，州級行政單位僅有平州一州而未真實佔有幽州，又與東晉朝廷懸隔，至死燕王之位猶不可得，以故充其量僅是東晉的地方特別行政區，其由將軍府、州政府以及遼東公國構成的「三合一」霸府，無異僅為特別行政區政府而已。慕容氏在華開國既有晉朝霸府性質，故其國家之胡制不顯也就不言可明，但慕容廆卻已打下了漢式統治的基礎，留待子孫繼續努力。

筆者略較五胡十六國，慕容廆子孫多受良好的漢式教育，英傑輩出，但也相鬥頻繁，即使前燕末主慕容暐史稱庸材，但其亡國，卻因年幼繼位，「不親厥務，賢輔攸賴，逆臣挫謀，……虐嬭亂朝」的因素居多。此現象與鮮卑「怒則殺父兄，而終不害其母，……故其俗從婦人計」，殆未完全脫離母系社會的舊俗有關，可容下論。觀暐亡國後的表現，仍能率軍隨苻堅出征肥水，及至肥水戰敗後，暐諸父與諸弟均各自起兵復國，其本人雖困在長安，亦猶圖謀誅堅，甚至自知計畫不果之後，尚密令包圍長安的其弟慕容泓：「不足復顧吾之存亡，社稷不輕，勉建大業，以興復為務！可以吳王為相國，中山王為太宰、領大司馬，汝可為大將軍、領司徒，承制封拜。聽吾死問，汝便即尊位。」（按：謂暐庸材，及所謂逆臣、虐嬭，均見《晉書・慕容暐載記》之史臣曰。逆臣概指暐叔慕容評等貪鄙好讒之臣，虐嬭則指暐母可足渾太后。至於暐謀誅堅及密令，則見《晉書・苻堅載記》，密令所指之吳王，正是被可足渾太后與慕容評壓抑謀殺，因懼而奔苻堅，稍後復建後燕的慕容垂；中山王指慕容沖，沖先起兵稱帝，與秦軍戰敗後投奔慕容泓，泓建立西燕，尋為政變所殺，改立沖，沖攻入長安，但尋亦為部屬所殺。垂是泓、沖兄弟之叔，皆為英傑，沖尤為苻堅所寵愛。又，其俗不害母而從婦人計，見《三國志・烏丸鮮卑東夷傳》裴注所引《魏書》。筆者聯想拓跋鮮卑所建之北魏有子貴母死的禁令，當亦與防範鮮卑此舊俗有關，以免太后干政也。）其言氣魄宏遠，目標明確，絕非貪生怕死而無識見之徒，非如史臣曰之庸材也。

慕容廆「求諸侯莫如勤王」以及「興復遼邦」，成為其子持續奮鬥的開國國策。慕容皝繼位後，晉成帝僅遷拜其為鎮軍大將軍・平州刺史・大單于・遼東公，持節、都督、承制封拜，一如廆故事而已。由於此時皝正與庶兄翰、母弟仁等人內鬩，而翰出奔遼西段遼，仁出據遼東，宇文歸、段遼及鮮卑諸部並為之援，因而拖延了求諸侯之事。及至336年慕容皝平慕容仁而殺之，又西敗段氏與宇文氏後，乃於翌年（晉咸康三年，後趙建武三年）十月，可能受到數月前石虎從居攝趙天王逕稱大趙天王的影響，遂因部屬封弈等以皝「任重位輕，宜

稱燕王」為由，不待朝命而僭即王位，自行建立燕王國，建置國相列卿將帥等官，皆如魏武、晉文輔政故事，可謂燕王、燕帝孤自取之，心態與二石俱同。不過，晉成帝僅遣使進皝為征北大將軍・幽州牧・領平州刺史，加散騎常侍，都督、單于、公如故而已，而慕容皝之所以無暇力爭，蓋與石虎交戰有關。(此戰起因於慕容皝為了報復段遼之屢為邊患及收容慕容翰，故遣使稱藩于石虎，請師討遼。按：燕國從未被趙朝統治過，其稱藩蓋是戰略利用大於實質的宗主與屬國關係，是以當石虎總眾而至時，因怒皝逕自先戰而不會師，遂進軍擊皝，戎卒數十萬且至棘城。皝遣子慕容恪等率騎二千襲擊，趙軍驚潰而遁；段遼詐降石虎請兵之援軍，又被恪所擊潰，皝遂兼併段遼國部以歸。)及至戰勝石虎並兼併段遼國部，慕容皝以為「雖稱燕王，未有朝命」，乃挾戰勝之威，遣使「獻捷京師，兼言權假之意，并請大舉討平中原」。尋又聞執政大臣外戚庾亮死，其弟冰、翼繼為將相，乃抗表諍論親黨后族必有傾辱之禍；並與庾冰書，警告若天子寵恣母族，使執權亂朝，則「吾雖寡德，過蒙先帝列將之授，以數郡之人，尚欲并吞強虜」，大有干預朝政，可清君側之意。庾冰見表及書甚懼，由是奏請聽皝稱燕王。翌年 341 年（晉咸康七年，後趙建武七年，燕王五年），晉廷遂策拜慕容皝為侍中・大都督河北諸軍事・大將軍・燕王，餘官皆如故。正式建立燕王國為威脅朝廷強求而得的結果，但是猶不失遵行「求諸侯莫如勤王」的既定國策。

　　所謂餘官皆如故，表示此時慕容皝之正式全銜實為使持節・侍中・大都督河北諸軍事・大將軍・幽州牧・領平州刺史・大單于・燕王。至於銜中仍帶大單于名號，則因其國仍統胡夷諸部，故使慕容皝以燕王統治晉人，兼以大單于鎮撫百蠻也。就此而言，燕王國實行的是 C 型一國兩制，只是其胡系政制與趙王國頗異而已。史載庾冰在甚懼之餘，「以其絕遠，非所能制」，故請冊皝為燕王，是則不免仍「以邊裔之豪處之」，固未視皝為晉朝之純臣；相對的，曾經受業儒學的慕容皝以及其博觀圖書之世子慕容儁豈會不知此意，於是在強求得此人臣極位，擁有承制封拜權，能如魏武、晉文輔政故事後，遂開始思考不再勉強於求諸侯，甚至不再勉強於保持胡國性質以「興復遼邦」，而考慮調整國策以脫離晉朝獨立稱帝。

　　其實慕容皝此時已擁兩遼之地，實可效法石勒當年「帝王之起復何常邪！趙王趙帝孤自取之」的氣概，自稱燕帝。思其所以不此之為者，應與西方後趙、宇文氏仍在，東方高句麗、扶餘未破此客觀形勢，以及內有主觀的民族自卑意識此二因素有關。揆諸慕容廆曾謀於眾而謂「吾先公以來世奉中國，且華、裔

理殊，強弱固別，豈能與晉競乎」之言，慕容皝〈抗論親黨后族表〉內自己亦言及「臣被髮殊俗，位為上將，夙夜惟憂」之語，則其父子之有民族自卑感可謂信焉，以故即使於342年遷都龍城，345年去晉年號，皝仍不敢冒然稱帝，寧採「切香腸式逐步暗獨」。

其後慕容皝西趑宇文氏於漠北，東破句麗、扶餘二國，卻壯志未酬而死於348年（晉永和四年，後趙建武十四年，燕王十二年），慕容儁繼位。翌年四月，晉廷策儁為大將軍・幽、平二州牧・大單于・燕王，而適值甫稱皇帝的石虎亦同月死，後趙陷入喪亂，遂授慕容儁實行假勤王以謀獨立的大好機會。當慕容儁整備二十萬軍隊之初，似乎因兵力因素而無驟然攻佔中原之志，殆只想承亂取利；但晉廷則似想利用其以夷制夷，故再遣使拜儁為使持節・侍中・大都督・都督河北諸軍事・幽冀并平四州牧・大將軍・大單于・燕王，無疑授意其為朝廷進取幽、冀、并三州也。慕容儁順勢承旨攻取薊城（今北京市），遷都於此，坐看虎鬥。此時冉閔與諸石混戰，石祗請援於儁，儁再順勢加入戰局，於352年俘閔取鄴，乃自薊城遷都于鄴，於是羣臣勸儁稱尊號。根據《晉書・慕容儁載記》，可以窺見當時脫晉獨立所呈現的意識形態：

> 儁答曰：「吾本幽漠射獵之鄉，被髮左衽之俗，曆數之籙寧有分邪！卿等苟相褒舉，以覬非望，實匪寡德所宜聞也。」……尋而慕容評攻克鄴城，送冉閔妻子僚屬及其文物于中山。

> 先是，蔣幹以傳國璽送于建鄴，儁欲神其事業，言曆運在己，乃詐云閔妻得之以獻，賜號曰「奉璽君」，因以永和八年僭即皇帝位，大赦境內，建元曰元璽，署置百官。以封弈為太尉，慕容恪為侍中，陽鶩為尚書令，皇甫真為尚書左僕射，張希為尚書右僕射，宋活為中書監，韓恒為中書令，其餘封授各有差。追尊廆為高祖武宣皇帝，皝為太祖文明皇帝。時朝廷遣使詣儁，儁謂使者曰：「汝還白汝天子，我承人乏，為中國所推，已為帝矣。」……羣下言：「大燕受命，上承光紀黑精之君，運曆傳屬，代金行之后，宜行夏之時，服周之冕，旗幟尚黑，牲牡尚玄。」儁從之。

據此可知：1. 慕容儁至此仍因民族自卑意識，而遲疑於胡夷能否得曆數天命；2. 據正統論之傳國璽原則稱帝，由王國制度改行天朝體制；3. 依五行相生說宣告以水德代晉之金行，因而改制度易服飾；4. 繼345年去晉年號不再奉晉正朔之後遲疑七年，至此正式向晉宣示獨立為中國皇帝，不再是朝廷

的屬國。

　　此事件固然出東晉素來「以邊裔之豪處之」以及欲以夷制夷用燕滅趙的意外，且也應大出其祖父慕容廆欲以勤王手段「求諸侯」而以「興復遼邦」為目標之意外。蓋慕容廆之所謂「遼邦」，不應是指五六百年前的東胡王國，而應是指瓦解不久的鮮卑聯盟。他可能想不到五十年後，子孫能在「華、裔理殊，強弱固別，豈能與晉競乎」的情勢下，竟然以被髮殊俗之民而獲得曆數籙錄，作為中國的皇帝，而非鮮卑聯盟的大可汗。不過，二趙宣告以水承金在前而慕容儁擯斥之，宣示中國王朝的正統在燕，燕才是繼晉的水德，此舉無異是與東晉以及二趙前秦爭正統也，恐有打亂北方正統序列之虞，以故在議定五行次序之時即已眾論紛紜，只因羣臣多以燕宜承晉為水德，而儁難違眾議罷了。當時有反對者主張「趙有中原，非唯人事，天所命也。天實與之，而人奪之，臣竊謂不可。且大燕王迹始自於震，於易，震為青龍。受命之初，有龍見於都邑城，龍為木德，幽契之符也」；其後又有人再提出，遂為嗣燕帝慕容暐所接納，改以繼承後趙之水德而為木德。（反對主張見《晉書・慕容儁載記・韓恒附傳》，暐納木德說則見其載記。）不論慕容儁採水德說抑或慕容暐採木德說，均為國家安全帶來了大問題。因為當時晉之金德未亡，而後趙卻宣稱以水承晉金，苻秦又宣稱以木承趙水，是則一時之間有晉、秦、燕三個正統，令慕容儁必須面對以武力消滅晉、秦「二寇」作為新的國家目標，否則晉未亡則儁統無可承之緒，秦不滅則暐統無可一之正。

　　根據儁、暐二載記所載，慕容儁為了滅晉及兼欲經略前秦，於是下令州郡動員，率戶留一丁，餘悉徵發，欲使步卒滿一百五十萬，後雖因諫改為三五占兵，但仍悉令赴集鄴都，致使全國騷然，盜賊互起。慕容儁此際則恰因寢疾，懷「二寇未除」之恨以終，然其國已有土崩之虞，幸其弟慕容恪英雄豪傑，拒絕因母系社會行用之兄終弟及慣例而「亂正統」，復又採行寬和之政，悉心「行周公之事」以輔少主，政局始安。慕容暐沖幼即位，稍長亦懷「關右有未賓之氐，江吳有遺燼之虜」的憂慮，欲繼承混「一六合」之先志，圖謀完成「大同之舉」，屢屢動眾侵晉，其因主要是為了晉未亡則燕無可承之統，故戰略目標遂改以滅晉為優先。不過如此一來，卻又忽略了自己後來改統木德，與苻秦宣稱以木承趙相同，而臣下警示苻堅有「並稱大號，理無俱存」，以及「苻堅雖聘使相尋，託輔車為諭，然抗均鄰敵，勢同戰國，……終不能守信存和」之諫，一再以為「秦國小兵弱，豈王師之敵」，遂使戰略重心終究由南、西兼圖改變

為先南後西，輕視了西鄰統緒理無俱存的情態，藐敵而不防，終成亡國之禍。慕容儁自352年乘趙亂而掩有其地，以此資本脫晉而獨立稱尊，至370年慕容暐亡國而滅於苻堅，十八年間頻繁整備軍隊以事戰爭，以致黷武國滅，皆與正統及大一統之觀念密切有關，其危害前燕的國家安全可云大矣。

　　筆者從歷史宏觀角度看：慕容鮮卑從軻比能聯盟瓦解後游離入中國約百年，其間保持國部獨立或半獨立狀態，故承受中國王朝統治以及漢文化影響應該不如後趙，更遠不如漢趙。從慕容氏一再遷都與尚保留一些舊俗觀察，則即使自慕容廆徙居徒何，採行上國法制以後，國部仍未脫離游牧行國狀態以及母系社會習俗，（按：徒河鮮卑即使在慕容涉歸被曹魏拜為鮮卑單于，漸慕諸夏之風後，仍是處於部落狀態，故生前分一千數百戶予庶長子吐谷渾作為別部，而由少子若洛廆即慕容廆繼統本部。游牧部落各有分地，其後吐谷渾之馬越區與若洛廆之馬鬭而相傷，遂起紛爭，吐谷渾怒而率部離開遼域，輾轉據有今青海之地，繼續「逐水草，盧帳而居，以肉酪為糧」而游牧，建立吐谷渾國。從紛爭之言辭中，所謂兄弟「異部」、「理無並大」，乃至廆部眾稱吐谷渾為可汗，可見即使在慕容廆時期仍然保留游牧行國狀態及文化。又，自慕容廆以後至復國諸燕，子弟相斥相殺之事不絕，女后干政之事時聞，蓋亦出於鮮卑之兄弟並大、計謀從用婦人的舊俗。詳參《魏書‧吐谷渾列傳》、《晉書》同傳及諸燕載記。）此時若不插手中原政局，未採用中國法制而又未接受漢式教育，則斷無陰陽五行以及正統一統的思想觀念，也就無從涉入統序紛爭的困擾，大可逕直以塞外民族姿態實行征服王朝，「興復遼邦」於中原，與東晉二趙二秦一別苗頭，在華夏政治史上另樹一幟。今五胡所建諸中原王朝，陷於正統一統糾纏而不能各安其國，和平共處，正坐此思想觀念必將引起戰爭而不能擺脫之故。慕容鮮卑建立燕朝不易，卻於短短十八年間即亡其國，盡管另有他因，但厥以亡於正統一統的意識形態因素較為突出明顯，與苻堅後來主要亡於此因素正同。不過，此觀念意識僅是漢文化政治思想最敏感的一部分而已，慕容部落僅經三代奮鬥即能創建漢制化的燕朝，與胡羯氐羌長期與漢文化接觸方有此結果不同，可見慕容鮮卑漢化之切，速度快且深也。

　　據《三國志‧烏丸鮮卑東夷傳》注引王沈《魏書》所述，烏丸鮮卑的部落構造及舊俗概略如下：

> 俗善騎射，弋獵禽獸為事。隨水草放牧，居無常處。……其性悍塞，怒則殺父兄，而終不害其母，以母有族類，父兄無相仇報故也。有勇健能理決鬭訟者，推為大人，無世業相繼。邑落各有小帥，

> 數百千落自為一部。大人有所召呼，則刻木為信，雖無文字，而部
> 眾不敢違犯。……大人以下，各自畜牧營產，不相傜役。其嫁娶則
> 先略女通情，……壻隨妻還家，……為妻家僕役，一二年閒，妻家
> 乃厚遣送女，居處財物一皆為辦。其俗妻後母，報寡嫂，……計謀
> 從用婦人，唯鬥戰之事乃自決之。父子男女相對踞蹲。……婦人能
> 刺韋作文繡，織氀毼。男子能作弓矢鞍勒，鍛金鐵為兵器。……俗
> 貴兵死。

按：王沈為魏晉時人，系出太原，屢任將軍都督，晉武帝受禪後累至驃騎將軍·
錄尚書事，而其子王浚更屢任管治鮮卑烏丸的大官，浚女又嫁與遼東鮮卑大單
于段務勿塵為妻，使段部成為其重要戰力，（按：段務勿塵原屬東部鮮卑，種類勁健，
世為大人，王浚時為寧朔將軍·都督幽州諸軍事，遂嫁女與務勿塵以結鄰援。其部助王浚介入
戰爭有功，晉懷帝時，王浚累轉為司空·驃騎大將軍·都督東夷河北諸軍事·領烏丸校尉·幽
州刺史，務勿塵為大單于。浚又表其為遼西郡公，別部為親晉王，於是務勿塵據有遼西之地，
其地西盡幽州，東界遼水，所統胡晉可三萬餘家，控弦可四五萬騎，而與石虎遞相侵掠，連兵
不息，而其部始終成為王浚之重要戰力。段部後為石虎所破，徙其遺黎於司雍之地，其從子段
蘭復聚兵，與石虎為患，且曾自稱尊號。及至後趙亡，慕容儁遣慕容恪擊而降之。詳參《晉書·
段匹磾列傳》及同書〈王浚列傳〉。）因此所述鮮卑風俗可信度極高。據此，則慕容
鮮卑游入兩遼之初當亦如此，只是可汗已改為世襲，別子建部則為小可汗，如
慕容廆與吐谷渾之例是也。鮮卑部民是不畏戰死而各自畜牧營產的自由牧民，
部落雖乏層級節制的官僚體制，可汗對之不相傜役，但可汗權就是部落長權，
對其部民具有強大約束力，而部眾不敢違犯。由於天候對畜牧影響極大，草原
山林又缺乏生活物資，是以所謂營產，除了畜牧互市之外，其最重要方式之一
就是可汗率領部眾從事劫掠。因此，可汗與其部民一體，是生命共同體，也是
生產戰鬥共同體。漢末曾議招募鮮卑兵以平定邊亂，為應劭所反對，其理由是
鮮卑「無君長之帥，廬落之居，而天性貪暴，不拘信義，故數犯障塞，且無寧
歲」，並舉漢軍曾徵募鮮卑兵討伐反叛匈奴之例，說軍中「鮮卑越溢，多為不
法。裁以軍令，則忿戾作亂；制御小緩，則陸掠殘害。劫居人，鈔商旅，噉人
牛羊，略人兵馬」云云。（此時當檀石槐聯盟時期，詳參《後漢書·應奉列傳·子劭附傳》。）
實則應劭對鮮卑部落制度以及物資缺乏下的生產方式不甚了解；然而其所言
之鮮卑兵不能適應漢式軍制則極宜留意，因為與日後燕國所產生的將軍高下
齊班、退無等差以及軍封營戶問題大有關聯。又值得注意的是，先世雖不知，

但從慕容廆以來，前燕至後燕諸皇后多出於遼東鮮卑段氏，僅有儁、暐父子之后出於遼東鮮卑可足渾氏，顯見慕容氏與此二氏世為婚姻，故其國部核心由兩個半婚姻圈構成，與匈奴單于以至劉漢的屠各匈奴情況相同，（按：後燕末期及南燕，國家已瀕臨衰亡，其皇后始見有兩人分出於匈奴姻族之呼衍氏與蘭氏，一人出於氐族苻氏，或許與攏絡匈奴及氐族現存部眾共同抵抗北魏拓跋鮮卑，或苻氏女美貌有關。關於匈奴與姻族呼衍氏、蘭氏、須卜氏三個貴種，於東漢時再加一個丘林氏，共四姓世為婚姻，可參《史記》、兩《漢書》匈奴傳及本篇的第一、第二文。）恐怕只有「計謀從用婦人」的程度略異。因此，其社會蓋為母系社會，以婚姻為重，居處財物殆由母妻掌理，因而兄弟平等，財產皆有分。史載廆子皝嗣位之初用法嚴峻，國人多不自安，皝母弟仁畏懼，謂其弟昭曰「吾等素驕，多無禮於嗣君」；昭答以「吾輩皆體正嫡，於國有分」，其言應可反映此社會情實。慕容皝用法之事載記記述不詳，大概是慕容皝初嗣位而急猛推行「法制同于上國」的政策，其中極可能包括漢式父系社會的家父長權及君權，為舊俗所不能適應，因而導致國人不安，而仁、昭及庶長兄翰皆反也。（皝用法及仁兄弟事，《通鑑》敘述較詳，可參晉成帝咸和八年十月條。）

　　並且，自慕容氏接受東晉冊封，由外臣變為內臣後所推行的「法制同于上國」政策，則必然依晉制設置軍府、州府、國官，以組成其霸府；及至去晉年號不奉正朔，遲疑七年而將「興復遼邦」的國策改變「為中國所推，已為帝矣」，亦必是考慮再三始下定最大決心，是以稱帝後實行天朝體制固所當然。此即廷尉監常煒上言，謂「大燕雖革命創制，至於朝廷銓謨，亦多因循魏晉」是也。然而從慕容皝時期起，官僚冗多及軍封營戶卻成為燕朝體制上的兩大問題，埋下亡國的體制因素，迄至復國諸燕亦未能改革。其因果固宜略論，以與二趙前秦的一國兩制相比較。

　　官僚冗多則政煩，此事較易理解，於此宜先論之。

　　按：慕容氏游入遼域後即常與東部鮮卑及東夷扶餘諸國部相爭戰兼併，部落勢力日大，及至永嘉之亂，中原人民大量流入，慕容廆開始教部民以農桑，「法制同于上國」，也就是法制同於天朝體制，但朝廷對此鮮卑大單于不過仍視之為邊裔之豪而已。降至 318 年慕容廆正式接受晉元帝假節‧散騎常侍‧都督遼左雜夷流人諸軍事‧龍驤將軍‧大單于之官封，由屬國外臣而內臣化，遂於大單于所領胡夷部落之簡陋體制外依晉制設置軍府，其後累遷使持節‧都督幽州東夷諸軍事‧車騎將軍‧平州牧‧大單于‧遼東郡公，得承制海東，命備官司，於是在軍府之外再置州府與公國，並因行使承制封拜權

而任命其他官僚，由是官僚日益膨脹，得以建立霸府性質之府朝。此從前述
於遼東、昌黎兩郡之地內增立冀陽郡、成周郡、營丘郡、唐國郡安置流人之
例，即可窺見其發展規模與趨勢。（按：其後慕容皝降此諸郡為縣，並悉隸燕國，然
而苻堅攻入鄴宮閱其名籍，凡郡百五十七，縣一千五百七十九，戶二百四十五萬八千九百六
十九，口九百九十八萬七千九百三十五。揆諸晉武帝盛時全國僅有一百七十二郡國，一千二
百三十一縣，燕亡時郡縣數目竟與之相當，可見燕設置郡縣之濫，故官吏不得不猥多也。此
猶指漢系地方官吏而言，若加上中央官吏及一些胡系官吏，則其猥多益甚。）降至慕容皝
時，「流人之多舊土十倍有餘，……南摧強趙，東滅句麗，開境三千，戶增
十萬」，皝遂因此資本而在 337 年自稱燕王，建置燕王國百官。當此之時，
皝記室參軍封裕上言痛陳時政，謂今「官司猥多，游食不少，……政之巨患
莫甚於斯」，建議「習戰務農，尤其本也。……宜量軍國所須，置其員數，
已外歸之於農，教之戰法，學者三年無成，亦宜還之於農，不可徒充大員」。
盡管慕容皝表示聞諫戒懼，命令「四佐（按：蓋指將軍府，幽州府、平州府及王國
官。）與列將速定大員，餘者還農」，但仍下令曰：「中州未平，兵難不息，勳
誠既多，官僚不可以減也。待克平凶醜，徐更議之。」然而大同之舉遙遙無
期，至亡國前更是外則與晉師、秦軍交戰，兵革不息，內則太后亂政，主政
者慕容評等貪冒，「政以賄成，官非才舉」，導致又有尚書左丞申紹上疏痛陳：
「今者守宰或擢自匹夫兵將之間，或因寵戚，藉緣時會，非但無聞於州閭，
亦不經于朝廷。又無考績，黜陟幽明。貪惰為惡，無刑戮之懼；清勤奉法，
無爵賞之勸。……風頹化替，莫相糾攝。且吏多則政煩，由來常患。今之見
戶，不過漢之一大郡，而備置百官，加之新立軍號，兼重有過往時。虛假名
位，廢棄農業，公私驅擾，人無聊生。宜并官省職，務勸農桑。」按將軍日
多的軍事體制與部落舊俗關係較大，容待下論，然而根據封裕、申紹先後所
言，顯示前燕雖然迅速漢化，但是從部落舊俗基礎上發展出來的上國法制，
則始終對漢式體制適應不良。就此而言，除了因戰敗而亡國此因素之外，前
燕不論官僚制度、社會制度、財經制度、人事行政制度以及權力運作制度，
均對漢式法制普遍失調，適應不良，只是軍封營戶制特甚罷了。據筆者觀察，
燕制之適應失調當與漢化速猛有關，而與同時建國的後趙主要因宮廷文化以
及高層權力架構之運作適應不良，以及前秦主要因苻堅過分強調漢文化的正
統大一統意識而失調，其間頗有差異。

　　至於軍封營戶問題，蓋指在迅速漢化之下，慕容氏將其本部以及降附諸胡

夷部落兵，寓於漢式將軍領營制所產生的不適應與失調問題。

按：軍隊以作戰為主，兩漢以降大抵除了邊疆部隊屯田外，餘皆不兼以生產為務。慕容鮮卑舊俗則不然，大小可汗之間位差不致太大，各有畜牧分地，而可汗與其部民一體，皆為自由牧民，皆需從事生產以自給，從而結合為一個生產戰鬥共同體。因此，即使徵募漢人為兵不算，隨著兼併日甚，慕容氏收編東部鮮卑以及扶餘等東夷部落成軍的數目愈多，則其生產戰鬥兵團也就愈多。這些軍隊或經整編而由慕容氏子弟及姻戚統領，或原部改編而仍由其酋豪統領，（如前燕慕容儁時，匈奴單于賀賴頭率部落三萬五千來降，拜寧西將軍・雲中郡公，處之于代郡平舒城；又如南燕慕容德時，前秦末主苻登為後秦姚興所滅，登弟廣率部落降於德，拜冠軍將軍，處之乞活堡，分見儁、德二載記。）皆部勒以漢式的將軍領營制，故致胡式部落軍制日隱，僅保留少數如俟釐、城大等建制名號，於是慕容氏轄下的將軍數目遂迅速膨脹。前引封裕建議置其員數，速定大員；申紹所謂新立軍號，兼重有過往時，皆是針對將軍數目膨脹甚至權力腐化之現象而言。在此情況下，鮮卑部落誠如應劭所言本就對漢式軍制適應不良，此時史書雖載述不詳，但是筆者推斷軍封營戶問題的產生，厥以兩個因素最為關鍵：一是軍隊數目膨脹，依舊俗而允許其大量封蔭降附人戶以從事生產；二是因征戰需要而不可以減之故，是以新立軍號眾多而兼重有過於往時，致使將軍高下齊班退無等差而不易掌控的現象發生。第一個因素時間愈後流弊愈明顯，以致危害國家安全，第二個因素則是開始推行「法制同于上國」的慕容廆、皝父子當務之急，而兩個因素似乎又互為因果。

蓋慕容廆正式受任的龍驤將軍・大單于官職僅是晉朝雜號的中級軍號，這是諸將與廆、皝父子高下齊班退無等差而不易掌控的原因，恐怕慕容廆寧願繼續稱為大單于而固辭昌黎公封爵的原因也在此。慕容廆最後雖然累至都督幽州東夷諸軍事・車騎將軍・平州牧・大單于・遼東郡公，並得承制封拜之權，用以建立具有規模的府朝，然而即使車騎將軍，依晉制雖位次三司，但仍不能與大將軍、驃騎將軍之公級軍號相比。為此，瞭解狀況、深體上意的群僚，遂致箋權重一時的太尉陶侃，請其轉奏朝廷，謂「將佐等以為宜遠遵周室，近準漢初，進封廆為燕王，行大將軍事，上以總統諸部，下以割損賊境。使冀州之人望風向化，廆得祗承詔命，率合諸國，奉辭夷逆，以成桓文之功」。陶侃報以具「知東方官號，高下齊班，進無統攝之權，退無等差之降，欲進車騎為燕王，⋯⋯今騰牋上聽，可不、遲速，當任天臺也」。但朝議未定而廆卒，乃止。

按：陶侃屢立戰功，剛由征西大將軍・都督荊湘雍梁四州諸軍事・荊州刺史進拜太尉，封長沙郡公，三年後才再進為大將軍，仍領荊督郡公；而被視為邊裔之豪的慕容廆，此時竟要求進封燕王行大將軍事，可見其與諸將高下齊班，進無統攝之權，退無等差之降的困窘，以故急切於尋求改善也。

茲據《晉》、《宋》二書官志所載將軍位號班次說明慕容廆、皝父子上述之困窘，用以略釋何以慕容皝嗣位後因用法嚴峻而引起兄弟反叛，以及與軍封營戶盛行的關係。

慕容廆死時為車騎將軍，皝嗣位初「以平北將軍行平州刺史，督攝部內」，庶兄翰當時為建威將軍，母弟仁為征虜將軍、昭為廣武將軍。依晉制，車騎將軍若為都督，則儀與四征將軍同，否則與前、後、左、右雜號將軍同，而慕容皝之不帶督銜平北將軍班位更低於車騎將軍。四平將軍班次高於前、後、左、右將軍一班，高於征虜、冠軍、輔國、龍驤將軍兩班，高於建威、振威、奮威、揚威、廣威、建武、振武、奮武、廣武四班。今不詳皝麾下有多少此類將軍，僅以叛皝之三兄弟計，則皝只高慕容仁兩班，高於翰、昭四班，差距不算太大；而當年建議龍驤將軍慕容廆勸進晉元帝的謀主魯昌亦是征虜將軍，與龍驤將軍慕容廆同班而位次更前，的確是臣主高下齊班，退無等差之降。稍後，慕容仁據遼東自稱車騎將軍・平州刺史，欲力壓皝之平北將軍行平州刺史，於是晉成帝乃拜皝為鎮軍大將軍・平州刺史・大單于・遼東公，都督、承制一如廆故事，使皝班位權力高於慕容仁而統攝之。由此可知，慕容皝嗣位後之用法嚴峻實是事出有因，蓋在臣主高下齊班、退無等差之降的困窘下，應劭所說「鮮卑越溢，多為不法。裁以軍令，則忿戾作亂」的情狀應會更加嚴重，而慕容仁語其弟昭所謂「吾等素驕，多無禮於嗣君」則恰為佳例，正可反映了舊俗軍人不能適應於上國軍制，以致慕容皝對之益加用法嚴峻。慕容皝於 333 年嗣位，336 年平定慕容仁，翌年其司馬封弈等「以皝任重位輕，宜稱燕王」，於是皝不待朝命而迅速僭即王位，高自抬舉，尋並遣使強迫朝廷聽其稱燕王，究其實際，皆是急欲解決此困窘局面而已。

不過，自慕容廆以來既然與諸將高下齊班，進無統攝之權，退無等差之降，則其不易總統諸部，有效管束諸將，只得無奈聽任諸軍依舊俗封蔭營戶可知。慕容皝即便於 341 年遷都龍城後，流人多於舊土十餘倍，且南摧強趙，東滅句麗，開境三千，戶增十萬，但軍隊也隨之擴充而使問題益加惡化，故其大將軍記室參軍封裕諫言提及「官司猥多，游食不少」，建議「習戰務農，

尤其本也。百工商賈，猶其末耳。宜量軍國所須，置其員數，已外歸之於農，教之戰法，學者三年無成，亦宜還之於農，不可徒充大員」云云。此議既由大將軍記室提出，當然是針對新立軍號兼重有過往時以及軍封營戶日濫之流弊而發，然而積習已成，慕容皝雖嘉獎封裕，但仍下令：「中州未平，兵難不息，勳誠既多，官僚不可以減也。待克平凶醜，徐更議之。百工商賈數，四佐與列將速定大員，餘者還農。」也就表示情勢只能調整改善，而不能徹底改革。從 349 年皝死，子儁繼位後，欲乘後趙喪亂而圖之，即能立刻「簡精卒二十餘萬以待期」，甚至亡國之役仍能集結精卒四十餘萬令慕容評率之與秦軍會戰，可見在軍隊不斷擴充膨脹之下，此調整改善僅是暫時性，更嚴重的情況出現在儁死子暐繼而為帝之後。

前面述及慕容儁為了滅晉及兼欲經略前秦，下令動員步卒滿一百五十萬，而致全國騷然，國家有土崩之虞，幸得太宰慕容恪行周公之事以輔少主，採行寬和之政，方使政局安定下來。然而慕容恪以「受先帝顧託之重，每欲掃平關隴，蕩一甌吳，庶嗣成先帝遺志」自任，可知在滅晉以完成繼統的戰略優先下，兵革斷難止息，新立軍號更有過於往時，官僚更勢不可減，而寬和之政更適足以惡化軍封營戶之弊；但是國家既因軍隊動員而有土崩之虞，故慕容恪又不得不採行寬和之政，此固是兩難的問題也。及至恪死慕容評主政，僕射悅綰遂建言「太宰政尚寬和，百姓多有隱附。……今諸軍營戶，三分共貫，風教陵弊，威綱不舉，宜悉罷軍封，以實天府之饒，肅明法令，以清四海」，為慕容暐所納。史稱「綰既定制，朝野震驚，出戶二十餘萬。慕容評大不平，尋賊綰殺之」。按：前燕州郡編戶的賦稅收入歸國有，軍封營戶之生產貿易所得則歸本軍，百姓此時趁政尚寬和，為了逃避繁重賦役而寧願入營附軍者大增，（慕容皝以牧牛給貧家田于苑中，公收其八，二分入私；有牛而無地者田苑中，則公收其七，三分入私。故封裕諫以魏晉雖道消之世，猶削百姓不至於七八，持官牛田者官得六分，百姓得四分，私牛而官田者與官中分，遂使皝下令依魏晉舊法。按：所謂魏晉舊法，其實是指魏晉屯田兵之稅率，而非普通百姓之稅率，以故前燕百姓負擔仍甚沉重，詳參皝載記及《晉書‧傅玄列傳》。）軍隊更願意為了增加所得而予以大量庇蔭，於是遂使軍封營戶問題益加嚴重。又計，符堅入鄴得燕戶二百四十五萬，今出戶二十餘萬，恐怕尚非營戶的全部，即已是全國編戶的十分之一，可見問題之嚴重性。由於慕容評自己就是將軍，是「性貪鄙，鄣固山泉，賣樵鬻水，積錢絹如丘陵」之人，故其下應有大量營戶始能如此經營，因此慕容評賊殺悅綰之意義，無

異就是軍隊保守部落傳統舊俗的勢力，抗拒行政部門依漢式軍制肅明法令的改革，而發生的一次政變也。降至前燕晚期，因兵革不息，慕容評等貪冒，於是乃有上述申紹的長疏，建議併官省職。其中論及軍隊者，則謂「今者守宰或擢自匹夫兵將之間，或因寵戚，藉緣時會，非但無聞於州閭，亦不經于朝廷。又無考績，黜陟幽明。貪惰為惡，無刑戮之懼；清勤奉法，無爵賞之勸。……加之新立軍號，兼重有過往時。虛假名位，廢棄農業，公私驅擾，人無聊生，……進關供國之饒，退離蠶農之要。兵豈在多，貴於用命。宜嚴制軍科，務先饒復，習兵教戰，使偏伍有常，從戎之外，足營私業」，可見問題嚴重已極。然此情狀一直無改，是以苻堅使者郭辯歸報堅曰：「燕朝無綱紀，實可圖之。」遂有滅燕之役。

　　肥水之戰後，暐子慕容垂仰仗胡夷諸部復國，建立後燕，情狀依然，故史載「垂死，其年（子）寶嗣偽位，……遵垂遺令，校閱戶口，罷諸軍營分屬郡縣，定士族舊籍，明其官儀，而法峻政嚴，上下離德」，國情略如前燕，用法嚴峻亦如同暐之當年。然而不久，北魏來攻，後燕軍潰，慕容寶東撤龍城舊都，返保老根據地，子弟諸將則各乘機篡亂，而寶終為寵戚將領蘭汗所弒。諸將篡亂中垂少子慕容熙即位於龍城，建大單于臺，置左右輔，引見單于八部耆舊，似是模仿漢趙之Ｂ型一國兩制，或是重新採用慕容木延與慕容廆父子被拜為鮮卑單于以來的舊制，但因國祚甚短而惜其制不詳。至於慕容暐少子、慕容垂之弟慕容德，曾為後燕都督冀兗青徐荊豫六州諸軍事‧車騎大將軍‧冀州牧‧領南蠻校尉鎮鄴。當慕容寶潰撤龍城之時，德據滑臺即位，建立南燕。稍後其尚書上疏論社會情狀，言及「百姓因秦晉之弊，迭相蔭冒，或百室合戶，或千丁共籍，依託城社，不懼燻燒，公避課役，擅為姦宄，損風毀憲，法所不容。但檢令未宣，弗可加戮。今宜隱實黎萌，正其編貫，庶上增皇朝理物之明，下益軍國兵資之用。若蒙採納，冀裨山海，雖遇商鞅之刑，悅綰之害，所不辭也。」德納之，但先遣將軍率騎緣邊嚴防，備百姓逃竄，然後才置尚書行臺巡檢郡縣隱實，遂得蔭戶五萬八千。按：南燕本就領土不廣，慕容德始都滑臺時，「地無十城，眾不過數萬」，今既檢得蔭戶五萬八千，可謂蔭冒情況相當嚴重。蔭冒雖與戰亂及逃避賦役有關，但卻也不能排除軍封營戶復熾的因素，因為慕容德之所以先派兵緣邊嚴防百姓逃竄也者，此所謂百姓殆多是「依託城社」之城人也。所謂城人，當是指慕容氏隱性胡制下之城大或城郎所領的當城居民，性質也就是營戶或雜戶。五胡政權下的城人與鎮人、堡人一樣，皆是隸屬於城鎮

軍貫的生產戰鬥軍人，以故若非防範城人逃竄甚至兵變，則斷不會派兵緣邊嚴備，更不會令上疏者有不辭「悅縮之害」的敢死之言。（引文分見慕容寶、慕容德二載記。）

又，由於慕容氏早期以「興復遼邦」作為國家目標，而滅趙之前領土亦的確以平州為主，幽州只佔該州東方一小部分而已，加上前燕諸主英傑而能管控，是以不需設置作為方面大員的一州都督，多州都督則更是罕見，多州都督在國家以滅晉作為戰略優先後始產生，（如慕容恪主政時，任命慕容垂為河南大都督‧征南將軍‧兗州牧‧荊州刺史，領護南蠻校尉，鎮梁國；其後慕容恪攻陷金墉，改調慕容垂為都督荊揚洛徐兗豫雍益梁秦等十州諸軍事‧征南大將軍‧荊州牧，配兵一萬，鎮魯陽。前述後燕任慕容德為都督冀兗青徐荊豫六州諸軍事‧車騎大將軍‧冀州牧，以都督專總南夏，也是其例。）故與二趙前秦相比，諸燕早期職官沒有都督部司之號，但亦如二趙前秦般置有軍鎮。慕容氏既寓鮮卑部落兵於將軍領營制，將軍所將即為一軍，並無規劃兵力，大抵相當於一個可汗領一個部落，兵力不可能太大，前註所引段務勿塵所統段部有胡晉可三萬餘家、控弦可四五萬騎即已成為強大部落，而吐谷渾以別部可汗所領則僅一千數百戶，由此可以推見慕容氏常制一軍之兵力。在既無都督部司制之下，盡管前燕諸軍鎮具有獨立的生產戰鬥能力，但卻不易發動數萬乃至十數萬兵力的反叛，有之則僅是將軍率部兵變，規模不大，容易敉平。此軍事情勢在復國諸燕不能團結一致以復國，反而各自分裂為獨立小國之後有了轉變，將軍率部政變顯得相當容易，已是常見之事。因此可以這麼說，軍封營戶制使軍隊具有獨立作戰的能力，不僅嚴重影響了前燕的官僚體制與社會經濟，危害到國家安全，更因在諸燕復國後變得國小力弱，而又未完全脫離母系社會的情況下，容易釀成充任將軍的慕容子弟與姻戚發動政變，危害國家安全更甚，此為二趙前秦所無的立國情勢。政變諸將軍即使僥倖成功，也因國小力弱以及軍封營戶情勢依然，所以不敢貿然稱尊，而自動降稱天王。此變局稱號根據史料所見，殆與宗教信仰無任何關聯。（如慕容盛原為將軍，在後燕皇帝慕容寶被姻戚將軍蘭汗政變所弒後，反政變成功而不敢稱尊，以長樂王稱制，後雖稱帝，但尋即去皇帝之號而降稱庶人天王，其後亦為姻族將軍段璣所弒。慕容雲本姓高氏，為慕容寶養子，在政變諸將馮跋等強推之下即天王位，復姓高氏而國號大燕，尋亦被禁軍將領政變所弒；馮跋反政變成功而被推為天王，史稱北燕，俱是其例。按：慕容盛之庶人天王或作庶人大王、庶民大王，其載記有校證，但筆者仍依前述論斬準稱漢天王之例，以《十六國春秋輯補》、《晉書‧五行志》及《通鑑》俱作之「天王」為較妥。慕容盛究是自稱庶人天王抑或庶民天王，則應以

唐史官避太宗之諱而改民字為人為考慮，蓋與將流民改作流人之例正同，以故慕容盛應是自稱
「庶民天王」。）至此，諸燕政權無異已偏霸小國化，國格等同於河隴的五涼及大
夏政權，等待北魏拓跋鮮卑之進一步兼併收拾而已。

由此觀之，鮮卑慕容氏急切於採取漢化政策，推行上國法制，將部落舊俗
隱性化改為各種漢式制度，但由前燕以迄復國諸燕，不論在繼承、官僚、社會、
財經、國家人事行政等制度各方面，大抵皆出現適應失調，而以將軍領營制所
產生的軍封營戶問題最為顯著。此適應漢制化之普遍失調現象，厥為同時代的
二趙前秦所無，或不致於如此普遍而嚴重，是則一個外臣屬國或邊地特區性質
的政府，轉變為漢式正常國家，努力適應主體文化制度而實行一國兩制，其磨
合竟是如此之不容易也。

八、

本書第三篇凡四文，主要是檢測五胡中原諸王朝於其國內採用一國兩制
的漢化或涵化成果。由於諸朝均以武力崛興，又因國力建設尤其是軍事建設的
成效，最終造成南北分裂，與東晉形成兩國兩制，故以軍事項目為例以測量其
建設成效。

筆者之所以舉二趙軍制與西魏北周的大統軍制為例，蓋因前者尤其後趙
統領中原漢族人口密集以及漢文化優勢區，軍中漢人比例甚大，故制度不得不
傾向漢制化，為五胡軍制的一個典型。相對的，西魏北周前期僅統有關隴，後
來才佔有巴蜀及荊襄，立國區位偏西，民族結構複雜，故軍制不得不胡、漢雙
向涵化，既非胡、漢雜糅之制，也非步武後趙以及北魏孝文帝之漢制化，而是
寓胡制於漢舊制之制，故成為另一個軍制典型，下開隋唐府兵制，故有兩個典
型並舉以利考察之必要。十六國胡夷軍制如此的從部落兵制→胡漢雜糅→雙
向涵化→漢制化之間變動，其實是一國兩制下的艱難選擇過程，是「摸著石頭
過河」的實踐結果，並非有高深軍事理論作為指導，若能結合本書第一篇三文
閱讀，則各朝興革之不易與成果之所以有差異自可理解。

國力要素包括政治、軍事、經濟與心理，甚至科技—當時的戰船設計及製
造。若非擅長野戰的北方政權在戰船籌建及製造技術上取得成果，則不容易跨
越長江，獲得軍事行動自由權，並在長江以及近海獲取軍事勝利。由於南、北
各政權國力建設的數據嚴重缺乏，為了能較客觀評估綜合國力以作比較，因此
筆者運用了克萊因的評估公式來進行，盡量避免猜測，但諸要素的估算仍不免

有些主觀推估，僅能大體視之。（Ray S. Clin 的綜合國力評估公式為：Pp＝（C＋E＋M）×（S＋W），即綜合國力＝（人口＋經濟＋軍事）×（戰略目標＋意志）。筆者運用此公式，並依《孫子》的道、天、地、將、法五項要素略作綜評，其結果是：晉：吳＝7：1，隋：陳＝12：1，其詳請見本書最末兩文。）筆者之所以如此為之，是欲透過此運作，考察晉、隋兩次統一之間，五胡王朝的國力建設是否已達到晉平吳以及隋平陳時北方對南方政權的綜合國力比水平，用以作為諸王朝何故不能統一南方的印證；而此綜合國力比的估算，也是為了考察敵對之一方，在何種比數優勢下將會對另一方發動統一戰爭。據此，後趙、前秦、前燕雖然擁有龐大野戰兵力，但終究是烏合之眾，而且對水軍籌建整備恐怕也不那麼重視，或許前二者在經濟建設方面具有一些成果，然而三者在政治與心理建設方面殆皆表現不濟；至於漢趙與後秦立國偏西，國力又小，則更無論矣。諸王朝與東晉的綜合國力比，筆者估計差距皆不致於達到 5 與 10 之間，而（西）晉對吳、隋對陳時期則概略達至。國家的綜合國力比既達至此差距，應該就是北方政權決定對南方發動統一戰爭的原因，《孫子兵法》所謂「十則圍之，五則攻之」或許可作印證；只是不論晉或隋，在水軍建設整備上雖有優勢，但沿江環海包圍封鎖南方政權的能力尚欠充分，以故爭取長江軍事行動自由權而作正面進攻是其唯一選擇罷了。

　　論者或用「滲透王朝」理論分析五胡中原王朝的歷史發展及其特質，或用「征服王朝」理論以解釋遼金元清，論說紛紜。然而據筆者淺見，匈奴、羯、鮮卑、氐與羌，自東漢以來即已成為中國之邊郡或附塞少數民族部落，接受中國王侯君長的封號乃至官職。其中慕容鮮卑雖游入遼域較晚，但亦接受曹魏之封冊，節制於東夷校尉府，由是「漸慕諸夏之風」，「教以農桑，法制同于上國」，降至兩晉之間遂維持「邊裔之豪」身分成為中國王朝之內臣，參與中國政局。由此觀之，此諸國部皆是乘晉朝衰裂而從裂隙中崛起，故可視之為中國的滲透王朝。然而，其中之劉漢國策，另一目標在「興邦復業」，有復興匈奴之志，因此刻意保存其匈奴舊制以與漢制構成其一國兩制；鮮卑則懷「興復遼邦」之心，有復興鮮卑聯盟之志，因而亦有意將舊俗融入漢制以保存之或與漢制並存，是則此兩朝固可視之為中國的征服王朝。羯與氐、羌先世本無建立大國的歷史經驗，僅是附從漢、趙而起，乘劉漢二趙喪亂而建國的部落，並無強烈的興邦復業意識形態，故刻意保存其部落文化的意識皆不如屠各與鮮卑，宜乎其一國兩制中之胡制呈現與時推移遞變遞減效應也。

　　又或有用北亞遊牧民族征服中國的角度視察五胡崛起建國，至論五胡史

應屬於北亞史範疇者，蓋為「去中國化」之思維。筆者以為，漢魏晉中國原本就是多民族構成之國家，持此論者應對此時期的中國諸族，分辨其民族認同與國家認同宜有所別。根據本書諸文以及本〈敘論〉所述，可確定五胡君主貴族之民族認同為胡夷，而非認同於華夏，不過國家認同則不然。即使屠各劉氏與鮮卑慕容氏初始曾有興邦復業之思，但確定立國於華夏後，即將此思寄寓於落實胡漢分治、一國兩制的政體內，國家目標以後遂少或不再強調「興邦復業」或「興復遼邦」，而是自認作中國天子，國體漸變造為中國正統王朝之君主（皇帝）制，羯、氐、羌乃至北朝諸朝大體皆然。此從胡夷諸朝的國號依中國歷史地緣命名，正統之宣告以及排序，即可明顯知道其國家認同，只是慕容儁聲明「我承人乏，為中國所推，已為帝矣」，則是將此意識形態表現得更公開更強烈而已。不要說五胡自東漢以來即已成為中國之邊郡或附塞少數民族國落，接受中國封號乃至官職，即使他們完全從北亞南攻征服中國，於漢文化中添入胡夷新文化，但是據其入中國而作中國天子之有意識國家認同，則豈能將其統治歷史列入北亞史，而否定其為中國史範疇？國家認同如此，則諸朝體制的發展大趨，之所以會出現胡制日隱、漢制日顯，胡制因子與時推移遞變遞減效應，固可不言而喻矣。同理，遼金元清亦應同例檢視，始能探得歷史真相與歷史真理。休矣！「去中國化」之思維者。

　　五胡中原王朝興於戰亂而亡於戰亂，國祚短促，其亡國關鍵率與華夏文化的正統、大一統思想學說密切有關。而正統、大一統思想之所以在胡主內心發酵，正是因上述的國家認同意識而衍生。前面提到正統大一統的思想觀念，在中國分裂時期將使各朝不能和平共處，陷於統緒糾纏而不能擺脫，偏偏此時期現實上卻是晉朝在建康未亡，以故遂令五胡諸朝之思想建設，感覺到是以胡漢分治體制對抗正統衣冠的天朝體制，由是不得不聚焦於晉，為之不斷窮兵黷武，而又不斷陷於戰亂，以致亡國，能不令人警惕！

　　按：正統、大一統或類似的思想意識為人類建有團體組織以來即然，古今中外由此引起紛爭亦常見，並非中國文化所獨有，若歸咎於封建思想或儒家流毒則大可不必。蓋就中國而言，此思想意識發源甚早，所謂「溥天之下莫非王土，率土之濱莫非王臣」，「天無二日，土無二王」，「國無二君」，其思想觀念早已深植人心，成為牢固的意識形態。（前句見《詩・小雅・谷風之什・北山》，後句見《禮記・曾子問》及〈坊記〉，《禮記・喪服四制》則作「天無二日，土無二主，國無二君，家無二尊，以一治之也」。）只是至孔子作《春秋》，書「五始」而稱「天王」，遂在

學術思想上弘揚此義，漢世隨經學獨尊而大行；其間始皇一統天下，援陰陽家終始五德之傳，推秦屬水德，後世遂以五行相次排定正統王朝之序列，為人心所信仰，為五胡所不疑。至於其君主是否已一統天下是顯而易見之事，但國統是否為正則其事較難明，二者均對國家統治、民心歸向大有影響，故當世不得不爭。五行統序對國格論定既有如此的重要性，是故當苻堅叱姚萇以「五胡次序，無汝羌名。違天不祥，其能久乎」時，無異就是對姚萇及其國家公然羞辱與否定，於當世應有影響，以故後來姚興自動去皇帝之號，降稱「秦王」而非「大秦天王」，亦可能與此有關。姚興自比「殷湯、夏禹德冠百王，然猶順守謙沖，未居崇極，況朕寡昧，安可以處之哉」！恐怕只是自卑、謙沖之間用表面堂皇之辭掩飾罷了。

劉淵國家目標為復興匈奴邦業與紹承漢統。其復興匈奴當然不會捲入華夏的統緒糾纏，但其紹承漢統則會，因為紹漢即是連魏晉也予以否定了，以故必須滅晉始能復漢，而不能僅止於反晉之奴役以單獨復興匈奴邦業。劉曜將國號由漢改趙，因立國偏西，無以繼續滅晉，只得將兩京之淪陷視為晉滅，推五行次序金生水，宣告遞代晉統，此是繼承與落實劉淵滅晉目標的國策性宣示。劉曜雖自視正統，但其實連趙國也未一統，更遑論天下大一統矣，因此其攻打石勒應是不得不進行的討叛伐逆之戰，性質為含有正統與一統意識的趙國內戰，是傾全力以解決兩個趙國間正統與一統問題的「武統」。及至石勒滅前趙而稱帝後，繼承前趙國策，正式宣告「以趙承金為水德」，仍視兩京淪陷為晉亡；不過晉朝在建康復國已十二年，其實未亡，於是乃有「吳蜀未平，書軌不一，司馬家猶不絕於丹楊，恐後之人將以吾為不應符籙」此包含正統與大一統思維的憂慮，而每欲興兵攻晉。只因東北有段氏鮮卑協助之晉幽州都督王浚，西北有拓跋鮮卑支持之晉并州都督劉琨，以致未能專力南圖罷了。慕容鮮卑最初以「興復遼邦」為目標，原本亦不致於捲入中國政局而陷於統緒糾纏，及至建立前燕稱帝後，國統遂因承晉抑或承趙而搖擺，面臨正統與大一統的困擾。蓋在上述的北方正統序列下，燕統若承晉金而為水德，則必須攻滅金德未亡之東晉，然後其統始有所繼；若承趙為木德，則滅晉之外亦須消滅同稱木德之前秦，然後其統始能得正。易言之，燕朝國統之困擾端在若不徹底滅亡晉、秦以完成大一統，則其國統不論自稱水德抑或木德皆不能自存，晉、秦必會來爭，只是承晉則秦之來爭不致於急驟而已。由是慕容氏甫有山東即同時自樹二敵，是以不得不傾力整軍經武以至窮兵極武，而

由於滅晉則趙一秦之統自然可廢，故以滅晉為戰略優先，但卻為前秦乘機所滅，最終連國內官僚以及軍封營戶之氾濫無紀也無時間解決。

　　前秦苻氏先世本來即有乘前趙喪亂而取中州之志，故建立秦朝遂自稱以木德承接前趙之水德；然而由於漢—魏—（西）晉此中國王朝正統序列至兩京淪陷而告分裂，北方之前趙、後趙、前秦自排序列均等於宣告晉亡，因此皆須真正滅（東）晉始能達成作為中國正統天子之目標。而實際上，此諸國卻是與尚存之（東）晉呈兩國兩制並峙之勢，前秦猶須先與燕爭北方之正統，以故爭正統的心理壓力更甚於劉漢二趙。苻堅雖素習經學而內有篡奪慚德，但對其統為「大運所鍾」則非常自信，因此言語之間比視東晉為「東南一隅未賓王化」的吳越，滅燕之後更積極「思混一六合」，徹底滅晉以「建大同之業」。對此偉大事業，誠如苻堅自言所謂「未嘗不臨食輟餔」，可見其心理壓力之尤大。苻堅終究因正統大一統之心理壓力過大而發動肥水之戰，致使前秦崩亡，繼興之後秦雖稱以火德繼承前秦之木德，然而先世曾經稱臣於東晉，中間又隔以後燕南燕，立國態勢以及國力開發與前趙相差不多，是故並無必須立即滅晉以混一六合的壯志野心，姚興更是自動去皇帝之號而降稱「秦王」，且欲歸還失地與東晉交好，俾能有餘力經略河西，對付朔北的赫連夏與拓跋魏。不過，國統既接以承晉為開端的北方正統序列，懷璧其罪，以故與東晉正統大一統之鬥爭原因並未消失，只是主動權則均逆轉至東晉。

　　其實東晉朝廷雖不得已而與二趙二秦以兩國兩制之態勢並峙，但其光復舊土實現一統之思卻曾未消退，多次北伐皆因積弱內鬩，兵力不及而失敗罷了。鑒於後秦不強，外有強敵，戰略主動權又南北易手，是以乃有劉裕乘時北伐亡秦之舉；然而此時赫連氏、拓跋氏已崛起，終令東晉恢復正統、大一統的事業不能完成，反授劉裕假禪讓而行篡奪的機會。由此觀之，東晉十六國皆因正統、大一統的思想意識糾纏而爭戰不輟，以致危害國家安全，使天下生靈塗炭。及至歷史發展轉入南、北朝，由於拓跋魏原非淪陷兩京之元凶敵國，且曾協助劉琨堅守太原，加上朝代替易，正統序列已隔數代，以故正統之爭漸不急切。此時期南、北雖仍因正統大一統思維而有軍事上的南侵、北伐之舉，然而外交上卻也不時有南、北交聘之使，隱然有互相承認的趨勢，此即後世為之修《南史》、《北史》兩正史的背景原因。不過，南、北朝有交聘而無和談，和平統一談判更未曾見，殆是仍因格於南、北雙方各有正統序列之故，遂致中國依然長期分裂爭戰，互貶對方為島夷、索奴。究其原罪，蓋在雙方均堅持正統、

大一統之思，而此思固為古今中外所未嘗無，只是堅持過於意識形態而僵化，變得缺乏彈性罷了。

綜而論之，中國歷史上之一國兩制，大體曾有「屬國體制」與「五胡體制」兩種模式。前者自漢朝以來歷朝行之不輟，鄧小平早期經略西藏，所面對的蓋即此種模式；後者始創於匈奴屠各部所建之劉漢，演變為 A、B、C 三型一國兩制，為十六國所模仿雜採，其後雖不致於歷朝行用，但對遼金元清之體制仍有甚大影響，鄧小平所提對臺對港之「一國兩制」則較近於此種模式之 C 型。C 型一國兩制是概指國家有一個元首、一個中央、而其下分行兩種制度的體制，然而〈鄧六條〉所揭的臺灣模式恐怕仍有實質差異。因為對臺模式雖類同於 C 型一國兩制，但卻頗有屬國體制的變異體質。蓋屬國體制之特色在「因其故俗」、「不改其本國之俗」，可實行與宗主國不同的政治制度，可保有原部落之司法訴訟以及經濟體系，也可自有君長，擁有自己的軍隊，只是須受朝廷冊命，接受朝廷派員監護。如今〈鄧六條〉第四點所示的對臺模式，大體在 C 型一國兩制之內參雜屬國體制的歷史經驗而再加上當代的陝甘寧邊區經驗，故允諾「大陸不派人駐臺，不僅軍隊不去，行政人員也不去。臺灣的黨、政、軍等系統都由臺灣自己來管。中央政府還要給臺灣留出名額」，因此謂其在 C 型一國兩制之內頗有屬國體制的變異體質。由於此對臺模式雖是「因其故俗」，但卻不允許臺灣保留國號，自選領袖，不能以行政院作為另一個中央政府，是則可以說，此類同五胡體制 C 型模式而頗參有屬國變異體質的一國兩制，是一種將對方國體取消而合併政體尚未明朗的高度自治體制，而非讓台灣「完全自治」的體制，與〈鄧六條〉第三點所示正同。臺灣之所以不願談判，其原因之一或許亦正在於此。假如日後真有和平統一的談判，此即為兩岸必須嚴肅認真面對，以尋求解決的「一國兩制」實質問題。

「一國兩制」的實質問題多屬「政府」級的問題，但內有一個更高層次的「國家」級問題，此即兩政權的國體如何始能「和平統一以合併」，更須兩岸認真嚴肅的面對。

鄧小平及大陸官方既倡言「和平統一」，即無異承認兩岸的政治現狀是國家分裂，否則何來談「統一」，何以講「促統」？然而兩岸官方皆各懷正統大一統的思想意識，以致皆不能面對現實。此由大陸官方認定中華民國在 1948 年已被中華人民共和國取代，以及由〈鄧六條〉之第二條述及「在國際上代表中國的，只能是中華人民共和國」，即可看出此思緒。相對的，臺灣官方先

是認定中華民國自 1911 年即已建國獨立，只是因大陸「淪陷」而撤守臺灣，故早期曾有計畫「反攻大陸」、「光復大陸」；後聞鄧小平倡議，遂回應以「三民主義統一中國」，稍後又設置「國家統一委員會」，此皆隱然有正統大一統的思考。其後易言，主張中國的政治現狀是「特殊國與國關係」，是則思想意識已由大一統退往一中分裂，兩國兩制的概念轉變，類同南、北朝之各維持正統矣。及至晚近堅持「中華民國與中華人民共和國互不隸屬」，且自稱「中華民國在臺灣」或「中華民國臺灣」，則更是類同慕容鮮卑之假勤王一假勤中華民國一以謀獨立，對中華民國而言，其官吏而懷有此意者，恐怕有擅改國號或去國號，事涉叛國之嫌。按：大陸謂中華民國已在 1948 年被中華人民共和國所取代，代表中國的只能是中華人民共和國，是即無異宣告中華民國已亡，猶如二趙視洛陽淪陷後宣告晉朝已亡，自認以水德承金德而為正統，是則如何還能與已亡之統修好或談判？而被宣告已亡之統如何能與宣告者修好，或願意談判？反之，臺灣堅持中華民國自 1911 年即已建國獨立，倡言「三民主義統一中國」，設置「國統會」，並於國統會第八次會議通過關於「一個中國」的涵義，明確表達一個中國兩個政治實體，兩岸僅是處於暫時分裂之狀態，而臺灣固為中國之一部分，但大陸亦為中國之一部分。在此大一統概念中承認當前是國家分裂，實是雙方接近有共識的基礎，為可以坐下來談的良機，惜鄧小平已逝，大陸官方談話已頗改變。其後臺灣官方主張兩岸是「特殊國與國關係」，即是將兩個不同政治實體修正為兩個國家，顯然違背了國統會先前「一中兩體」的主張，其若主張是「中國分裂時期的特殊國與國關係」，或許尚稍符東晉南北朝曾有過的歷史經驗，只是用「國家」關係的概念總仍比不上用「實體」概念來得富有彈性，可以沖淡正統以及爭正統的意識形態。苟能如此認知，則中國的政治現狀是：一個中國分裂為兩個名號各異而互不隸屬的政治實體，其所轄領土基於各自憲法在法理上互相涵蓋對方，事實上互不隸屬，臺灣不隸屬國務院，大陸不隸屬行政院。若雙方均有此認知基礎，兩岸遂應可以進行和平統一談判，而何者「在國際上代表中國」則需視談判結果而定。亦即雙方均在承認兩個政治實體、兩岸憲法大一統的基礎上談，至於那些在憲法修改前擅自自名「中華民國臺灣」者，恐怕既無意於正視中華民國統緒的存在，也就不會正視中華民國憲法的大一統，只想借中華民國作殼，內裏卻欲利用其剩餘價值以政治意淫中華民國而已，是則那些人若不改變其意識形態，大概已非兩岸談判時可以互信的對手。而且，

兩岸若真要「和平統一」而避免「武統」，則不可避免需要「和談」，但因臺灣政局丕變，政黨輪替，故〈鄧六條〉之第一條說「和平統一已成為國共兩黨的共同語言」，此或許是當時的共同語言，而第六條「建議舉行兩黨平等會談，實行國共第三次合作」，卻恐怕已不合時宜。因此，日後兩岸若談判，大概已不適合由國共兩黨談或民共兩黨談，而是應由兩岸政治實體的代表來談始能善了。如何能使兩岸政治實體願意坐下來談，則宜重新檢討與反省。

歷史不會重演，但歷史經驗則會重演，鄧小平倡言「和平統一，一國兩制」之「一國兩制」概為歷史經驗的重演，但「一國兩制」以「和平統一」為前提則確是歷史的創舉。當初鄧小平曾謂「如果能夠統一，國號也可以改」的初旨，以及〈鄧六條〉第五條之「和平統一不是大陸把臺灣吃掉，當然也不能是臺灣把大陸吃掉」，與第六條之建議「平等會談」而「不提中央與地方談判」的要旨，誠是緩解堅持正統大一統意識形態之心理障礙，使能保持彈性，以免陷於統緒糾纏，失去實質談判時機的「適當方式」。如此則不僅能使兩岸願意坐下來談，且可解決談判後何者「在國際上代表中國」的問題，更是兩岸意欲解決上述「政府」級以及「國家」級實質問題時所需回顧反省者。

自鴉片戰爭以來，國人奔走呼號，拋顱灑血，發憤圖強以救中國，而迄今民生建設已大有進展，只是臺灣仍弱於民族主義，大陸則民權主義有待加強。既然「一國兩制」的前提是「和平統一」，則「和平統一」下的「一國兩制」，便應是兩種制度互相協調，兩岸優點互相提攜，使能假以時日，在和平之下互相磨合適應，以至融合為一的開始，而不應是競爭角力的進行，否則即失去「和平統一，一國兩制」的意義與價值。五胡治華史展示的歷史鑒誡，是一國之內兩制磨合適應不易，容易生變，要之需要明定兩制的法律關係，並能守法篤行，久之便能自然涵化，兩制同歸於一；兩國兩制時尤然，更需經由實質明確的談判，先尋求暫時並行不悖之道，行之既久當能自然融合，天下定於一，否則必會走上「武統」。鄧小平經歷過陝甘寧以至西藏經驗，首倡「和平統一，一國兩制」，雖一人之思煩而不周，有待繼者補強，但確是中國分裂史上之創舉，起碼提議統一談判是以和平方式為前提，平等會談而不提中央與地方，不是誰想把誰吃掉，甚至一切都可以談，國號也可以談之原則就是一種創議。苟若不幸進至必須「武統」，則軍事力強者雖有優勢而未必一定能勝，肥水之戰可為龜鑑；依靠外力「抗中保臺」者未必一定能全，後梁倚周隋以「抗陳保荊」即是前軌。（梁末侯景之亂而梁武帝死，元帝立，國家喪亂，

子孫爭戰，武帝之孫蕭詧割據襄陽，與元帝構隙，恐不能自固，乃遣使稱藩於西魏，請為附庸。西魏權臣宇文泰遣隋文帝之父楊忠率兵援之乃安，泰遂策命詧為梁朝皇帝，於襄陽建置朝廷百官，自後子孫三代皇帝，歷魏、周、隋三朝均樂於接受外力的軍事監護，以堂堂正統梁朝倚外力抗陳自保，類同兒皇帝。其後隋文帝籌備伐陳，因其國處於前線，有地緣戰略利益，遂不顧此聽話順從的兒女親家王朝，毅然廢其國，使荊襄淪為滅陳之前沿戰地。事詳《梁書・元帝本紀》及《周書・蕭詧列傳》。）其結果或會使人民淪為芻狗，陷於塗炭，主事者無異殺人。書載孟子見梁襄王後出語人曰：「望之不似人君，就之而不見所畏焉，卒然問曰天下惡乎定。」孟子對以天下「定于一」，進而解釋「不嗜殺人者能一之。……如有不嗜殺人者，則天下之民皆引領而望之矣。誠如是也，民歸之，由水之就下，沛然誰能禦之」。得民而定一統於天下即為正統，何必「武統」，兩岸主事者能不以天下蒼生為念，三復斯言。

第一篇　五胡統治面對胡化漢化
　　　　問題的困擾與思考

關於漢化問題：以五胡史為例

摘　要

　　欲就同化（Assimilation）、涵化（Acculturation）等理論，討論漢化應如何界定，以及為何會發生。並說明本文用「漢化」一詞，只是借以論述一個漢族與非漢族的文化交流過程和現象，及其最後的可能結果，以區別涵化論的共存說及第三文化說，而與民族優越感無關。

　　探討征服王朝（Dynasties of Conquest）與滲透王朝（Dynasties of Infiltration）在中國史上實際的差異是甚麼，並討論滲透王朝說是否適用於解釋五胡史，如不盡適用時，宜如何解決。至於征服王朝為何較不易被同化（完全漢化），而滲透王朝則不然等問題，亦欲一併探討。

　　欲將五胡諸國分為四種類型作為分析：一是變相部落型（楊盛的隴西國），二是二元統治型（劉淵的漢趙），三是全盤漢化型（孝文帝的北魏），四是胡漢混合型（宇文泰的北周）。用以比較五胡諸國在接觸漢文化時的不同反應，及此不同反應所呈現的趨向，以說明五胡發展史的真相，印證五胡是否漢化及如何漢化。

關鍵字：五胡　漢化　同化　涵化　征服王朝　滲透王朝

一、前　言

提到「漢化」一詞，不免有被人扣大漢族沙文主義之可能。不過，本會議定名為「漢化、胡化、洋化國際學術研討會」，則知研討的角度當不是從「大Ｘ主義」出發，以免引起分歧激辯。如今大會分派給筆者一個題目，就是論說何謂漢化的問題，並需在一萬字左右完成，實在只能大哉問而小哉答。

既論漢化，則不得不涉非漢民族。「民族」是一個歷史範疇，而中國自秦以降為非漢民族統治的時間有帝制時間的一半長，以故不能不注意五胡十六國乃至遼金元清。然而此是大哉問題，恐非一萬字所能論說，以故只能自我縮限於史料較少的五胡十六國史，而且只能概略論說。因此，本文遂分從我對漢化的界定、征服王朝與滲透王朝學說對漢化論所能起的影響、五胡諸國變容的實際真相三個面向進行討論。

進行論說之前，筆者先在此表明：筆者所謂五胡，是採其廣義，指匈奴、羯、鮮卑、氐、羌五族，而非指當時情實的匈奴屠各五部胡而言；〔註1〕稱其為異民族，是欲回歸歷史範疇作論述，與民族優越感及種歧視無關。至於所謂十六國，原是因北魏史學家崔鴻的《十六國春秋》一書而名，並不包括北魏、北齊、北周與隴西國，筆者為作長時段的考察，以觀五胡與漢文化關係之變化與類型，因此而將此四國列入討論。

至於從中國史角度論述非漢民族的統治與漢化問題，則不得不論及征服王朝與滲透王朝的學說。不過筆者在此欲先表示，從戰爭論看，政治之目的必須視為戰爭本來的動機，因而須為因應未來的戰爭而建軍；但是，戰爭的本質是暴力，而其目標則是迫使敵人屈服於我之意志。〔註2〕因此筆者認為經由建軍以遂行戰爭，經由戰爭以達成目的，其本質即是征服。至於征服的手段可以有多種選擇，大抵而言，將我之意志（包括制度文化）完全強加於敵者為強征服，只要求形式臣服而保存敵之固有文化與統治體制者是為弱征服，而將我之意志作妥協調適以加於敵者則是軟征服。筆者是由此角度檢討魏復古（K. A. Wittfogel）的學說，獻一己的愚見而已。角度不同則觀察有異，但盼不致被視為標新立異。

〔註1〕 五胡有狹義、廣義之別，請參本書〈試論「五胡」及其立國情勢與漢化思考〉編。

〔註2〕 克勞塞維茨《戰爭論》第一篇〈戰爭的本質〉，臺北：國防部史政編譯局，民國80年3月。

二、我對漢化的界定

同化（Assimilation）原是生物學的概念，後來被社會學所借用，及至文化人類學興起，又出現了涵化（acculturation）的概念。

在文化方面，「同化」一詞，原義為促成相似之意，也就是同質化。人類學者與社會學者之所謂「同化」，是指族群相遇接觸後，一族群吸收另一族群的文化，逐漸變成與另一族群同質相似，而改變了原有方式的現象、過程和結果。儘管此過程由初始接觸後，不免發生過競爭與衝突，其間又不免有所調適，要之最後卻變成與另一族群同質相似，此即同化。完成整個同化過程，需要很長時間，可能要經過幾個世代。

至於「涵化」，日本學者或稱之為「文化變容」，係指一個族群文化與另一個族群文化（或多個族群文化）相接觸時，吸收或借用其某些文化原素而併入本文化，將本文化加以改變之謂。此過程所造成的影響往往是雙向的，此兩個族群文化同時表現「授」與「受」雙重身份，雙方互相採借對方之文化特質。因此，整個過程完成後，其結果可能是兩個族群文化同時並存共生，也就是二元存在（日人或稱為二重性）；亦有可能產生第三文化。

由此觀之，同化之前的過程與涵化相似，或許可以說涵化是同化的初步，甚至即是同化的過程，而同化則是涵化的最後階段。二者差異之所在，大抵就是涵化遷移者不必然需要拋棄原有的文化，而是可以使兩種文化並行不悖，或產生第三文化；同化接受者，則常是單向吸收大於雙向，或根本就是單向吸收，而由文化吸收走向同質融合，為被吸收者所吸收。所以有些人，或稱為傳統學者，認為同化論是建立在吸收理論（Absorption Theory）之上，甚至直將吸收理論視為同化論。〔註3〕

本文是從中國中古史的角度，以觀察五胡諸朝文化的情況，及其與漢文化之間的互動關係，而非從北亞民族史的角度作觀察。筆者強調於此，是希望日本學者從北亞民族史的不同範疇，去批判魏復古（Karl A. Wittfogel）的從中國社會史範疇論述征服王朝與滲透王朝之事，不致發生於本人的身上。〔註4〕

〔註3〕　筆者所謂傳統學者，並無批判之意，只是代表持此傳統成說的學者。魏復古正是針對此傳統成說，而運用涵化概念，提出其征服王朝與滲透王朝之說（詳後）。其說並未得到國際學界一致的支持，本研討會第二屆汪榮祖教授的主題演說，即頗從吸收理論討論征服王朝的同化問題。

〔註4〕　魏復古從中國社會史範疇論述征服王朝與滲透王朝，有些日本學者卻從北亞民族史的範疇對之予以批判，或許他們所言也具有啟發性，但不同範疇是否

　　關於「五胡」一詞，其狹義原指匈奴別部劉淵所統領的屠各五部胡，今從後世所行用的廣義，即謂匈奴、羯、鮮卑、氐、羌五族。本文是從中國中古史角度檢討此五族所建王朝，及其與漢族和漢文化之間的互動關係。至於本文之所謂「漢化」，是指五族所建的主要王朝，對漢族文化吸收或採用的情況，既指過程，也指結果。為了避免思緒上的混淆，其過程或用「漢涵化」，其結果或用「漢化」二詞表示之，並依匈奴的漢趙、羯族的後趙、鮮卑的前燕、氐族的前秦以及羌族的後秦，五胡建國先後略作觀察，而補以氐族楊盛的隴西國以為對照。

　　此五族未建國之前，漢末衰亂，屠各匈奴與羯、氐、羌皆形同居於中國邊郡，魏晉時氐、羌被中國政府內移，石趙時且一度被內移至中原之地，至於慕容與拓拔兩鮮卑，魏晉時其實皆活動於塞外，一在遼東塞外，一在雁門塞外。是則五胡之中，屠各匈奴與羯、氐、羌實已早染中國漢文化，而慕容較晚，拓拔更晚。但是，即使在塞外，且又因政治隔離，也不是就不會接觸漢文化，茲以西漢時匈奴為例。

　　根據《史記·匈奴列傳》記載，匈奴雄主冒頓曾圍困漢高祖於白登，逼成漢匈和親，漢朝嫁以公主，贈以厚禮。其後在漢文帝（高祖子）後二年（前162），漢遣使前往匈奴，與老上單于（冒頓子）重申舊約，謂「先帝制：長城以北，引弓之國，受命單于；長城以內，冠帶之室，朕亦制之。使萬民耕織射獵衣食，父子無離，臣主相安，俱無暴逆」云云，顯示兩國自冒頓單于與漢高祖締結和親以來，即是以長城為限，劃分為南、北兩個文化世界。南方是冠帶耕織的天下，北方則是引弓牧獵的天下，漢匈雙方承認此現實，也維持此現實，文帝且為此而下詔曰：「匈奴大單于遺朕書，言和親已定，亡人不足以益廣地，匈奴無入塞，漢無出塞，犯（令）〔今〕約者殺之，可以久親，後無咎，俱便。朕已許之。其布告天下，使明知之。」似乎漢匈人民即因此政治隔離而不會有文化接觸。事實上，秦漢以來匈奴已有不少漢人來附，加上雖有和約，但是基於侵掠是其生產方式之一的原因，以故仍不斷侵掠漢朝，「殺略人民畜產甚多，雲中、遼東最甚，至代郡萬餘人」，甚至京畿為之戒嚴，漢文帝的重申舊約就是為此。如此一來，匈奴即不得不與漢人及其文化相接觸，而且越久當會越深。例如漢

能如此批判則可疑。魏復古與日本學者之說，請參鄭欽仁、李明仁編譯《征服王朝論文集》（台北縣：稻鄉出版社，民國99年5月再版）諸文，於此不贅介。

文帝致老上單于的國書，所用的簡牘為尺一寸，辭曰「皇帝敬問匈奴大單于無
恙」云云；單于在來附漢人中行說的教導下，報漢國書以尺二寸牘，及印封皆
令廣大長，辭曰「天地所生日月所置匈奴大單于敬問漢皇帝無恙」云云。此即
是漢文化的採用。又如匈奴好漢繒絮食物，中行說曰：「匈奴人眾不能當漢之一
郡，然所以彊者，以衣食異，無仰於漢也。今單于變俗好漢物，漢物不過什二，
則匈奴盡歸於漢矣。其得漢繒絮，以馳草棘中，衣袴皆裂敝，以示不如旃裘之
完善也。得漢食物皆去之，以示不如湩酪之便美也。」於是說教單于左右疏記，
以計課其人眾畜物。此更是漢文化的深度採用，以致幾使匈奴「變俗」。〔註5〕

　　漢匈此例可以證實文化傳播與交流乃是自然之事，政治干預——正面的
促進或負面的禁止——或許會收一時之效，但終不會長期影響文化的傳播與
交流。在古代，文化交流的強度，大約與交流雙方鄰接的距離成正比，愈近愈
強，愈遠愈弱。不過，儘管匈奴很早就採用漢式衣食以及教育文化，或可視為
漢涵化的現象，但是終究不能視之為漢化。原因是此涵化現象僅拘限於貴族階
層，廣大的匈奴牧民仍是處於游牧文化。更重要的是，他們並未脫離其北亞草
原的文化腹地，而進入異文化腹地生活，以故自然不會為之漢化。異民族的漢
涵化乃至漢化，〔註6〕要當由他們是否局部或全部佔領漢地開始，並視其是否
局部或全部脫離其文化腹地，以及僅是採借或是吸收漢文化以作繩衡。

三、征服王朝與滲透王朝學說對漢化論所能起的影響

　　自從上世紀中葉魏復古（K. A. Wittfogel）與馮家昇合著《中國社會史：
遼》（HISTORY OF CHINESE SOCIETY: LIAO[906～1125]），提出征服王朝
（Dynasties of conquest）與滲透王朝（Dynasties of infiltration）學說以來，即
引起國際學界的熱烈反應。其說將中國歷史分為十大時期，半數是典型中國
式，半數是異族征服式。異族征服式的社會又分為兩類，一為征服王朝，一為
滲透王朝。征服王朝集中於中國歷史發展的後半段，計有遼、金、元、清四朝；
而滲透王朝則發生於中國歷史發展的前半段，主要指五胡十六國，至於也發生於

〔註5〕俱詳《史記‧匈奴列傳》（卷一百，頁2899～2904），《漢書‧匈奴傳》略同，
　　　　不贅。
〔註6〕中國自古以來是多民族國家，或許歷史上的異族——尤其是外來侵入的異族
　　　　——現今已成為兄弟民族，甚至已融入漢族內裏，但回歸歷史論述範疇時仍以
　　　　異民族視之，始能符合歷史發展的事實。因此，本文以異民族角度視察五胡，
　　　　並無種族歧視之意。

前半段五代時期的唐、晉、漢、南漢等朝則無論及。征服王朝又分為兩個副型：遼與元代表文化抵抗型，金代表文化讓步型，清則是過渡時期；滲透王朝則僅略數語帶過，並無副型之分。征服、滲透的命名，學界大多能接受，但征服王朝的分類則日本學界頗有不同意見，分歧點主要為應否從北亞民族史的角度作觀察，以及女真因有原始農業而非游牧民族，因而是否算是游牧民族之故。茲因本文所欲討論的漢化問題，是以五胡史為例證，故下文不以征服王朝為論述重點；不過征服王朝的特徵其實有些與滲透王朝相通，以故亦不免略作相提並論。

魏復古舉契丹所建遼朝為例，以說明契丹並未被漢族同化以及征服王朝的特徵。他認為：（1）契丹即使控制中國北部領土，但對中國只得到部分的勝利，政軍重心仍置於熱河北部其部落地區。（2）王族與貴族雖從中國臣屬中吸收了許多文化要素，但從未拋棄其固有的政軍組織，或傳統及宗教信仰。（3）契丹人仍然繼續其游牧活動，與中國農民及城市人民生活隔離，他們甚少有意以中國禮儀、文學和文化來代替其部落生活方式。（4）不論其為適應征服情勢如何在政經上作權宜之變，傳統游牧生活仍使其部落成為組織的基本單位，故原有部落仍是不折不扣的部落。在同篇的其他節目裏，魏復古強調遼朝具有兩大國格，從社會結構、民俗宗教以至政治軍事都具有二元性。在亡國後，多數人寧願西遷，更多數人東徙入女真部落，只有很少數的契丹人纔逃入宋境。至於其他征服王朝，有一個共同的特徵就是民族性強烈，從不放棄對政軍的控制，而僅將絕對有限的職位授予中國人。〔註7〕

至於滲透王朝，魏復古語無多言，僅表示「從內陸亞洲來的部落之日漸強大的壓力使得有更多的異族滲透進入中國世界，這些新來者，有些是被逼居住在中國境內，有些是『被邀請』的客人，有些是地區性的侵略者，他們很快地就得到權力，建立起滲透王朝」。〔註8〕此說是否成立頗值質疑，因為五胡之在中國境內，似與「從內陸亞洲來的部落之日漸強大的壓力」關係不大，他們有些（如氐羌）是因秦漢以來長期擴張的結果；有些（如南匈奴及羯）則是恰好相反，是北亞強權匈奴衰亂下的結果；有些（如兩鮮卑）更是因北亞強權衰亂，北匈奴西遷後留下的權力真空所造成。按：「滲透」一詞亦借自生物學，原指液體經半透膜擴散的現象。即低濃度溶液滲入高濃度溶液，直到細胞內外

〔註7〕 參蘇國良、江志宏所譯的魏復古〈中國遼代社會史（907～1125）總述〉，收入前揭《征服王朝論文集》，頁10及15～17。
〔註8〕 同上註，頁32。

濃度平衡為止的現象。液體承受高壓而往低壓處滲入，或許也屬滲透現象。因此，北亞強權匈奴衰亂下所形成的壓力，恐怕不僅是低壓，且是真空，所以鮮卑纔能滲據匈奴故地。不過幸好魏復古已聲明這僅是「新應用的假說」，筆者也不好太過執著。但是，筆者非常注意其緊接著而來的解釋。他說：

> 兩朝朝代（按：指征服王朝與滲透王朝）型式的界線是流動的，但有一種重要的差別存在。半和平式的滲透最後可以達成征服的目標，但無論如何這兩種達到權力的方式是不同的。「五胡十六國」的歷史可作為兩種方式的顯著例證。兩種方式最後都造成複雜的二元社會。前後趙（304～352）的滲透王朝與以後的征服王朝的制度和文化型態，並無多大區別。對拓拔魏政權和傳統的動力作一個詳細研究後，可發現一個同樣的趨向。〔註9〕

此說無異是以手段論劃分此兩種王朝，意謂征服王朝是侵略的，而滲透王朝則是半和平式的滲透。揆諸五胡史，此說不見得完全正確。因為這兩種王朝既然「最後可以達成征服的目標」，則理論上即無「半和平式」的手段可言；假若五胡採取二元體制是出於以武力為後盾之安撫拉攏漢人的需要，因而是「半和平式」，則四個征服王朝也莫不如此。其實從民主選舉出現以前，中國諸王朝幾乎莫不是以「馬上得天下」或「槍桿子裏出政權」的方式建國，均具有侵略征服性質，只是有胡人侵略征服漢人或漢人侵略征服漢人之別罷了。因此，征服王朝與滲透王朝之所以會最後都造成複雜的二元社會，其共同的原因或特點應是兩者都是「異族征服」。

若說中國史上有「半和平式」的建國，則應是魏晉南朝之假禪讓而為篡奪的方式，但篡奪者也以擁有武力作為後盾纔能為之。即使魏晉南北朝最後一個假禪讓而為篡奪的唐高祖李淵，實質上也是以武力「完全開國」的。〔註10〕在中國歷史上，真正以「和平式」或「半和平式」手段建國者似乎僅有王莽，此是特例，否則連武則天也是以禁軍廢立皇帝而篡位建國。

因此之故，筆者不明白魏復古區分征服王朝與滲透王朝差別的所謂「半

〔註9〕 參蘇國良、江志宏所譯的魏復古〈中國遼代社會史（907～1125）總述〉，收入前揭《征服王朝論文集》，頁32。

〔註10〕「完全開國」是以武力掃除一切反對及阻礙開國的勢力，以使能順利開建國家之謂。此說請詳拙著《隋史十二講》（北京：清華大學出版社，2012年1月）第一講之論隋朝的「不完全開國」，及第十二講之論唐朝「完全開國」，於此不贅。

和平式的滲透」，究竟是何所指？他似乎也沒有說明。筆者從事五胡史研究多年，也曾多次在研究所講授「五胡治華史專題研究」，所知上述五胡所建諸王朝，雖是因晉室或其前朝的衰亂裂隙相繼而起，但幾乎皆是以侵略征服的手段而「馬上得天下」。與遼乘唐亡喪亂，不勞而獲燕雲諸州，金、元乘兩宋積弱而又劇烈黨爭導致政亂，清乘明朝政亂民變，而皆得以乘隙侵略征服中國局部或全部，情況相仿佛，只是他們對被征服的中國而言卻屬於異族外侵型。揆諸歷史，五胡諸朝大抵的差別，是慕容與拓跋兩鮮卑，均是由塞上內入以事侵略征服；屠各匈奴此時已如同中國編戶齊民，〔註11〕與原就居止於中國境內的氐羌相似，則均是由邊郡內入以事侵略征服而已。

　　五胡諸朝的共同點，均是建國前已與漢文化有長期或頗深的接觸，且都是由當時中國的內部或邊塞舉族向中原再內入；失敗後卻均無可以回旋的文化腹地可供退避，以致逐漸漢化以及終於漢化。就此而言，五胡與遼金元之與漢文化接觸不深，又僅移政軍重心於中國農牧咸宜的邊地，以致能保持其部落社會，並有回旋的部落文化腹地可供退避，終於不致漢化，是非常不相同的。至於清朝之被魏復古列為征服王朝的過渡時期，是指其雖仍保持民族意識以及一些制度文化，但統治過程中對漢文化涵化（即漢涵化）已深，以故漸陷於漢化之故。按：筆者以為，除此之外，清朝末期東三省亦已漢涵化，以故如同喪失其可供退避的文化腹地，殆應是其漢化的關鍵所在。現今雖仍有少數滿人，但其大部已經漢化，此所以被列為征服王朝的過渡時期，亦可謂適當也。

　　論述至此，筆者似乎應該對魏復古的學說作一回應說明，即征服王朝與滲透王朝之所以最後都造成複雜的二元社會，兩者之制度和文化型態並無多大區別，主要原因應是兩者均為當時漢民族的異民族，均擁有其民族性，亦均以達成征服為目標之故。或許可以說，魏復古所謂的征服王朝殆應稱為「外侵型征服王朝」，滲透王朝則殆應稱為「內入型征服王朝」。蓋前者居止於中國境外，僅政軍重心移至中國農牧咸宜邊地，異民族性格可得長期保持且較強，漢涵化程度相對較低，而失敗後尚有可供回旋的文化腹地，以故雖採二元統治而終不致於被完全漢化；後者的情況則不盡然，他們居止於中國境內或鄰近塞上，入主中國前頗已染習程度不等的漢文化，故民族界線不如前者般觀念強烈，由於他們一再內入征服，重心深陷於農業文化的精華腹地，以

───────────────

〔註11〕請詳本書〈從漢匈關係的變化略論劉淵屠各集團的起事──兼論其一國兩制的構想〉篇。

故不得不大量採用及吸收漢文化，加上其本族的文化腹地即在中國境內，可供回旋退避的空間貧乏，所以漢涵化現象較大而明顯，終至於完全漢化。據此，稱呼前者為外侵型征服王朝，後者為內入型征服王朝，以顯示兩者之目標相同而發展過程有差異，以致類型同中有異，或許也是適當可行之道。當然，若從北亞民族史的角度觀察，則外侵型征服王朝無異是相繼崛起，征服局部或全部中國的游牧帝國，而內入型征服王朝則僅是中國內部少數民族相繼興起的王朝而已。

四、五胡諸國變容的實際真相

就以五胡而論，其所建政權（王朝或國家）形形式式，本文欲將之分為四種類型以為分析比較。此四種類型的前三種是二元統治的甲型（如劉淵的漢趙），全盤漢化的乙型（如孝文帝的北魏）及胡漢混合的丙型（如宇文氏的北周），至於第四種丁的變相部落型（如楊盛的隴西國），則是前三種的對照組。

先論甲型。甲型因劉淵的思想作為而首成典型，因此先欲論之。

匈奴原本與漢朝劃長城為界，游牧文化與農業文化兩分天下，而各為一完整的文化世界，前面已述。然而降至西元前一世紀中葉，匈奴分裂為五單于，其後併為南、北兩政權，各遣子弟入侍於漢，最後南單于呼韓邪入朝稱臣，而漢助其復國。此為兩天下大國之間的一大變化。此關係維持至王莽而破裂，匈奴乘中國喪亂，再度恢復中分兩分天下的格局。及至西元一世紀中葉，匈奴又分裂為南、北兩政權，南匈奴入塞稱臣請兵，漢復助南攻北而屢破之，北匈奴西遁，不知所之。此後，漢不准南匈奴北還復國，而將之羈留於塞下，並一再將單于庭內遷，以便控制，無異已成東漢的屬國，由是東亞以長城為界中分游牧、農業兩天下的格局不再。此下南匈奴單于，實則仍稱匈奴，然受漢朝使匈奴中郎將的監護、欺壓、凌辱乃至殺害，不一而足，其名王以下更無論矣。降至漢末，南匈奴部落聯合別部屠各等叛亂，因而復再分裂為南、北二庭，正統單于帶領少數部民被驅逐至司州的平陽（今山西臨汾市西），已無足輕重；屠各等大部分叛亂部落則仍居於并州的離石（山西今縣），頗為東漢所患。曹操崛起，將并州匈奴分為五部，命其名王為部帥，分散於郡縣，置於并州刺史兼護匈奴中郎將管治之下。〔註12〕約同時，曹操又拜烏桓諸部落酋長為單于，於

〔註12〕請詳本書〈從漢匈關係的變化略論劉淵屠各集團的起事——兼論其一國兩制的構想〉篇。

是單于名號等同酋長，已非復北天下元首的位號，以故作為一個游牧封建帝國的國家，[註13]南匈奴此時實際已解體。

建安中，曹操平袁紹後，命梁習領并州刺史，當時社會情況略如下：

> 時承高幹（按：袁紹甥，前任并州刺史）荒亂之餘，胡狄在界，張雄跋扈，吏民亡叛，入其部落；兵家擁眾，作為寇害，更相扇動，往往棊時。習到官，誘諭招納，皆禮召其豪右，稍稍薦舉，使詣幕府；豪右已盡，乃次發諸丁彊以為義從；又因大軍出征，分請以為勇力。吏兵已去之後，稍移其家，前後送鄴，凡數萬口；其不從命者，興兵致討，斬首千數，降附者萬計。單于恭順，名王稽顙，部曲服事供職，同於編戶。……後單于入侍，西北無虞，習之績也。[註14]

可見匈奴在并州與漢人雜錯而居，名王部帥領其所部，不過略如漢人的豪右與其部曲；然經梁習整治後，匈奴部曲且已服事供職已同於漢人的編戶矣。不僅如此，其後晉武帝更進一步將五部帥改為都尉，並派員監護之。屠各五部由部帥制改為都尉制，表示晉廷進一部將五部納入漢式官廳體制，欲促使其部落社會徹底解體。在此部落社會將解體未解體之間，適值「八王之亂」，遂授劉淵以起兵的機會。

據《晉書·劉元海（按：淵之字）載記》，劉淵未任司馬穎部下前，曾任質留學於洛陽，結交名士，史謂他「幼好學，師事上黨崔游，習毛詩、京氏易、馬氏尚書，尤好春秋左氏傳、孫吳兵法，略皆誦之，史、漢、諸子，無不綜覽」，後代父遺缺而屢任部帥、都尉，任內「五部俊傑無不至者。幽冀名儒，後門秀士，不遠千里，亦皆遊焉」。可見他早已深悉漢文化，也廣泛與漢人交結。「八王之亂」時，專政的丞相·成都王司馬穎被攻，時任其部下的劉淵以「請為殿下還說五部，以赴國難」為由，穎遂拜淵為北單于·參丞相軍事。

劉淵的所謂五部，實指曹魏以來屬於離石北庭的屠各五部而言，所以司馬穎拜淵為「北單于」。但是，當其未遊說司馬穎還集五部之前，五部之一

[註13] 匈奴是國家抑或是部落聯盟，學界有所辯論。其由部落以至發展為國家，創有北亞遊牧民族第一套國家體制，可概參山田信夫〈テェルク·モソゴル系古代遊牧民族の國家形成〉，收入其《北アジア遊牧民族史研究》（東京大學出版社，1989 年 7 月第 3 刷）。筆者概以漢晉間鮮卑之步度根、軻比能以至拓拔聯盟作為比較，則匈奴應為游牧封建帝國。步度根、軻比能事見《三國志·鮮卑傳》，拓拔聯盟見北《魏書·序記》，不贅。

[註14] 詳《三國志·梁習傳》，卷十五，頁 469。

的北部都尉‧左賢王劉宣等人就已竊議，謂「昔我先人與漢約為兄弟，憂泰同之。自漢亡以來，魏晉代興，我單于雖有虛號，無復尺土之業，自諸王侯，降同編戶。今司馬氏骨肉相殘，四海鼎沸，興邦復業，此其時矣！」於是密推劉淵為大單于，使人詣鄴告之。也就是說，劉宣等屠各貴族所欲起事之目的，是要乘亂「興邦復業」——興復全匈奴昔日的游牧帝國，因此纔推帶劉淵為「大單于」。及至劉淵還至左國城（在離石北）、劉宣等上大單于之號，二旬之間，眾已五萬，遂都于離石。這是五胡異民族從邊郡起事的首例。不過，劉淵並未「內入」太深，而是僅南至當日正統單于所駐的平陽即止。平陽仍位於農牧咸宜區，此則是他能採取二元統治「一國兩制」原因之一。

　　根據劉宣等人密議所言，可知他們的起事，實交雜有階級矛盾以及復興國家兩種意識。起事後他們諫止劉淵發兵助穎攻鮮卑時說：「晉為無道，奴隸御我，是以右賢王猛不勝其忿。屬晉綱未弛，大事不遂，右賢塗地，單于之恥也。今司馬氏父子兄弟自相魚肉，此天厭晉德，授之於我。單于積德在躬，為晉人所服，方當興我邦族，復呼韓邪之業，……天與不取，反受其咎。願單于勿疑。」既言晉為無道奴隸御我，以及先前劉猛起事的失敗是單于之恥，因而力請「興我邦族，復呼韓邪之業」，是則表示階級矛盾與復興國家兩種意識之外，尚有強烈的民族意識存在。不過，他們也注意到劉淵「積德在躬，為晉人所服」的事實，這是他們支持劉淵團結漢人（當時稱晉人）共圖大事，採取二元統治「一國兩制」的另一原因。而劉淵的決定及答覆如下：

> 善。當為崇岡峻阜，何能為培塿乎！夫帝王豈有常哉，大禹出於西戎，文王生於東夷，顧惟德所授耳。今見眾十餘萬，皆一當晉十，鼓行而摧亂晉，猶拉枯耳。上可成漢高之業，下不失為魏氏。雖然，晉人未必同我。漢有天下世長，恩德結於人心，是以昭烈（按：指劉備）崎嶇於一州之地，而能抗衡於天下。吾又漢氏之甥，約為兄弟，兄亡弟紹，不亦可乎？且可稱漢，追尊後主，以懷人望。」

「上可成漢高之業，下不失為魏氏」是劉淵的開國國策，但「晉人未必同我」則是其對自己「為晉人所服」一事尚未有足夠的信心，因此欲借「漢氏之甥，約為兄弟，兄亡弟紹」為號召，兼行復匈與紹漢，效法漢高與魏武之以武力征服天下。於是，在晉永興元年（304）即漢王位，改元元熙，下令「紹修三祖（按：指漢高祖、光武帝及昭烈帝）之業」，「立漢高祖以下三祖五宗神主而祭之」，並採取西漢丞相、御史大夫、太尉的三公體制。這應是異族軟

征服漢族，所採統治方式具有較強烈民族性的一種類型。

其實，挾持上述民族意識的屠各匈奴，此時的大單于劉淵已恢復左右賢王等王長制度，只是地盤有限，不能全復匈奴昔日的帝國規模而已。〔註15〕因此他的即漢王位，無異就是一人兼兩系元首，而採行漢、匈兩國政體，此就是筆者所謂的「雙兼君主型一國兩制」體制。降至元熙五年（晉永嘉二年，308），為了在漢地建國需為漢人所服，於是乃即皇帝位，並於死（310）前八日改革國體與政體，置單于臺於平陽西，使之統領六夷諸胡而政廳化。〔註16〕劉淵死後，其子大司馬‧大單于‧錄尚書事‧楚王劉聰政變嗣立，翌年（漢嘉平元年，晉永嘉五年，311）遣兵攻入洛陽而俘晉懷帝後，此制遂確定下來，筆者稱之為「嘉平體制」。「嘉平體制」略如下圖。

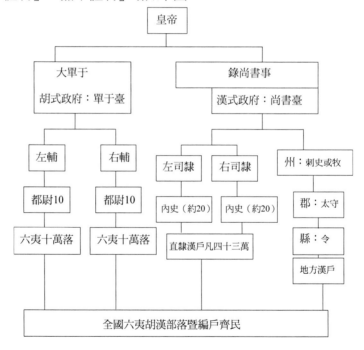

〔註15〕 匈奴二十四長制度由於史料欠缺，論者不一，大體為隸屬於單于的二十四個封建國或軍事集團，共同構成遊牧封建帝國之統治階層，所不同於漢初及晉初中國式的封建者，以其諸長不能世襲最為差異。山田信夫〈匈奴の「二十四長」〉（氏著《北アジア遊牧民族史研究》，東京：東京大學出版社，1989年7月第3刷）對此有專論，於此不贅。本書〈試論西魏大統軍制的胡漢淵源〉篇，對二十四長與府兵制關係亦有解釋。

〔註16〕 詳谷川道雄〈南匈奴の國家前後兩趙政權の性格について〉，（《名古屋大學文學部研究論集》35，頁1至38，1964年。按：此文後來收為其所著《隋唐帝國形成史論》（東京：筑摩書房，1971年）的第一編第一章。

　　「嘉平體制」實為「一君兩制型一國兩制」的體制，與「雙兼君主型一國兩制」常為以後五胡諸國所效法，只是其間各有改變。按：「雙兼君主型一國兩制」實質為二元並行的體制，而「一君兩制型一國兩制」則有二重體制——即漢式統治下另有一胡式統治的體制。二重體制脫胎於匈奴原創而為漢朝普用的「屬國」制度。〔註17〕不過無論如何，單于臺政廳化是使胡制發生重大或根本性變化的原因，其思考重點是由於漢式元首稱皇帝則位號至尊，例無兼職，所謂「單于所以統一百蠻，非天子所宜領」的觀念是也。〔註18〕其後，後趙石氏由「大將軍・大單于・大趙天王」改稱皇帝，前秦苻氏由「大將軍・大單于・三秦王」改稱皇帝，而前燕慕容氏亦如此為之，由「大將軍・大單于・燕王」改稱皇帝，皆是步武漢趙因應漢文化而改制之舉，這與他們較漢趙更內入中原有一定的關係。於是，諸胡國元首稱號由「大將軍・大單于・某天王（或某王）」的形式，改為「皇帝」之時，遂即表示他們已將「以一六合」、「大同之舉」的征服意志及形式明顯化。〔註19〕這種改變的趨勢與特色，是愈後建立的胡族王朝，單于臺制愈是消失，而胡制愈隱漢制愈顯，以致空有大單于之號而無單于臺，或猶存部落體制而無大單于之號，要之皆為具有民族性的征服王朝制度。

　　在此趨勢下，乘隙佔領匈奴故地的東胡系鮮卑出現乙型。

　　由塞上內入的鮮卑，在漢末鮮卑檀石槐聯盟解體後，諸部游離而出，各自獨立發展，也互相兼併。其中影響中國歷史最大的有兩部：居於遼水流域的慕容部與居於雲代的拓跋部。

　　自漢魏以來漢人陸續大量湧入遼水流域，以避中國戰亂之難，故慕容鮮卑的部落長（可汗）在盡量保護本族制度之餘，亦順勢建置郡縣，起用漢人，推行農業文化以及儒家教育，是其民族性淡化而實施漢涵化的開始。不過魏晉政府由授以鮮卑單于、鮮卑都督、鮮卑大單于，以至「大將軍・大單于・燕王」的位號，令其統領遼左諸夷及流民之餘，慕容鮮卑終以其不脫寇掠爭戰的本

〔註17〕日人以「胡漢二重性」論五胡諸國，殆有胡漢平行二元之意，但本文所謂的「二重體制」，是指國內有的「屬國」制度，此制度最早創於匈奴的西征西域，漢武帝在匈奴屠各等部降附時亦以此制處置之，請參本書〈漢趙國策及其一國兩制下的單于體制〉篇。

〔註18〕語見《資治通鑑》（臺北：宏業書局，民國62年1月）晉穆帝永和八年（352）正月及十一月條，卷九十九，頁3122及3131。

〔註19〕語見《晉書・慕容暐載記》，卷一百十一，頁2852。詳細情況請參本書〈略論魏周隋之間的復古與依舊——一個胡漢統治文化擺盪改移的檢討〉篇。

色，而又僻在荒遠，以故魏晉政府「猶以邊裔之豪處之」。〔註20〕及至羯胡的後趙喪亂，慕容氏乘機南進，將首都由龍城遷至薊，猶在農牧交錯地區，尚可保持其某些二元統治的方式，田村實造因此認為其是征服王朝的祖型；〔註21〕然而當其稍後大舉內入以滅後趙，並將首都由薊遷至農業菁華區的鄴後，在已漢涵化的基礎上，復受到農業文化的包圍，因而迅速漢化。亦即慕容氏雖拋棄了匈奴體制的位號形式，而維持其戰士共同體的胡制形態，但朝皇帝制度一元化發展，追求絕對君權以及漢式法制化，遂因漢化適應不良以致腐敗內亂，很快就亡於前秦苻堅，來不及展現其漢化的規模。〔註22〕

至於同為由塞上內入的拓拔鮮卑，自曹魏至西晉，雖也接受大單于、代公、代王的封號，但也如慕容鮮卑般並無單于臺的建制，此固與胡及東胡不同的民族文化有關，因此降至 376 年（前秦建元十二年，晉太元元年）被前秦滅亡前，拓拔鮮卑始終停留在雲代，從事游牧部落的生活狀態，民族性較慕容鮮卑強烈，而排斥漢文化亦明顯。及至淝水之戰苻堅失敗，拓跋珪（道武帝）復建國家，改國號為魏而即皇帝位（386）後，雖然實施「離散部落」而追求絕對君權，並依魏晉制度建立中央臺省以及地方行政體系，但對胡族則以「大人」制統領之，州郡縣的首長亦各置三員，而其中一員必為宗室，軍權則更如以前諸胡國般掌握在其核心部族乃至其宗室子弟的手中。因此，元魏皇帝雖無單于臺的設置，但國內胡人當兵、漢人生產的社會分化形式已漸固定，其實行二元統治遠較慕容鮮卑明顯，是典型的外侵型征服王朝。此國格形勢，要至孝文帝遷都洛陽，大舉推行漢化政策始有改變，這已是眾所周知之事了。

根據《魏書・高祖孝文帝紀》及同書〈官氏志〉所載，孝文帝繼承文明太后推行的班俸祿、均田、立三長制、立孔子廟於京師等漢化政策措施而親政之後，復陸續推行全面取消胡制，依魏晉官制大定官品，宣佈以水德承晉的金德，定遷都洛陽之計，並詔不得以北俗之語言於朝廷，遷洛之民死葬河南而不得還北，胡人改漢姓等重大政策。此外，孝文帝尚鼓勵胡漢通婚，並依仿漢人門第社會制度，強力推行大定胡人門第的政策，使之與漢人門第社會看齊，故史臣於紀末載孝文帝每言「胡越之人亦可親如兄弟」云云。假如以今日的政治概念方之，這系列改革無異即是全盤漢化，朝塑造「一個民族

〔註20〕詳《晉書・慕容廆載記》，卷一百八，頁 2812。
〔註21〕詳田村實造《中國史上の民族移動期》（東京：創文社，昭和六十年）之第四章，頁 131～143。
〔註22〕慕容鮮卑的發展，請詳本書〈慕容燕的漢化統治與適應〉篇。

一個國家」的方向發展，與近代締構「民族國家」相類似。這是五胡由漢趙二元統治走向以漢化為主的一元統治之典型，是內入最深，而也漢化最深的表現。

孝文帝的創舉，對當時漢人以及後來的中國發展史而言當是偉業，但對鮮卑以及其附從胡族來說則毋寧是出賣胡族文化，是一個「鮮卑奸」。因此，此典型在孝文帝身後不到三十年即受到挑戰，北鎮起而反對洛陽政府。或許北鎮叛亂的因素很複雜，但是與其不滿受不到漢化的恩惠，反而由昔日的自由民淪為「府戶」——即奴隸化——的感受，肯定有極大的關係，是為其大舉叛亂最重要的原因之一。〔註23〕北鎮人的奴隸化，當然與上述的全盤漢化政策有關，因此可以說因北鎮人的叛亂而導致北魏亡國，實應與反全盤漢化有一定的關係。由於此故，遂有源出北鎮系統的宇文泰關隴胡漢混合集團，創造一個介於胡漢二元統治以及漢化一元統治兩類型之間的新模式出現。此即本文所稱的丙型。

北魏由北鎮叛亂以致分裂為東魏北齊以及西魏北周，事實上代表了兩種趨勢：一是以胡化漢人高歡為主的東魏北齊，仍然繼承孝文帝的改革，國內維持胡人當兵、漢人生產的社會分化，以及孝文帝以來的政治社會漢化體制；一是以匈奴裔鮮卑人宇文泰為主的西魏北周，走向因沿胡漢二系民族文化而涵化創新，隱然有創造第三文化的傾向。前者是順勢發展姑暫不論，後者則是逆勢操作，顯然是一種新的類型模式，故理應於此略論之。

宇文泰乘魏末喪亂，思欲以割據關隴，挾持天子而徐圖天下作為其開國國策。其所部西征軍，以武川鎮的將領為核心骨幹，原就有不滿或反對洛陽魏廷全盤漢化之人，故宇文泰為了安撫他們，並因應關隴河西的民族複雜與情勢險峻，而設計了當時可以被各族群勉強接受的新文化與新體制。即是依仿拓跋鮮卑早年的部落聯盟，以及漢族早期的姬周天王封建制，使之相結合，創造出一套自劉淵二元統治模式以來，另具創意的「外周內胡封建部落混合體式」，此即《周書·文帝紀下》史臣所謂的「擯落魏晉，憲章古昔」，「恆以反風俗，復古始為心」的復古主義體制，也就是陳寅恪先生所稱之「關中文化本位政策」與「關隴胡漢混合集團」。

陳寅恪先生批評宇文泰的創制為「慕古之制」，「非驢非馬」，其實連宇文

〔註23〕谷川道雄的《隋唐帝國形成史論》即由此角度論述北鎮之亂以及隋唐的興起，其說可供參考。

泰本人亦未拘泥，僅是「一時權宜文飾之過渡工具，而非其基本霸業永久實質之所在」，以故「創制未久，子孫已不能奉行，逐漸改移，還依漢魏之舊」云云。〔註24〕表面視之誠然，深入察之則殆未盡然。因為宇文泰沒有像其匈奴前輩劉曜般，佔領關中改國號為趙（前趙）後，即揚棄其從父劉淵的國策，改以繼祧匈奴冒頓單于，建立漢式單一政府，後又併行匈奴游牧帝國體制為國策，於是以此體制強加於關隴各族，所謂「置單于臺于渭城，拜（其子劉胤）大單于，置左右賢王已下，皆以胡、羯、鮮卑、氐、羌豪傑為之」是也。〔註25〕這是鮮明的「強征服」政策。相反的，宇文泰於關隴，為因應優勢人口的漢人而妥協，以故依《周禮》而改革；又為協調不滿漢化的鮮卑軍人，以故回復早年部落聯盟的體制，此則是採「軟征服」政策。在此改革之下，宇文泰陸續賜諸將以胡姓或令其恢復孝文帝改革前的胡姓，執行著名的賜復姓措施；而同時建立六柱國分領十二大將軍、十二大將軍分領二十四開府軍的府兵制，並「以諸將功高者為三十六國後，次功者為九十九姓後，所統軍人，亦改從其姓」，〔註26〕即是將此新軍制的建制與部落制相結合。此又與二秦建立單一漢式政府後，將部落寓於部司軍鎮制不同。

　　如今《周書》、《隋書》已將這些將領改回漢姓名，否則若從姓名觀察，如柱國大將軍大野虎（李虎）、大將軍普六茹忠（楊忠）等，表面視之皆為胡人，何來有胡、漢混合之別？因此，西魏北周府兵制建立時，高級府兵將領無異就是胡人軍事集團的軍官團，與所統軍人具有擬血緣關係，以故也是部落與準部落聯盟的集合，而高級將領同時也是酋長可汗團，諸軍皆是其部落的兵民。此即是陳寅恪先生所謂的「部酋分屬制」的部落兵制。宇文泰統領此如同酋長可汗的諸將領，又分命諸將擔任中央六卿及其所屬各級行政部門的官職，無疑是在魏廷之外另建勢力組織，而實施政軍合一的政策，以架空並挾持西魏天子，達成其開國的國家戰略。這個「軟征服」政策下的胡漢混合型「外周內胡封建部落體式」，既是社會體制而也是政治體制，你泥中有我而我也泥中有你，正是胡漢兩種文化互相涵化，隱然成為第三文化的結果，與劉淵模式及元宏（孝文帝）模式大大不同，豈是率爾之舉。是以陳寅恪先生評論此「摹古之制」其

〔註24〕陳先生多處提及此論點，較明確者則請參其《隋唐制度淵源略論稿·禮儀》篇，收入《陳寅恪先生文集（二）》，台北：里仁書局，民國71年9月。

〔註25〕請參前揭本書〈漢趙國策及其一國兩制下的單于體制〉篇。

〔註26〕三十六國、九十九姓是早年拓跋部落聯盟的結構，見《魏書·序紀》，而宇文泰推行的新制，則見《周書·文帝紀下》。

實連宇文泰本人亦未拘泥，僅是「一時權宜文飾之過渡工具」，恐怕猶未曲盡原為西征軍而與其他將領「等夷」的宇文泰之深謀與遠慮。

誠然，宇文泰「創制未久，子孫已不能奉行，逐漸改移」，但此與北周王室內部一再政變，一再廢弒天子，以致皇帝權與霸主權的爭奪等政局變動密切有關。〔註 27〕此種變化，蓋與胡俗兄弟「皆體正嫡，於國有分」，以至皇帝制與盟長制衝突的胡漢民族文化矛盾有關，〔註 28〕固非身後的宇文泰所能預測以及控制也。要之，宇文泰此復古主義下「非驢非馬」的體制，其創革非一般君主所能為，實為五胡社會政治發展史上的重要嘗試，可以無疑。

五胡所建國家在中國史上算得上是「王朝」或「大國」者，可謂僅有漢趙、後趙、前燕、前秦以及後秦，剛好就是匈奴、羯、鮮卑、氐、羌的排列順序。此外尚有一些小國，固未列於此序列之中，而其族更無建立過大國的歷史經驗。因此，在其族酋的乘隙割據統治下，更需借用漢式的體制與經驗。此其中以筆者所謂第四種類型——丁型——楊盛隴西國之變相部落型最為特殊。

楊氏與苻式一樣系出略陽氐族，世為部落大帥，後徙仇池，曹魏因而拜楊飛龍為百頃氐王。至晉世飛龍之子戊搜時漸強盛，自號輔國將軍‧右賢王，關中人士奔流者多依之，是其以部落統治而採匈奴名號，其下兼有漢人之始。其後晉愍帝正式拜戊搜為驃騎將軍‧左賢王，其實亦是以邊裔之豪視之，與慕容氏初起時相仿。及至戊搜卒，其子難敵襲位，與堅頭分領部曲，難敵號左賢王，屯下辯，堅頭號右賢王，屯河池。後來國亂，一再易主，依違稱臣於後趙、東晉之間。稍後苻堅滅其國，乃授楊佛奴為右將軍，楊佛狗為撫夷護軍，並以女妻佛奴之子楊定，以定為尚書、領軍將軍。此為楊氏得以學習大國政治的機會。及至苻堅淝水之敗，關右擾亂，楊定乃率眾奔隴右，尋還仇池，置倉儲於百頃，招致夷夏而得千餘家，自稱龍驤將軍‧仇池公，稱藩於晉，晉孝武即以其自號假之，並以為秦州刺史，遂有秦州之地，自號隴西王。其後楊定為乞伏乾歸所殺，佛狗之子楊盛遂繼主其國，自號征西將軍‧秦州刺史‧仇池公。

〔註27〕有關宇文泰的創革、身後政局的變化與子孫的改革，請詳本書〈略論魏周隋之間的復古與依舊——一個胡漢統治文化擺盪改移的檢討〉篇，與及〈從督軍制、都督制的發展論西魏北周之統帥權〉（《中國中古史研究》8，民國 97 年12 月）二文。

〔註28〕「吾輩皆體正嫡，於國有分」語出慕容昭與其兄慕容皝衝突鬥爭時之言（見《通鑑》晉成帝咸和八年十月條），可見鮮卑之舊俗。其實匈奴的社會風俗也大抵如此，可參謝劍〈匈奴社會組織的初步研究〉，《史語所集刊》40 下，1969 年。

亦即晉朝視之為內臣，而楊盛於其國則自為國主，此立國形式普見於其他邊裔之國。不過，楊盛不採中國軍府、州府或公府的體制立國，如其他邊裔之國般建立府朝，而是「分諸氐羌為二十部護軍，各為鎮戍，不置郡縣。遂有漢中之地，仍稱藩于晉」。〔註29〕此是二趙二秦部司軍鎮制的變異或具體而微，故此立國形式在十六國中較為特殊。

地方護軍之制始置於曹魏，初置於關中以軍監氐羌及雜胡，其後五胡諸國亦採用之，用以監護國內本族以外的其他非漢族族群，地位與郡守相當。〔註30〕按：護軍在西漢原為平時督察、戰時監軍之職，用以監護諸軍以保軍事安全，魏晉以降則用於地方監護，有用以軍監地方特定族群的作用。如今楊盛的隴西國，將全國分置護軍而不置郡縣，自是與國家弱小，在列強環視之下需隨時戰鬥的立國情勢有關。然而氐族自漢朝以來即熟稔漢文化，懂得與漢人相處，楊盛是氐人，故以氐羌部落為兵，但卻不直接將之以部落形式外派獨立鎮守，反而在氐羌兵民分戍區之上另置護軍，是則無異借用漢制以實施全國軍監，並以之監控來附的漢人也。此特殊政策體制或許與其父在前秦曾任撫夷護軍之經驗有關，但其保有某種限度的民族性，乘隙征服漢中，統有漢人而不強逼其氐化，則應是弱征服而不失漢涵化的表現。以此與上述類型作比較，益顯上述類型漢涵化之異，乃至漢化之深。

五、結 論

兩個以上族群文化接觸時，雙方互相採借對方之文化特質，於是產生涵化現象，這是一個過程；然而整個過程完成後，其結果可能是此兩個族群文化同時並存共生，二元存在，也可能會產生第三文化，或其中某一文化被另一文化所吸收而同化。從中國歷史，尤其是漢族文化的角度看，漢族與異族的接觸較深較大者，常是隨著被征服的形式而來。征服的異族與被征服的漢族因而同時產生涵化現象，此現象發生於漢族，在國史上即稱之為胡化，發生於異族則為漢化。因此，不論胡化或漢化，皆有一個胡涵化或漢涵化的過程，只是最後是否完全胡化或完全漢化，則首要關鍵應在接觸雙方文化的相對強勢或弱勢，強勢文化有吸收弱勢文化的可能，而且愈強勢者愈能如此。當然，雙方文化接觸

〔註29〕楊氏早期事跡分見於《魏書·氐傳》（卷一百一，頁2227～2229）及《宋書·氐胡傳》（卷九十八，頁2043～2045），引文據前傳，後傳略同。
〔註30〕地方護軍之制請參嚴耕望先生的《中國地方行政制度史乙部——魏晉南北朝地方行政制度史》（臺北：中研院史語所，民國79年5月三版），頁817～835。

時間的久暫，內入對方的程度，以及是否有戰略性的文化回翔腹地，也均是影響最後結果的關鍵因素。

筆者持此概念以觀察五胡發展史，認為儘管五胡建國有形形式式的異同，但是若其有足夠的實力時，皆是以征服王朝二元統治的態勢出現；不足時則偏居原住地，借用漢式文化制度以遂行統治。後者以丁型的氐族隴西國表現得最為明顯，前者則有甲、乙、丙三型可以為例，而且依類型的出現先後，可以觀察到五胡諸國民族文化所表現的趨向。

五胡之中，匈奴是唯一有過建立大帝國輝煌歷史的民族，因此其屠各部所建的漢趙，是最為胡漢分明的兩制統治型體制。屠各匈奴之所以採取軟征服二元統治的甲型，主要是與其已不能返回原文化腹地復國，勢需在漢境建國並統治優勢人口的漢人有關。甲型後來之所以廣為羯族的前趙、鮮卑族的前燕、氐族的前秦以及羌族的後秦所模仿，則是與他們前無建立大國的歷史經驗，又早已稔熟漢文化，而較屠各更為內入建國有關。他們畢竟只是借用漢趙的統治經驗，本身根基不深而內入卻深，並且亦無文化腹地可供退避回翔，因此面對優勢人口的漢族與文化，漢涵化的態勢日益明顯，建國快而國族文化退出歷史舞臺也快。

相對於此，拓跋鮮卑建國前與漢文化接觸短暫，且排斥漢文化。及其建國後，國家重心長達百年仍留在原文化腹地，不內入中原，所以儘管未採用漢趙的甲型統治模式，但是其外侵型征服王朝國格則較前燕更為明顯。及至孝文帝自覺本族文化相對弱勢於漢文化，於是大舉內入，實行乙種類型模式以後，至此即已不是漢涵化的問題，而是漢化的問題了。此下拓跋鮮卑就需面對其國族文化退出歷史舞臺，主體性必然消失的後果。北齊繼承其文化制度，也必然面臨此同一考驗。

宇文泰基於北鎮人不滿全盤漢化的經驗，又需利用關隴的優勢漢族人口及文化，以與東魏北齊爭正統，於是也採取軟征服政策，其所創建的胡漢混合型「外周內胡封建部落體式」，蓋是胡制與漢制互相涵化的結果，隱然呈現出成為第三文化的態勢，實為劉淵以來大膽而別開生面的嘗試。雖然其子孫對此統治模式不斷修改，但卻並不推翻。將此模式推翻的人，是專權的胡化漢人普六茹堅（楊堅）。他篡周建隋的國策指導，見於即位之日急不及待所下之詔，即是「易周氏官儀，依漢魏之舊」。〔註31〕此舉可以這麼看，就「普六茹堅」而言，

〔註31〕詳《隋書‧高祖上》開皇元年二月甲子條，卷一，頁13。

隱然有追隨孝文帝之意，故是反胡涵化，但對「楊堅」而言則是全面恢復漢化。

　　從中國史角度論，二元社會政治以及胡化漢化等問題，均起於「異族征服」。對漢民族而言，「異族征服」其實無所謂征服王朝與滲透王朝之分，有的只是外侵型征服王朝與內入型征服王朝實質之別。就五胡史而言，僅鮮卑族系的前燕和北魏是外侵型征服王朝，其餘則是內入型征服王朝。他們從屠各匈奴劉淵開始創建甲型模式後，以後諸胡國紛紛參考調整，以不同的姿態方式出現。但是，由甲型至乙型以至丙型，大抵上反映出的事實與趨勢，是從胡漢二元發展到漢式一元，復從漢式一元別出一胡漢妥協型。表示胡化漢化在此時期出現過兩極，也曾有過中間的擺盪。大體而言，其發展的趨勢與特色，是愈後建立的胡族王朝，胡制愈隱而漢制愈顯，表示「異族征服」的民族性日漸消失，除了北魏走到漢化的階段纔被吸收外，其餘皆是在漢涵化階段即已退出歷史舞臺，其民族文化的主體被漢族文化所完全吸收融合，也就是完全漢化。或許，這就是一種文化涵化過程中，相對弱勢或相對不利的文化，產生了「隨時推移遞變遞減效應」的作用，最後終被另一文化所同化的結果罷。

《中國中古史研究》第十三期 2013 年 12 月，頁 1～26。

試論「五胡」及其立國情勢與漢化思考
——兼考「五胡」一名最初之指涉

一、前　言

　　「一國兩制」乃至「一國多制」之政治概念絕非創始於當前，而是中國乃至東亞史上曾經不斷實踐過的經驗，於今不過換成一個新名詞再提出罷了。如號稱「百蠻大國」之匈奴，與自稱「天朝上邦」之漢朝，在歷史上均是多民族乃至多屬國的國家。匈奴之別部、屬國以及僮僕都尉制，漢朝之屬國以及屬國都尉制等，蓋與今之所謂「一國兩制」相彷彿，甚或逕可謂之是此概念之淵源可也。因此，筆者為探討此歷史經驗，多年來在中正大學歷史所開設「五胡治華史專題研究」課程，並蒙國科會持續獎助，先後發表了八篇論文凡二十餘萬字。〔註1〕

　　在長期的講學與研究中，筆者發現中、外學界對孰是「五胡」皆未有過切

〔註1〕八篇論文先後為〈從漢匈關係的演變略論劉淵屠各集團復國的問題——兼論其一國兩制的構想〉，《東吳文史學報》8（1990年），頁47～91；〈漢趙國策及其一國兩制下的單于體制〉，《國立中正大學學報》3：1（1992年），頁51～96；〈後趙文化適應及其兩制統治〉，《國立中正大學學報》5：1（1994年），頁173～235；〈慕容燕的漢化統治與適應〉，《東吳歷史學報》創刊號（1995年），頁1～70；〈氐羌種姓文化及其與秦漢魏晉關係的發展〉，《國立中正大學學報》6：1（1995年），頁159～209；〈漢時朝期氐羌的東遷與返還建國〉，《國立中正大學學報》7：1（1996年），頁191～123；〈前後秦的文化、國體、政策與其興亡的關係〉，《國立中正大學學報》7：1（1996年），頁225～279；〈前、後趙軍事制度研究〉，《國立中正大學學報》8：1（1997年），頁205～251。

實的研究，多採用宋元以來的廣義解釋，即指匈奴、羯、鮮卑、氐、羌五族，並以之作為立論的基礎與範疇，而筆者初亦如是。此外，筆者尚發現學界研究廣義五胡之民族文化政治，對其實質而提出相關學說，均具有一些特色，但也留下一些問題，而可應注意，此即：

第一，傳統而言「五胡」者皆受宋元學者廣義界定之影響，較少從漢晉人之認知角度作思考，去認真理解「胡」原指匈奴及其所統之諸種落，即此「百蠻大國」與及其所統複雜之諸種族，因而一再懷疑根究於「匈奴」之人種。其實此問題不論從考古學與人類學上研究，迄今仍紛議而無答案。要之，「匈奴」不論包有如何複雜之種族，而漢晉人均視之為「匈奴」──亦即匈奴自視之「胡」。並以此為中心，而稱胡之東者為東胡，鮮卑等是也；胡之西至晉或稱西胡，康居等屬之。至於氐、羌，漢晉人實視之為戎夷，而較少稱之為胡或西南胡者。然則廣義「五胡」之界定究竟在漢晉時期可否成立，學者多未措意，以故僅見有兩篇短文提出質疑，然亦因其論證疏略，且頗自疑，所以未能定論。〔註2〕

第二，上述五族所建諸王朝，其統治形式皆採用「一國兩制」，也就是某些日本學者所謂的「胡漢二重性」。其實就民族文化之性質差異而言，固可視之為「胡漢二重性」；然就胡、漢分治之統治體制（國體與政體）而言，則得視之為「胡漢二元制」或「一國兩制」，〔註3〕其間宜有不同的內涵與解釋，學者多未區別而申論之。

第三，「一國兩制」若就歷史發展而言，則匈奴恐較漢朝發展得早，此與匈奴早在漢初即已發展成為「百蠻大國」，統有異質社會結構如西域諸「居國」的情態有關。稍後漢武帝置屬國以處來降之西方胡部（詳下），應是效法匈奴

〔註2〕王樹民於其〈「五胡」小議〉，(《文史》22（1984年）)，頁247～249首先疑五胡是指劉淵所領的五部匈奴，進而疑符堅以後出現了廣義之五胡，然不是指胡三省注《通鑑》所謂的匈奴、羯、鮮卑、氐、羌五個民族，最後疑五僅是虛數，用以作為當時北方少數民族之泛稱，孫仲匯則於〈五胡考釋〉，(《社會科學戰線》1985年1月)，頁141～143，提出五胡是五部胡的簡稱，絕非指匈奴、羯、鮮卑、氐、羌五族，更非王應麟所謂之劉淵匈奴、石勒羯、慕容皝鮮卑、符洪氐、姚萇羌等五個胡族君主，但論證亦頗疏略。

〔註3〕「一國兩制」不宜拘限於某種特定模式，蓋一個國家若同時具有兩種統治體制即屬之，因之十六國胡、漢分治體制雖然內涵不盡相同，甚至一國之內如漢趙之前後期亦有變化，但仍不妨其「一國兩制」的特質。註1諸拙文即是研究此中之差異變化。

之舉。其後南匈奴內屬日久，所部實踐漢式之「一國兩制」日深，故至「五胡」起事、十六國繼興後，此制之內涵隨著統治民族的不同，不論在國體或政體上均富有變化，然大率皆以原匈奴別部所建二趙的「匈奴／中國」（當時稱為夷／華或夷／趙）創制為本，而後起諸族則從此原型中斟酌變化，用以建立其國體與政體。但是，關於諸族政治思想、政策與政制之關係以及其異同比較，尚未見有全面而系統的論說；尤其作為本源的漢趙，其屠各君長之認同與思考，學者對之猶未予以足夠的重視，似仍滯留於傳統對「五胡亂華」之歷史認識。

第四，從屠各劉淵始起以至鮮卑元魏統一北方，「胡漢二重性」及「一國兩制」的發展趨勢與特色，是胡化日淺而漢化日深，胡制日隱而漢制日顯。其後至元魏中末期發生大舉漢化與反漢化的激盪迴光，降至隋唐遂完全「唐化」。「唐化」是胡、漢二系之漢化結果，抑或是多族系涵化的結果，此已是另一個重要課題了。

顯然，除了歷史其他複雜的主、客觀因素不論，至於羯、鮮卑、氐、羌四族諸君長之統治政策與制度，其主觀思考均受到了屠各領袖劉淵等人，在不能與不願回歸草原復國思考下的影響，以致有此一脈相承的特色。這也是為何劉淵起事、稱帝雖晚於巴氏李氏，但論述華亂晉亡之史時，卻常以劉淵居首的重要原因。對於屠各劉氏之所以不能與不願回歸草原復國，筆者已曾略論，然未深入。〔註4〕並且，筆者對學界迄今紛議諸問題，如屠各究竟是「匈奴」本種或異種？屠各是否為匈奴單于王統所屬之貴種？屠各劉氏是否為單于虛連題氏之血脈？〔註5〕屠各劉氏為何有漢化思考，以及對其種族如何思考認同？在在等等，一直掛懷。尤其對唐初史臣修《晉書》時，於卷一○三〈劉曜載記〉末之評論，謂「元海（淵字）人傑，必致青雲之上，⋯⋯是以策馬源驂，乘機豹變，五部高嘯，一旦推雄，皇枝相害，未有與之爭衡矣。伊秩

〔註 4〕請參本書，〈從漢匈關係的演變略論劉淵屠各集團復國的問題——兼論其一國兩制的構想〉篇。

〔註 5〕關於此三個問題，先在日本引起辯論，岡崎文夫於其《魏晉南北朝通史》（東京：弘文堂，1932 年）主張單于王統於漢末已中絕，屠各劉淵並非系出單于王統。內田吟風遂於其〈後漢末期より五胡亂勃發に至る匈奴五部の狀勢に就て〉，（《史林》19：2，1934 年）一文駁之，不僅主張劉淵系出單于王統，而且屠各種實為單于王統所屬之貴種。國人唐長孺不贊同內田之說，為文（詳〈魏晉雜胡考〉，《魏晉南北朝史論叢》，北京：三聯書局，1955 年）考論屠各實屬雜胡，劉淵不僅非系出單于王統，抑且也非劉豹之子，其世系出於偽托。此後學者之爭議，蓋多本內田、唐氏二文而申論。

啟興王之略，骨都論克定之秋，單于無北顧之懷，獫狁有南郊之祭，大哉天地，茲為不仁矣！若乃習以華風，溫乎雅度；兼其舊俗，則罕規模」云云，一直有所推敲，思考「五部」究竟為何，唐人對劉淵首創雜用華風、舊俗之評論是否公允等問題，今趁此研討會的召開，冒昧撰文就正於方家。

又，要解釋上述疑問，則有時不得不牽涉史實考據，而考據則不能不重視文獻解讀與史料分析。本文所據的主要史料，為南朝范曄修成的《後漢書》，其中之〈南匈奴列傳〉，為本文論述劉淵身世以及其五部淵源的重要依據。至於十六國皆各撰有國史，降至元魏而被崔鴻都為《十六國春秋》，「由是偽史宣佈，大行於時」，此於《史通・古今正史》篇已有論述。今《十六國春秋》已佚。然有輯本在，略可參考；而北齊所修《魏書》相關之列傳，以及唐初所修《晉書》諸載記，論述十六國時其實均據《十六國春秋》原書，《晉書》載記尤其錄載詳備，俱為本文論匈奴屠各之基本史料。陳壽以匈奴世衰而不為之作傳，然南匈奴在當時的生活與情勢仍散見於《三國志》諸紀傳之間，更為本文不可或闕的重要史料。總之，《北史》、《通鑑》以至類書如《太平御覽》等，史料來源蓋據上述諸書，故所述大略相同，因此非必要則不贅引。至於匈奴諸族在漢晉碑刻極少，雖欲徵之而不能，文獻不足故也。另外，運用考古出土以及現代各種人類學知識，以根究匈奴人種及其種落之間的文化異同，實有科研的價值；但是匈奴號稱「百蠻大國」，不僅人種複雜，甚者連本種也不能確定，故迄今未能解決此問題，因此本文予以迴避。

筆者的立場是以歷史文獻為基礎，將曾是「百蠻大國」的匈奴，回置於歷史範疇以作論述。並且，由於要回歸歷史範疇作論述，故文中有時提到「五胡亂華」一詞遂不能免，而無種族歧視之意；另外，漢晉時期並無「漢族」之稱，而有「華人」、「華族」等名，但為行文之便而仍用「漢族」一名。於此，茲試論所疑如下，以就教焉。

二、南匈奴分裂及匈奴與屠各的關係

匈奴自稱為「胡」，《漢書・匈奴傳》已有明載。〔註6〕據《史》、《漢》兩〈匈奴傳〉所述，匈奴「以馬上戰鬥為國」，於秦、漢間崛起統一北亞草原，控弦之士凡四十萬，「盡服從北夷，而南與中國為敵」，並曾圍困漢高祖於平

〔註6〕匈奴單于曾致漢朝國書云：「南有大漢，北有強胡。胡者，天之驕子也。」見
　　　班固，《漢書》（臺北：鼎文書局，1978年），卷94上〈匈奴傳〉，頁3780。

城，逼使高祖以遣主與厚賄兩條件和親。稍後於文帝時，致匈奴國書重申「先帝制：長城以北，引弓之國，受令單于；長城以內，冠帶之室，朕亦制之。使萬民耕織，射獵衣食，父子毋離，臣主相安，俱無暴虐」，是則東亞自此劃分為草原騎馬王國與及農耕冠帶王朝。儘管匈奴呼韓邪單于於漢宣帝時曾一度稱臣，但尋即復興，至王莽時且與中國恢復匹敵關係，在北亞仍是宰制百蠻的大國，誠如當時揚雄所言，「真中國堅敵」也。不過，另據《後漢書·南匈奴傳》所述，東漢初匈奴復因分裂而內戰，「部領南邊及烏桓」之右薁鞬日逐王虛連題·比，〔註7〕被八部大人擁立為呼韓邪單于（為與前面之呼韓邪區隔，本文稱此為呼韓邪二世），「斂所主南邊八部眾四、五萬人」，約五千餘落，〔註8〕入附於漢朝。詔召入居雲中，是為南匈奴。南匈奴自後每年接受漢朝經濟支援與軍事監護，不許北還復國，故雖仍然保持原來的統治組織體制，但是已形同被保護國，單于且常被漢朝監護將領逼迫、拘禁，乃至殺害，權威地位每下愈況，與司馬遷當年所知之「天所立匈奴大單于」或「天地所生日月所置匈奴大單于」，以及班固所知之「撐犁孤塗單于」位號權威相較，相去已甚遠。〔註9〕

　　然據《後漢書·南匈奴傳》所載，南匈奴在光武帝建武二十五年（49）正式向東漢稱臣，入漢初建單于庭時，僅有「南邊八部眾四、五萬人」，此八部是何種落則不詳。其後塞外不斷有諸部來附，但亦不斷叛離，政權始終不穩定。降至章帝元和二年（85）左右，北匈奴「虛耗，黨眾離畔，……不復自主，乃遠引而去」，並在和帝永元三年（91）「復為右校尉耿夔所破，逃亡不知所在」。此時南匈奴也因「連克獲納降，黨眾最盛，領戶三萬四千，口二十三萬七千三百，勝兵五萬一百七十」，殆是其最盛時的戶口，然而卻約有六

〔註7〕《史記·南匈奴傳》及《漢書·匈奴傳》皆作姓攣鞮氏，《後漢書·南匈奴列傳》作姓虛連題氏，比為其名，蓋匈奴無文字，其姓乃漢譯音轉之異。

〔註8〕此時入附有五千餘落，蓋據唐·房玄齡等，《晉書》（台北：鼎文書局，1978年），卷97〈北狄·匈奴傳〉，頁2548。

〔註9〕《漢書》，卷94〈匈奴傳〉，頁3751記其國稱單于為「撐犁孤塗單于」，而謂匈奴稱天為「撐犁」，謂子為「孤塗」，「單于者，廣大之貌也，言其象天單于然也」。是則漢初匈奴國書自稱「天所立匈奴大單于」或「天地所生日月所置匈奴大單于」，正是此意的漢譯。西歐史家懷疑 Attila 作為匈奴領袖，與其神權有關，參 Otto. J. Maenchen-Helfen, *The world of Huns: Studies in Their History and Culture*, Brekeley: University of California press, 1973, pp. 270-274。註1所揭〈從漢匈關係的演變略論劉淵屠各集團復國的問題——兼論其一國兩制的構想〉拙文，亦曾就匈奴於兩漢的遭遇變化有詳論，於此不贅。

分之五來自新附的部落。並且，數年之後，永元六年（94），新降胡十五部二十餘萬人，復因不滿南匈奴統治而叛，另擁薁鞬日逐王逢侯為單于北還，故南匈奴實際統領的部落戶口應不致太多。其後塞北諸部雖至魏晉仍有陸續入附者，但是多分置於諸郡，也未必服從於南單于。

不僅如此，南匈奴諸部於東漢中末期反叛情況更甚，以至於有國統中絕、政權分裂之虞，茲將《後漢書‧南匈奴傳》所載與本文主題有關之叛亂略為引述，以作此下之論證基礎。首先是順帝永建五年至建康元年（130～144），左部句龍王吾斯、車紐等叛亂，史云：

> 五年夏，南匈奴左部句龍王吾斯、車紐等背畔，率三千餘騎寇西河，因復招誘右賢王，合七八千騎圍美稷，……馬續與中郎將梁並、烏桓校尉王元發緣邊兵及烏桓、鮮卑、羌、胡合二萬餘人，掩擊破之。吾斯等遂更屯聚，攻沒城邑。……五原太守陳龜代為中郎將。龜以單于本不能制下，逼迫之，單于及其弟左賢王皆自殺。……龜又欲徙單于近親於內部，而降者遂更狐疑，龜坐下獄免。大將軍梁商以羌、胡新反，……宜用招降，……帝從之，……於是右賢王部抑鞬等萬三千口詣續降。秋，句龍吾斯等立句龍王車紐為單于。東引烏桓，西收羌、戎及諸胡等數萬人，攻破京兆虎牙營，……冬，遣中郎將張耽將幽州烏桓諸郡營兵，擊畔虜車紐等，……車紐等將諸豪帥骨都侯乞降，而吾斯猶率其部曲與烏桓寇鈔。……漢安元年（142）秋，吾斯與薁鞬（尋作左薁鞬）臺耆、且渠伯德等復掠并部。〔註10〕呼蘭若尸逐就單于兜樓儲先在京師，漢安二年立之。……遣行中郎將持節護送單于歸南庭。……冬，中郎將馬寔募刺殺句龍吾斯，送首洛陽。建康元年，進擊餘黨，斬首千二百級。

〈順帝紀〉稱吾斯等為「左部句龍大人」或「左部大人」，漢晉間部落「大人」是部落酋長、可汗的一般稱謂，不是匈奴二十四王長之官稱，是則：第一，南匈奴左部有句龍部落，此「句龍王」應即是其酋長而被南單于封為王者，亦即是南匈奴左部的別部王，但卻招誘右賢王而反。由於梁商認知「羌、胡」新反在其事變擴大，「東引烏桓，西收羌、戎及諸胡」之前，故其所謂

〔註10〕范曄，《後漢書》（台北：鼎文書局，1978年），卷六〈順帝紀〉作「南匈奴左部句龍大人吾斯、車紐等叛」又謂「南匈奴左部大人句龍吾斯與薁鞬臺耆等反叛」。按部落之大人應即其王，而薁鞬也作薁鞬。

「羌、胡」之羌或二者之雜混部落，應即指句龍部落而言。第二，漢軍與南匈奴不能以武力平定此叛亂，最後竟以募刺客刺殺句龍吾斯來作為終戰手段。〔註11〕第三，右賢王已參與反叛，單于休利及其弟左賢王則被使匈奴中郎將陳龜逼死，故由直系不詳而「先在京師」之兜樓儲繼立為新單于。據《後漢書・順帝紀》漢安二年六月所載，兜樓儲原為南匈奴「守義王」，故應是別部雜號王之一，〔註12〕遂使人懷疑南匈奴國統至此是否已中斷。又單于兜樓儲死於桓帝建和元年（147），而繼立單于之居車兒亦未詳是否其子弟，所以也令人懷疑南匈奴國統是否有過第二次中斷。

　　降至靈帝熹平元年（172）單于居車兒死，子某立；靈帝光和元年（178）單于某死而子呼徵繼立，翌年「中郎將張脩與單于不相能，脩擅斬之，更立右賢王羌渠為單于」。數年之後，南匈奴爆發最後的政變，氣數進入尾聲，《後漢書・南匈奴傳》云：

> 中平四年（187），前中山太守張純反畔，遂率鮮卑寇邊郡。靈帝詔發南匈奴兵，配幽州牧劉虞討之。單于遣左賢王將騎詣幽州。國人恐單于發兵無已，五年，右部醢落與休著各胡白馬銅等十餘萬人反，攻殺單于。單于羌渠立十年，子右賢王於扶羅立。持至尸逐侯單于於扶羅，中平五年（188）立。國人殺其父者遂畔，共立須卜骨都侯為單于，而於扶羅詣闕自訟。會靈帝崩，天下大亂，單于將數千騎與白波賊合兵寇河內諸郡。時民皆保聚，鈔掠無利，而兵遂挫傷。復欲歸國，國人不受，乃止河東。須卜骨都侯為單于一年而死，南庭遂虛其位，以老王行國事。單于於扶羅立七年死，弟呼廚泉立。單于呼廚泉，興平二年立。以兄被逐，不得歸國，數為鮮卑所鈔。建安元年（196），獻帝自長安東歸，右賢王去卑與白波賊帥韓暹等侍衛天子，拒擊李傕、郭汜。及車駕還洛陽，又徙遷許，然後歸國。二十一年，單于來朝，曹操因留於鄴，而遣去卑歸監其國焉。

此次因「靈帝詔發南匈奴兵，……國人恐單于發兵無已」而叛殺羌渠，又在其子於扶羅繼立後，「國人殺其父者遂畔，共立須卜骨都侯為單于」，是則所

〔註11〕左奠鞬臺耆、且渠伯德等於155年（桓帝永壽元年）復叛，後為張奐擊破降之。
〔註12〕林幹，《匈奴歷史年表》（北京：中華書局，1984年），下編（五）〈金石〉部分，頁289～291，錄有諸歸義、率善王長諸印，可證此諸名號未必封給匈奴皇族子弟，其中「晉歸義胡王」即未必為匈奴本部國人。

謂「國人」即是「匈奴」人，起碼應包括「右部醯落」，亦即是南匈奴的本
部。南匈奴至此分裂為兩政權，一為叛亂國人所建、仍據并州西河郡離石縣
舊庭之須卜政權，一是因國人不接納而移止於司隸河東郡平陽縣之舊王室、
於扶羅所延續的虛連題氏政權。關於此所謂之右部醯落，《史》、《漢》皆無
載，疑是被諡為醯落尸逐鞮單于之呼韓邪二世子孫所分出來、屬於右部之本
部部落；〔註13〕至於「休著各胡」，究竟是南匈奴之本部部落抑或別部，則
學界存有爭議。筆者以為，南匈奴「黨眾最盛」時，不過領戶三萬四千，口
二十三萬七千三百，勝兵五萬一百七十，然此次右部醯落聯合「休著各胡」
政變，兵力竟有十餘萬人之多，表示多出的兵力應為「休著各胡」，可見其
豪強。至於「休著各」之所以特別稱為「胡」，合理的解釋是他們應為南匈
奴右部之別部胡，約與上述的左部句龍部相當。

　　按學界不僅對「休著各胡」究竟是南匈奴之本部抑或別部存有爭議，抑且
匈奴究竟是何人種，中外學界爭論迄今亦不能定，要之自秦、漢間，其雄主冒
頓單于擊破東胡等國部（包括後之烏桓與鮮卑），並西併西域諸國以來，即已
成為「百蠻大國」，故治下部落屬國甚多，種族複雜。《後漢書·南匈奴》所載
漢末叛亂之所謂「休著各胡」，同書〈烏桓鮮卑傳〉作「休著屠各」，〈靈帝紀〉
則作「休屠各胡」，或謂因讀音之故而有異耳，〔註14〕多為學者所是。

　　至於「休屠」一名，則始見於西漢武帝之時，即單于與漢爭戰，「怒渾邪
王、休屠王居西方為漢所殺虜數萬人，欲召誅之。渾邪王與休屠王恐，謀降漢，
漢使驃騎將軍（霍去病）往迎之。渾邪王殺休屠王，并將其眾降漢，凡四萬餘
人」者是也。〔註15〕匈奴是遊牧封建王國，諸王長各有分地，渾邪王與休屠王
之分地在今河西走廊，故漢朝視之為匈奴「西域王」。〔註16〕當二部降漢後，

〔註13〕 司馬光，《資治通鑑》（臺北：宏業書局，1973年），中平五年三月條胡注，頁
　　　　 1889，稱右部醯落乃醯落尸逐鞮單于比（即呼韓邪二世）之支庶而分居右部
　　　　 者，證據未確。
〔註14〕 本文所據之《後漢書》，其校勘記亦據此說，校勘此諸篇之異同，於〈南匈奴
　　　　 傳〉引錢大昕說，謂〈靈帝紀〉作「休屠各」。屠音儲，而著亦音直慮切，譯
　　　　 語有重輕，其實一也；〈烏桓鮮卑傳〉俱云「休著屠各」，此必讀范史者音著為
　　　　 屠，後遂攙入正文耳。
〔註15〕 引文據司馬遷《史記》，卷110〈匈奴列傳〉，頁2909。其事亦見於〈衛將軍驃
　　　　 騎列傳〉；《漢書》同傳所載相同，而另於〈金日磾傳〉說明名臣金日磾即是此
　　　　 匈奴休屠王之太子，賜姓金氏。
〔註16〕 詳《史記》，卷111〈衛將軍驃騎列傳〉，頁2933；及《漢書》，卷55〈衛青霍
　　　　 去病傳〉，頁2482。

漢朝將其地置為武威等郡，〔註17〕其戰略作用在用以打通西域，與及隔絕羌、胡的交通，是以《漢書》卷二十八下〈地理志〉謂「自武威以西，本匈奴昆邪王、休屠王地，武帝時攘之，初置四郡，以通西域，鬲絕南羌、匈奴」，言下之意頗有休屠與匈奴不同，因此利用之，以隔絕羌、胡。〔註18〕若是，則休屠當是匈奴右部之別部。此意從《後漢書》之記載中亦可找得類似的含意。如任延於光武朝為武威太守，〈循吏・任延傳〉載曰：

> 郡北當匈奴，南接種羌，民畏寇抄，多廢田業。延到，選集武略之士千人，明其賞罰，令將雜種胡騎休屠黃石屯據要害，其有警急，逆擊追討。虜栢多殘傷，遂絕不敢出。

武威郡原為休屠故地，以故此所謂「雜種胡騎休屠黃石」者，該傳注謂「黃石，雜種號也」；然而此種落以後卻鮮見載，需至西晉時始再出現，即《晉書》卷一○三〈劉曜載記〉所述「黃石屠各路松多起兵於新平、扶風，聚眾數千，附于南陽王保。……秦隴氐羌多歸之」者是也。〔註19〕是則「休屠黃石」應即是「黃石屠各」，應屬散居秦、涼一帶的屠各部落，或許是當年休屠王所領、入漢置為屬國的諸國落之一，只是屠各種不斷分散東徙，有些部落且至并州，而均被漢人視為「雜種」、「雜胡」罷了。

　　據此可知，任延起用「雜種胡騎休屠黃石」以鬲絕南羌、匈奴，顯示「休屠」即是「屠各」，漢人確知其種落與匈奴有所區別，故大膽用之以對付匈奴本種部。因此〈靈帝紀〉載謂中平四年「三月，休屠各胡攻殺并州刺史張懿，

〔註17〕參《漢書》，卷 28 下〈地理志〉，頁 1612 所載，其中武威郡條注謂「故匈奴休屠王地」，述其所轄十縣時，提及姑臧、張掖、武威、休屠等縣名，武威縣條注謂「休屠澤在東北」，休屠縣注謂「北部都尉治休屠城」，皆與休屠有關。

〔註18〕唐長孺考論屠各有正文所言休屠各諸名，謂是雜胡，其〈魏晉雜胡考〉論之甚詳，中外學者多是之。日人片桐功遂以此為主線索，撰就〈屠各胡考──劉淵舉兵前史〉，(《東洋史研究報告》13（1988 年），頁 1～30），以專論兩漢魏晉屠各之活動，並為二趙以後各地屠各活動作表，是論屠各之最詳細者；然而國人謝劍分析中日歐美學者諸說以論匈奴國體與政體，內中有專目討論休屠，但僅就居地、語言、信仰、妻妾名號等，認為屠各不應是匈奴異種（詳其〈匈奴政治制度的研究〉，《中央研究院歷史語言研究所集刊》41：2，1969 年，頁 231～271）。謝文曾參前揭內田吟風文而似未參考唐文，且未證明休屠如二十四王長般是單于子弟，加上閼氏稱號可通用於所有雜種別部王之妃，不得用以證明本種王之妃始得稱之。因此，本人仍以為休屠為雜種別部。

〔註19〕詳該載記，頁 2685。

遂與南匈奴左部胡合，殺其單于（羌渠）」，益證兩漢之間，漢人的確早已認知休屠與匈奴有所區別不同，前者頂多是或曾是匈奴此「百蠻大國」的一個西域種落而已。

另有進者，「休屠各」原為胡部之一，故漢稱之為「休屠各胡」，復且尚可稱之為「屠各」。如居車兒單于在位時，《後漢書‧烏桓傳》載桓帝永壽（155～157）中，「朔方烏桓與休著屠各並畔，中郎將張奐擊平之」；而同書〈張奐傳〉則謂「時休屠各及朔方烏桓並同反叛，燒度遼將軍門，……（奐）乃潛誘烏桓陰與和通，遂使斬屠各渠帥，襲破其眾。諸胡悉降」云。是則同一事件之中，「休著屠各」、「休屠各」、「屠各」諸稱可以互用，表示「休屠各」之被稱為「屠各」，應自東漢末始，魏晉以降因「屠各」最豪強，其名大行，故時人遂直以「屠各」取代上述諸名，並有以此作為匈奴諸胡泛稱之趨勢。

或曰《後漢書》是南朝人范曄所撰，而此時「屠各」一名已廣為時人所認知，故不足以援後以證前。然而范曄修史時，所據當以《東觀漢紀》為主，因此所用應是漢人之詞，於此不妨仍舉漢末時人一、二文獻以進一步作證。

按史謂漢末董卓作亂時，其僚屬共說卓以袁紹為勃海太守，以發山東之謀。及義兵起，卓乃會公卿議，大發卒討之。鄭太恐其眾多益橫，凶彊難制，遂提出十點建議，其中第七點曰：「且天下彊勇，百姓所畏者，有并、涼之人，及匈奴、屠各、湟中義從、西羌八種，而明公擁之，以為爪牙，譬驅虎兕以赴犬羊。」〔註20〕又獻帝建安中袁紹死，諸子爭立交戰，袁譚不利，審配獻書於譚，內謂「我將軍辭不獲已，以及館陶之役，是時外為禦難，內實乞罪，既不見赦，而屠各二、三其心，臨陳叛戾。我將軍進退無功，首尾受敵」云云。〔註21〕另外，曹操於建安二十一年征吳，陳琳為之撰檄文，聲稱「今者枳棘翦刊，戎夏以清，萬里肅齊，六師無事，故大舉天師百萬之中，與匈奴南單于呼完廚（即呼廚泉）及六郡烏桓、丁零、屠各、湟中、羌羯、霆奮席捲，自壽春而南」云云。〔註22〕由此可證，漢末時人的確已將「匈奴」

〔註20〕鄭太即鄭泰，詳《後漢書》，卷70〈鄭太傳〉注，頁2258。按張璠《漢紀》亦載此議，但其文頗異，且標作「且天下之權勇，今見在者不過并、涼、匈奴、屠各、湟中、義從、八種西羌，皆百姓素所畏服，而明公權以為爪牙，壯夫震懍，況小醜乎」（詳陳壽撰，裴松之注，《三國志》（台北：鼎文書局，1978年）卷16〈鄭渾傳〉注（頁510）。

〔註21〕詳《三國志》，卷6〈袁紹傳〉注引《漢晉春秋》，頁205。

〔註22〕詳蕭統編，《文選》，卷44〈陳孔璋檄吳將校部曲文〉（台北：文化圖書公司，

與「屠各」分別而視；而「休屠各」且已直稱為「屠各」，至魏晉以後更無他名，反而漸取代「匈奴」而成為匈奴諸胡之泛稱矣。

魏晉之間，并州諸種胡曾被分為五部，以屠各種最豪貴，而劉淵父子率之以起事（詳後），故被時人視為屠各子、屠各奴。如《南齊書・魏虜傳》云：「晉永嘉六年，并州刺史劉琨為屠各胡劉聰所攻。」及至聰之堂兄弟劉曜率王彌等攻陷洛陽，彌勸曜徙平陽而都之，曜不從，焚燒而去。《晉書・王彌傳》因載彌怒曰：「屠各子，豈有帝王之意乎！汝奈天下何！」至於劉淵將喬晞攻破介休，欲納介休令賈渾妻宗氏，同書〈列女傳・賈渾妻宗氏傳〉載宗氏罵曰：「屠各奴！豈有害人之夫而欲加無禮，於爾安乎？何不促殺我！」因仰天大哭。晞遂害之。甚至平陽胡庭之中，也有胡人相罵為屠各小醜、屠各逆奴者。如劉聰死後，子劉粲繼立，其將靳準（屠各）起兵殺粲，并其宗族，發聰墓而斬其尸，遣使歸晉河南都督李矩，聲稱：「劉元海（淵字）屠各小醜，因大晉事故之際，作亂幽并，矯稱天命，至令二帝幽沒虜庭。輒率眾扶侍梓宮，因請上聞。」〔註23〕既而靳準欲以王延為左光祿，延罵曰：「屠各逆奴，何不速殺我！」準怒，遂殺之。〔註24〕是皆可以為證。由於屠各被漢人視為匈奴之別部雜種，因是，《魏書》、《北史》也載謂：「匈奴別種劉淵反於離石，自號漢王。」〔註25〕

假如將「匈奴」視作一個民族，則根據上述諸證，在在顯示兩漢時期漢人早已知悉休屠實為此「百蠻大國」之西域雜種（別種）；假如將「匈奴」視作一個國家，則休屠僅為此「百蠻大國」的西域別部而已。總之，休屠是匈奴的種落之一，至漢末已直稱為屠各，及至魏晉崛興強大，屠各一名更成了匈奴的新代稱，以致使匈奴一名逐漸退出了歷史舞臺。〔註26〕

1979 年再版），頁 617～622。又：注引《漢書》謂「諸羌言願得度湟水北。然湟水左右，羌之所居」，意指「湟中」即是「湟中羌羯」。按：當時湟中有羌族，但也有湟中義從胡等，故「湟中、羌羯」之間應標以頓號為是。

〔註23〕參《晉書》，卷 63〈李矩傳〉，頁 1708。

〔註24〕詳《晉書》，卷 102〈劉聰載記・子粲附〉，頁 2679。

〔註25〕見魏收，《魏書》（台北：鼎文書局，1978 年），卷 1〈序紀〉，頁 6。按《北史・序紀》所載同。

〔註26〕匈奴在魏晉時其實並未消失，只是附於屠各盛名之下，逐漸與其他種落銷融而已。其事請參黃烈，《中國古代民族史研究》（北京：人民出版社，1987 年），上編，第三章，以及周偉洲，《西北民族史研究》（鄭州：中州古籍出版社，1994 年），第 2 編之 4。

三、分裂情勢之發展與「五郡屠各」及「五部胡」

前謂匈奴「部領南邊及烏桓」之右薁鞬日逐王虛連題・比，於東漢初入附稱臣時，所統僅有「南邊八部」凡五千餘落四、五萬人，而此八部為何則不詳，但其後塞外仍有部落不斷來附，也不斷叛離，政權始終不穩定。降至漢靈帝中平四年（187），因漢廷詔發南匈奴兵出征，「國人」恐羌渠單于發兵無已，其右部醯落與休著各胡白馬銅等十餘萬人遂於翌年造反，攻殺單于。羌渠之子——右賢王於扶羅——雖於稍後繼立，然而「國人殺其父者遂畔，共立須卜骨都侯為單于」，此即離石政權。其後於扶羅詣闕自訟沒有結果，「復欲歸國，國人不受，乃止河東」，於是南匈奴正式分裂為離石與平陽兩政權。

南匈奴雖然分裂為兩政權，但據《晉書・北狄・匈奴傳》所載，即使降至晉武帝踐阼（泰始元年，265）後，因「塞外匈奴大水，塞泥、黑難等二萬餘落歸化，帝復納之，使居河西故宜陽城下。後復與晉人雜居，由是平陽、西河、太原、新興、上黨、樂平諸郡靡不有焉」。此後塞外匈奴部落仍有來附者，多者十餘萬人，少則萬餘人，則似在其降地就地安置，卻也未聞必定隸屬於上述兩庭之任何一庭。該傳又總結謂「匈奴之類，總謂之北狄」，其後復云：

> 北狄以部落為類，其入居塞者有屠各種、鮮支種、寇頭種、烏譚種、赤勒種、捍蛭種、黑狼種、赤沙種、鬱鞞種、萎莎種、禿童種、勃蔑種、羌渠種、賀賴種、鍾跂種、大樓種、雍屈種、真樹種、力羯種，凡十九種，皆有部落，不相雜錯。屠各最豪貴，故得為單于，統領諸種。其國號有左賢王、右賢王、左奕蠡王、右奕蠡王、左於陸王、右於陸王、左漸尚王、右漸尚王、左朔方王、右朔方王、左獨鹿王、右獨鹿王、左顯祿王、右顯祿王、左安樂王、右安樂王，凡十六等，皆用單于親子弟也。其左賢王最貴，唯太子得居之。其四姓，有呼延氏、卜氏、蘭氏、喬氏。而呼延氏最貴，則有左日逐、右日逐，世為輔相；卜氏則有左沮渠、右沮渠；蘭氏則有左當戶、右當戶；喬氏則有左都侯、右都侯，又有車陽、沮渠、餘地諸雜號，猶中國百官也。

顯示即使降至西晉，南匈奴種落結構依然複雜，是當年「百蠻大國」的具體而微，且其政治組織略如舊制，尚未漢化。不過，此傳開始即敘述東漢時期南匈奴的概況，卻頗謂南匈奴初入時，即已享用漢物，部落組織亦已鬆動，至漢末且被分為五部，連左、右兩方王長的政治組織也實質解體了，故云：

前漢末，匈奴大亂，五單于爭立，而呼韓邪單于失其國，攜率部落，
入臣於漢。漢嘉其意，割并州北界以安之。於是匈奴五千餘落入居
朔方諸郡，與漢人雜處。呼韓邪感漢恩，來朝，漢因留之，賜其邸
舍，猶因本號，聽稱單于，歲給綿絹錢穀，有如列侯。子孫傳襲，
歷代不絕。其部落隨所居郡縣，使宰牧之，與編戶大同，而不輸貢
賦。多歷年所，戶口漸滋，彌漫北朔，轉難禁制。後漢末，天下騷
動，群臣競言胡人猥多，懼必為寇，宜先為其防。建安中，魏武帝
始分其眾為五部，部立其中貴者為帥，選漢人為司馬以監督之。

是則所述顯與《後漢書·南匈奴傳》有所不符：第一，呼韓邪二世未曾入朝
與被朝廷拘留，其他單于也無其事；有之則是漢末建安二十一年單于呼廚泉
被「誘質」入朝，而被曹操拘留（詳後）。第二，南匈奴「黨眾最盛」時，不
過前述之「領戶三萬四千，口二十三萬七千三百，勝兵五萬一百七十」而已，
單于且被漢廷派兵監護，形同囚犯，而諸部「亦列置諸部王」，分置於諸郡，
「皆領部眾為郡縣偵羅耳目」，何至「戶口漸滋，彌漫北朔，轉難禁制」？是
則此應指晉世出現胡部種落陸續內附、分散於諸郡的情況而言。第三，漢世
諸部王長既然「皆領部眾」分置於諸郡，未聞「隨所居郡縣，使宰牧之，與
編戶大同，而不輸貢賦」，是則後之陳述應指魏晉時期的情況而已。由是可
知，唐人修《晉書》時，似對南匈奴在東漢時期的情況並未認真瞭解，而且
對其分裂後之發展也不甚了了。

至此，筆者不禁要問：第一，南匈奴分裂後，在漢、晉之間的發展究竟如
何？第二，上述之十九種結構與左右王長組織，究竟是平陽庭之組織抑或是離
石庭之組織，或且是混而言之？第三，南匈奴是否曾於漢末「建安中」，被曹
操（魏武帝）「始分其眾為五部」？

按：漢靈帝中平五年（188）右部醯落與休著各胡白馬銅等十餘萬人攻殺
單于，是南匈奴前所未有的大事，故他們索性共立須卜骨都侯為單于。須卜
氏即是前引文之卜氏，為與匈奴王室通婚的四大貴種之一，骨都侯則是由異
姓所出任之高級輔政官，以此推測此須卜骨都侯應非虛連題氏王族人，而擁
立異姓為單于也是匈奴史上空前的創舉，因此就算他不是為單于一年而死，
恐怕也不會被向來重視正統的漢廷所承認與策立。〔註27〕自須卜單于死後，

〔註27〕漢朝重視正統，皇帝無子繼位則被視為國統中絕，筆者曾在拙著《中古史學觀
　　　　念史》（臺北：臺灣學生書局，1990 年）第五章有詳論，此不贅。因此，南匈

「南庭遂虛其位，以老王行國事」，是則此「南庭」應指離石舊南庭而言，謂其政治實體尚存，未聞復合于於扶羅、呼廚泉兄弟，只不過無單于作為元首而已，事值注意。

至於「虎落平陽」的羌渠之子於扶羅與呼廚泉，於中平五年以後相繼立為單于，而於扶羅且曾親自赴闕自訟，呼廚泉則曾派遣右賢王去卑統兵侍衛由長安顛沛東還的獻帝，故應是得到漢廷承認並策封的單于，也就是南匈奴的正統政權。基於此故，呼廚泉後來仍被魏、晉新朝廷所承認與策封。然而前謂獻帝建安中呼廚泉來朝，曹操因留於鄴，而遣去卑歸監其國焉，當作何解？是否曹操羈留呼廚泉於鄴，而遣去卑歸監其國後，「始分其眾為五部，部立其中貴者為帥，選漢人為司馬以監督之」？

筆者以為此事頗有疑點，恐非當時之全部實情，茲試申論之。

按呼廚泉實際立於獻帝興平二年（195），翌年即進入建安（196～219）時期，此時仍然止庭於平陽；然而，并州離石諸胡部在此時之前期，卻已落入了袁紹的勢力範圍，故江統〈徙戎論〉所謂「建安中，又使右賢王去卑誘質呼廚泉，聽其部落散居六郡」（全文見後）也者，恐怕與曹操在勢力奠定、控制了并州諸胡部後，利用右賢王去卑「誘質」單于呼廚泉，實行瓦解南匈奴之統治實體，重整胡部之政治組織，以俾收歸己用之新政策有關。此新政策與稍後為管治氐族所創置的「護軍」制彷如同出一轍，顯然是一種新的「屬國」制度。

蓋用以處非漢族的所謂「屬國」，約始創於上述渾邪王與休屠王之部落來降。漢朝將二王視為匈奴「西域王」，所部即應是匈奴之西域屬國部落，故將其地置為武威等郡之同時，分將諸部置為五屬國，《漢書》所謂「因其故俗為屬國」者是也。唐人注解此西漢創始之制度，謂「凡言屬國者，存其國號而屬漢朝，故曰屬國」，「不改其本國之俗而屬於漢，故號屬國」；或謂「各依本國之俗而屬於漢，故言屬國」，皆得正解，〔註28〕蓋為中國史上「一國兩制」的最早原型，而筆者前謂此制效法於匈奴者是也。西漢屬國制的特點在保存其國

奴居車兒單于曾因諸部並叛而被漢將拘禁，且欲廢之，但桓帝仍以《春秋》大居正」為由，詔令遣之還庭，此即因居車兒是南匈奴之正統也，事見《後漢書》，卷 89〈南匈奴傳〉，頁 2963～2964；不過，注解以「《春秋》法五始之要」作解釋，則恐怕有迂腐的嫌疑。

〔註28〕 前兩注文分見《漢書》，卷 6〈武帝紀〉，（頁 176）及卷 55〈衛青霍去病傳〉，（頁 2483），顏師古注；後注文見《史記》，卷 111〈衛將軍驃騎列傳〉，（頁 2934），張守節之《正義》。

號以及故俗，而漢末之屬國制則是要鬆動甚至瓦解其故俗，至於「護軍」制則以曹魏中期始置於關中的安夷（治美陽）、撫夷（治淳化）二護軍為最早，蓋將由秦隴被逼東遷之氐族，以編戶的方式實行進一步軍管，庶免其歸附於蜀漢，而又能為己所動員利用也，〔註29〕以故筆者謂曹魏對匈奴與氐羌之管治制度相彷彿，是一種新的屬國制。筆者以為，曹操於官渡之戰平定河北以後，正對匈奴諸部施以此類政策，俾收其力為己所用，卻意外地促使匈奴諸部加速了漢化。此事史書所載失之過略，令事實不明，故於此略析之。

蓋袁紹雄據河北諸州，但於官渡敗後，隔年（建安七年，202）即發病而死，二子潭、尚爭立內戰，為曹操所乘，至建安十年遂平之，而袁紹之甥并州刺史高幹亦投降，曹操復以之為并州刺史。不過，高幹尋又叛，舉兵守壺關口。十一年正月，曹操征幹。「幹聞之，乃留其別將守城，走入匈奴，求救於單于，單于不受。公圍壺關三月，拔之。幹遂走荊州，上洛都尉王琰捕斬之」。〔註30〕按并州離石庭時無單于，是則高幹所走入者當是平陽庭，即走入河東郡之平陽，向呼廚泉求救也。〔註31〕

呼廚泉單于不受高幹，並不表示其於袁、曹之爭中從無行動，據《三國志·鍾繇傳》記載：

> 時關中諸將馬騰、韓遂等，各擁彊兵相與爭。太祖……。表繇以侍中守司隸校尉，持節督關中諸軍，委之以後事。……太祖在官渡，與袁紹相持，繇送馬二千餘匹給軍。……其後匈奴單于作亂平陽，繇帥諸軍圍之，未拔；而袁尚所置河東太守郭援到河東，眾甚盛。諸將議欲釋之去，……張既說馬騰會擊援，騰遣子超將精兵逆之。……斬援，降單于。語在既傳。

據同書〈張既傳〉載：

〔註29〕建安間曹操與劉備相爭於關中，曹操為免氐族為劉備所用，除了武力屠殺之外，另又強逼氐族東遷，至司馬懿鎮撫關中時，遂創此二護軍以管治之。此制至十六國以後遂廣為諸國所採用。其詳請參本書，〈氐羌種姓文化及其與秦漢魏晉關係的發展〉篇。

〔註30〕引文據《三國志·武帝紀》，《三國志》及《後漢書》之〈袁紹傳〉所載相同；然此紀謂高幹為紹之并州牧，而《三國志》及《後漢書》之〈袁紹傳〉均謂紹任諸子及其甥為刺史，從之。

〔註31〕高幹由上黨郡之壺關口西南走入河東郡之平陽，求救不果而南走司隸之弘農郡，欲投荊州劉表，而卻於上洛被捕殺，路線吻合；若當時走入離石，向屠各求救，則是向西北走也。

> 袁尚拒太祖於黎陽，遣所置河東太守郭援、并州刺史高幹及匈奴單
> 于取平陽，發使西與關中諸將合從。司隸校尉鍾繇遣既說將軍馬騰
> 等，……騰遣子超將兵萬餘人，與繇會擊幹、援，大破之，斬援首。
> 幹及單于皆降。其後幹復舉并州反。河內張晟眾萬餘人無所屬，寇
> 崤、澠間，河東衛固、弘農張琰各起兵以應之。太祖以既為議郎，
> 參繇軍事，使西徵諸將馬騰等，皆引兵會擊晟等，破之。斬琰、固
> 首，幹奔荊州。

亦即在建安八、九年間，袁、曹戰爭的末期，呼廚泉顯然曾與袁軍聯合行動，
其軍事目標是攻取平陽庭所在的河東郡。蓋是時天下郡縣皆殘破，而屬於司隸
之河東郡則仍有戶三萬，幾乎相當於并州一州的戶口，且被山帶河，位居戰略
要衝，故袁軍欲聯合呼廚泉攻佔之也；所幸河東為幹吏杜畿守住，故待高幹等
敗後，「其餘黨與皆赦之，使復其居業」。〔註32〕由於有此戰敗、投降、復業的
經驗，是以當建安十一年高幹復反，曹操來征時，而單于不受也。呼廚泉之不
受高幹，並不表示雄猜的曹操遂對之信任有加，故十年之後曹操「使右賢王去
卑誘質呼廚泉，聽其部落散居六郡」，殆即種因於此。

　　河東平陽庭正統「匈奴單于（即呼廚泉）作亂平陽」之役已如前述，而當
年叛亂之并州屠各其實也未閒置。蓋袁紹之戰略構想原為「南據河，北阻燕、
代，兼戎狄之眾，南向以爭天下」，〔註33〕故袁軍中應有胡兵纔是。前謂袁紹
死後，諸子爭立交戰，據審配獻於袁譚之書，謂「屠各二三其心，臨陳叛戾。
我將軍進退無功，首尾受敵」云云，顯示袁軍中確實有并州之屠各胡兵。由於
屠各是當年叛殺羌渠單于、驅逐呼廚泉兄弟的主力，實力雄厚，故曹操對之尤
具戒心，遂在戰事平定後優先對之進行整治。同書卷十五〈梁習傳〉云：

> 并土新附，習以別部司馬領并州刺史，時承高幹荒亂之餘，胡狄在
> 界，張雄跋扈，吏民亡叛，入其部落；兵家擁眾，作為寇害，更相
> 扇動，往往碁跱。習到官，誘諭招納，皆禮召其豪右，稍稍薦舉，
> 使詣幕府；豪右已盡，乃次發諸丁彊以為義從；又因大軍出征，分

〔註32〕河東之戶口、戰略地位與善後事，可詳《三國志》，卷16〈杜畿傳〉，頁493～
　　　497。又并州六郡四十五縣當時甚為荒蕪，至晉仍僅有戶五萬九千三百而已，
　　　請詳正文下文。

〔註33〕《三國志》，卷1〈武帝紀〉，頁26，建安九年曾追述云：「初，紹與公（曹操）
　　　共起兵，紹問公曰：『若事不輯，則方面何所可據？』公曰：『足下意以為何
　　　如？』紹曰：『吾南據河，北阻燕、代，兼戎狄之眾，南向以爭天下，庶可以
　　　濟乎？』公曰：『吾任天下之智力，以道御之，無所不可。』」

　　請以為勇力。吏兵已去之後，稍移其家，前後送鄴，凡數萬口；其
　　不從命者，與兵致討；斬首千數，降附者萬計。單于恭順，名王稽
　　顙，部曲服事供職，同於編戶。邊境肅清，百姓布野，勤勸農桑，
　　令行禁止。……建安十八年，州并屬冀州，更拜議郎、西部都督從
　　事，統屬冀州，總故部曲。……後單于入侍，西北無虞，習之績也。
　　文帝踐阼，復置并州，復為刺史，……政治常為天下最。太和二年，
　　徵拜大司農。習在州二十餘年，……四年，薨。

假設梁習於建安十一年取代高幹而為并州刺史，至十八年州廢，前後凡八年
之間，他在并州對付管內張雄跋扈之胡狄部落，顯然是以武力為後盾，剛柔
並濟、恩威兼施的進行經略。在他一系列收編豪右，調發丁彊，徵用勇力，以
及遷移其家口至鄴以資質押的措施之下，遂使「單于恭順，名王稽顙，部曲
服事供職，同於編戶」。

　　其間他為何能以并州刺史，兼而屈服了非其管內之河東平陽庭的呼廚泉
單于？此則似應與建安十八年并州廢入冀州，而他仍以西部都督從事總故部
曲留駐有關。〔註34〕亦即他以上述手段「誘諭招納」胡部之豪右，形勢已成，
故曹操也於建安二十一年效法之，使右賢王去卑「誘質」呼廚泉也。要之并州
雖廢而梁習猶未調離，在州二十餘年，南單于及其平陽庭正是在其監護職責之
內，並已為曹操鋪好了「誘質」胡部的基礎，是以遂有此成功。由建安十一年
之後二十餘年，即已進入了魏明帝之時代，是則并州諸胡部有此「單于恭順，
名王稽顙，部曲服事供職，同於編戶」之政治局面，當是梁習長期努力經略的
結果。事實上，此種收編格局不但逼使匈奴諸部馴服，並且由於部曲服事供職
同於編戶，又與亡叛入其部落的漢人雜處，也因此而奠下了他們的漢化基礎。

　　另外，并州「名王稽顙，部曲服事供職，同於編戶」之政治局面，應已包
含了「最豪貴」的屠各種在內。事實上，在梁習經略之前，離石庭沒有單于治
國殆已經歷十八年（中平五年——建安十一年，188～206）之久，其間胡部諸
種「皆有部落，不相雜錯」，而至袁氏滅亡時情勢尤亂，故謂「胡狄在界，張
雄跋扈，吏民亡叛，入其部落」；不過，所謂「屠各最豪貴，故得為單于，統
領諸種」也者，似也缺乏實證，蓋《晉書・北狄・匈奴傳》所載，恐有誤植晉
世劉淵之事的嫌疑，其詳請容下論。

〔註34〕并州於建安十八年廢入冀州，而梁習所任之西部都督從事應如引文所言統屬
　　　　於冀州，故他實際並未離開并州。及至魏文帝踐阼（220），復置并州，則梁習
　　　　遂順理成章復為刺史，而此後平陽則歸建於司州。

　　要之，南匈奴原為「百蠻大國」之具體而微，既分裂為兩庭，而此時之結構仍是「皆有部落，不相雜錯」，故曹操於建安二十一年誘質呼廚泉於鄴後，即「聽其部落散居六郡」。漢、魏既然承認呼廚泉為南單于，〔註35〕則對與之敵對的屠各等種落，殆應仍視之為南單于之故部，而此六郡應即是前引《晉書・北狄・匈奴傳》所載之「後復與晉人雜居，由是平陽、西河、太原、新興、上黨、樂平諸郡廢不有焉」的六郡。六郡除了平陽屬於司隸外，〔註36〕其餘五郡皆屬於并州，〔註37〕而於建安十八年并州廢入冀州後殆皆屬於冀州。平陽郡之平陽縣為南匈奴正統單于庭所在，魏晉朝廷從未將之遷還并州西河郡之離石，據《晉書・地理志上》并州條云：

　　建安十八年，省入冀州。二十年，始集塞下荒地立新興郡，後又分

　　上黨立樂平郡。魏黃初元年，復置并州，自陘嶺以北並棄之，至晉

　　因而不改。并州統郡國六，縣四十五，戶五萬九千三百。

是則并州即使降至西晉，其戶口猶且如此荒涼，故此前可知矣。大概自太原至陘嶺一線以北荒涼尤甚，是以曹操纔於建安二十年正月，「省雲中、定襄、五原、朔方郡，郡置一縣領其民，合以為新興郡」。〔註38〕因此，建安十八年曹

〔註35〕按曹丕登壇受漢禪時，呼廚泉即以「匈奴單于」之名義陪位於萬人之中。翌月，魏文帝「更授匈奴南單于呼廚泉魏璽綬」（見《三國志》，卷2〈文帝紀〉，頁75～6，延康元年十月注引《獻帝傳》），表示呼廚泉雖被羈留，但漢、魏交替之間，他仍是被承認的匈奴元首，故由漢璽綬改授以魏璽綬也。

〔註36〕按《晉書》，卷14〈地理志上・司州・平陽郡〉，頁416條注謂「故屬河東，魏分立」。據此志〈總序〉，頁405所述，魏武置十二郡（注謂新興、樂平等），明帝及少帝增二（注謂少帝增平陽），而《三國志》，卷4〈三少帝・齊王芳紀〉，頁122，正始八年（247）五月所載，「分河東之汾北十縣為平陽郡」，則是平陽郡置於少帝齊王芳之時也；然據《晉書》，卷14〈地理志上・司州〉，頁415條云：「魏氏受禪，即都漢宮，司隸所部河南、河東、河內、弘農并冀州之平陽，合五郡，置司州。」而《三國志》，卷27〈徐邈傳〉，頁739亦記「文帝踐阼，（邈）歷譙相，平陽、安平太守」。是則平陽於漢朝原屬司隸部河東郡，其析出並升格，應是在魏文帝踐阼之前，恐怕即在建安十八年曹操廢并州入冀州之時而予以調整。

〔註37〕前注謂新興、樂平為魏武所置，而《晉書》，卷14〈地理志上〉，頁428，并州條云：「并州，……建安十八年省入冀州。二十年，始集塞下荒地立新興郡，後又分上黨立樂平郡。」至魏末，且將并州之太原、上黨、西河、樂平、新興、雁門，司州之河東、平陽等郡，封司馬昭為晉公（詳《晉書》，卷2〈太祖文帝紀〉，頁35、41）；但《晉書》，卷14〈地理志上〉，頁429，并州・樂平郡條注云：「泰始中置。統縣五。」）同前志〈總序〉，頁407亦謂至晉武帝平吳，凡增置郡國二十有三，其中即有樂平郡。不知孰是，待考。

〔註38〕見《三國志》，卷1〈武帝紀〉，頁45該年月條。

操把并州廢入冀州之後，將此六郡荒地聽由諸胡部散居，實有其客觀因素存在。此散居的部落，應即包含了當年叛殺羌渠單于、不肯讓其子單于還國的屠各種，且其仍是「最豪貴」的種落。

　　或許魏世南匈奴諸部已經馴服，歷史作用漸微，故陳壽撰《三國志》時並未為之作傳；即使偶爾散見於諸傳，然亦史有闕文，無從悉其詳。要之，前引《晉書・北狄・匈奴傳》所載之「建安中，魏武帝始分其眾為五部，部立其中貴者為帥，選漢人為司馬以監督之」的說法，實難求證於《後漢書》與《三國志》。茲檢得《三國志・鄧艾傳》有一段關於魏末并州胡部的寶貴記載，謂：

> 是時并州右賢王劉豹并為一部，艾上言曰：「戎狄獸心，不以義親，彊則侵暴，弱則內附，故周宣有玁狁之寇，漢祖有平城之圍。每匈奴一盛，為前代重患。自單于在外，莫能牽制長卑。誘而致之，使來入侍。由是羌夷失統，合散無主。以單于在內，萬里順軌。今單于之尊日疏，外土之威寖重，則胡虜不可不深備也。聞劉豹部有叛胡，可因叛割為二國，以分其勢。去卑功顯前朝，而子不繼業，宜加其子顯號，使居鴈門。離國弱寇，追錄舊勳，此御邊長計也。」又陳：「羌胡與民同處者，宜以漸出之，使居民表崇廉恥之教，塞姦宄之路。」大將軍司馬景王（司馬師）新輔政，多納用焉。遷汝南太守。

按司馬師於嘉平四年（252）為大將軍，正元二年（255）死，是則鄧艾上言所述應是少帝齊王芳末年之情勢。依該傳所述，此時仍「以單于在內，萬里順軌」，而被曹操遣還平陽監國的右賢王去卑則已死亡，其子並不繼業。要之此時因單于仍被留置在魏京，故南匈奴之情勢，實際上是「羌夷失統，合散無主」，而劉豹遂乘機將并州諸胡「并為一部」。

　　或謂劉豹為左賢王，是故單于於扶羅之子、劉淵之父（詳後），此時既挾一部之重以居外，故謂「今單于之尊日疏，外土之威寖重」也。鄧艾所上備胡之策為「離國弱寇」的分化政策，主要手段是因劉豹部有叛胡而順勢將之分割為二國，以分其勢；另加去卑之子以顯號，使居鴈門。此文之解讀可有兩種：第一，將劉豹部分割為二國後，加去卑之子以顯號，而使之領一部居鴈門。第二，將劉豹部分割二國後，另加去卑之子以顯號，使領其父之舊部由平陽遷居鴈門，是則共分為三國部。二解不知孰是？

　　按：晉人江統曾上〈徙戎論〉，頗論及魏末此情勢，其文云：

并州之胡，本實匈奴桀惡之寇也。漢宣之世，凍餒殘破，國內五裂，後合為二，呼韓邪遂衰弱孤危，不能自存，依阻塞下，委質柔服。建武中，南單于復來降附，遂令入塞，居於漢南，數世之後，亦輒叛戾，故何熙，梁慬戎車屢征，中平中，以黃巾賊起，發調其兵，部眾不從，而殺羌渠。由是於彌扶羅（即於扶羅）求助於漢，以討其賊。仍值世喪亂，遂乘釁而作，鹵掠趙魏，寇至河南。建安中，又使右賢王去卑誘質呼廚泉，聽其部落散居六郡。咸熙（264～265）之際，以一部太強，分為三率。泰始（晉武帝，265～274）之初，又增為四。於是劉猛內叛，連結外虜。近者郝散之變，發於穀遠。今五部之眾，戶至數萬，人口之盛，過於西戎。然其天性驍勇，弓馬便利，倍於氐羌。若有不虞風塵之意，則并州之域可為寒心！

假如鄧艾上言時是司馬師執政，則咸熙（264～265）之際已是曹魏的最後兩年，由其弟司馬昭執政矣，恐怕鄧艾上言於司馬師執政之時，雖被採納，但其正式施行則在司馬昭之時耶？若是，則所謂「一部太強」殆指劉豹部也；「分為三率」則是指分為三國部也。「率」即是部「帥」，也通指統帥而言，《晉書・北狄・匈奴傳》謂「魏末，復改帥為都尉」，蓋指此歟。

無論如何，根據上述文獻之分析，曹魏時期并州諸胡極可能仍以當年叛亂的屠各胡為最強。諸部在漢末被曹操分置於五郡，每郡整合為一部，「部立其中貴者為帥，選漢人為司馬以監督之」，降至曹魏中期，由於劉豹一部最豪強，以故諸部一度被其所兼併，因此引起鄧艾的憂慮與魏廷的警惕，漸將其一部分為三部，其事當發生於在魏末。入晉以後，晉武帝再將之分為四部，稍後又分為五部，故五部胡之分，應底定於晉武帝，而始於漢末之曹操（魏武帝）；但五部此時之情勢，殆與漢末時期不同。

蓋曹操於漢末建安二十一年「誘質」呼廚泉於鄴後，「聽其部落散居六郡」。由於呼廚泉兄弟當年僅率數千騎亡奔於河東郡之平陽庭，故除去本庭此部不算，其餘「西河、太原、新興、上黨、樂平部郡靡不有」之胡部，應即是驅逐南單于的叛亂部落，故曹操遂於此五郡「立其中貴者為帥」，而另「選漢人為司馬以監督之」，其形式雖與先前置屬國則另置屬國都尉，納南匈奴則另置使匈奴中郎將，以為之監護的舊制略同；但是從此制之監護官名曰司馬，顯示此制之實施仍頗有軍管性質，以故梁習能做到使名王稽首、豪強充兵、部曲編戶服役之局面。在此局面之下，右賢王去卑之所謂監國，不過僅是徒

具形式而已。至於晉制，直接將其部落制改為都尉制，把部帥改為都尉並集中管理，使其領袖成為中國之官，而將之納入王朝之官僚體系，以加速其部落組織故俗的瓦解，令其領袖與部眾深受挫折，感同被奴役，以致一再反叛（詳後），兩者之間其實大大不同。唐人修《晉書》時，似未將晉武帝與魏武帝、晉制與漢制分清楚，遂籠統謂「魏武帝始分其眾為五部」，似乎此後一直保持如此，蓋失之略也。

至此，前舉之疑問遂可得而解釋。即當初於扶羅與弟呼廚泉被其叛亂國人放逐於平陽，其時所統僅有數千騎，故兄弟兩人於漢、魏之間所建的「小朝廷」，其實並未真正統領過留在并州的南匈奴諸種部。至於叛亂之諸種部十餘萬人，實際以屠各種為主，誠如江統〈徙戎論〉所言，在南單于於扶羅兄弟之眼中其實均是「賊」，所謂「并州之胡，本實匈奴桀惡之寇」者是也。然而他們在擁立的須卜單于死後，寧願讓南庭「虛其位，以老王行國事」，故實際上仍然保有其獨立的政治實體。因此，《晉書·北狄·匈奴傳》所述的十九種部落，其情態為「皆有部落，不相雜錯。屠各最豪貴，故得為單于，統領諸種」，殆即指此并州桀惡之諸胡種部而言。按匈奴之俗，「各以權力優劣、部眾多少為高下次第」，〔註39〕而此時并州諸部以屠各實力最強，故是「最豪貴」。只是曹魏雖仍援例分別授其部落領袖以前引左、右王長等稱號，但揆諸史傳，卻從未見其授有單于之名，〔註40〕蓋曹魏既然仍舊承認並策封呼廚泉為單于，則勢不可能亦同時承認其并州叛胡所立之單于也。因此，呼廚泉滯鄴後雖仍保有單于之號，然對并州諸胡部王長而言，則是僅有名義上的統治罷了，所謂「屠各最豪貴，故得為單于，統領諸種」也者，究其實際，應是并州叛胡因屠各最豪貴，故得以王長行國事，統領諸種名王。而且，諸種名王散居五郡，經曹操之經略整合，已各於其所在郡另立部帥以統領之，此即唐人注《後漢書》時，謂曹操「留呼廚泉於鄴，而遣去卑歸平陽，監其五部國」之五部國者是也。〔註41〕

益有進者，并州胡部原不受南單于呼廚泉之統治，如今曹操既已誘質呼廚泉至鄴而予以羈留，又「選漢人為司馬以監督之」，即是他們實際上也不真

〔註39〕詳見《後漢書》，卷89〈南匈奴傳〉，頁2944。
〔註40〕《晉書》，卷101〈北狄·南匈奴傳〉，頁2648載晉武帝「泰始七年，單于猛叛」。按同書〈劉元海載記〉，謂劉宣勸劉淵起事時實稱劉猛為右賢王，故屠各劉猛之為單于，應是其叛後之自稱。
〔註41〕見該書卷89〈南匈奴傳〉頁2966注。

的受右賢王去卑之監督，以故不論曹操如何整頓南匈奴，均對并州胡部實質上並不構成重大的衝激。他們承受的重大衝激，應與上述梁習之長期經略，以及選漢人為司馬以監督之的措施制度有關。在此二者交互作用之下，遂能達至迫使他們「名王稽顙，部曲服事供職，同於編戶」的局面，亦即表示曹操已能切實控制此南匈奴桀惡之寇，並且已能動搖甚至瓦解其部落文化。不過，此五部國即是五郡胡，至曹魏中期曾被劉豹所部兼併為一，因而引起魏廷的警惕，而於魏末將之復分為三，至晉武帝又進一步將之先後分置為四及五，是則五郡胡或五部國最後仍然分為五部，以故《晉書》敘述并州屠各劉氏之發展時，遂常以「五部」稱之。

由是，屠各五部就是五部胡，五部胡就是從當年的五郡胡或五部國演變而來，後來石虎攻滅漢趙，「坑其王公等及五郡屠各五千餘人於洛陽」，殆即指此而言；〔註42〕而南朝中期蕭子顯修《南齊書》，謂後秦「姚興以塞外虜赫連勃勃為安北將軍，領五部胡，屯大城」，殆亦指此而言也。〔註43〕其所以稱為「五郡屠各」也者，蓋「并州之胡，本實匈奴桀惡之寇」，至魏晉而以屠各「最豪貴」，為劉淵率以起事之主力，故漸成匈奴之泛稱耳。

又者，劉豹所部雖為晉武帝復分為五部，但其實際則仍以劉豹及其子孫為諸部領袖，是以《晉書・劉元海（淵）載記》云：

> 於扶羅死，弟呼廚泉立，以於扶羅子豹為左賢王，〔註44〕即元海之父也。魏武分其眾為五部，以豹為左部帥，其餘部帥皆以劉氏為之。（晉武帝）太康中，改置都尉，左部居太原茲氏，右部居祁，南部居蒲子，北部居新興，中部居大陵。劉氏雖分居五部，然皆居于晉陽汾澗之濱。……豹卒，以元海代為左部帥。太康末，拜北部都尉。明刑法，禁姦邪，輕財好施，推誠接物，五部俊傑無不至者。幽冀名儒，後門秀士，不遠千里，亦皆遊焉。

〔註42〕漢趙在劉聰死後先亡於石勒之攻入平陽，屠各被殺者甚眾。事後劉曜率殘部重建政權於長安，勒又命石虎攻滅之，亦事屠殺，而又「坑其王公等及五郡屠各五千餘人於洛陽」，引文見《晉書》，卷103〈劉曜載記〉，頁2702。

〔註43〕《晉書・赫連勃勃載記》謂勃勃是劉淵之族，故所領五部胡殆即是漢趙亡後之殘餘五郡胡。引文見《南齊書》（台北：鼎文書局，1978年），卷57〈魏虜傳〉，頁984。其詳另見正文下節。

〔註44〕前引《三國志・鄧艾傳》謂劉豹為右賢王，但《後漢書》、《三國志》亦謂去卑是右賢王，殆劉豹應為左賢王纔是。又筆者疑劉豹非於扶羅之子，說詳下文。

所載與北朝時所修的《魏書》說法相同。〔註45〕至於「五部俊傑無不至」劉淵
的盛況，其實淵子劉聰也不遑多讓，同書〈劉聰載記〉云：

> 弱冠游于京師，名士莫不交結，樂廣、張華尤異之也。新興太守郭
> 頤辟為主簿，舉良將，入為驍騎別部司馬，累遷右部都尉，善於撫
> 接，五部豪右無不歸之。

由於劉豹子孫有此影響力，因此晉朝一度爭議是否要利用劉淵統領五部以討
伐關隴之羌胡叛亂，〈劉元海載記〉復云：

> 後秦涼覆沒，帝疇咨將帥，上黨李熹曰：「陛下誠能發匈奴五部之眾，
> 假元海一將軍之號，鼓行而西，可指期而定。」孔恂曰：「李公之言，
> 未盡殄患之理也。」熹勃然曰：「以匈奴之勁悍，元海之曉兵，奉宣
> 聖威，何不盡之有！」恂曰：「元海若能平涼州，斬樹機能，恐涼州
> 方有難耳。蛟龍得雲雨，非復池中物也。」帝乃止。

其事雖不果，不過最終仍假劉淵以晉朝官爵，使之實際統領五部，故〈劉元海
載記〉又云：

> 楊駿輔政，以元海為建威將軍‧五部大都督，封漢光鄉侯。元康末，
> 坐部人叛出塞免官。成都王穎鎮鄴，表元海行寧朔將軍‧監五部軍
> 事。

此為五部胡所以能團結反晉的關鍵。稍後，劉淵即以此五部為主力，而起事
反晉，同〈載記〉對此詳載述云：

> 惠帝失馭，寇盜蜂起，元海從祖故北部都尉‧左賢王劉宣等竊議……
> 於是密共推元海為大單于。乃使其黨呼延攸詣鄴，以謀告之。元海
> 請歸會葬，穎弗許。乃令攸先歸，告宣等招集五部，引會宜陽諸胡，
> 聲言應穎，實背之也。（成都王）穎為皇太弟，以元海為……冠軍將
> 軍，封盧奴伯。……元海說穎曰：「今二鎮跋扈，眾餘十萬，恐非宿
> 衛及近都士庶所能禦之，請為殿下還說五部，以赴國難。」穎曰：
> 「五部之眾可保發已不？縱能發之，鮮卑、烏丸勁速如風雲，何易

〔註45〕　《魏書》，卷95〈匈奴劉聰傳〉，頁2043謂「匈奴劉聰，字玄明，一名載，冒
頓之後也。漢高祖以宗女妻冒頓，故其子孫以母姓為氏。祖豹，為左賢王。及
魏分匈奴之眾為五部，以豹為左部帥。豹雖分屬五部，然皆家于晉陽汾澗之
濱」。又謂「父淵，……豹卒，淵代之。後改帥為都尉，以淵為北部都尉。楊
駿輔政，以淵為建威將軍‧五部大都督，封漢光鄉侯。後坐部民叛出塞，免官。
永寧初，成都王穎表淵行寧朔將軍，監五部軍事」。

可當邪？吾欲奉乘輿還洛陽，避其鋒銳，徐傳檄天下，以逆順制之。
君意何如？」元海曰：「……東胡（指鮮卑、烏丸）之悍不踰五部，
願殿下勉撫士眾，靖以鎮之，當為殿下以二部摧東嬴，三部梟王浚，
二豎之首可指日而懸矣。」穎悅，拜元海為北單于，參丞相軍事。

則五部胡固與東胡及宜陽諸胡有別——即屬於東胡之鮮卑、烏丸絕未列屬於
五部胡之內，而宜陽諸胡亦僅是匈奴別部而已。因此，劉淵起事之主力，的確
是以五部胡為主，〈前言〉所引之〈劉曜載記〉末史臣曰，謂「元海人傑，致
青雲之上；許以殊才，不居庸劣之下。是以策馬鴻騫，乘機豹變，五部高嘯，
一旦推雄，皇枝相害，未有與之爭者矣」，即指此而言。

四、由「五胡」至「六夷」的發展：族群認同問題

「五胡」一名，始見於東晉中期褚太后的手詔（詳下），而所謂「五胡亂
華」一詞，則更始見於《舊唐書》。〔註46〕不過，「五胡」在東晉至隋唐究竟
何所指，其詳始終不明。降至北宋司馬光，史事考異號稱精詳，然對孰為「五
胡」卻也無所說明，而於「臣光曰」論正統時，曾將「五胡」序列於兩晉之
世、南北朝之前，所謂「晉氏失馭，五胡雲擾。宋、魏以降，南、北分治，各
有國史，互相排黜」云云。〔註47〕其言偏向指兩晉之世、南北朝之前諸非漢
族——即當時所謂胡夷——在中原之代興者，故胡三省在《通鑑》載苻堅被
俘（東晉孝武帝太元十年，385）後，罵姚萇「小羌敢逼天子，五胡次序，無
汝羌名」之時，注謂：「胡、羯、鮮卑、氐、羌，五胡之次序也。無汝羌名，
謂讖文耳。姚萇自謂次應曆數，堅故亦以讖文為言。」〔註48〕此說並無根據，
但對「五胡」在宋以後的認知影響極大，廣被接受，或視為廣義之說。

〔註46〕「裔不亂華」一語早已見於先秦典籍，但「五胡亂華」則始見於唐宋，後晉，
劉昫《舊唐書》（台北：鼎文書局，1978年），卷29〈音樂志二‧八音之屬〉，
頁1075所謂「漢靈帝好胡笛，五胡亂華，石遵玩之不絕音」是也。

〔註47〕「臣光曰」此段說法為：「天生烝民，其勢不能自治，必相與戴君以治之。……
漢興，學者始推五德生、勝，以秦為閏位，在木火之間，霸而不王，於是正閏
之論興矣。及漢室顛覆，三國鼎峙。晉氏失馭，五胡雲擾。宋、魏以降，南、
北分治，各有國史，互相排黜，……運曆年紀，皆棄而不數，此皆私己之偏辭，
非大公之通論也。臣愚誠不足以識前代之正閏，竊以為苟不能使九州合為一
統，皆有天子之名而無其實者也。」是即排斥不能使九州合為一統之政權，如
五胡等，於正統王朝序列之外。其說見《通鑑》，卷69，魏文帝黃初二年四月
條，頁2185。

〔註48〕詳參《通鑑》，卷106，晉孝武帝太元十年條，頁3348。

　　筆者以為，《通鑑》敘事與胡注解釋均可尋據於《晉書‧苻堅載記下》，該
載記云：

> 姚萇遣將軍吳忠……執堅以歸新平，幽之於別室。萇求傳國璽於堅
> 曰：「萇次膺符曆，可以為惠。」堅瞋目叱之曰：「小羌乃敢干逼天
> 子，豈以傳國璽授汝羌也！圖緯符命，何所依據？五胡次序，無汝
> 羌名。違天不祥，其能久乎！璽已送晉，不可得也。」……堅既不
> 許萇以禪代，罵而求死，萇乃縊堅於新平佛寺中，時年四十八。

顯示羌族姚萇的確以漢儒鼓吹流行之圖緯「內學」為言，自謂「次膺符曆」而
求傳國璽也；而苻堅拒絕之理由則為「五胡次序，無汝羌名」，是則苻堅亦的
確以「讖文為言」而叱拒之。不過根據苻堅之言，羌族固未名列於「五胡次
序」，但是苻堅與其所屬之氐族，是否即名列於「五胡次序」？按苻堅篤學經
史，而漢儒充斥圖讖之所謂「內學」，苻堅並信之，同載記即曾詳載此等情事
云：

> 新平郡獻玉器。初，堅即偽位，新平王彫陳說圖讖，堅大悅，以彫
> 為太史令。嘗言於堅曰：「謹案讖云：『古月之末亂中州，洪水大起
> 健西流，惟有雄子定八州。』此即三祖，陛下之聖諱也。又曰：『當
> 有艸付臣又土，滅東燕，破白虜，氐在中，華在表。』案圖讖之文，
> 陛下當滅燕，平六州。……（王）猛以彫為左道惑眾，勸堅誅之。
> 彫臨刑上疏曰：『臣以趙建武四年，從京兆劉湛學，明于圖記，……
> 願陛下誌之。……』至是而新平人得之以獻，器銘篆書文題之法，
> 一為天王，二為王后，三為三公，四為諸侯，五為伯子男，六為卿
> 大夫，七為元士。自此已下，考載文記，列帝王名臣，自天子王后，
> 內外次序，上應天文，象紫宮布列，依玉牒版辭，不違帝王之數。
> 從上元人皇起，至中元，窮於下元，天地一變，盡三元而止。堅以
> 彫言有徵，追贈光祿大夫。

按，王彫陳說圖讖之所謂「古月之末亂中州」，蓋指胡末（即二趙之末）而言；
所謂「洪水大起健西流，惟有雄子定八州」，蓋指苻洪、苻健、苻雄（苻堅之
祖、伯、父）以及雄子堅也。此讖殆預言氐族苻氏將興起於胡末。由是以知，
氐族苻氏以及為堅（即「艸付臣又土」）所滅之東胡鮮卑，〔註49〕於圖讖均未

〔註49〕據《晉書》，卷114〈苻堅載記下〉，頁2928謂「秦人呼鮮卑為白虜」，是則東
　　　　燕與白虜均指鮮卑。

屬於「胡」。據此，顯示亂華之「胡」並不包括氐與鮮卑在內，以故更無羌名。
又據同書〈苻丕、苻登載記・史臣曰〉所論：

> 永固（苻堅字）雅量瓌姿，變夷從夏，……文武兼施，德刑具舉。
> 乃平燕定蜀，擒代吞涼，跨三分之二，居九州之七，遐荒慕義，幽
> 險宅心，因止馬而獻歌，託棲鸞以成頌，因以功侔最烈，豈直化洽
> 當年！雖五胡之盛，莫之比也。

當時姚秦尚未崛起，唐初史臣既推崇苻堅「雖五胡之盛，莫之比也」，是則未
將苻秦列屬於五胡，固可知矣。

再者，王彫臨刑上疏謂「臣以趙建武四年，從京兆劉湛學」此術。建武為
後趙石虎之年號，而石勒與虎皆是相信此術者，故《晉書・石勒載記下・子弘
附傳》曾載云：

> 勒僭位，……（徐）光復承間言於勒曰：「陛下廓平八州，帝有海內，
> 而神色不悅者何也？」勒曰：「吳蜀未平，書軌不一，司馬家猶不絕
> 於丹楊，死後之人將以吾為不應符籙。每一思之，不覺見於神色。」
> 光曰：「……魏承漢運，為正朔帝王，劉備雖紹興巴蜀，亦不可謂漢
> 不滅也。吳雖跨江東，豈有虧魏美？陛下既苞括二都，為中國帝王，
> 彼司馬家兒復何異玄德（劉備字），李氏（巴氏）亦猶孫權。符籙不
> 在陛下，竟欲安歸？」

筆者以為，符瑞圖讖早已是兩漢鼓吹天意、天命之故技，王莽、曹丕莫不利
用之以篡位，而劉淵初建國時，其理論指導即以「漢紹堯運」之繼漢為本（詳
後），並亦以此故技宣示於眾人，此即《晉書》〈劉元海載記〉所載，劉淵於
起事後五年——晉永嘉二年（308）即皇帝位，改元永鳳時之陳述。該載記云：

> 太史令宣于脩之言於元海曰：「陛下雖龍興鳳翔，奄受大命，然遺晉
> 未殄，皇居仄陋，紫宮之變，猶鍾晉氏，不出三年，必克洛陽。蒲
> 子崎嶇，非可久安。平陽勢有紫氣，兼陶唐舊都，願陛下上迎乾象，
> 下協坤祥。」於是遷都平陽。汾水中得玉璽，文曰「有新保之」，蓋
> 王莽時璽也。得者因增「淵海光」三字，〔註50〕元海以為己瑞，大
> 赦境內，改年河瑞。

在此玉璽上加讖文，實即如同苻堅時玉器上之讖文而已，蓋漢趙開國後不久

〔註50〕「淵海光」載記作「泉海光」，蓋避唐高祖李淵之諱，校勘記已說明。見《晉
　　　　書》，卷101〈劉元海載記〉，頁2655。

即已出現此類讖文也。後來石勒建（後）趙之前不久，劉曜已先在長安改漢國號為（前）趙，依五行學說宣佈以水承晉之金德，以故石勒尋即跟著稱趙，而與前趙爭承晉之正統。表示二趙之時確實有符錄圖讖傳世，所謂「考載文記，列帝王名臣，自天子王后，內外次序，上應天文，象紫宮布列，依玉牒版辭，不違帝王之數」諸類是也，因而使石勒奮起以爭。及至石勒滅亡前趙之後，思及本朝仍與東晉、成漢相峙，以故復以為言慮耳。由此觀之，是時尚為胡亂之末，鮮卑、氐、羌亦未獨尊大號，以故不應列於「五胡」之名序。蓋當時所謂之「古月之末」以及「五胡」，最多應僅指建立二趙之匈奴（屠各）與羯而已。

此外，筆者另檢得一條有力的文獻證據，證明「五胡」絕未包含鮮卑、氐、羌三族，此即來自東晉穆帝升平元年（357）褚太后的手詔。據《晉書·后妃下·康獻褚皇后傳》載云：

> （穆）帝既冠，太后詔曰：「……今歸事反政，一依舊典。」于是居崇德宮，手詔群公曰：「昔以皇帝幼沖，從群后之議，既以闇弱，又頻丁極艱，銜恤歷祀，沈憂在疚。司徒親尊德重，訓救其弊，王室之不壞，實公是憑。帝既備茲冠禮，而四海未一，五胡叛逆，豺狼當路，費役日興，百姓困苦。願諸君子思量遠算，戮力一心，輔翼幼主，匡救不逮。未亡人永歸別宮，以終餘齒。仰惟家國，故以一言託懷。」

按，此為「五胡」一名在文獻上之始見，是褚太后為還政於穆帝時所發。蓋穆帝以幼沖繼位，故褚后以太后臨朝稱制，改元永和（345），其時漢趙已亡，而為後趙石虎之建武十一年，正是匈奴胡部勢力鼎盛之時，故褚后攝政也。及至升平元年正月一日穆帝既冠，褚后還政，而石虎則早已死於九年之前。此時諸石子弟內戰頻仍，北方大亂，慕容鮮卑乘機南下，氐族苻氏、羌族姚氏相繼西歸關中，苻堅且於此年六月政變自立，以故王彫向苻堅陳說圖讖，謂「胡之末亂中州，洪水大起健西流，惟有雄子定八州」也者，正喻此而言。按氐、羌並非草原騎馬「胡」族，原被視為戎夷之列，且褚太后還政及下手詔之時，羌已服屬於氐，而苻堅猶未自立，是則褚后所稱之「五胡」，苻堅及其氐族應未得列入其內。至於鮮卑，自兩漢三國以來向被視為東胡，前引劉淵於其起事時之戰略分析，以及王彫陳說圖讖之言，亦已明確表明其族不屬於「胡」，是則鮮卑也不能名列於「五胡次序」，應可斷言。據此可推，褚太

后手詔之所謂「五胡叛逆」，蓋指屠各劉氏所統、陷兩京而虜二帝之五部胡而言；而羯族石氏原屬胡部，從而叛逆，殆亦包含於其內矣。由是可知，從「五部胡」而「五胡」，的確應是其簡稱而已。

至於《晉書》他處以及其他南、北朝正史，述及「五胡」一詞時，除了觀其文意籠統不可辨識者之外，尚有若干條殆亦應指西晉之五部胡而言，茲略粗予檢視如下：

1.〈中宗元帝紀・史臣曰〉：「晉氏不虞，自中流外，五胡扛鼎，七廟隳尊，滔天方駕，則民懷其舊德者矣。昔光武以數郡加名，元皇以一州臨極，……光啟中興。」唐史臣既謂五胡扛鼎在東晉元帝中興以前，是則應指屠各五部胡攻陷兩京之事而言。

2.〈宣五王、文六王傳・史臣曰〉：「武皇深翼子之滯愛。遂乃褫龍章於衰職，徙侯服於下藩，未及戒塗，終於憤恚，惜哉！若使天假之年而除其害，……何八王之敢力爭，五胡之能競逐哉！」唐史臣既惜晉武帝安排繼承及封建不當，因而導致八王、五胡相繼為亂，而劉淵當初正是率其五部胡以助成都王穎者，故此處之所謂五胡，正應指五部胡。

3.〈儒林傳・序〉云：「有意始自中朝，迄於江左，莫不崇飾華競，祖述虛玄，……遂使憲章弛廢，名教積毀，五胡乘間而競逐，二京繼踵以淪胥，運極道消，可為長歎息者矣。」按魏晉玄學清談導致政教毀廢，以致二京為五胡淪陷，此說正為國史成說之所本，是以此處之五胡，當亦僅指五部胡。

4.《宋書・索虜傳・史臣曰》》：「久矣，匈奴之與中國並也。自漢氏以前，綿跨年世，紛梗外區，驚震中宇。周無上算，漢收下策。魏代分離，種落遷散，數十年間，外郡無風塵之警，邊城早開晚閉，胡馬不敢南臨。至于晉始，姦黠漸著，密邇畿封，窺候疆場，俘民略畜者，無歲月而闕焉。元康（晉惠帝，291～299）以後，風雅雕喪，五胡遞襲，剪覆諸華。」按沈約於此處以論述匈奴族系自漢朝至西晉之歷史發展為主，故其所謂五胡，應指西晉之五部胡而言。

5.《魏書・天象志三》載太祖道武帝皇始元年（即東晉孝武帝太元二十一年，後秦姚興皇初三年，396，時前秦甫亡）夏六月，有星彗于氂頭，謂「彗所以去穢布新，……自五胡蹂躪生人，力正諸夏，百有餘年，莫能建經始之謀而底定其命。是秋，太祖啟冀方之地，實始芟夷滌除之，有德教之音，人倫之象焉」。既云自五胡蹂躪生人至此百有餘年，是則此五胡當指屠各劉氏初起時所統之五部胡而言；而且拓拔氏屬於鮮卑，是以此言亦不啻表示拓拔魏固未嘗

自視為亂華之五胡也。

6.《陳書‧高祖紀上》載梁敬帝太平二年（557）九月辛丑進陳霸先相國‧陳公詔，謂：「太傅，義興公（霸先），允文允武，迺聖迺神，……救此將崩，援茲已溺，乘舟履輦，架險浮深，經略中途，畢殲群醜。……是用光昭下武，翼亮中都，雪三后之勛讎，夷三靈之巨慝。堯台禹佐，未始能階，殷相周師，固非云擬。重之以屯剝餘象，荊楚大崩，天地無心，乘輿委御，五胡荐食，競謀諸夏，八方棊跱，莫有匡救，……公神兵奄至，不日清澄，惟是屠蒙，再膺天錄。」此是南朝末期借五部胡陷兩京、虜二帝之事，以況梁末之變局也。

7.《隋書‧地理志上‧序》言：「有晉太康之後，文軌方同，大抵編戶二百六十餘萬。尋而五胡逆亂，二帝播遷，東晉泊于宋、齊，僻陋江左，苻、姚之與劉、石，竊據中原，事跡糾紛，難可具紀。」是則更是明指導致西晉懷、愍二帝播遷之五部胡矣。

雖然，「五胡」之指「五部胡」已如上說；但是南北朝時似乎有時也頗泛指在中原代興之諸胡夷非漢族而言。例如《晉書‧涼武昭王李玄盛傳》載其（西涼建初元年，晉安帝義熙元年，後秦姚興弘始七年，405）遣使間道奉表於東晉曰：「臣聞曆數相推，歸餘於終，帝王之興，必有閏位。是以共工亂象於黃、農之間，秦、項篡竊於周、漢之際，皆機不轉踵，覆餗成凶。自戎狄陵華，已涉百齡，五胡僭襲，期運將杪，四海顒顒，懸心象魏。」是則此處所謂已涉百齡、期運將杪之五胡，頗有借用為泛指代興於中原的諸非漢族之意。而《南齊書‧曹虎傳》載齊末北魏孝文帝南攻，致書譏齊雍州刺史曹虎臨陣怯戰，虎使人答書謂「自金精失道，皇居徙縣，喬木空存，茂草方鬱。七狄交侵，五胡代起，顧瞻中原，每用弔焉」云云，蓋亦有泛指興於中原的諸非漢族之意。此皆隱然為「五胡」廣義說之濫觴。

要之，東晉以降，「五胡」一詞仍以專指劉淵所統、起而亂晉的屠各五部胡為當。至於石氏所屬之羯族，原出西域之康居，於魏晉時為匈奴十九種之一，當時稱為羌渠種，故為胡部無疑。石氏稍後追隨劉淵五部起事，以故也被時人視為「五胡」之屬；然而從石勒建國後，「號胡為國人」，「制法令甚嚴，諱胡尤峻」等措施看，〔註51〕蓋有意將其源出西域深目高鼻之羯族本種，與被其所滅的漢趙屠各種有所區別也。是則石勒之種族意識甚強，而不自視為

〔註51〕引文見〈石勒載記〉，而其民族觀念及適應請詳本書〈後趙文化適應及其兩制統治〉篇。

「五胡」之屬，與漢人的視角認知頗有不同，難怪後來亡於冉閔對其種族之屠殺也。

又者，「五胡」一名，即使後來漸有泛稱諸胡之傾向，然亦需至東晉中期、二趙相繼滅亡以後始隱然出現，不過二趙國內族群複雜，是則其族群認同與政策為何？誠令人好奇。關於此，筆者注意到二趙治下均有「六夷」一名，庶幾用以區分治下之漢與非漢兩大族群。請試論之。

首先，先論「六夷」一名之所由起。

據《通鑑》宋文帝元嘉二十八年正月條胡注云：「自晉氏失馭，劉、石以來，始有六夷之名。」〔註52〕是則胡三省以為此名起於二趙之時也。按「六夷」之名的確未見於先秦典籍與《史記》、《漢書》，而約至魏晉始稍出見之。魏文帝曹丕之〈迷迭賦〉曰：「薄六夷之穢俗兮，越萬里而來征。」〔註53〕是則「六夷」之名應不始於五胡之興，蓋漢、魏間應已啟用之，用為非漢族之泛稱。范曄於其〈獄中與諸甥姪書〉（即今〈後漢書代序〉）中，自謬其《後漢書》之「六夷諸序論，筆勢縱放，實天下之奇作」云，實則其書只有東夷、南蠻西南夷、西羌、西域、南匈奴、烏桓鮮卑六傳，而並無〈六夷傳〉；然而曄又於〈南蠻西南夷傳〉中，謂「冉駹夷者，武帝所開，元鼎六年，以為汶山郡。……其山有六夷、七羌、夷氐，各有部落」云。顯示范曄前之所謂六夷，蓋亦通稱非漢族而言，而後之六夷則殆泛指汶山郡有諸夷部落而言。此後南朝人偶用此名者，類皆用以泛稱諸非漢部落而言。然而據晉史所載，惠帝永寧元年（301），自正月至于閏月，五星互經天，縱橫無常，而星傳、星占皆解釋為國亂更王之象，至謂「是後，台鼎方伯，互執大權，二帝流亡，遂至六夷更王，迭據華夏，亦載籍所未有也」。〔註54〕是則「六夷」一名雖用以泛稱非漢族，然有時亦或可用以代替「五胡」之名歟？不過此用法尚屬僅見。

事實上，魏晉時之漢人雖以「六夷」作為諸非漢族之泛稱，然而二趙統治之下，則的確曾將此名詞用作族群區分以及政治組織之專稱。「六夷」既為族群區分與政治組織之專稱，則其內容何所指？於此先要觀察漢趙治下除了漢

〔註52〕詳《通鑑》，卷126，該年月條，頁3962。

〔註53〕見清‧嚴可均輯校，《全上古三代秦漢三國六朝文》（京都：中文出版社，1972年），卷4，頁1074。

〔註54〕301年發生此星變，304年劉淵纔率五部起事，故知此為星官之預占，而用「六夷」以預測非漢族之可能有亂也。詳《晉書》，卷13〈天文志下〉，頁367。

族之晉人以外，尚有何其他民族種落否？

　　按前引〈劉元海載記〉，謂劉淵起事前，先密令劉宣「招集五部胡，引會宜陽諸胡」以為集結部署。及至劉淵返至左國城，接受劉宣等所上大單于之號，「二旬之間，眾已五萬，都於離石」。稍後遷都左國城，又有「遠人歸附者數萬」，〔註55〕然後乃即漢王之位。是則建國之時（晉永興元年，漢元熙元年，304），其國內已有胡、晉——二趙常稱漢人為晉人——約十萬人之多。其後又遷都平陽，並陸續多次將他處人民移殖於此，遂使平陽、河東核心區人口激增，至劉聰盛時估計多達三百萬人。這些人口的族屬，除了上述之漢人、五部屠各、羯及其他宜陽等匈奴系諸胡以外，尚包括有東胡系之鮮卑、烏桓，戎夷系之氐、羌與巴。因此，劉聰為因應種族人口的急劇擴張，乃於314年（漢嘉平四年，晉建興二年）改革其政治組織，此即〈劉聰載記〉所載之「置左、右司隸，各領戶二十餘萬，萬戶置一內史，凡內史四十三。單于左、右輔各主六夷十萬落，萬落置一都尉」的新制是也。此新制筆者稱之為「嘉平體制」。此體制雖然將治下民族籠統區分為漢人與六夷兩大族群，並因此「胡漢二重性」而將之納入兩套政治組織，是筆者所謂的「一國兩制」；不過在此形式之內裡，不啻仍是將治下的所有民族種族統一於胡化的部落體制罷了。〔註56〕

　　然而，在此體制之下，所謂「六夷」究竟指何？筆者檢閱魏晉南北朝諸正史，對此均無所說明。對此有解釋者蓋始見於宋、元時人，胡注《通鑑》載述此制時，謂「六夷，蓋胡、羯、鮮卑、氐、羌、巴蠻；或曰烏丸，非巴蠻也」。〔註57〕按「蓋」、「或」皆為疑似之詞，胡三省殆自疑其說也。

　　筆者以為，根據上所述之「一國兩制」，平陽核心區內除了漢族之晉人一系外，劉聰並未專為屠各五部建立一政治體系，故其非漢族一系之所謂「六夷」，實為一個族群集合。以族名而論，「六夷」起碼包括有胡（匈奴）、羯、鮮卑、烏丸、氐、羌、巴等七個民族；若謂羯族原屬匈奴之羌渠種部落，則實際僅應有胡、鮮卑、烏丸、氐、羌、巴六個民族而已。不過，北亞草原騎馬王國慣例稱呼其本部族為本部或國人，以故或許對屠各統治者而言，羯、鮮卑、烏丸、氐、羌、巴此六個民族即是「六夷」，又或許僅是援用漢人的概念，六

―――――――――――――――――――――――

〔註55〕北魏・崔鴻撰、清・湯球輯補，《十六國春秋輯補》（附入今鼎文版《晉書》），卷2〈前趙錄二〉頁7，作「晉人東附者數萬」。

〔註56〕其詳請參本書〈漢趙國策及其一國兩制下的單于體制〉篇，其種族人口之流動尤見表二。

〔註57〕見《通鑑》，卷89，晉孝愍皇帝建興二年正月條，頁2809。

是虛數，而用以通稱諸胡夷，至於治下恰有六個主要民族則僅是一種巧合歟？至此，似需檢視沿襲此制之後趙族群，觀察其所謂「六夷」是否與此「六夷」之內涵相符，始能稍作論定。

按東晉元帝太興元年（318）漢主劉聰死，子粲繼立，平陽政變大亂，石勒自襄國率軍來逼，「六夷」以氐、羌、巴、羯為主，投降石勒者多達十餘萬落，估計約佔平陽六夷部落三分之二以上；而平陽士女歸於長安之劉曜者，則僅有一萬五千人而已，恐怕率以屠各為主。同年，劉曜於長安建立（前）趙，石勒亦於翌年在襄國建立（後）趙。

據〈石勒載記上〉所載，「勒字世龍，初名匐，上黨武鄉羯人也。其先匈奴別部羌渠之冑。祖耶奕于，父周曷朱，一名乞翼加，並為部落小率」。筆者曾參考中、日學者之著作，推定石勒屬於匈奴十九種之羌渠種，屬於粟特民族，而源出於康居（羌渠之音轉），與屠各般在匈奴種族結構裏皆為西域胡，屬於并州五郡胡中之上黨胡，以故是匈奴之別部，並是晉人郭欽〈徙戎疏〉中所謂之「上黨雜胡」是也。其後與部落離散，因饑貧而淪為盜，由八騎起家以至於十八騎，其中多為羯種、月氏、匈奴、天竺、烏桓等人，是名符其實之雜胡組合。〔註58〕及至劉淵以大單于起事，石勒投奔劉單于，並先後收編了匈奴、烏桓諸部，奉命率部東攻洛陽，經略山東，以襄國為中心，漸漸坐大，竟至劉聰不得不拜他為大都督陝東諸軍事‧大將軍‧東單于‧上黨郡公。石勒於聰死平陽大亂之時，進逼平陽，收納夷晉，並尋建（後）趙國而與劉曜之（前）趙相爭。〈石勒載記上〉載其國家規模云：

> 石季龍（虎）……等一百二十九人上疏曰：「……請依劉備在蜀、魏王在鄴故事，以河內、魏、汲、頓丘、平原、清河、鉅鹿、常山、中山、長樂、樂平十一郡，并前趙國、廣平、陽平、章武、渤海、河間、上黨、定襄、范陽、漁陽、武邑、燕國、樂陵十三郡，合二十四郡、戶二十九萬為趙國。封內依舊改為內史，準禹貢、魏武復冀州之境，南至盟津，西達龍門，東至于河，北至于塞垣。以大單于鎮撫百蠻。罷并、朔、司三州，通置部司以監之。……」勒西面而讓者五，……乃許之。

筆者曾估計其時後趙約有漢戶二十九萬，胡、羯、巴、氐、羌、烏桓等人口則

〔註58〕請參本書〈後趙文化適應及其兩制統治〉篇。

約有八、九十萬人之多，〔註59〕是以基本上仍沿襲屠各漢之夷、晉分治政策，亦即採用「一國兩制」以分治也。晉人體系姑不論，於此欲略窺其夷制，〈石勒載記下〉續載云：

> 太興二年（晉元帝，319），勒偽稱趙王，……署……中壘支雄、遊
> 擊王陽並領門臣祭酒，專明胡人辭訟，以張離、張良、劉群、劉謨
> 等為門生主書，司典胡人出內，重其禁法，不得侮易衣冠華族。號
> 胡為國人。……署石季龍（虎）為單于元輔、都督禁衛諸軍事。……
> 又下書禁國人不聽報嫂及在喪婚娶，其燒葬令如本俗。

當時石勒以趙王自兼大單于，主掌胡人法律訴訟的支雄是月氏人、王陽是烏桓人，掌管胡人出入行動的張離、張良可能是羯人，而劉群、劉謨則可能是屠各人或西域胡人，〔註60〕此皆應是從原來匈奴異姓大臣留庭輔政制度轉變而來的組織與官稱。〔註61〕至於單于及其元輔所統治者，則殆為胡夷部落，亦即是其部落軍隊，故所屬有「六夷」之稱，蓋援自劉聰之遺制也。

後趙部落軍隊有「六夷」之稱，其例如〈石勒載記下〉載述石勒欲乘營建鄴宮之便，趁機謀奪石虎兵權時云：

> 勒既將營鄴宮，又欲以其世子弘為鎮，密與程遐謀之。石季龍（虎）
> 自以動效之重，仗鄴為基，雅無去意。……勒以弘鎮鄴，配禁兵萬
> 人，車騎（石虎為車騎將軍・單于元輔）所統五十四營悉配之，以
> 驍騎領門臣祭酒王陽專統六夷以輔之。

又如〈石季龍載記下〉載述虎死之後，子弟內戰、石閔（即冉閔）屠殺諸胡時云：

> 龍驤孫伏都、劉銖等結羯士三千伏于胡天，亦欲誅閔等。……不克，
> 屯於鳳陽門。閔、農率眾數千毀金明門而入。……攻斬伏都等，自
> 鳳陽至琨華，橫尸相枕，流血成渠。宣令內外六夷敢稱兵杖者斬之。
> 胡人或斬關，或踰城而出者，不可勝數。

〔註59〕詳本書〈後趙文化適應及其兩制統治〉篇及表一與表二。按石勒此時是否有鮮卑族不詳。

〔註60〕筆者據姚薇元《北朝胡姓考》（臺北：華世出版社，1977年）及陳連慶《中國古代少數民族姓氏研究》（長春：吉林文史出版社，1993年）二書所論相關之姓氏研判，疑後趙治下之劉姓似應為屠各，而唐長孺前揭之〈魏晉雜胡考〉，頁426則疑此諸劉氏出於西域，然均無實據，尚待進一步考定。

〔註61〕有關匈奴之政治制度，可參前揭謝劍文。

據此可知，後趙之「六夷」其實即是單于所統之諸族部落人民，其軍人與軍事組織亦由此組成。此處所謂「內外六夷」者，其內殆即是部署於首都之六夷部隊，如驍騎將軍‧領門臣祭酒王陽於鄴都所專統者是也；而外殆即是駐外之六夷部隊，如姚弋仲在清河、蒲洪（後改姓苻，即苻洪）在枋頭所部是也。〈姚弋仲載記〉載隴上姚氏羌部被石虎東遷後的發展云：

> 及石季龍克上邽，弋仲說之曰：「……隴上多豪，秦風猛勁，……宜徙隴上豪強，虛其心腹，以實畿甸。」季龍納之，啟勒以弋仲行安西將軍，六夷左都督。……勒既死，季龍執權，思弋仲之言，遂徙秦雍豪傑於關東。弋仲率部眾數萬遷于清河，拜奮武將軍，西羌大都督，封襄平縣公。及季龍廢石弘自立，……遷持節‧十郡六夷大都督‧冠軍大將軍。……弋仲有子四十二人，常戒諸子曰：「吾本以晉室大亂，石氏待吾厚，故欲討其賊臣以報其德，今石氏已滅，中原無主，自古以來未有戎狄作天子者。我死，汝便歸晉，當竭盡臣節，無為不義之事。」乃遣使請降。永和七年（晉穆帝，351），拜弋仲使持節‧六夷大都督‧都督江淮諸軍事‧車騎大將軍‧儀同三司‧大單于‧封高陵郡公。八年，卒，時年七十三。

是則石虎先就弋仲所部而授之以六夷左都督，及至其率部眾數萬遷于清河以後，又遷為十郡六夷大都督。十郡不知指何，也不知此十郡是否真有六種夷部，要之其所部即是駐外的六夷部隊。至於蒲洪，其載記未言曾統領六夷，僅謂石虎滅亡前趙時，其所統以氐族為主，但也納有因亂來附之流民，應多為晉人；然而《通鑑》晉成帝咸和四年八月條載曰：

> 上邽潰，（石）虎執（前）趙太子熙、南陽王胤及其將王公卿校以下三千餘人，皆殺之，……秦、隴悉平。氐王蒲洪、羌酋姚弋仲俱降于虎。虎表洪監六夷軍事，弋仲為六夷左都督。徙氐、羌十五萬落于司、冀州。〔註62〕

是則蒲洪約與弋仲同時而授監督六夷軍事，並亦於東遷以後，進授都督六夷諸軍事，故《通鑑》復曰：

> 虎還鄴，……蒲洪以功拜使持節‧都督六夷諸軍事‧冠軍大將軍，封西平郡公。石閔言於虎曰：「蒲洪……握強兵五萬，屯據近畿，宜密除之，以安社稷。」虎曰：「吾方倚其父子以取吳、蜀，奈何

〔註62〕詳《通鑑》，卷94，該年月條，頁2971。

殺之！」待之愈厚。〔註63〕

蒲洪授監六夷軍事等官職，見於《十六國春秋輯補‧前秦錄一‧符洪》之載述，故知《通鑑》蓋據於《十六國春秋》。然而弋仲、蒲洪所部除了其羌、氐本種族之外，不詳尚有何夷種，但是後趙州郡的確配置有由六夷部落所組成的軍隊則是事實，故石閔殺石鑒，「宣令內外六夷敢稱兵杖者斬之」之後，史謂石祗遂稱尊號于襄國，而「諸六夷據州郡擁兵者皆應之」云。〔註64〕

按石勒初起時兼有月氏、天竺等人，而姚、蒲所領羌、氐部落在隴上則僅有「戎夏」，當即本族與漢人，所謂「秦雍豪傑」是也，原無所謂六種明確的夷族，故此時授以「六夷左都督」或「監六夷軍事」之所謂「六夷」，殆應只是族群區分政策下之非漢族泛稱罷了，與漢人所謂「六夷」的概念正同。至於謂「門生主書司典胡人出內，重其禁法，不得侮易衣冠華族。號胡為國人」也者，蓋應表示後趙依草原騎馬王國之慣例，國內專以羯種之「胡」為「國人」，似仍納屬於「六夷」族群之內，俾使與「華族」在身份上有所相對、有所區別而已。此為胡漢二重、一國兩制下的應有結果。

其理若明，則知何以劉琨致書石勒，勸其背劉聰而向晉，答允授以高官重爵時，勒報書竟謂「吾自夷，難為效」之所以自稱為夷；而稍後石勒奉表王浚，偽推浚為天子時，表中卻又自稱「勒本小胡，出於戎裔」之所以自稱為胡、為戎矣。〔註65〕蓋後趙國內，石勒之所以自謂「戎」，當是與「胡」與「夷」，三者可得而通稱，不專指哪一民族種族；復因華、夷二大族群有別，而「華人」亦得因其原有國號而稱為「漢人」、「晉人」或「趙人」。此概念可充分見於《晉書‧藝術‧佛圖澄傳》，其文云：

> 及季龍僭位，遷都於鄴，傾心事澄，……百姓因澄故多奉佛，皆營造寺廟，相競出家，真偽混淆，多生愆過。季龍下書料簡，其著作郎王度奏曰：「佛，外國之神，非諸華所應祠奉。漢代初傳其道，惟聽西域人得立寺都邑，以奉其神，漢人皆不出家。魏承漢制，亦循前軌。今可斷趙人悉不聽詣寺燒香禮拜，以遵典禮，其百辟卿士下逮眾隸，例皆禁之，其有犯者，與淫祀同罪。其趙人為沙門者，還服百姓。」朝士多同度所奏。季龍以澄故，下書曰：「朕出自邊戎，

〔註63〕詳《通鑑》，卷96，晉成帝咸康四年五月條，頁3020。
〔註64〕詳《晉書》，卷107〈石季龍載記下〉，頁2793。
〔註65〕詳《晉書》，卷104〈石勒載記上〉，頁2715、2721。

> 忝君諸夏,至於饗祀,應從本俗。佛是戎神,所應兼奉,其夷、趙
> 百姓有樂事佛者,特聽之。」

是可為證,茲不再贅。

　　總之,屠各稱漢時期,本種恐是國人,而「六夷」概指羯、鮮卑、烏丸、巴、氐、羌六族,至後趙平陽屠各幾已滅絕,故二趙之所謂「六夷」,應是用以統稱胡夷等非漢族族群,而將之與華族華人(或漢人、趙人)相對,實為胡漢二重性「一國兩制」施行後的結果。蓋二趙之用「六夷」一名來統稱胡夷等非漢族族群,實有自認不同於漢族之意,而其概念實源於漢人;只是此名詞概念隨著胡夷在政治社會文化上日益活躍,故更加強調而廣用之罷了。事實上,運用此名詞以區分漢族與非漢族兩大族群,此在二趙國內民族複雜多元之當時實有必要,可不待論;而二趙之用「六夷」以統稱非漢族族群,在當時也應無自貶之意,後來漢人用之而頗帶貶義,則又當別論矣。要之「六夷」一名是一個代表非漢族族群集合的概念,表示與漢族有別,出現在「五胡」一名之前;而「五胡」則是實指屠各劉淵率以起事之五部胡,其後亦包含在「六夷」族群之內。因此,「六」有虛數之意,而「五」則宜為實數。

五、「五胡」君長的國族認同與漢化思考

　　假如匈奴是一個多種族的民族,而民族是一個歷史發展的範疇,需要關照其族群生活於共同特定時空、生產方式、語言風俗、信仰意識、心理認同等各要素的發展,始能研判其是否維持胡俗或已漢化,漢化程度如何,則根據《史記》、《漢書》、《後漢書》諸〈匈奴傳〉的記載,塞北草原遊牧的匈奴,儘管很早已與農業漢族交流,享用漢朝贈予、經援以及關市得來的農業物質文明;但是其間似無明顯的漢化跡象,即使已深入并州百餘兩百年的南匈奴亦然,至於西晉始入塞的後附種落則更是如此。究其原因,應與匈奴本是悠久的百蠻大國,有過光輝的歷史與傳統,國族認同心理堅強等因素有關;〔註66〕相對的,漢朝長期以屬國體制對待其內附部落,甚至用以相待於南匈奴,也仍是造成其入遷雖久而不漢化的原因。尤其,南匈奴單于庭雖不斷內徙,但諸部分置於并州諸郡,屬於農牧咸宜區帶,因此能夠保持其固有的生活文化與經濟方式,並

〔註66〕呼韓邪一世與二世兩次入附漢朝時,其貴臣反對理由均以匈奴本是百蠻大國的國格,以及光輝的歷史文化傳統為由,劉淵集團起兵反晉時也有類似言論,顯示他們國族認同心理始終相當堅強,請詳本書〈從漢匈關係的演變略論劉淵屠各集團復國的問題——兼論其一國兩制的構想〉篇。

在屬國體制之下維持了固有的社會政治制度，是以《後漢書·南匈奴傳》所載雖至漢末，而南匈奴猶無明顯的漢化跡象，應非歷史的偶然。

促成匈奴種落改變，加速其漢化者，是漢獻帝建安中期之曹操及其經略政策，而實際執行者則是并州刺史梁習。茲以并州匈奴種落在梁習到任前、後的改變情況為例，略予說明。

漢末并州匈奴曾有略買漢人之情事，著名才女蔡文姬在獻帝初期即曾被匈奴所獲，沒於左賢王，「在胡中十二年，生二子」，後於建安十一年（208）高幹敗亡之歲，為曹操遣使贖還。此時正是前引〈梁習傳〉所載并土「胡狄在界，張雄跋扈，吏民亡叛，入其部落；兵家擁眾，作為寇害，更相扇動，往往棊跱」之時，與文姬所作〈悲憤詩〉之「有客從外來，聞之常歡喜」的敘述相合。文姬既在胡中十二年，對匈奴胡部之生活文化甚為熟悉，回來後曾作〈悲憤詩〉兩首，內中描述了并州之氣候與環境，胡人之風俗、語言、音樂，以及飲食、居住等生活文化，無異是當時的實錄。其第一首〈悲憤詩〉云：「邊荒與華異，人俗少義理。處所多霜雪，胡風春夏起」；而第二首亦云：「惟彼方兮遠陽精，陰氣凝兮雪夏靈。沙漠壅兮塵冥冥，有草木兮春不榮。人似禽兮食臭腥，言兜離兮狀窈停。……不能寐兮起屏營，登胡殿兮臨廣庭。……胡笳動兮邊馬鳴，孤雁歸兮聲嚶嚶。樂人興兮彈琴箏，音相和兮悲且清。」可見漢末胡部雖然已有漢人進入雜處，但是并州當時之氣候環境，的確適合胡人維持其部落組織以及生活方式，難怪曹操稍後乾脆廢州。根據詩句顯示，胡人迄此時仍能夠保持著固有的飲食語言音樂等風俗文化，始終未被漢文化所同化；而其中所謂「樂人興兮彈琴箏」，殆只是來入漢人之所為罷了。

這種生活文化與制度，隨著曹操、梁習的整治經略，發生了比較顯著的變化，其關鍵在〈梁習傳〉所謂的「習到官，誘諭招納」，以武力為後盾，收編其豪右、丁彊，並「稍移其家，前後送鄴，凡數萬口」，以作為質押。其後曹操更於建安二十一年進一步「誘質」呼廚泉於鄴，「聽其部落散居六郡」，則是連單于自己也成了曹操的人質矣。經此整治，南匈奴諸部後來又由部帥制改為都尉制，固有部落組織開始鬆動瓦解，而漸漸納入了魏晉官僚體系之中。由於部帥、都尉不時遷轉，自己或其子弟復曾先後入京作為人質，遂與原有部眾漸漸分離，劉淵父子之遷轉即是其例，因此遂致「單于恭順，名王稽顙，部曲服事供職，同於編戶。邊境肅清，百姓布野，勸勸農桑，令行禁止」。使邊地略如《宋書·索虜傳·史臣曰》所描述之「魏代分離，種落遷散，

數十年間，外郡無風塵之警，邊城早開晚閉，胡馬不敢南臨」的情況。以故筆者謂是魏晉瓦解南匈奴之統治實體，重整胡部之政社組織，以俾收歸己用之新政策。在此新政策之下，散居部眾既已「服事供職，同於編戶」，至晉以「後復與晉人雜居」，且被虜掠而淪為漢人之佃傭（如石勒之例），於是六郡胡人焉得不漸被漢人薰化，所以筆者認為此新政策奠下了匈奴諸部漢化的基礎，並且促使他們加速了漢化。

由於前文已論及南匈奴六郡胡部為何被視為五郡屠各，五郡屠各又為何稱五部胡，五部胡何以又是五胡，所以此下所論五胡漢化，厥以屠各五部之領袖為主，並以其所以創建漢趙的思考為本，而略去其他漢化的枝節問題。又按，漢化是一個歷史歷程，不可能快速完成，而且先附胡部與後附胡部、內徙人口與留并人口、王長貴族與平民胡眾，其漢化先後與程度恐怕也有差異，而屠各劉氏與羯族石氏之漢化歷程與思考即為其顯例，極值分析比較。由於羯族石氏亦是匈奴之雜種別部，但族源出於中亞，故於此暫不論之。要之劉、石二種君長面對漢人及其所建的王朝，思考最大的相同處，是在族群──非種族──認同，以及國家認同。亦即他們始終瞭解自己屬於非漢族之「六夷」族群，並各自認同於本種族，而不認同於漢人華族。此外，他們在國家認同上皆未認同於南單于呼廚泉及其子孫在京所代表的匈奴傀儡政權。其間思考的異同頗為複雜，茲試論之。

請先論屠各劉氏之國家認同以及種族與族群認同。

前引《晉書·北狄·匈奴傳》，謂「魏武帝始分其眾為五部，部立其中貴者為帥，選漢人為司馬以監督之。魏末，復改帥為都尉。其左部都尉所統可萬餘落，居於太原故茲氏縣；右部都尉可六千餘落，居祁縣；南部都尉可三千餘落，居蒲子縣；北部都尉可四千餘落，居新興縣；中部都尉可六千餘落，居大陵縣」。實則曹操以其武力為後盾，於漢末始分并州匈奴──包括原先造反攻殺羌渠單于之屠各部落在內──於五郡而為五部，並因其「以老王行國事」之情勢，故假其部落君長以名王諸號，而選拔其中之豪貴者授之以部帥之任。由是，自魏至晉，五郡胡部但見有左、右賢王等名號，而單于之名位終仍歸於羈留在京師、被魏晉朝廷所承認的呼廚泉。及至曹魏中期，因劉豹并為一部太強，故將之分為三部，至魏末晉初復分之為四部、五部，並由部帥制改為都尉制。於此，有三處疑點值得注意：

第一，漢末曹操所分之南匈奴五部，恐怕即是前論誘質呼廚泉於鄴後，

「聽其部落散居六郡」，而除去平陽單于庭不算之其餘西河、太原、新興、上黨、樂平五郡。並且，曹操「部立其中貴者為帥」，卻未明言他們均姓劉氏，他們是否就是後來的屠各劉氏即成疑問。

　　第二，魏末所分五部之中部大陵縣、左部之茲氏縣（後屬西河郡）、右部之祁縣均屬太原郡，南部之蒲子縣屬平陽郡，北部之新興縣屬新興郡，未符漢末五郡之數；而且未見述及上黨、樂平二郡之分部，皆值可疑。

　　第三，魏末之三郡五部合計約有三萬落、二十餘萬人，正與江統〈徙戎論〉所說「戶至數萬」相符；〔註67〕是則同上傳接著所載晉武帝踐祚（泰始元年，即魏咸熙二年，265）後，新入附而置於河西故宜陽城下的塞外匈奴塞泥、黑難二萬餘落，以至於再後內附之種落，殆皆未計入此五部之內。又由於劉淵起事前先密令劉宣等「招集五部，引會宜陽諸胡」，益證宜陽諸胡以及後附種落，的確不屬於五部之內，是則上述分散於三郡之五部究竟是否即為漢末分散於五郡之五部？

　　筆者按：前論漢末分散於五郡之五部，實質已不隸屬於南單于呼廚泉之統治，而是自行以老王行國事，並在入魏後情況不詳。及至曹魏中期，屠各劉氏強部出現，劉豹且曾將之併為一部，是以引起鄧艾憂慮與魏廷警惕，故魏末復將之分為三部，蓋即依此三郡而分耶？若是，則稍後入晉，再將之分離為四部、五部，恐怕即是仍就此三郡而分置，以貫徹離國弱寇之政策，至於并州他郡則用以安置新附諸胡。是則晉初五部猶即原來之漢末五部，只是地盤因重新整編而縮小了。不過，晉朝終因五部是從最豪強的劉豹一部分出，故五部之都尉遂仍從其子弟中選任，以免遭其家族反抗，使分離政策被阻受挫，以故劉豹子弟家族至晉仍舊陸續擔任諸部都尉，維持其「最豪強」的優勢，對五部擁有極大的影響力。如〈劉元海載記〉謂豹死，子淵代為左部帥，太康末拜北部都尉，「五部俊傑無不至者」，故稍後拜為五部大都督；劉宣似

───────────────

〔註67〕按同書〈劉元海載記〉不書帳落數目，左部的茲氏縣誤作泫氏縣，又魏末作太康中，據《十六國春秋輯補・前趙錄一》亦作茲氏縣，並繫於晉太康中，茲據之。田村實造《中國史上の民族移動期》（東京創文社，1985年），頁14～16、88～89推測南匈奴五部三萬落有百餘萬人，應不可信。其說法不可信的原因出在估測方法上：第一，他根據今日蒙古盟、旗制度作推算基礎。第二，他確定一落有五包，一包約有六、七人之比例。若從其方法，則五部約有三萬落十五萬包百餘萬人也。其實匈奴部落制未必同於盟旗制，一落即應為一帳落——今之一包，并州有三萬落應即江統所說的有數萬戶，每戶落約以七人計，即有二十一萬人而已。

亦先為右部都尉，後轉北部都尉，「所部懷之」；〔註68〕而〈劉聰載記〉也謂聰「累遷右部都尉，善於撫接，五部豪右無不歸之」，皆是劉氏子弟親屬雖納入晉朝官僚遷除系統，但對五部仍具有極大影響力之明證也。所謂「劉氏雖分居五部，然皆居于晉陽汾澗之濱」（《十六國春秋輯補‧前趙錄一‧劉淵》及〈劉元海載記〉所載同），不過僅是晉朝將其子弟質押於京師，而使其都尉與所部分離，並進一步將之集中於晉陽汾澗加以管制，較曹操當年之措施更加嚴厲而已。此集中管制政策，相對造成劉氏危機感大增，以致劉猛不勝其忿，率先起兵反晉，只因史文有闕，不能詳之矣。

　　於此，則曹操於漢末「部立其中貴者為帥」，卻未言他們是否均姓劉氏之事，遂可得而解釋。筆者以為，《晉書‧北狄‧匈奴傳》謂入附匈奴有十九種，而「皆有部落，不相雜錯。屠各最豪貴，故得為單于，統領諸種」；以此與同書〈劉元海載記〉所載之「於扶羅死，弟呼廚泉立，以於扶羅子豹為左賢王，即元海之父也。魏武分其眾為五部，以豹為左部帥，其餘部帥皆以劉氏為之。（晉武帝）太康中，改置都尉，左部居太原茲氏，右部居祁，南部居蒲子，北部居新興，中部居大陵。劉氏雖分居五部，然皆居于晉陽汾澗之濱」一段相較，知此二段敘述應皆是魏末晉初之情勢，而「魏武」恐為「晉武」之誤。

　　揆諸史傳，并州強部王長出現姓劉氏者，其事始見於梁習整治胡部二十餘年之後，即魏少帝齊王芳正始（240～248）間之并州「匈奴王劉靖部眾強盛」是也，因此魏朝乃派孫禮為并州刺史‧護匈奴中郎將以監護之。〔註69〕又稍後，始是劉豹之出現，以故不可能是「魏武分其眾為五，以豹為左部帥」。靖、豹二人之關係不詳，然二劉強部之先後出現應非偶然之事，因為屠各原是半個世紀前南匈奴政變之主力，是則曹操所部立的「貴者」，恐怕其中應有屠各劉氏，而事實上屠各部酋也適在此時冒姓劉（詳後）。只是此部在三十餘年後出現劉豹，他又曾兼併諸部為一，遂被魏、晉政府一再強行分離，最後又分為五部罷了。此新分之五部既然由諸劉為部帥，是以時人仍援先前五郡之名而稱之為五郡屠各，視之為五部胡。因此，胡注《通鑑》晉成帝咸和四年

〔註68〕〈劉元海載記〉，頁 2647、2654 於劉淵起事前稱宣為故北部都尉，附傳則謂晉武帝以其為右部都尉，蓋前後任也。

〔註69〕按東漢例以「使匈奴中郎將」監護南單于，今劉靖是匈奴王而非單于，故遣孫禮為「護匈奴中郎將」以監護之，蓋以別於監護單于耶？但卻也正見劉靖之強大。魏正始間并州匈奴情況，請參《三國志》卷26〈田豫傳〉及卷24〈孫禮傳〉。

九月，石虎「阬五郡屠各五千餘人于洛陽」條時，遂謂「屠各，匈奴種，前趙之族類也；五郡屠各，即匈奴五部之眾」。〔註70〕至於北部劉豹之所以被書為於扶羅子，則應是漢趙史官為了讓劉氏攀冒匈奴單于國統而杜撰耳。〔註71〕

　　所推若是，則知魏末分置於太原、西河、平陽三郡之五部，實即為屠各劉氏統領之五部，也即是從漢末曹操分置於五郡的五部演變而來，只是在曹魏中末期曾經整編而已。屠各五部「本實匈奴桀惡之寇」，雖然最為豪強，但是并州其他新附胡部之情勢是「皆有部落，不相雜錯」，未必皆聽之，是以北部都尉劉宣首議起事時，謂「今吾眾雖衰，猶不減二萬」云，益證初起時僅以屠各之眾為主力耳。〔註72〕屠各本為匈奴別部，此時預計有眾不過如此，是以劉淵密令劉宣等「招集五部」，並引會新附的「宜陽諸胡」，其故即應在此。至於起事後，他郡他部先後來附，如「上黨雜胡」之羯種石勒即是其例，此已非起事之際的情勢矣。因此，劉淵返至左國城初起兵之時，二旬之間最多亦僅有眾五萬而已，與一百多年前屠各與右部醯落等十餘萬人攻殺羌渠單于的聲勢相差甚大。

　　漢趙君主劉氏屬於匈奴別部屠各種，雖豪強而未必能使并州諸部盡服從，已如上論。是則當西晉八王之亂、劉淵在鄴為成都王司馬穎手下將領時，留在部落裏首議反晉之劉宣，其意見遂有甚大的代表性。〈劉元海載記〉載云：

> 劉宣等竊議曰：「昔我先人與漢約為兄弟，憂泰同之。自漢亡以來，魏晉代興，我單于雖有虛號，無復尺土之業，自諸王侯，降同編戶。『今吾眾雖衰，猶不減二萬。奈何斂首就役，奄遇百年？』（按『』內之句乃據《通鑑》所加）今司馬氏骨肉相殘，四海鼎沸，興邦復業，此其時矣！左賢王元海，姿器絕人，幹宇超世，天若不恢崇單于，終不虛生此人也！」於是密共奉元海為大單于。乃使其黨呼延攸詣鄴以謀告之。

尋其意思，即是批評魏晉對匈奴的國格與單于名王的地位貶抑太甚，認為不可束手而任人壓迫，反應趁八王之亂而起事，以圖「興邦復業」、「恢崇單于」，

〔註70〕見《通鑑》，卷94，該條，頁2971。

〔註71〕劉淵之〈高祖本紀〉為其發跡前朋友領左國史公師彧所撰，劉聰稍後以「訕謗先帝」罪殺之，參前揭本書〈從漢匈關係的演變略論劉淵屠各集團復國的問題——兼論其一國兩制的構想〉篇。至於為何攀冒，仍請詳正文下文。

〔註72〕此語不見於〈劉元海載記〉，今據《通鑑》，卷85，晉惠帝永興元年八月條，頁2699。

顯示反晉之初衷是以反對晉朝的政治壓迫為主，尚未明顯涉及民族壓迫的問題。及至司馬穎戰敗，劉淵返抵左國城，有眾五萬，都于離石之後，欲動員五部助穎迎戰鮮卑、烏丸之時，屠各領袖乃力加反對，辯論並設定其國策及國家戰略，據《十六國春秋輯補‧前趙錄二‧劉淵》云：

> 劉宣等固諫曰：「晉為無道，奴隸御我，是以右賢王猛，不勝其忿，屬晉綱未弛，大事不遂，右賢王塗地，單于之恥也！今司馬氏父子兄弟，自相魚肉，此天厭晉德，授之於我。單于積德在躬，為晉人所服，方當興我邦族，復呼韓邪之業，鮮卑烏丸，可以為援，奈何距之而拯仇敵？今天假手於我，不可違也；違天不祥，逆眾不濟，天與不取，反受其咎，願單于勿疑。」淵曰：「善。當為崇岡峻阜，何能為培塿呼！夫帝王豈有常哉，大禹出於西戎，文王生於東夷，顧惟德所授耳。今見眾十餘萬，皆一當晉十，鼓行而摧亂晉，猶拉枯耳！上可成漢高之業，下不失為魏武，『何呼韓邪足道哉！』雖然，晉人未必同我，漢有天下世長，恩德結於人心，是以昭烈（劉備）崎嶇於一州之地，而能抗衡於天下，吾又漢氏之甥，約為兄弟，兄亡弟紹，不亦可乎。且可稱漢，追尊後主，以懷人望。」『宣等稱善』。（按『』內之句為〈劉元海載記〉所無）〔註73〕

觀劉宣等固諫之言，知《晉書‧北狄‧匈奴傳》所載晉泰始七年（271）「單于猛叛」之理由，其實與此時劉宣等王長思想相同，皆以「晉為無道，奴隸御我」為由。也就是說，晉朝對屠各嚴加集中管制之政策，使劉氏王長們強烈感覺到被奴役，以致產生反奴役的意識形態。據劉宣等檢討之言，知右賢王劉猛之被稱為單于應是舉事以後的自稱，其失敗則可能是僅以動員屠各五部為主，而「屬晉綱未弛」，以故「大事不遂」；然而此時晉室內亂，機會難得，因此堅持乘亂反晉，以「興我邦族，復呼韓邪之業」。由此可知，劉宣等一派的屠各王長，其意識形態已從反政治壓迫的訴求轉向了反民族壓迫——即反漢族壓逼匈奴族——兼而有之，以故堅持以興邦復業為訴求之目標，尋求其當前國家民族問題之徹底解決。因此，劉宣等人之思考，無異具有濃厚的國族——匈奴國與匈奴民族——主義性質。

反之，曾為任子於洛陽，誦習過《毛詩》、《京氏易》、《馬氏尚書》，尤好《春秋左氏傳》與《孫吳兵法》的劉淵，民族主義色彩顯然不濃，且很可能自

〔註73〕引文見《十六國春秋輯補》，卷1〈前趙錄二‧劉淵〉，頁4～5。

知屠各種不能等同於匈奴族，以故思考與王長們大不相同，已融有了濃厚的漢化思考特質。所謂「夫帝王豈有常哉，大禹出於西戎，文王生於東夷，顧惟德所授耳」，蓋與儒家，尤其孟子的思想有關。〔註74〕至於以漢高、魏武為法，則更應與讀過《史》、《漢》、《三國志》等史書有關。〔註75〕他雖兼以胡、漢的思考角度出發思辯，但強調呼韓邪志業比不上漢高與魏武，故以「上可成漢高之業」為建國高目標，次目標纔是「下不失為魏武」，至於對匈奴族之呼韓邪，則鄙視為「何呼韓邪足道哉」，表示其思想感情較認同於漢，只是在漢化思考之餘，又旁從胡俗「兄亡弟紹」之角度，補充申辯其祧漢的合理性而已。

　　此為屠各君長反晉復國興族的兩條思辯路線，也是胡、漢立場不同的兩種思考方式。值得注意的是，此處謂辯論的結果是「宣等稱善」，而〈劉元海載記〉卻不書此句，隱然表示他們僅是被逼暫時接受罷了。劉宣等人之暫時退讓，遂使劉淵尋即「漢王」之位，下令「紹修三祖（劉邦、劉秀、劉備）之業」，宣佈繼承後主（劉禪），並「立漢高祖以下三祖五宗神主而祭之」，確立了國家認同為復興漢朝而非匈奴的國策。不過，劉淵也體會到王長們復國興族的真正思想意識，為了安撫他們，故在漢國復立之初仍自兼大單于，並廣樹諸劉為匈奴王長，頗示以祧漢而兼興匈奴邦業之意。其後劉淵決定遷都於平陽，事前其太史令宣于脩之進言曰：

> 陛下雖龍興鳳翔，奄受大命，然遺晉未殄，皇居仄陋，紫宮之變，猶鍾晉氏，不出三年，必克洛陽。蒲子崎嶇，非可久安。平陽勢有紫氣，兼陶唐舊都，願陛下上迎乾象，下協坤祥。〔註76〕

於是遂遷其都。觀其言，知劉淵君臣雖以望氣之說為遷都理由之一，究其實則是以平陽原為「陶唐舊都」。按東漢宣佈其五行屬火之主要理由是「漢承堯後」而堯屬火德，都於平陽，〔註77〕故劉淵選擇祧漢則宜遷都於此；並且平陽也恰

〔註74〕《孟子‧滕文公上》載孟子道性善，言必稱堯舜，曾謂滕文公曰：「彼丈夫也，我丈夫也，吾何畏彼哉！」又引顏淵曰：「舜何人也，予何人也，有為者亦若是。」皆是此類思想。此與《史》、《漢》所載，項羽與劉邦之「彼可取而代之」的打天下觀念，蓋有不同。

〔註75〕〈劉元海載記〉雖未明言其曾讀過三史，但三史在當時廣被人讀，〈石勒載記〉也明載石勒令人讀《漢書》給他聽，以吸收漢人之歷史知識，可以為例。

〔註76〕參《晉書》，卷101〈劉元海載記〉，頁2651。

〔註77〕東漢此改德之說屬於正統論的遞繼說，請參前揭拙著《中國中古觀念史》，頁186～204。而平陽縣為堯之舊都，亦見《晉書》，卷14〈地理上〉司州平陽郡條，頁416。

巧是當年南單于呼廚泉之本庭所在,亦可安撫部眾以表示兼承匈奴之意,誠為一舉兩得之佳選,是以遷都於此。正惟此故,所以後來雖陷洛陽而仍不遷都,以致招來王彌「屠各子,豈有帝王之意乎!汝柰天下何」之怒罵,蓋王彌實懵懂無知於劉淵此國族認同兼祧漢、胡的漢化思考也。

劉淵此妥協調和式之思考與設計,帶有胡、漢二系涵化的意義,但較傾向於漢化思考,遂為後來多數諸非漢族之政權所效法。

不過,單就屠各五胡所建的漢趙內部而論,興胡、興漢與胡化、漢化本為兩極思考,雙方暫時的退讓或妥協,並不能徹底解決彼此思想意識上的矛盾,故五年以後劉淵死,其子劉聰嗣漢皇帝位後,乾脆從政治上將單于之匈奴元首位號貶抑為機關長官,將單于臺政廳化而與尚書臺並置,另又明確區分「六夷」與漢人為兩大族群,將之劃為兩個行政體系,復將漢治之中央體系部落化,此即前面筆者所稱之「嘉平體制」。儘管劉聰青少年時期即曾遊學晉京,接受漢文化的經史文武教育;然其得位卻是因為得到屠各領袖與部眾之支持擁護,始能發動政變,奪權成功。因此,嘉平體制之政治意義,無異是承既定國策之下進一步向屠各領袖妥協,以落實政體之胡化,不啻反映了屠各興復匈奴一派的思考,於此時已約略取得了相對的優勢。〔註78〕

及至聰死,平陽喪亂,石勒進逼,屠各慘遭殺戮,劉氏宗屬幾盡,而大多數六夷東遷,漢之國勢衰竭而退居關中。從兄弟劉曜痛定之餘,在長安將「漢」之國號改為「趙」,〈劉曜載記〉云:

> (曜)僭尊高祖父亳為景皇帝,曾祖父廣為獻皇帝,祖防懿皇帝,考曰宣成皇帝。徙都長安,……子熙為皇太子,封子襲為長樂王,闡太原王,沖淮南王,敞齊王,高魯王,徽楚王,徵諸宗室皆進封郡王,繕宗廟、社稷、南北郊,以水承晉金行,國號曰趙。牲牡尚黑,旗幟尚玄,冒頓配天,元海配上帝,大赦境內殊死已下。

按以五行相生稽論國家正統,是東漢以來流行的思想學說。東漢自謂火德,魏、晉相繼為土德與金德,故劉曜以龍興於趙地,而宣佈改國號,並「以水承晉金行」,正是惟有漢人始有的政治思考,是則其人之漢化思考與劉淵正

〔註78〕劉淵死亡前夕已實行單于臺政廳化,任命劉聰為單于。據《晉書・劉聰載記》所載,劉聰年十四究通經史,兼綜百家之言,《孫吳兵法》靡不誦之。工草隸,善屬文,著述懷詩百餘篇、賦頌五十餘篇云云。他是劉淵第四子,原非劉淵之第一繼承人,於淵死後以大司馬・大單于掌握胡部兵團以政變即位,是以有「嘉平體制」之施行。

同，只是將國家認同與民族認同分開思考而已。不過，既然離開了平陽，劉曜復以匈奴雄主冒頓單于配天、劉淵配上帝，不啻表示放棄了紹繼漢朝的國策，也同時放棄了承祧劉邦的血統，是對國族認同重新定位的重要改革，此則與劉淵大不相同。

筆者懷疑，劉曜作此重大改革，應與其漢化教育，以及面對立國條件改變之思考有關。據其載記，劉曜是淵從兄之子。少孤，見養於淵。幼而聰慧，「讀書志於廣覽，不精思章句，善屬文，工草隸。雄武過人，……尤好兵書，略皆闇誦。常輕侮吳、鄧，而自比樂毅、蕭、曹」，淵曾稱其為「吾家千里駒」，而劉聰則許之曰：「永明（曜字），世祖（漢光武帝劉秀）、魏武之流，何數公足道哉！」表示其早已被劉淵父子認為是具有開創潛力之人。及至率屠各殘餘退居夷漢人口優勢的關中，於是毅然揚棄舊規，而作此漢化思考極濃而對國族認同則改變甚大的改革。其所以改以冒頓配天、劉淵配上帝也者，顯有因屠各殘破之餘，亟需藉著曾為百蠻大國的匈奴光輝歷史，用以拉攏關隴六夷，擴大並凝聚族群認同之意。不過，屠各原非匈奴本種，秦隴氐羌也未曾或短暫服屬於匈奴，以故此重大改革似未得到關隴六夷之認同與支持，不僅秦隴原住之同種黃石屠各等部落先後反叛，抑且人口較多的氐、羌等族，亦大多不支持或反叛其政權，是以前趙國內並無「六夷」之政治體制規劃，甚至最後雖重建單于臺，「置左、右賢王已下，皆以胡、羯、鮮卑、氐、羌豪桀為之」，也終未能挽救其滅亡。

六、漢化思考下屠各劉氏的種姓認同問題

屠各君長當初既然志在復國而非建國，其思考始終在興胡、興漢與胡化、漢化兩極間擺盪，應是其國祚短促的重要原因。至此不妨再追究，劉淵為何如此鄙視呼韓邪單于，為何不願順應屠各領袖們之意見，逕以復興匈奴邦業為國策？稍後劉聰為何定制將單于此元首位號貶抑為政廳長官，而又區分「六夷」與漢人為兩大族群，不逕以「胡」、漢作區分？疑點重重，筆者懷疑，此事殆與劉淵的種姓認同有關，亦即學者懷疑劉淵身世非出於匈奴王族虛連題氏，而筆者亦且更進一步懷疑其心理狀態傾向於漢族認同，欲攀冒於漢室之豐沛劉氏宗姓也。茲試論之。

按匈奴單于一直姓虛連題氏，日人岡崎曾謂此王室已於漢末消滅，魏以後之單于不過由匈奴十九種之最強部（屠各）酋長為之罷了，而羌渠單于即是十九種之一的羌渠種，劉淵是其曾孫，故也非本來南單于之系統云。此說

引起內田之駁論，認為單于王族人數眾多，非僅單于直系一系而已，故應無斷絕之事；並謂單于王室屬於屠各種，其改姓劉氏是基於與漢朝舊交之故。〔註79〕然而唐長孺在參考內田之文後復反對其說，認為劉淵不僅非系出虛連題氏，抑且也非劉豹之子，其世系實出史官之偽託云。〔註80〕筆者揆諸史傳，匈奴單于虛連題氏至魏未見有改姓之文，即使至曹丕篡漢，群臣上尊號時，猶見呼廚泉以「匈奴南單于臣泉」之名義，名列於督將與九卿之間，〔註81〕而亦未見已改姓氏。其所以如此署銜，不過只是漢式押署之方式而已。〔註82〕從劉淵起事之初，所謂「晉人未必同我，漢有天下世長，恩德結於人心，是以昭烈崎嶇於一州之地，而能抗衡於天下，吾又漢氏之甥，約為兄弟，兄亡弟紹，不亦可乎。且可稱漢，追尊後主，以懷人望」之言看，知其稱漢原本出於思考政治作戰之需要。既然如此，則其聲稱「吾又漢氏之甥，約為兄弟」，以及〈劉元海載記〉所謂「新興匈奴人，冒頓之後也。……初，漢高祖以宗女為公主，以妻冒頓，約為兄弟，故其子孫遂冒姓劉氏」之言，是否皆可以相信？茲欲接武前輩而論之。

筆者以為，漢高祖以宗室女為公主嫁與冒頓單于，並約為兄弟，《史》、《漢》確載其事，然其子孫人物名姓則不之見。根據前論，屠各（休屠）原屬匈奴西域雜種別部，於漢武帝時入附為屬國，向未聞休屠王姓劉氏，是漢公主與冒頓單于所生之後人，而且休屠王之子（即西漢名臣金日磾）賜姓金氏而未逕賜予國姓，是則劉淵自稱「吾又漢氏之甥」，又謂是「新興匈奴人，冒頓之後也」，兩者皆屬可疑。其理由如下。

前論漢靈帝中平四年（187）羌渠單于令左賢王領兵至幽州助漢參戰，而屠各等部則叛殺羌渠單于，「共立須卜骨都侯為單于」，並驅逐羌渠之子於扶羅、呼廚泉兄弟于平陽。須卜氏是匈奴王室四大姻族貴種之一，骨都侯則是輔政大臣，常由異姓任之，是則離石舊庭之單于實非虛連題氏王統，可以無疑。史書又謂「須卜骨都侯為單于一年而死，南庭遂虛其位，以老王行國事」，是

〔註79〕其詳請參前揭內田吟風文，頁60～64。
〔註80〕但未論及是否與漢室有關，詳前揭〈魏晉雜胡考〉，頁399～403。
〔註81〕見〈上尊號碑〉，清，王昶撰，《金石萃編》（《石刻史料叢書》，臺北：藝文印書館，1966年），卷23，頁1～12。
〔註82〕例如《晉書》，卷104〈石勒載記上〉，頁2707載勒「祖耶奕于，父周曷朱，一名乞翼加，並為部落小率」；而同書卷105〈石勒載記下〉，頁2746述石勒「以咸和五年僭號趙天王，行皇帝事。尊其祖邪日宣王，父周日元王」，即與此押署方式同。石虎追尊其父祖之例亦同之。

則離石舊庭自後即無元首，而此「老王」亦不可考知，要之既能立異姓為單于，則老王也就有可能是異姓，至於領兵出征的左賢王，則從此下落不明。舊庭叛亂王長的政治態度既然如此，表示他們不再認同平陽庭的正統南單于於扶羅、呼廚泉兄弟所代表的匈奴政權。約三十年後（建安二十一年，216）呼廚泉單于被誘質入鄴，自後羈留於魏晉首都，俯首稱臣，同於列侯，地位僅在九卿之上而已，的確如劉宣所言，「我單于雖有虛號，無復尺土之業」也，以故陳壽於《三國志》直謂呼廚泉入留內侍後，「而匈奴折節，過於漢舊」云。〔註83〕此與當年呼韓邪一世入朝時，猶且統領國部，稱臣而不名，位在諸侯王上相較，實力位號已不能同日而語，是則焉會被本就放逐他們的屠各叛亂王長、所謂「匈奴桀惡之寇」所尊敬？退一步言，當年呼韓邪一世儘管仍有實力名位，但也不過僅是稱臣於漢的屬國君主罷了，又焉能與漢高、魏武開國創業之主相比，以故被具有漢化思考、立志「當為崇岡峻阜」的劉淵所鄙視，實不為奇。今所奇者，厥為劉淵若是漢公主與冒頓之後，而冒頓統一草原，曾圍困漢高於平城，使之屈辱和親，如此雄主，屠各君長們何以竟不直以復冒頓之業為言？此疑與上述未聞休屠王姓劉，而其子且被漢帝賜姓金氏二事結合觀察，則知原為匈奴異種的劉淵，之所以自謂漢公主與冒頓之後也者，殆因其世遠代長，俗無文字，而為了在中國起事，以之號召全體匈奴故胡以及漢人，配合政戰之需要，故攀冒之耳。此其一也。

　　前論并州強部王長之出現姓劉氏者，始見於正始間的并州「匈奴王劉靖」，因此魏朝派孫禮為并州刺史・護匈奴中郎將以監護之。及至嘉平元年（249）司馬懿控制了政權，其後並相次由二子師、昭繼承，此時并州胡部權力結構的變化已經甚為明顯，即前述之左賢王劉豹已合併諸部為一，加上與漢人雜居共為「姦宄」，隱然構成了國防上及邊疆治安上的危機，因此纔有將其一部分為三部，再分為四部、五部之措施。諸劉為屠各酋長，其強部之出現，上距漢末屠各反叛已半個世紀，距離呼廚泉之被羈留則已二十餘年，從歷史發展看，他們應是當年叛亂胡部之後人，不再承認平陽單于庭，故不可能再被羈留京師而無權的南單于所統治，而應是被并州刺史・護匈奴中郎將所監護。此時諸部君長出現劉氏之姓，若如〈劉元海載記〉所載，謂是「漢高祖以宗女為公主，以妻冒頓，約為兄弟，故其子孫遂冒姓劉氏」，則是此支王族至此始「冒姓劉氏」，上距冒頓之世達四個半世紀之久。不過，前面已論證劉氏所統之

────────────

〔註83〕見《三國志》，卷30，〈烏丸鮮卑東夷傳〉，頁831。

種落為屠各種，原是匈奴右部之西域雜種別部，且是攻殺羌渠、驅逐其子，另立單于，「本實匈奴桀惡之寇」者，是則作為其部落酋長之劉氏，遂理應不屬於冒頓與公主所傳之子孫，否則當可被立為離石庭的單于。大概諸劉應是屠各酋長，在梁習等人相繼整治之下，已「名王稽顙，部曲服事供職，同於編戶」。部曲既已同於編戶，須服事供職，而其君長豪右之家人亦復送至鄴城，子弟且多為任子而留學讀書，故他們之取漢式姓名，應是為了方便管理及徵役耳，約如石勒原無漢姓漢名，投效牧率汲桑後纔被取姓名為石勒之例相同。也許屠各諸劉自認是匈奴胡部之最豪強者，因此乃在改取漢姓時，遂冒附為世遠代長的冒頓與公主子孫，以威胡部而已。此其二也。

　　〈劉元海載記〉既謂劉淵是「新興匈奴人」，是冒頓與漢公主的子孫，但尋又謂「於扶羅死，弟呼廚泉立，以於扶羅子豹為左賢王，即元海之父也」。按屠各是當年政變主力之一，既殺其父，復逐其子，是則焉可能接納已被驅逐的於扶羅之子回來當左賢王？加上劉豹於曹魏中末期始出現於歷史舞台，與漢末相隔三十年，是則劉豹焉可能是於扶羅子？退一步言，即使劉豹的確為故單于於扶羅之子，但匈奴制度以左賢王為單于第一順位繼承人，故例以單于親子弟為之，《史》、《漢》、《後漢》三書〈匈奴傳〉並言之甚審，而劉豹僅為現任單于呼廚泉之姪，為何卻得以為左賢王，事屬可疑。再退一步言，於扶羅父子兄弟從未聞是冒頓與公主之後，何以劉淵竟自謂如此？又者，曹操誘質呼廚泉後，乃「遣右賢王去卑歸監其國」，當時呼廚泉沒改漢名，則「去卑」也應不是漢名（詳下），獨有號稱於扶羅子而為左賢王卻又無權監國的劉豹，竟連姓帶名也改了，不也是很奇怪嗎？因此，出身北部「新興匈奴人」的劉淵，恐怕不是南匈奴故單于於扶羅之孫，也就是說淵父劉豹應非於扶羅之子；不過，唐長孺疑淵非劉豹之子，則恐怕也不能成立。〔註84〕由此可知，劉淵應非系出虛連題氏王統，其冒附族譜也未免離奇疏略了一點。此其三也。

　　筆者以為，屠各君長最晚至魏初已改用漢姓漢名，自後諸史所載各地屠各人物亦皆用漢姓名，而未必皆姓劉，此應與曹操、梁習整治以後，屠各加速漢化的因素有關，是屠各漢化重要指標之一。另外，諸劉君長除了改用漢姓漢名外，似乎也冠以郡望，此亦為另一項漢化的重要指標。如劉淵、劉聰父子均曾

〔註84〕唐氏舉兩點理由，一是疑劉豹年齡太大而推生淵時已超過七十歲；二是疑兩父子之官職不能相配（前揭唐文，頁399～402）。按唐氏推論劉豹年齡蓋有誤，且男人七十歲生子也非不可能之事；至於部帥制與都尉制皆可遷轉，父子先後任官未必同部應屬正常，以故謂其說不能成立。

為北部都尉，五部之北部在新興郡新興縣，以故〈劉元海載記〉謂淵是「新興匈奴人」。前文謂曹操於建安二十年正月「省雲中、定襄、五原、朔方郡，郡置一縣領其民，合以為新興郡」，〈劉聰載記〉述他一再被新興太守辟為郡吏郡將，而郡辟本郡人為吏是漢朝以來的制度，顯示劉淵與劉聰的確與新興郡關係甚密，應曾籍貫於此，所以纔會有新興郡望。亦即表示他們父子世居新興，殆是匈奴雜種別部之北部屠各漢化君長，至於謂「劉氏雖分居五部，然皆居于晉陽汾澗之濱」，蓋為司馬氏對五部管制加嚴後之情況耳。

　　茲再以赫連勃勃為例，《晉書‧赫連勃勃載記》云：

> 赫連勃勃字屈子，匈奴右賢王去卑之後，劉元海之族也。曾祖武（即虎字，避唐諱），劉聰世以宗室封樓煩公，拜安北將軍‧監鮮卑諸軍事‧丁零中郎將，雄據肆盧川。為代王猗盧所敗，遂出塞表。祖豹子招集種落，復為諸部之雄，石季龍（即石虎）遣使就拜平北將軍‧左賢王‧丁零單于。父衛辰入居塞內，符堅以為西單于，督攝河西諸虜，屯于代來城。及堅國亂，遂有朔方之地，控弦之士三萬八千。
> 後魏師伐之，辰令其子力俟提距戰，為魏所敗。魏人乘勝濟河，克代來，執辰殺之。勃勃乃奔于叱干部。叱干他斗伏送勃勃于魏。

是則勃勃也自稱先世是新興（肆盧川在新興）人，為右賢王去卑之後，與劉淵同族，至遲在漢魏之間已改姓劉氏。劉聰以「宗室」之故，封其曾祖劉虎為樓煩公，拜安北將軍‧監鮮卑諸軍事‧丁零中郎將，後來石虎又拜其祖豹子為平北將軍‧左賢王‧丁零單于，而符堅亦拜其父衛辰為西單于，督攝河西諸虜。按：去卑屬平陽庭王長，劉淵屬離石庭王長，二者本不相同。而若劉虎與劉淵同宗，則據劉淵、劉聰載記，其父子建漢之後例封宗室為王，而卻僅封劉虎為公，此可疑者一也；又，以劉虎父子的官職視之，其所部即使有屠各，但亦雜有不少的鮮卑與丁零，以故後來混合為「鐵弗」（指胡父鮮卑母的新種落），至勃勃而賴以壯大，建立大夏。是則劉虎所部即使有北部屠各之屬，也不過只是劉聰既都平陽，以故留劉虎所部於新興，用以抗拒并州劉琨以及拓拔鮮卑之南侵的戰略部署罷了。〔註85〕不過，據同是唐初所修之《北史‧僭偽附庸‧夏赫

〔註85〕周偉洲指出南匈奴至魏晉之時已分化為二支，一支是深入并州諸郡，以於扶羅子劉豹為首的一部份，因與漢人雜處，逐漸漢化，故當時稱劉豹與其子劉淵一族及所領導的部眾為「屠各」；另一支在新興北，以南匈奴右賢王去卑為首的一部，因與南下的鮮卑族雜處，逐漸融合，故當時人稱去卑子孫劉虎為「鐵弗」。以前一說為基礎，周氏進一步斷定「劉淵一族原確係出于南匈奴單于後

連氏‧劉武列傳》記載，卻另有異說：

> 鐵弗劉武‧南單于苗裔，左賢王去卑之孫，北部帥劉猛之從子，居
> 於新興慮虒之北。北人謂胡父鮮卑母為「鐵弗」，因以號為姓。武父
> 誥汁爰，世領部落。汁爰死，武代焉。武死，子務桓代領部落，與
> 魏（拓拔鮮卑）和通。務桓死，弟閼陋頭代立，密謀反叛。後務桓
> 子悉勿祈逐閼陋頭而立。悉勿祈死，弟衛辰代立。

此處稱去卑左賢王，為劉虎之祖，並且其世系甚為清楚，即是：

與〈載記〉所載的虎——豹子——衛辰——勃勃不同。此譜若真，則劉虎之祖
父、父親以及其子孫均不姓劉氏，仍用胡名，中間只有劉虎自己一人是用漢姓
名，事屬大奇！此可疑者二也。此外，《北史》卷五十三〈破六韓常列傳〉復
有一說：

> 破六韓常，單于之裔也。初呼廚貌（即呼廚泉）入朝漢，為魏武所
> 留，遣其叔父右賢王去卑監本國戶。魏氏方興，率部南轉，去卑遣
> 弟右谷蠡王潘六奚率軍北禦。軍敗，奚及五子俱沒于魏，其子孫遂
> 以潘六奚為氏。後人訛誤，以為破六韓。世領部落。

是則此處去卑又變成了呼廚泉的叔父。假如劉虎是去卑之孫，而魏末掀起六
鎮之亂的破六韓拔陵則成了赫連氏的同宗，並且又與平陽庭單于系統有關，
事亦可疑，此其三也。姑無論真相如何，要之世系愈後則譜系愈清楚，此事
的確大為可疑，恐是六朝以來冒蔭之慣技耳。又前揭諸史均稱去卑歸監其國
而未明言歸於何地，僅唐人所注《後漢書‧南匈奴傳》謂「去卑歸平陽，監
其五部國」云，是則其後人劉虎之部何以反而在北部的新興？其事亦甚可疑，
此其四也。

筆者按：前引《南齊書‧魏虜傳》謂後秦「姚興以塞外虜赫連勃勃為安北
將軍，領五部胡，屯大城」，其事在劉聰封劉虎約一百年之後，恐怕此殘餘五
部胡因僻居北部，後又轉徙至河西，以故倖免於平陽、長安之難，至此已因雜
以鮮卑而成了鐵弗，只是仍沿「五部胡」之舊號罷了。勃勃稍後自稱「右賢王

裔」，以推翻姚薇元、唐長孺等人之論證，其說與本文之論證大不相同，請參
其《漢趙國史》（太原：山西人民出版社，1986 年），頁 22～23；前揭其《西
北民族史研究》亦有論及。

去卑之後」，並曾下書曰：「朕之皇祖，自北遷幽朔，姓改姒氏，音殊中國，故從母氏為劉。子而從母之姓，非禮也。……今改姓曰赫連氏。」此則如同劉淵之冒稱為劉豹之子、於扶羅之孫，遠祖則遙繫於冒頓與漢公主耳，皆為官方虛美攀冒之詞，而十六國君主亦多有此風。〔註86〕按《晉書》相關載記，疑劉聰、劉曜、劉虎殆為同一世代，若是，則新興北部諸劉之世次排比應如下：

劉豹→劉淵　→劉聰→劉粲

劉亮→劉廣→劉防→劉□　→劉曜→劉熙

劉訓兒→劉虎→劉豹子→劉衛辰→赫連勃勃

表示屠各諸劉改用漢姓名不自劉豹此一代纔開始，而恐怕應始於漢、魏之際劉豹的祖父輩。相對於生活在上黨郡之羌渠種，石勒、石虎本人以及父、祖三代至晉仍用胡名，是知屠各諸劉的確為較早漢化的胡部。由他們攀附漢公主為母氏而改姓，採用漢姓漢名漢字，又冠以郡望，讀漢人經史，與漢人之豪傑士大夫相交等行為看，屠各諸劉不僅漢化較早，並且漢化甚深，因此纔會有認同漢族豐沛劉氏之心理，以及復漢之意識形態。

既然如此，則劉淵鄙視呼韓邪，不願順應屠各君長們之意見而以復興匈奴邦業為國策，其思考即不足為奇；相對的，屠各君長們因為也有相同的漢化背景，以故能體會劉淵的意思，遂於「固諫」之餘而未再堅持。及至平陽之毀，祚漢已難繼續著力發展，是以劉曜乾脆改漢為趙，宣佈以水德承晉之金德。此舉在政治上較前更能呈現出漢化思考的特色，但在民族認同上則反而有回歸匈奴本位——不是六夷——之勢。此勢要降至赫連勃勃本《史》、《漢》〈匈奴傳〉所載匈奴系出有夏氏之說，「自以匈奴，夏后氏之苗裔也」，因而國號大夏，復用胡姓胡名，並建「統萬」城為都，改元「真興」，歌頌匈奴當初強大到曾令「諸夏不得高枕」、「平陽（平城？）挫漢祖之銳」，〔註87〕其國家認同與民族認同始在心理意識上復合為一。然而，觀勃勃之仍不以虛連題氏為己姓，表示其人似乎尚知己種屬於屠各，本非單于王統，是則其內心不免仍有種姓認同

〔註86〕赫連氏自稱夏后氏之後，故以號其國。按夏之苗裔淳維北遷，遂成秦漢之匈奴，《史》《漢》已言之，故赫連氏又自稱匈奴人。至於先世居新興北，姓劉氏，為漢趙劉氏宗室，是否亦出於夏國史官依君主意思而撰，則未敢確。據姚薇元考證，疑赫連氏是「本居於祁連山之西部鮮卑，以役屬於匈奴」者，詳《北朝胡姓考》赫連氏條，頁244～246。至於十六國多有攀冒祖宗之風，可詳曹仕邦，〈史稱「五胡源出中國聖王之後」的來源〉，《食貨（復）》1：12（1974年）一文。
〔註87〕詳《晉書》，卷130〈赫連勃勃載記〉，頁3201～3213。

之癥結。至於氐族仇池公楊盛，於其表內聲言「索虜勃勃，匈奴正胤」，〔註88〕恐怕僅是隨著赫連氏之宣傳，而附和說說罷了。

的確，筆者於此無意強調劉淵、劉聰父子，乃至屠各諸劉，就此喪失了其所應有的種姓意識。以劉聰的婚姻為例，他生前同時有幾個皇后，其中之二劉后其實是漢人，史載娶她們初時，劉聰即曾為此煩惱，《晉書‧劉聰載記》曰：

> 聰后呼延氏死，將納其太保劉殷女，其弟乂固諫。聰更訪之於太宰
> 劉延年、太傅劉景，景等皆曰：「臣常聞太保自云周劉康公之後，與
> 聖氏本源既殊，納之為允。」聰大悅，使其兼大鴻臚李弘拜殷二女
> 為左右貴嬪，位在昭儀上。又納殷女孫四人為貴人，位次貴嬪。謂
> 弘曰：「此女輩皆姿色超世，女德冠時，且太保於朕實自不同，卿意
> 安乎？」弘曰：「太保胤自有周，與聖源實別，陛下正以姓同為恨耳。
> 且魏司空東萊王基當世大儒，豈不達禮乎！為子納司空太原王沈女，
> 以其姓同而源異故也。」聰大悅，賜弘黃金六十斤，曰：「卿當以此
> 意諭吾子弟輩。」於是六劉之寵傾於後宮。〔註89〕

婚姻大事，基於「同姓不婚」之漢化思考，遂使劉乂此屠各與氐族所生之混血兒也為之固諫，〔註90〕而使劉聰煩惱躊躇。及至屠各宗臣劉延年與劉景等指出劉殷是漢人，種族不同，可以婚納，劉聰始敢娶劉殷諸女及孫女，是則屠各諸劉種姓意識仍甚為清晰；當然，劉乂等子弟輩堅持認為同姓相婚即為亂倫，故仍然反對，迫使劉聰命令李弘諭之，則顯然是漢化思考甚深矣。後來劉曜從長安赴救平陽時，嚴屬批評劉聰「實亂大倫」。〔註91〕其言可能兼指劉聰同姓相婚以及娶人姑姪而言，是則其漢化思考之深更不待多論矣，難怪會想到利用五行學說更改國號，力求改革了。

至此，筆者可以判斷，屠各劉氏君長們當初雖然志在復國（匈奴）而非獨立建國，然而基於劉淵上述之種姓認同，以及國家認同嚴重傾向於漢化思考，是以劉淵對匈奴故主呼韓邪單于有所鄙視，不願以單獨復興匈奴邦業為國策，

〔註88〕 參《南齊書》，卷57〈魏虜列傳〉，頁984。

〔註89〕 引文見《晉書》，卷102〈劉聰載記〉，頁2660。又據同書卷96〈列女‧劉聰
　　　　妻劉氏傳〉，頁2519～2520記載，劉殷小女名娥，字麗華，召為右貴嬪，俄拜
　　　　為后。及娥死，諡武宣皇后。其姊名英，字麗芳，與娥同召拜左貴嬪，尋卒，
　　　　追諡武德皇后。

〔註90〕 劉乂是劉淵與氐族單后所生之嫡子。

〔註91〕 〈劉元海載記〉謂起事前劉延年是左獨鹿王，劉景是右於陸王，依匈奴制皆為
　　　　單于親子弟。劉曜之批評則詳其載記，《晉書》，卷103〈劉曜載記〉，頁2684。

其故可知。基於相同的心理意識，以故稍後劉聰竟將單于此元首位號貶抑並確立為政廳長官，不再自兼，使國體與政體由「雙兼君主型一國兩制」，恢復為皇帝統治的「單一君主型一國兩制」，且因此將治下族群區分為「六夷」（不採用「匈奴」或「胡」）與漢人兩大系統體制，以遂行統治。〔註92〕此後，其他胡夷王朝分別受其影響，各依其胡化、漢化思考的輕重而採用之，終元魏之興起而止。

七、結　論

　　本文雖因考釋而冗贅，但結論則簡單。蓋「五胡」一名，要至東晉中期、二趙滅亡時始見於文獻，以故厥指屠各劉氏所領之五部胡而言，但也不能完全否定其追隨部族。所謂匈奴、羯、鮮卑、氐、羌五族為五胡，應是晚至宋元始確定的見解，可視之為五胡的廣義說。至於疑五是虛數，用以作為當時北方少數民族之泛稱；或謂指劉淵匈奴、石勒羯、慕容皝鮮卑、苻洪氐、姚萇羌等五個胡族君主，則更是疑似之說而已，經不起證據的考證。

　　因漢末南匈奴虛連題氏政權被屠各等種族部落推翻放逐，於是南匈奴遂分裂為平陽庭與離石庭兩庭，留在并州離石庭之叛亂種落以及匈奴餘部，遂以「不相雜錯」的情勢存在。及至曹操統一北方，對之予以整治，分置於并州五郡，「部立其中貴者為帥」，此即將并州五郡胡改制為部帥制，因而并州五郡胡乃有五部胡之稱。曹魏中期，屠各劉豹興起，并為一部，引起魏廷憂慮，將之復分為三：稍後晉武帝又將之先後分為四部、五部，且改部帥制為都尉制，仍以劉氏子弟為都尉，其實即是漢式「一國兩制」的持續發展。屠各劉氏在部落中長期保持其「最豪貴」的優勢，至晉惠帝時更以劉淵總領五部而為五部大都督，以故五部胡又得視為屠各五部；因其源於當年之五郡胡部，是以也有五郡屠各之名，而其簡稱即是「五胡」。因此，漢晉之間，屠各在塞南漸漸取代匈奴一名以成為諸胡的泛稱，猶如此時鮮卑在塞北之取代匈奴而已，以故「五胡」初不指以後十六國之他族而言。

　　其理既明，則知匈奴（胡）原是「百蠻大國」，屠各僅為其種落之一，是其西域之雜種別部，所謂「雜胡」是也，而兩漢人早已能區別之，以故其君長

〔註92〕所謂「雙兼君主型一國兩制」，是指胡族君主以某王（或某天王）兼大單于，兩系元首之位號集於一人；「單一君主型一國兩制」則是君主專為皇帝，其下仍以尚書臺體系治漢、單于臺體系治夷之胡、漢分治體制。筆者前揭諸文，即是就此而對胡、羯、鮮卑、氐、羌諸王朝之統治作研究。於此不贅。

也應非系出虛連題氏之單于王統。他們改用漢姓漢名最晚應在漢、魏之間。曹操將他們整治得「名王稽顙，部曲服事供職，同於編戶」，又改制為部帥制，子弟須入為任子，即是將其政治組織與社會制度予以改變，進而促使其心理意識也隨之發生變化，故屠各君長們冒用漢朝國姓，當與此時此事有關。由於漢化程度有深淺之別，是以降至劉淵起事時，他們遂產生了認同於「胡」或認同於「漢」的兩種思考方式，也就是他們國族發展的兩條思考路線。並且，此二種思考即使在建國後，依然擺盪於兩極之間，以故國號由「漢」而「趙」，甚至後來赫連勃勃竟建國號為「夏」。國號與族祧、國體與政體之一再改變，其實反映了此胡漢兩極思考、國族認同的實質內涵，曾經發生過種種變化。

　　在部分屠各君長「胡認同」之壓力下，劉淵父子之思考雖然傾向於「漢認同」，但仍對君長們予以妥協調和，以故將治下族群區分為「六夷」與「華族」兩系，在族群區分上沖淡了匈奴（胡）之意涵，並在此「胡漢二重性」之基礎上建立了胡、漢二元兩套政制，此即筆者所謂的「一國兩制」，為十六國統治體制的原型。其實包括劉淵父子在內，君長們始終瞭解他們本種族是屠各，原為匈奴雜種別部，但是為了號召匈奴故胡以反晉，以故劉淵遂冒附為被其先人所叛殺的南單于羌渠之曾孫、放逐的嗣單于呼廚泉之孫；基於同樣的政戰思考，劉淵為了號召晉人來歸，所以也攀冒其家族是冒頓與漢公主之後，究其實際皆出於偽託。正因劉淵瞭解本種族是屠各，而非其先人所背叛的虛連題氏匈奴正胤，是以纔會對南匈奴名主呼韓邪有所鄙視，不願單純以復興匈奴為國家目標，其所以在建「漢」之初自稱「漢王・大單于」也者，不過僅是為了因應政治妥協與政戰需要罷了。稍後幾年發展略定，劉淵隨即擺脫此思考，遂登「漢皇帝」之位，而將單于位號政廳化，此即由「雙兼君主」的國體改成了漢式之「單一君主」國體；與劉曜後來在此基礎上援引五德終始學說遂改國號為趙，皆充分體現了他們的漢化思考。

　　他們的建國與改革動力源自漢化思考，發展之趨勢與特色則是胡制日隱而漢制日顯，以及胡化日淺而漢化日深，後為鮮卑氏羌所模仿變化，最後終為拓拔魏孝文帝之大舉漢化，提供了歷史經驗與基礎。因此，〈前言〉所引唐初史臣之評論，謂「元海人傑，……若乃習以華風，溫乎雅度；兼其舊俗，則罕規模」也者，揆諸當時族群複雜的歷史環境，以及屠各貴族之國族認同如此，而劉淵父子之漢化思考又如彼，因此可知因應起來相當不易，故史臣所論宜應不盡公允，殆有強調漢文化本位之嫌。總之，胡、漢兩極化或中間妥協調和的

思考與實踐，從劉淵率領五胡創建漢趙開始，即是他們國族認同上的重大問題，也是其政權存亡之潛在危機。他們在史無前例中摸索發展，雖未能達至長治久安，但卻也影響了此下十六國，奠定了此時期非漢族在中國統治的先例，並且塑造了此時期民族文化交流發展的模式。

當然，在建安末曹操整治并州胡期間，名王君長若必須改用漢姓名，則他們改用漢朝國姓是相當可能之事；甚至，屠各部落始君也有可能是冒頓與漢公主之後，只是被單于派任為屠各雜種別部之君長而已。所推是否有成立的可能，則需視日後能否出現新證據而後能定。

略論魏周隋之間的復古與依舊：
一個胡、漢統治文化擺盪改移的檢討

一、前　言

　　《周書・文帝下》史臣曰稱謂：「太祖（宇文泰）田無一成，眾無一旅，驅馳戎馬之際，躡足行伍之間。……取威定霸，以弱為彊。……乃擯落魏晉，憲章古昔，修六官之廢典，成一代之鴻規。德刑並用，勳賢兼敘，……功業若此，人臣以終。盛矣哉！……昔者，漢獻蒙塵，曹公成夾輔之業；晉安播蕩，宋武建匡合之勳。校德論功，綽有餘裕。」跡泰之崛起，的確如同曹操、劉裕般白手乘時以興；但如論改制創業，若不因其人其族而廢言，則校德論功似尤在曹、劉之上。蓋曹、劉之開創德業以乘時用武、挾天子以令諸侯為主；而宇文泰除此之外，尚揭示其主義，逆時以創制，用心猶在孟德之上故也。

　　宇文泰之用心為何？同紀云：「恆以反風俗，復古始為心。」此復古主義的十個字，最足以展現宇文泰開國創意之深謀與努力，而卻不易一下子為人所理解。陳寅恪先生指出其創制為「摹古之制」，「非驢非馬」，其實連宇文泰本人亦未拘泥，僅是「一時權宜文飾之過渡工具，而非其基本霸業永久實質之所在」，以故「創制未久，子孫已不能奉行，逐漸改移，還依漢魏之舊」云云。〔註1〕表面視之誠然，深入察之則殆未盡然。

　　蓋自屠各匈奴劉淵起事以來，胡人統治者對魏晉開國者即頗有鄙夷之心，

〔註1〕陳先生多處提及此論點，較明確者則請參其《隋唐制度淵源略論稿・禮儀》篇，收入《陳寅恪先生文集（二）》，台北：里仁書局，民國71年9月。

故劉淵以曹操的開國格局為下焉者，自謂「當為崇岡峻阜，何能為培塿乎！……今……鼓行而摧亂晉，猶拉枯耳。上可成漢高之業，下不失為魏氏」云云。〔註2〕而石勒亦譏笑曹操與司馬懿說：「人豈不自知，……朕若逢高皇（漢高祖），當北面而事之，與韓、彭競鞭而爭先耳；脫遇光武，當並驅于中原，未知鹿死誰手！大丈夫行事當磊磊落落，如日月皎然，終不能如曹孟德、司馬仲達父子，欺他孤兒寡婦，狐媚以取天下也！」〔註3〕是則宇文泰繼劉淵、元宏（北魏孝文帝）以後施行新制，實未可因其創制未久而子孫已不能奉行，逐漸改移，還依漢魏之舊而可輕視之。因為自劉淵以來，二百餘年之間，胡人政權如何建制以統治中國，其實一直均在嘗試之中，曾無有效的定制，而宇文泰在此潮流趨勢之中，實為非漢族政權之最後一次創新性嘗試。此就歷史發展宏觀角度而論，則其此舉已宜乎不能忽略；至於創制未久而子孫已不能奉行，逐漸改移，則與後宇文泰時代政局國策一再劇變有關，以故體制亦不得不隨之一再改移，原與宇文泰創制之能否長治久安無大關係也。

為此，本文主要討論的焦點為：

（一）宇文泰之開國策略為何，與「復古始」有何關係？

（二）「復古始」之內涵為何，憲章何民族何文化的古昔，此在國家戰略上有何意義與作用？

（三）後宇文泰時代為何會出現反復古——復舊或依舊——思想，其理據為何，趨勢為何，對體制的改移有何影響？

本文之主旨不是為了駁論甚麼學說，僅是對所欲論的問題申一鄙然無甚高論的己見，庶備一家之言而已。幸方家有以正之。

二、宇文泰之開國策略與復古政策

在論宇文泰的開國策略之前，宜乎先分析關隴情勢。

按：自秦漢以來，關隴以及河西之地原本即民族複雜、情勢險峻，〔註4〕以故西晉時先有郭欽上疏請徙胡，述及「西北諸郡皆為戎居」，建議「漸徙平陽、弘農、魏郡、京兆、上黨雜胡，峻四夷出入之防，明先王荒服之制，萬世

〔註2〕《晉書·劉元海載記》（臺北：鼎文書局新校本，以下引正史同此版本），卷一百一，頁2648。

〔註3〕詳《晉書·石勒載記下》，卷一百五，頁2749。

〔註4〕此處之河西，當時實指黃河東流折南以西今陝北之地，本文因論關隴民族分佈，故亦略及今河西走廊之地。

之長策也」；後有江統亦上疏請徙戎，並指出「關中之人百餘萬口，率其少多，戎狄居半」，而晉武帝均不納。〔註5〕如此複雜的民族關係與情勢，難怪漢趙之匈奴屠各覆滅於平陽時，劉曜據關中自立，即思拉攏此間的非漢族住民以圖穩固其政權，此即所謂「置單于臺于渭城，拜（其子劉胤）大單于，置左右賢王已下，皆以胡、羯、鮮卑、氐、羌豪桀為之」的光初體制是也，以故其軍隊即以此等胡夷作為主力。〔註6〕

此種民族關係其後雖因相處日久而頗有融合趨勢，但非漢族以部落狀態存在的情況，在隋以前也仍不少見，複雜情勢變化緩慢，〔註7〕甚至因鮮卑、敕勒（高車）以及其他雜胡（費也頭、稽胡等）之移入與出現而更形複雜。

根據北《周書》所載，魏末北周五十六年間曾發生動亂的有十五年，而此十五年陸續發生了39次動亂事件。從空間分佈觀察，秦州、南秦州、東益州、雍州與涼州一帶的動亂次數較多，原州與岐州次之，大致分佈於今陝南西部與甘肅東部的黃土高原地區，請參圖一。

〔註5〕郭欽疏見《晉書四夷・匈奴列傳》，卷九十七，頁2549；江統疏見同書本傳，卷五十六，頁1533。

〔註6〕請參拙文〈漢趙國策及其一國兩制下的單于體制〉（《國立中正大學學報》1.3，民國81年），及〈前、後趙軍事制度研究〉（《國立中正大學學報》1.8-1，民國86年）。

〔註7〕據馬長壽《碑銘所見前秦至隋初的關中部族》（桂林：廣西師範大學出版社，2006年6月）一書所引碑銘，顯示北朝愈後則雜姓村愈普遍，而雜姓村在當時之社會意義殆即為雜族村，為民族或種族融合的象徵。因此，馬長壽遂以漢化視之，但其所論之地區仍以渭北為主。

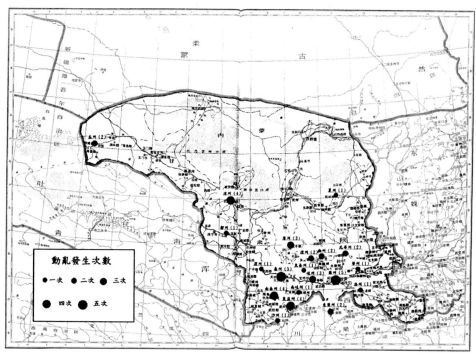

圖一　魏末北周關隴地區動亂次數分佈圖

備註：本圖及所據之統計數字均由助理何承冀為之，承冀據譚其驤主編之《中國歷史
　　　地圖集》（上海地圖出版社，1982 年 10 月）第四冊為底圖繪製。

　　上述動亂較多的幾個州多是非漢族的居住地，秦州、東益州、涼州等地區
的動亂多半是羌、氐或雜胡所引起，而原州與岐州地區的動亂則多為鮮卑、敕
勒或雜胡所導致，請參圖二。所謂雜胡或不知族別，從血緣論多與匈奴有關，
略為西晉以來情勢之延續。〔註8〕是則動亂多發生在這幾個地區，除了自然環
境與生產關係外，種族問題複雜更是一個重要原因。

〔註8〕關於雜胡，請參唐長孺〈魏晉雜胡考〉（收入其《魏晉南北朝史論叢》，本人所
　　　據為臺灣早年私人翻印本，出版資料不詳）與周偉洲《西北民族史研究》（鄭
　　　州：中州古籍出版社，1995 年 7 月）之第二篇，於此不贅。

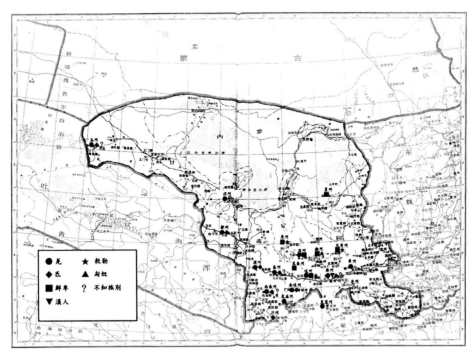

圖二　魏末北周（524～580）關隴地區動亂民族分佈圖

備註：參同圖一。

　　宇文泰與劉曜均系出匈奴，亦均是由外地率領其武裝部隊來至，欲割據此地區以建立政權的外來政權，〔註9〕因而所面臨的格局——劣勢人口的外來政權，欲君臨優勢人口、農牧交錯而又民族複雜之地——幾乎雷同，以故其所採取的對策，則亦幾乎同出一轍。也就是思用一套有效體制，以資對優勢人口的漢族以及諸胡夷進行統治，冀收攏絡納編之效。

　　劉曜經略此地在四世紀初期，歷十二年而亡，而宇文泰經略此地則在六世紀中期，約五十年而亡。二人族源相同，國策亦相同，即是先割據關隴，用一套新體制納編當地民族複雜的豪右人物——即是社會領袖與部落領袖，以建立並鞏固其政權，然後徐圖進取天下。此開國國策在西征軍統帥——關西大行臺・關西大都督——賀拔岳生前，宇文泰即已向其提出，並獲採納。《周書・

〔註9〕宇文泰族系，學界頗有異說，筆者從周一良〈論宇文周之種族〉謂系出匈奴之說，該文收入其《魏晉南北朝史論集》（北京：中華書局，1962年）。不過，周偉洲《西北民族史研究》（鄭州市：中州古籍出版社，1995年7月）對此頗有辯證（頁110～111），謂宇文氏系出匈奴，但非南單于遠屬，而是匈奴東部大人所領融於鮮卑而「總十二部落」的一支。又，宇文泰初從西征軍入關時僅為小將，因緣而至統帥，此與劉曜異，請詳本文後論。

文帝（宇文泰）紀上》載云：

> 齊神武（高歡）既破爾朱，遂專朝政。太祖（宇文泰）請往觀之。……
> 還謂岳曰：「高歡非人臣也，逆謀所以未發者，憚公兄弟耳！……今
> 費也頭控弦之騎不下一萬，夏州刺史斛拔彌俄突勝兵之士三千餘人，
> 及靈州刺史曹泥，並恃其僻遠，常懷異望；河西流民紇豆陵伊利等，
> 戶口富實，未奉朝風。今若移軍近隴，扼其要害，示之以威，服之
> 以德，即可收其士馬，以實吾軍。西輯氐羌，北撫沙塞，還軍長安，
> 匡輔魏室，此桓文舉也。」岳大悅。

及至岳被隴西行臺侯莫陳悅所害，岳麾下諸將迎泰接掌統帥權時，泰將于謹亦
以此為建議，《周書·于謹列傳》載云：

> 謹乃言於太祖曰：「魏祚陵遲，權臣擅命，群盜蜂起，黔首嗷然。明
> 公仗超世之姿，懷濟時之略，四方遠近，咸所歸心。願早建良圖，
> 以副眾望。」太祖曰：「何以言之？」謹對曰：「關右，秦漢舊都，古
> 稱天府，將士驍勇，厥壤膏腴，西有巴蜀之饒，北有羊馬之利。今
> 若據其要害，招集英雄，養卒勸農，足觀時變。且天子在洛，逼迫
> 群兇，若陳明公之懇誠，算時事之利害，請都關右，帝必嘉而西邁。
> 然後挾天子而令諸侯，奉王命以討暴亂，桓、文之業，千載一時也！」
> 太祖大悅。

宇文泰之所以大悅也者，蓋因此策正是其早時建議賀拔岳之策也，將帥相合如
此，以故大悅罷了。

　　不過，宇文泰依此國策而設定的安全體制與國家戰略，則與劉曜仍有所差
異。此即：劉曜思用其本民族的舊體制──匈奴游牧封建帝國體制──以為統
制此地的體制，〔註10〕用以部勒此間胡、羯、鮮卑、氐、羌部落，並收編為軍，
是則對此諸族仍不免有征服王朝的色彩；而宇文泰則是順著民族更為複雜的
情勢，思用一套各族最大公約數可以接受的胡漢混合新精神與新體制，以納編
關隴各族豪右，並予以整編，建為新軍。

〔註10〕匈奴是國家抑或是部落聯盟，學界有所辯論。其由部落以至發展為國家，創有
　　　　北亞遊牧民族第一套國家體制，可概參山田信夫〈テュルク・モンゴル系古代
　　　　遊牧民族の國家形成〉，收入其《北アジア遊牧民族史研究》（東京大學出版
　　　　社，1989 年 7 月第 3 刷）。筆者概以漢晉間鮮卑之步度根、軻比能以至拓拔聯
　　　　盟作為比較，則匈奴應為游牧封建帝國。步度根、軻比能事見《三國志·鮮卑
　　　　傳》，拓拔聯盟見北《魏書·序紀》，不贅。

由於關隴諸族以漢族、鮮卑與匈奴三族系最有社會勢力，而三族文化之中，匈奴系早期原有一套游牧封建體制，鮮卑系早期亦有一套部落聯盟體制，制度特性頗與漢族早期姬周之天王封建制暗合，以故如何混合此三系早期體制而冶於一，即為已鮮卑化的匈奴裔宇文泰用心所在。史臣謂泰「擯落魏晉，憲章古昔」，「恆以反風俗，復古始為心」，蓋指此而言。此套混合胡漢的新精神與新體制，就是「內胡外漢」之體制，是一種有創意的「外周內胡封建部落混合體式」；也就是陳寅恪先生所稱之「關中文化本位政策」與「關隴胡漢混合集團」，所謂的「不驢不馬」體制是也。

三、復古政策的施行

宇文泰既要「挾天子而令諸侯，奉王命以討暴亂」，效法「桓、文之業」，是則必須要在西魏朝廷之外建立以己為核心之新集團以及直屬的武力系統。按宇文泰所接掌的關西大行臺・關西大都督雖是政軍要職，但畢竟仍是方面之職，故欲插手中央政治，則名不正而言不順。

宇文泰為了實施上述開國策略，需於朝廷之外別樹新中心新集團，而依此新中心新集團所建構的體系即是其直屬的武力體系，故自大統初期以來即率諸將移駐華州（後改同州），作為政軍大本營，略如曹操當年的據鄴制許，表面上的戰略態勢是策援前線、拱衛京畿，實則是作為其發號施令的霸府基地，用以挾制朝廷。如此之計劃並施行，即是其國家戰略構想。〔註11〕為此，他將關隴三河士人蘇綽、盧辨等任為相府或行臺僚屬，為其擬議適合於此國策與國家戰略的新體制——亦即可以並包匈奴軍事制度、鮮卑部落聯盟，以及姬周天王封建制之政軍新體制。此所以新體制之改革行用何以遲緩，以及何以僅及於中央政府制度之故也。

匈奴裔鮮卑人的宇文泰出身北鎮將門子弟，青少年即從父戰鬥，顛沛流離，無暇讀書；不過此時，卻於公餘常與士人論學講習，是以這些士人亦必熟知其意，而以他們素所熟習之漢魏經史家學，仰承此旨，協助宇文泰規劃文飾此國策。〔註12〕由此觀之，宇文泰「復古始」的政策意義，實質上是欲同時恢

〔註11〕國家戰略是國家為了達成國家目標，發展與運用諸國力要素以統合戰力的思想與計畫，是軍事戰略與軍事政策之依據；而軍事政策則為建軍與軍制的依據，請參蔣緯國《軍制基本原理》（台北：黎明文化事業公司，民國77年8月七版）第七至第十章，頁46～74。在諸國力要素中，本文暫不論經濟要素。

〔註12〕關隴士人所傳家學，前引陳寅恪文已述之甚詳，於此不贅。不過，日常與宇文

復胡（鮮卑與匈奴）之古與漢之古，使之兼容並畜，達成其國策。是則此所謂「復古始」，實是宇文泰為了因應關隴民族多元而複雜之情勢，而設計的多元復古主義也。論其初意，雖或許僅是「一時權宜文飾之過渡工具」，但也應非率意為之。

挨泰之改革，殆自大統初期即已陸續低調進行，至後期則大舉公開推行。觀泰統十二軍東征，諸將自大統初被陸續賜予胡姓、軍隊陸續被整編，可知其意實由武力系統入手，漸及行政系統，最終將會掌握此政軍新體制以挾劫西魏天子，改皇帝制為天王制——即是將治權政權、政體國體均予以徹底的改移轉變，改革始能結束。

宇文泰改革初始之所以採用如此緩慢低調的方式進行，應與其基礎未固、權力未穩有關。蓋宇文泰原屬北魏西征軍的小將，而西征軍為北鎮武力，原本僅有兵力一千人，後加配二千人，兵種為馬軍。〔註13〕其後泰因戰功而屢獲升遷，更因西征軍統帥賀拔岳之意外被殺，遂為諸將所推，繼為統帥。宇文泰雖為西征軍諸將所推，但是西征軍系以外的關隴州牧以及複雜的民族部落，實非其所能完全掌握控制；稍後魏孝武帝為高歡所逼而西遷，則更外增強敵高歡、內多一個自主性堅強的皇帝。因此，為了達成上述的開國策略，他必須一方面在軍建立新集團新武力，另一方面在朝則必須採取妥協的政治態度，用以實行軟征服。〔註14〕

原夫宇文泰在西征軍中倫理輩份本不高，與他「等夷」、甚至比他資深的

泰論學的士人，其實也多有三河人物，例如史載河東薛慎「起家丞相府墨曹參軍。太祖於行臺省置學，取丞郎及府佐德行明敏者充生，悉令旦理公務，晚就講習，先六經，後子史。又於諸生中簡德行淳懿者，侍太祖讀書，慎與李璨及隴西李伯良、辛韶，武功蘇衡，譙郡夏侯裕，安定梁曠、梁禮，河南長孫璋，河東裴舉、薛同，滎陽鄭朝等十二人，迭應其選。又以慎為學師，以知諸生課業。太祖雅好談論，并簡名僧深識玄宗者一百人，於第內講說。又命慎等十二人兼學佛義，使內外俱通，由是四方競為大乘之學」（《周書・薛善列傳・弟慎附傳》卷三十五，頁624～625）云云，可見其學習情況。

〔註13〕詳《魏書・爾朱天光列傳》，卷七五，1673～1674。

〔註14〕從戰爭論看，政治之目的必須視為戰爭本來的動機，因而須為因應未來的戰爭而建軍；但是，戰爭的本質是暴力，而其目標則是迫使敵人屈服於我之意志（克勞塞維茨《戰爭論》第一篇〈戰爭的本質〉，國防部史政編譯局，民國80年3月）。故筆者認為經由建軍以遂行戰爭，經由戰爭以達成目的，其本質即是征服。至於征服的手段可以有多種選擇，大抵而言，將我之意志（包括制度文化）完全強加於敵者為強征服，只要求形式臣服而保存敵之固有文化與統治體制者是為弱征服，而將我之意志作妥協調適以加於敵者則是軟征服。

將領大有人在，〔註15〕故其所以被推選為新統帥，是因諸將認同「須擇賢者總統諸軍」的原則而獲選。《周書・文帝紀上》載其事云：

> 魏永熙三年（534）……二月，……岳果為悅所害。其士眾散還平涼，唯大都督趙貴率部曲收岳屍還營。於是三軍未有所屬，諸將以都督寇洛年最長，相與推洛以總兵事。洛……謂諸將曰：「洛智能本闇，不宜統御，近者迫於群議，推相攝領，今請避位，更擇賢材。」於是趙貴言於眾曰：「元帥（賀拔岳）……奄罹凶酷……眾無所依。必欲糾合同盟，復讎雪恥，須擇賢者總統諸軍。……竊觀宇文夏州（泰時為夏州刺史），英姿不世，雄謨冠時，遠邇歸心，士卒用命。加以法令齊肅，賞罰嚴明，真足恃也。……」諸將皆稱善，乃命赫連達馳至夏州，告太祖。

可見西征軍系諸將咸認宇文泰具有英雄氣概、公平嚴明、民眾歸心等人格特質，為領袖特有的人格魅力，也正是遊牧民族選汗的重要條件，情況略如其祖先葛烏菟之被鮮卑所推。《周書・文帝紀上》載云：

> 太祖文皇帝姓宇文氏，諱泰，……其先……有葛烏菟者，雄武多算略，鮮卑慕之，奉以為主，遂總十二部落，世為大人。其後曰普回，因狩得玉璽三紐，有文曰皇帝璽，普回心異之，以為天授。其俗謂天曰宇，謂君曰文，因號宇文國，并以為氏焉。

由此觀之，可知西征軍北鎮諸將此次軍前選帥，其實無異如同鮮卑早期諸部酋長之推選聯盟盟主。這是宇文泰不得不依存於早期鮮卑部落聯盟，以及建設其十二軍於其中，並用此作為政治資本，挾持西魏皇帝的重要原因。雖曰當日事勢有以致之，但卻也是有所本也有所創新的戰略構想。

　　按：二百年前與泰同族的劉淵起事，以在漢地復國、實行軟征服作為國策，並為此而開創二元並立、雙軌統治的模式，其後諸非漢族胡夷政權均先後模仿劉淵模式而修改之，概以「一君兩制型」的體制為常。〔註16〕這套模

〔註15〕陳寅恪前引書之〈兵制〉篇，對當時諸將與泰等夷以及宇文泰思欲收兵權之事有精辟論述，此不贅。

〔註16〕關於五胡之統治模式，日本學者稱為胡漢二重性，大陸學者稱為雙軌統治，其端概由漢趙所開創。請參拙著〈從漢匈關係的變化略論劉淵屠各集團的起事——兼論其一國兩制的構想〉（《東吳文史學報》8，民國 79 年）、〈漢趙國策及其一國兩制下的單于體制〉（《國立中正大學學報》3－1，民國 81 年），以及〈試論「五胡」及其立國情勢與漢化思考〉（收入國立中正大學「臺灣人文

式扼言之,就是不放棄征服者的固有統治文化與體制,而對被征服的主流
民族採取妥協姿態的軟征服模式。此模式在國體上,或採「一君兩制型」的
皇帝制度,或採「雙兼君主型」的「王‧大單于」、「天王‧大單于」制度;
〔註17〕在政體上,則分以尚書臺漢制治理漢人,單于臺胡制治理胡夷。所謂
胡夷,是泛指非漢族的所有民族或種族。在此統治模式之下,主流被征服者
的漢人較少起而反抗;但是人口文化對征服者具有優勢、而又未習慣匈奴體
制的諸胡夷,一旦被單于臺制加身,可能一下子不易適應,故屢起反叛。經
歷胡夷迭興,也迭修改此模式的變動,遂使此制度的發展,呈現出時間愈後
則漢制愈顯而胡制愈隱的趨勢,是效用出現「隨時推移遞變遞減效應」的結
果,終至北魏孝文帝時改行大舉漢化。這段模式隨時建改推移的興滅過程,
實為非漢族政權在華的「嘗試錯誤統治歷程」,嘗試錯誤之代價即為亡國滅
族,而劉曜統治關隴的迅速敗亡則僅是其中一例罷了,但其經驗已足以作為
宇文泰之最佳借鏡。

　　宇文泰非常瞭解,能否收服關隴北面的鮮卑、高車、雜胡,西面的群氐、
種羌,實是其能否奠定開國策略的根本。所謂收服,不僅是武力征服罷了,而
更應是建立一套各族最大公約數可以接受的統治新文化與新體制。西征軍的
武力核心雖為北鎮諸將,但軍中結構僅為少數,此時的北鎮諸將大多數是當年
不滿或反對洛陽之漢化政權者,因此繼承洛陽漢化體制則恐怕北鎮諸將不服,
採取匈奴舊制則恐怕其他胡夷不服,而不採用漢制則漢人不服,此所謂難也,
宇文泰怎能不讀書講習,研擬一種新精神、新文化與新體制。

研究叢書」之《胡人漢化與漢人胡化》,民國95年12月)三文。至於論述五
胡統治的其他諸文,於此不贅。

〔註17〕古正美從佛教治國意識形態切入,申論石勒以後諸胡夷所實行的天王制,是
受大乘佛教密教化的影響。其說筆者在撰述五胡統治諸文時尚未有機會參考,
近年拜讀,深佩其精粹;不過,古正美僅從大乘佛教密教化的立場推論,而未
兼顧兩漢以來的中國與四夷政治關係,以及起事胡夷不敢作中國天子的政治
態度與意識觀念。如《晉書‧石勒載記上》載勒云:「自古誠胡人而為名臣者
實有之,帝王則未之有也。」此種態度與意識,奉行大乘密教的二秦君主亦可
見到,故胡夷初起時常不敢逕稱皇帝,而先採「雙兼君主型」,應即為此政治
態度與意識觀念的表現。宇文泰也相信大乘佛教(見註12),但北周元首後來
稱為天王,實與泰據周禮改制有關,而與大乘佛教殆無關係,古正美卻對此並
無析論。另外,由於古正美也未論證大乘密教是否有「雙兼君主型」的國體與
政體,以故筆者未能確認石勒等人之稱「某王‧大單于」或「某天王‧大單
于」,是否確與佛教政治傳統有關,但其說可備為一說。

前謂宇文泰的改革是先由武力系統入手，漸及行政系統，最後將止於政權的改易與國體的改變，而其指導原則即是建設直屬武力的國家戰略，以及恢復古始的復古主義思想。茲試論其概略如下。

所謂直屬武力的建設，是指將西征軍陸續改編為中央軍。按：西征軍即是關西大都督所統率指揮之征伐軍，原由爾朱榮所部北鎮兵派出，初時僅配屬兵力一千人，稍後加配二千，總兵力不過有三千人。其後在關中作戰，實行收降納叛、以戰養戰，至賀拔岳為帥時估計已有三、四萬人以上。及至宇文泰接掌西征軍時，《周書・文帝紀上》載云：

> 太祖表於魏（孝武）帝曰「臣前以故關西大都督臣岳，……橫罹非命，……為眾情所逼，權掌兵事。詔召岳軍入京，……此軍士多是關西之人，皆戀鄉邑，不願東下。……乞少停緩，……漸就束引。」……
> 魏帝詔太祖曰：「賀拔岳既殞，士眾未有所歸，卿可為大都督，即相統領。知欲漸就束下，良不可言。……」

是則此時兵力增加十倍以上的西征軍，已多是關西之人矣。至於稍後平定隴右侯莫陳悅，收編其部隊，總兵力當已發展至六、七萬人以上，而其成份則更「多是關西之人」。所謂「關西之人」，則殆以先前叛亂之諸胡氐羌被收編者為主，可以無疑。

值得注意的是，宇文泰此時僅接替賀拔岳所遺的關西大都督職缺以統率西征軍而已，至於岳賴以處分戰地政務之關西大行臺遺缺則未獲接替。〔註18〕不過，此後宇文泰權位升遷迅速，於永熙三年（534）二月接替關西大都督，四月平定侯莫陳悅後，尋即奉詔兼關西大行臺尚書僕射，可據以處分關西的戰地政務。同年七月，孝武帝為高歡所逼而從洛陽率輕騎入關，泰奉帝都長安，自後「披草萊，立朝廷，軍國之政，咸取太祖決焉。仍加授大將軍・雍州刺史・兼尚書令」；八月，泰破歡軍於潼關，遂「進位丞相」。史謂「自太祖為丞相，立左右十二軍，總屬相府」云，〔註19〕蓋將其關西大都督所統改編為十二軍，移隸於丞相府也，是為宇文泰在中央建立直屬武力之始。

〔註18〕魏末行臺是中央尚書臺的臨時派出機關，本為便宜處分戰地政務而置，故多為征伐軍統帥所兼。魏周行臺制度可詳嚴耕望先生《魏晉南北朝地方行政制度》（臺北：中研院史語所專刊四十五B，民國79年5月三版），頁525。其後鄭欽仁、蔡學海等亦有研究，不贅。

〔註19〕前面引文見《周書・文帝紀上》該年月條；十二軍引文見同書〈晉蕩公護列傳〉，卷十一，頁168。

　　所謂「立左右十二軍」，筆者據所知史實解讀，應是左、右共十二軍之意，殆仿其祖先昔日在遼河流域「總十二部落，世為大人」、主持一個小聯盟的遺制；而非大統十六年編建的左、右各十二軍，合共二十四軍之匈奴帝國常制。後來唐高祖於開國之初，亦於關中建置十二軍，蓋即依仿宇文泰此遺制歟？〔註20〕因此大統三年（537）八月，泰率軍東伐，即是以李弼等十二將為主。所推若是，則宇文泰建立直屬武力之始，即已模仿部落聯盟之部落兵制，以故自大統初即漸賜諸將以胡姓也。

　　然而，宇文泰雖以丞相領左右十二軍，但是左右十二軍仍非正式的中央軍，而由丞相統領亦未全合於體制，更遑論諸州兵不受統率了。此由大統三年八月，泰率李弼等十二將東伐，當時「徵諸州兵皆未會」，泰遂率十二將與高歡軍隊決戰於沙苑，大捷之後「所徵諸州兵始至」一役來看，恐怕丞相泰仍需透過魏帝詔令之程序始能徵調指揮諸州兵。〔註21〕不過，此年前後，左右十二軍則應漸漸改編為中央軍，試略釋如下。

　　按：魏孝武帝永熙三年閏十二月疾崩，宇文泰擁立可被挾持的魏文帝。翌年即文帝大統元年（535），是年正月文帝進泰「督中外諸軍事」，應是正式授權宇文泰統率指揮此左右十二軍。魏晉以來軍制慣例，「督中外諸軍事」、「都督中外諸軍事」或「大都督中外諸軍事」一職，是中央軍統帥輕重不等的職稱，其統率機關為中外府，是則左右十二軍在此年應已改編為中央軍，不過因宇文泰以丞相之官領督中外諸軍事之職，故仍可視為隸於相府。〔註22〕因

〔註20〕請詳筆者所撰〈從戰略與政局論唐初十二軍〉（《中國中古史研究》2，民國92年3月）、〈唐初十二軍及其主帥雜考論〉（《中國中古史研究》3，民國92年9月）以及〈試論唐初十二軍之建軍及其與十二衛的關係〉（同刊10，民國99年12月）三文。除了第二篇外，餘二文已收入本書。至於摹倣匈奴軍制，則詳本書〈試論西魏大統軍制的胡漢淵源〉一文。

〔註21〕沙苑會戰事見《周書・文帝紀下》大統三年（537）八月條。又，史載永熙二年孝武詔賀拔岳為都督二雍二華二岐豳四梁三益巴二夏蔚寧涇二十州諸軍事・大都督時，關隴仍有不少州牧及部落不服，如費也頭万俟受洛干、鐵勒斛律沙門、斛拔彌俄突、紇豆陵伊利等皆擁眾自守，秦、南秦、河、渭四州刺史亦不至，翌年賀拔岳更因靈州刺史曹泥不應召而進討之，遂為侯莫陳悅所誘殺，事詳《周書》卷十四〈賀拔勝列傳・弟岳附傳〉。由此觀之，恐怕此時宇文泰雖為丞相，但亦無以直接命令諸州。

〔註22〕宇文泰此年所任究為「督中外諸軍事」抑或是「都督中外諸軍事」，有否開置中外府？中日學界多有辯論。筆者曾從軍制學、漢晉軍制發展史及文獻分析，說明宇文泰應任「督中外諸軍事」並置中外府，請詳〈從督軍制、都督制的發展論西魏北周之統帥權〉拙文，《中國中古史研究》8，民國97年12月。

此，此年誠為宇文泰正式統率中央軍以為直屬武力，落實其國家戰略、實踐其開國國策最關鍵的一年。

降至大統八年（542）三月，史謂西魏「初置六軍」，其在制度上的意義，是將隸屬於中外府的左右十二軍，再度予以整編為六軍，而直屬於天子。但是，由於魏文帝實為宇文泰的傀儡，故名義上及形式上直屬於天子的六軍，其統率指揮權仍由時任柱國大將軍‧丞相‧錄尚書事的「督中外諸軍事」宇文泰所掌握。至於大統十六年（550）出現的宇文泰以柱國「督中外軍」，所轄六柱國分領十二大將軍、十二大將軍分領二十四開府軍之體制，則是中央軍擴充之後的第三度整編，將六柱國軍正式建為天子六軍。其在軍制上的意義，是將統率系統的建制單位層級節制標準化，以及劃分全軍為戰略與戰術兩個體系，並將各級主帥的編階標準化，此蓋模仿自匈奴軍制，即二十四長之帝國軍隊建制是也。〔註23〕

上述中央軍的改革過程中，仍有復古主義的思想政策作為指導。

由於宇文泰清楚知道關隴胡夷之服叛是其能否開國的根本，故推動中央軍建設之同時，仍陸續賜諸將以胡姓或令其恢復胡姓，是即著名的賜復姓政策已被漸進執行。及至大統九年（543）三月，宇文泰率軍與高歡會戰於邙山，大敗，歡軍「擒西魏督將已下四百餘人，俘斬六萬計」；泰軍元氣大傷，「於是廣募關隴豪右，以增軍旅」。〔註24〕自是西魏中央軍的民族結構，繼其接掌西征軍時已有第二度重大轉變，即是北鎮諸將雖然仍是中央軍的核心，但是北鎮軍人所佔比例，在全軍中應已遠不成比例。因此，以賜復姓方式另樹新中心新集團的政策，必須加快步驟落實，以利國家戰略的實踐。大統十六年（550）北齊篡東魏，翌年西魏文帝崩，廢帝嗣位，泰以冢宰總百揆，遂於廢帝二年（553）春辭去丞相、大行臺，而改為「都督中外諸軍事」，取得較「督中外諸軍事」更資深的職銜，使其中央軍統帥權更為正式與穩固，然後於翌年正月，「始作九命之典，以敘內外官爵」，開始依周禮落實漢族系的復古主義改制，並尋而廢魏帝而立恭帝。恭帝元年（554）十一月，泰遣將滅梁，聲勢如日中天，遂於同年徹底落實另建新中心新集團的政策。《周書‧文帝紀下》載云：

〔註23〕二十四長之制請參山田信夫前揭書所收〈匈奴の「二十四長」〉一文。至於匈奴二十四長與魏周軍制的關係，則請參註20所示之最後文。

〔註24〕前引文見《北齊書‧神武帝紀下》武定元年三月條，卷二，頁21；後引文見《周書‧文帝紀下》是年月條，卷二，頁28。

魏氏之初，統國三十六，大姓九十九，後多絕滅。至是，以諸將功
高者為三十六國後，次功者為九十九姓後，所統軍人，亦改從其姓。

按《魏書·序紀》載云：

昔黃帝有子二十五人，或內列諸華，或外分荒服，昌意少子，受封北
土，國有大鮮卑山，因以為號。其後世為君長，統幽都之北，廣漠之
野，畜牧遷徙，射獵為業，淳樸為俗，簡易為化，不為文字，刻木紀
契而已，……黃帝以土德王，北俗謂土為托，謂后為跋，故以為氏。
其裔始均，入仕堯世，……爰歷三代，以及秦漢，……而始均之裔，
不交南夏，是以載籍無聞焉。積六十七世，至成皇帝諱毛立。聰明武
略，遠近所推，統國三十六，大姓九十九，威振北方，莫不率服。

所載自是諸胡夷政權依托華夏聖王為苗裔的故智，〔註25〕原無足異；不過，
拓拔部落的名氏以及可汗毛等先世，則因近世史跡發現而未可輕疑。〔註26〕
可汗拓拔毛之時代概不可考，要之其統國三十六、大姓九十九之事，應在漢世
可汗拓拔推寅率眾離開大鮮卑山（大興安嶺北段），而「南遷大澤」（呼倫貝爾）
之前。是則恭帝元年，實為宇文泰將原本繼承祖先的宇文鮮卑小聯盟，隨著軍
隊的擴充與整編，改為模仿拓跋鮮卑古時之大聯盟，用以另建新集團、另樹
新中心，而將中央軍之組織寓於此部落聯盟形式之時也。此部落聯盟形式究其
實際，僅能算是「準部落聯盟」，而賜復胡姓諸將各統其賜予同姓的軍人組成
部落或氏族，實則充其量僅為擬血緣部落或氏族；亦即軍人與其軍將具有擬血
緣關係，是軍將的部民，也是此軍或此部落之兵。〔註27〕此即是陳寅恪先生
所謂的「部酋分屬制」之部落兵制。

宇文泰死於魏恭帝三年（556）十月，是年正月，本紀載「初行周禮，建
六官。……初，太祖以漢魏官繁，思革前弊。大統中，乃命蘇綽、盧辯依周制
改創其事，尋亦置六卿官，然為撰次未成，眾務猶歸臺閣。至是始畢，乃命行
之」。是則其繼恢復匈奴古軍制之後，跟著迅速恢復鮮卑大聯盟古制，以至漢

〔註25〕十六國多有攀冒漢族祖宗之風，可詳曹仕邦〈史稱「五胡源出中國聖王之後」
的來源〉（《食貨（復）》1～12，1974年）一文。

〔註26〕詳米文平〈鮮卑石室的發現與初步研究〉，《文物》，1981年第2期。

〔註27〕「所統軍人」所指為何，頗有異解，筆者於此不便詳論。要之，將軍各有本軍
（本兵），然後依兵力大小編組為各級主帥及建制，是魏晉以來軍制慣例。筆
者懷疑大統十六年之十二大將軍軍與二十四開府軍即是三十六國（部落）的
組合，其下的儀同府等即為九十九姓（氏族）的組合，請容另論。

族姬周封建古制，其急可知矣。

　　按：西征軍北鎮諸將率多是當年不滿或反對北魏漢化政策的軍人，關隴漢族豪右又各有其社會勢力，而胡夷豪右則竟或仍然保留其部落組織，如今宇文泰不以一套匈奴游牧封建帝國舊體制強加其身，改而採取較鬆散的部落聯盟方式，文飾以周官為之，故關隴胡夷固然悅服，而關隴的漢族豪右也亦不免樂而附之。宇文泰開國國策指導下此國家戰略與復古政策，其實是對關隴當前的情勢因勢利導，並隱藏其挾武力以脅天子——即挾部落以脅朝廷——的野心之舉。亦即依其開國國策所設訂之國家戰略，宇文泰就地在關隴建立仿匈奴建制的直屬武力，並將此武力部勒於仿鮮卑準部落聯盟體制內，而又復將此準部落聯盟體制依托於姬周封建制度之中也。因此，陳寅恪先生評論此「摹古之制」其實連宇文泰本人亦未拘泥，僅是「一時權宜文飾之過渡工具，而非其基本霸業永久實質之所在」，恐怕猶未曲盡宇文泰之深謀與遠慮。

四、政軍一體下的皇帝權與統帥權

　　陳寅恪先生謂宇文泰為了與東魏及梁朝爭正統而據《周禮》改制，雖有其理。但是若就北朝之正統而言，自孝武帝西遷之後，北朝正統即在關中，實無懼於高歡在山東之另建東魏。因此宇文泰之據《周禮》改制，應與其考慮於朝廷之外別樹中心、另立集團的開國策略，而研求一適應體制，關係最密切。

　　宇文泰之所以採用姬周制度，蓋因姬周之天王封建制頗有今日聯邦或邦聯的性質：天子稱天王而為諸侯共主，類同於牧族部落聯盟之盟主，而諸侯國則略同於牧族的國落，是以此制宜可適應其所欲建立的準部落聯盟，而為此時宇文泰之最需要者；否則仍採天子專制、中央集權的皇帝制，則有利於朝廷而不利於泰，與其開國策略背道而馳矣。是以在大統十六年上述宇文泰以柱國「督中外軍」而下統六柱國軍新軍制形成之時，適直高洋篡東魏而建北齊，因而以新軍制行軍東討。及至翌年魏文帝崩，宇文泰已無所顧忌，遂開始落實姬周之制。宇文泰於廢帝三年（554，即恭帝元年）施行九命之典，並廢魏帝而立恭帝；同年底，進一步「以諸將功高者為三十六國後，次功者為九十九姓後，所統軍人，亦改從其姓」，即是將此新軍制的建制與部落制相結合，用以落實其中外府所屬之新建制軍隊是其直屬武力系統，也同時是其準聯盟所屬的部落系統之戰略構想。至於在恭帝三年（556）正月，進一步據《周禮》以建置六官，而自以柱國大將軍‧都督中外諸軍事兼為太師‧大冢宰，則是其戰略構想之正式完成也。自後，在體制上，中央軍的統帥即

為準部落聯盟的盟主，更是「槍桿子裏出政權」的霸主，所以宇文泰纔敢「去丞相、大行臺，為都督中外諸軍事」，而其繼承人宇文護纔會還治權而不還軍權。

宇文泰以中央軍統帥兼任周制之三公六卿，其他柱國亦分兼三公六卿，而大將軍‧大都督以下戎秩，具有部落酋長統領其部落兵的性質，則依秩級分兼對應之各級大夫與士，是為政軍一體的體制，概如圖三。

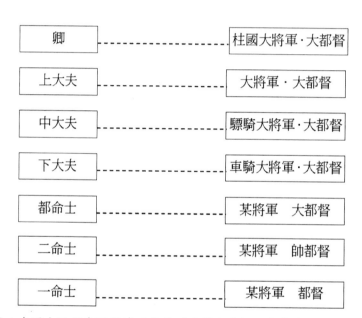

六官系統　　　　　　　　　**戎秩系統**

卿	----	柱國大將軍‧大都督
上大夫	----	大將軍‧大都督
中大夫	----	驃騎大將軍‧大都督
下大夫	----	車騎大將軍‧大都督
都命士	----	某將軍　大都督
二命士	----	某將軍　帥都督
一命士	----	某將軍　都督

備註：本圖由助理李昭毅據王仲犖《北周六典》六官各條注文下所引出任該級官員的人物戎秩概略計之。或偶有例外，但大體如此。

圖三　戎秩系統與六官系統對應圖

此制應是上承姬周王朝命卿在朝執政、在軍將兵的遺意——也就是文武合一、出將入相的精神而設計。並且，具戎秩者在魏周隋之間，亦常依秩級對應出充州都督（周改為總管）、刺史、郡守、縣令以及地方上佐，所以隋唐之間仍有近代以來刺史多用武人之說。

按：《後漢書‧南匈奴列傳》載匈奴胡族傳統制度云：

> 匈奴俗，歲有三龍祠，常以正月、五月、九月戊日祭天神。……（單于）因會諸部，議國事，……。其大臣貴者左賢王，次左谷蠡王，次右賢王，次右谷蠡王，謂之四角；次左右日逐王，次左右溫禺鞮王，

次左右漸將王，是為六角：皆單于子弟，次第當為單于者也。異姓大
臣左右骨都侯，次左右尸逐骨都侯，其餘日逐、且渠、當戶諸官號，
各以權力優劣、部眾多少為高下次第焉。

其實「各以權力優劣、部眾多少為高下次第」也是北亞所有牧族的傳統風習。
據此，或許可以說，宇文泰欲依鮮卑古始聯盟之統國三十六、大姓九十九重
作部勒，使諸將因賜復姓而各領所部兵構成其部落；復依胡族「各以權力優
劣、部眾多少為高下次第」的習慣，將其大小酋長納編為戎秩，〔註28〕建為
居則領民（即領其部曲及家屬）、戰則將兵（部民即兵）的體制，寓托於《周
禮》文武合一之精神制度中，然後用此政軍一體的準部落聯盟，達至挾持天
子的國策目標。因此，此所謂「非驢非馬」之政軍合一體制，實質內含宇文
泰的深刻政治意義與戰略構想，不宜因其人是武夫胡族，而因人廢言。

　　宇文泰此構想既已落實完成，以故同年十月死後，其姪宇文護繼掌政軍
權力，遂立即有實力進行篡魏建周，立泰子覺即天王位，而又在同年稍後復
廢天王覺而改立泰另子毓為天王。宇文護資歷遠較北鎮舊將為淺，然而驟能
行此大事也者，即應是拜此新體制所賜。因此，北周甫建，即已實行天王封
建之制，並且是合胡、漢多元於一，復古其外、創新其內的「外周內胡封建
霸政體式」之制。筆者所謂「外周內胡封建」，是指將胡族遊牧帝國或部落
聯盟的統治制度依存於姬周天王封建制之中；所謂「霸政」，則是指以重官
「都督中外諸軍事」，作為統帥兼盟主，是為建立霸府實際主掌政軍的新體
制。

　　因此，宇文護之所以能繼掌權力，行此大事，胥與其快速掌控中央軍，從
而領導此準部落聯盟集團有關；不過，卻仍經歷了嚴峻的權力鬥爭以及非法的
任權自專。

　　首先，由於準部落聯盟之部落兵即為中央軍，只是師姬周六軍建制之意作
為大小部落之部勒而已。據上述胡制，四角、六角「皆單于子弟，次第當為單
于者」，是則六柱國或六卿，依此習慣皆可次第當為盟主，而準聯盟集團內盟
主身份之爭也就是中央軍統帥權位之爭。然而，就古始部落選汗的制度而言，
諸部落酋長的地位大致平等，故選汗雖有準則條件，但卻並無一定的法制規

〔註28〕王仲犖於其《北周六典》卷九將戎秩分為〈勳官〉與〈戎號〉兩類，又謂三都
　　　　督是在武帝建德三年始為戎秩（頁580），不知何據，蓋勳官是唐制，而北周
　　　　無此系統也。

範。關隴舊將當年選宇文泰為帥，即是以「等夷」的身份、依準則條件為之。如今新喪盟主，宇文護縱受泰之顧托，但其戎秩僅為大將軍‧大都督，軍中倫理及政軍位望遠不及宇文泰當年，是以立刻引起政爭。《周書‧于謹列傳》略載其事云：

> 及太祖崩，孝閔帝（即天王覺）尚幼，中山公護雖受顧命，而名位素下，群公各圖執政，莫相率服。護深憂之，密訪於謹。謹曰：「……今日之事，必以死爭之‧若對公眾定策，公必不得辭讓。」明日，群公會議。謹曰：「……丞相……奄棄庶寮，嗣子雖幼，而中山公親則猶子，兼受顧託，軍國之事，理須歸之！」辭色抗厲，眾皆悚動。護曰：「此是家事，……何敢有辭！」謹既太祖等夷，護每申禮敬。至是，謹乃趨而言曰：「公若統理軍國，謹等便有所依。」遂再拜。群公迫於謹，亦再拜，因是議始定。

此據「會諸部，議國事」之胡族慣例看，顯示宇文泰於朝廷之外所締造的準部落聯盟，仍欲以類似部落選汗的方式推選新領袖；並且此準部落聯盟雖已形成集團，但對宇文氏家族而言卻政權猶未穩固，僅能發揮大體作用罷了。

宇文泰的原意本是要組成準部落聯盟而掌握之，並以此政軍合一之體制挾持天子。如今既有此不穩定的現象發生，所以宇文護必須改變原有的戰略構想，亦即先以非法手段切實掌控武力。《周書‧晉蕩公護列傳》載云：

> 自太祖為丞相，立左右十二軍，總屬相府。太祖崩後，皆受護處分，凡所徵發，非護書不行。護第屯兵禁，盛於宮闕。事無巨細，皆先斷後聞。保定元年（武帝邕，561），以護為都督中外諸軍事，令五府總於天官。

所載表示宇文護正式獲得中央軍統帥權，是在周祚建立四年後之事，而此期間固以權臣姿態非法掌握此權也，因此必須防備森嚴。

其次，宇文護之構想是以此武力為後盾，強行更易高層人事並誅除反對者，以挾持現有的政軍高層，建立以己為新中心的權力集團。史載宇文護於宇文泰葬後，尋即逼魏帝禪讓，翌年正月宇文覺即天王位，同日遂改易三公六卿的人事，其中改太保趙貴為太傅‧大冢宰，大司馬獨孤信改為太保，護自己則遷為大司馬，並同時進遷宇文毓、達奚武、豆盧寧、李遠、賀蘭祥、尉遲迥等六人為柱國，其事最值得注意。因為依照周官，夏官大司馬雖然主兵，但非中

央軍統帥，〔註29〕而且僅是與六卿平行之官，固非盟主之任，此所以宇文護尋棄大司馬而轉為大冢宰也。此新除三公、六卿、柱國之中，不滿宇文護掌握統帥權者仍大有人在，故護以多拜新柱國的方式沖淡資深將領的影響力。如此的人事安排並未能收到預期之效，所以翌月有趙貴因謀反而伏誅、獨孤信有罪免而尋賜死，十月另有李遠涉及其子謀反亦被賜死諸事發生。所謂「關隴集團」之分裂與不穩定，由此可見一斑。

依《周禮》，中央六軍本直屬於天子，且宇文護雖然尋由大司馬轉遷大冢宰，但是仍未獲授「都督中外諸軍事」，因此實質上是以權臣姿態非法領軍，是則就體制而論，天王與其遲早會發生統帥權之爭。其實，在宇文泰原定的國家戰略架構下，國家元首僅是虛位，真正的權力核心實為掌握中央軍統帥權的霸主——也就是準部落聯盟之盟主。因此，上述以戎秩作為連結的政軍一體制度，卻獨獨遺漏了作為元首的天王，其產生「憲政危機」也就是必然之事。亦即元首在此政軍合一的架構下不能統兵，自然會有危機感，反之盟主掌兵則因身處高寒亦不免有同感，此所以「護第屯兵禁盛於宮闕」也。

史載儀同齊軌語民部中大夫薛善云：「兵馬萬機，須歸天子，何因猶在權門！」因而被護所殺。〔註30〕是則君相關係之嚴峻，天子知之，群臣知之，而護亦自知之，天王與護的衝突隨時發生，而關隴準部落聯盟集團亦必因此而再分裂為親君主派與親霸主派，捲入此衝突，以故護亦不得不以廢弒手段來立威固權。〔註31〕天王覺欲誅除宇文護之謀，因事洩而被廢弒，由本紀所載可知其事敗時「方悟無左右」，〔註32〕為時已晚。宇文護繼立泰子毓為天王，並於兩年後「上表歸政，帝始親覽萬機。軍旅之事，護猶總焉」，〔註33〕顯示其治權可棄而軍權不可放的強烈用心。天王毓對此情勢架構似乎所悟亦不深，竟於親政半年之後「改天王稱皇帝」，表示要回歸皇帝制度，此則與宇文護所維護的國策與國家戰略背道而馳，故是其遇毒驟崩的原因。天子的皇帝權與霸主的統帥權不宜相合，本是宇文泰當年所以創制、宇文護今時所以維護的戰略構想，

〔註29〕據《周禮》，夏官大司馬僅是天子之軍政長官，非軍令長官，而六軍直屬於天子。
〔註30〕事詳《周書・薛善列傳》，卷三十五，頁624。
〔註31〕關於「關隴集團」在後宇文泰時代的分裂與鬥爭，導致政權基礎狹窄化，造成輕易被楊堅所篡的後果，呂春盛有詳細分析，請詳其《關隴集團的權力結構演變——西魏北周政治史研究》（台北：稻鄉出版社，民國91年3月）第五章。
〔註32〕請詳《周書・孝閔帝紀》，卷三，頁49～50。
〔註33〕請詳《周書・明帝紀》武成元年春正月己酉條，卷四，頁56。

惜天王毓對此缺乏理解而猶未深悟也。

皇帝權與統帥權分離,是遲早仍會引起衝突以及必須尋求解決之事。宇文護所繼立的武帝宇文邕,史稱其「沉毅有智謀。初以晉公護專權,常自晦跡,人莫測其深淺。及誅護之後,始親萬機」〔註34〕。表示武帝比其先前兩位手足來得聰明,對開國體制以及護之用意深所瞭解,以故常自晦跡,甚至在保定元年正月乾脆以大冢宰·晉國公護為都督中外諸軍事,令五府總於天官,使護正式成為霸主,而合法掌握政、軍全權,用以安撫其心、鬆懈其意。因而始能在即位十二年之後,於護鬆懈無備之下,得以在宮中發動政變而誅之。

武帝於建德元年(572)三月誅護之後,當務之急就是收回中央軍統帥權,因為收回此權始能確保皇帝制的回復施行,此舉無異是周隋還歸漢魏的第一步。因此在誅護的同月,武帝立即罷廢中央軍的最高統率機關中外府,再次是改換禁衛官員,然後以閱兵演習、分批召見點閱諸軍督將等方式,彰示其行使統帥權。周武帝初步解決了皇帝權與統帥權分離的體制,而切實回歸漢式的皇帝國體,表示至此國策已然改移,漢式政體以及衣冠禮樂之改革必將隨之而來;只是英年早逝,嗣皇帝宣帝則「國典朝儀,率情變改」,顯得快速而紊亂,〔註35〕以致政亂國亡而已。

五、國策改移與還復漢魏

周武帝政變誅護之後,為了避免霸主再以此體制挾持天子,故決定完全恢復皇帝制度,俾使天子能夠切實專制。皇帝制度既被恢復,則表示國策已有所改變,由「擯落魏晉」的復古主義,勢必往「易周氏官儀,依漢魏之舊」的方向改移,〔註36〕而賜復姓者亦勢必往「悉宜復舊」的方向回歸了。〔註37〕欲論此改移步驟與趨勢,則必先從政權的支柱府兵──此時的中央軍──改革論起,蓋天子若不能掌握此軍,則其他改革勢將無所保障。

武帝君臨宇縣十有九年,但真正親政則自建德元年(572)三月誅護以後,至宣政元年(578)六月疾崩之間,僅有六年而已。此期間其一再改革軍制,

---

〔註34〕見《周書·武帝紀下》,卷六,頁107。

〔註35〕武帝於建德元年(572)誅護後即進行改革,六年後崩,宣帝嗣位。宣帝一年後禪讓給其子靜帝,兩年後(581)為楊堅所篡。引文見《周書·宣帝紀》,卷七,頁125。

〔註36〕見《隋書·高祖紀》開皇元年二月甲子條,卷一,頁13。

〔註37〕見《周書·靜帝紀》大象二年十二月癸亥詔,卷八,頁134~135。

明斷快速而所遺史料亦多，但大要可知者計有：一、徹底改革軍隊建制，朝「以衛領軍」方向改革；二、改革兵役制度以擴充兵源及擴大軍隊的社會基礎；三、讓戎秩進一步散階化，促使帶有酋長性質的諸將漸漸脫離權力。此三種軍事改革，皆為繼收回統帥權之後，落實確保皇帝制度，並收解散準部落聯盟之效。茲試論如下。

先論第一點建制改革。

北周建祚之初，殆已依周官設置武伯、宮伯諸衛官。建德元年三月誅護之同月，武帝立即罷廢中外府，並於三個月後「改置宿衛官員」，自後幾乎每年集兵講武，以行使其統帥權，上文已略言之。所謂「改置宿衛官員」史失其詳，要之此前之北朝制度，禁衛軍統帥之職權原屬領軍將軍（中領軍），皇帝禁中內衛則由領左右所統領，故北周總宿衛之武伯應改自二衛將軍，領禁中內衛之宮伯則應改自領左右，仍未全脫北朝乃至魏晉以來禁衛軍建制的基本架構。然而誅護以後，武伯之官已鮮見於史書，陸續新出現者乃是司武、司衛、司旅等諸衛官，應即是「改置宿衛官員」的結果，筆者已有文論之。〔註38〕

按：魏晉以來軍制，中央軍負有征戰與宿衛的責任，是以諸衛的兵源實來自中央軍，於西魏言即是原六柱國軍，此即《北史》卷六十所載府兵「十五日上，則門欄陛戟，警晝巡夜；十五日下，則教旗習戰」是也。中央軍調派所屬府兵至某衛番上，暫由該衛官指揮，執行宿衛任務，此於軍制學上是「配屬—指揮」的關係，本非常制統率關係。不過，周隋之間，府兵已見有「某衛某開府某儀同」等番號，〔註39〕表示中央軍已然以開府府（隋驃騎府）或儀同府（隋車騎府）為建制單位，改編移隸於諸衛；而原有的六柱國軍原本即有虛編性質，而十二軍則改成十二衛。此為魏周隋府兵制的重大改革，其改革關鍵時間殆在建德三、四年之間。蓋因《周書・武帝紀下》記載，建德三年十一月大閱於城東，十二月大會「衛官」及軍人，並「改諸軍軍士並為侍官」，翌年二

〔註38〕請詳拙著〈隋唐十二衛制淵源：北朝後期侍衛體制的演變與定型〉，收入《中古大軍制度緣起演變史論》中冊，新北市：花木蘭文化事業有限公司，2019 年3月。

〔註39〕例如呂武，於隋文帝開皇四年由檢校侯正儀同「轉車騎將軍，領右衛右一開府右儀同兵。十年，復授左衛左親衛驃騎府內車騎將軍」（見韓理洲輯校，《全隋文・大隋大都督左親衛車騎將軍呂使君之墓誌》，西安：三秦出版社，2004 年3月，卷二，頁 145～1496）。稱「某衛某開府某儀同」殆沿周制，稱「某衛某驃騎府某車騎將軍」應是開皇體制，請參同註 20 三文。

月又第二度「改置宿衛官員」，於四個月之間軍事重大行動與改革頻繁故也。
所謂「改諸軍軍士並為侍官」，若連同第二度「改置宿衛官員」一起觀察，則
無異是將中央軍改編為天子的侍衛部隊，並將之整編入新「改置」的宿衛機關，
此即中央軍建制的禁衛化，亦可視為侍衛化。

　　上論若是，則武帝之改革，應是以開府府與儀同府為基本單位，其下亦仍
維持實編建制，即維持開府或儀同統領大都督、帥都督、都督三都督之建制，
故謂北周府兵制改革定調的關鍵之年就是在建德三、四年之間。其後仍有所改
革，史謂建德「四年，又改置宿衛官員，其司武、司衛之類，皆後所增改。……
而典章散滅，弗可復知。宣帝嗣位，事不師古，官員班品，隨情變革。……朝
出夕改，莫能詳錄」，〔註40〕應即指經過一系列改革後，司武、司衛等衛官於
建德四年之後纔增改完成。由此觀之，其改革趨勢大抵可知，即是朝「以衛領
軍」之禁衛化方向繼續改革。此為繼宇文泰致力將其直屬軍隊中央化及部落化
之後的重大改革，使中央軍逐漸擺脫酋長領兵的部落兵制色彩，與北魏建國初
期道武帝的「離散諸部」政策有異曲同工之妙。〔註41〕甚至降至隋朝，竟連二
十四軍也虛名化，將眾多的開府府由戰略單位降為戰術單位而改稱為驃騎府，
率車騎府（原儀同府）以下原戰術體系直接移隸於諸衛，因此纔有隋文帝在開
皇十七年十月，「頒銅獸符於驃騎、車騎府」之舉。〔註42〕此舉之政軍意義，
無異是將原先隱寓部落聯盟的兵制，一舉朝軍隊建制正常化——即國家化與
中央化的方向改革，使府兵制終能擺脫部落兵制也。

　　又按：周末最重要的禁衛機關厥為左右司衛、司武與武候。此諸衛機關
的出現，提供了隋朝前六衛完成以衛領軍的改制訊息。因此，周靜帝大定元
年（581）二月，楊堅簒周建隋，改元開皇，並下達「易周氏官儀，依漢魏之
舊」之詔的同月，《隋書・高祖紀》即見載以楊惠為左衛大將軍、伊婁彥恭為
左武候大將軍。據筆者所考，其實開皇元年殆已見有十二衛的建制，任者概
見如下：

〔註40〕請詳《北史・盧辯列傳》，卷三十，頁1101。
〔註41〕《魏書外戚上・賀訥列傳》載云：「其後離散諸部，分土定居，不聽遷徙，其
　　　　君長大人皆同編戶。訥以元舅，甚見尊重，然無統領。以壽終於家。」表示酋
　　　　長與其部民分離後，部民走向國民化，而酋長則依原先的部落高下，日漸轉變
　　　　成為不領民酋長以及不領民庶長。見卷八十三上，頁1812。
〔註42〕引文見《隋書・高祖紀下》該年月條，卷二，頁42。又據《五代史志・禮儀
　　　　六》（《隋書》卷十一，頁239）載：「天子六璽：……『皇帝信璽』，下銅獸符，
　　　　發諸州征鎮兵。」顯示此發兵符之執掌者正是實編之軍職。

左、右衛：楊惠、楊弘。〔註43〕

左、右武衛：田仁恭、李禮成。〔註44〕

左、右武候：伊婁彥恭、竇榮定。〔註45〕

左、右領左右：左將軍獨孤羅、右將軍獨孤陁；楊爽。〔註46〕

左、右監門：將軍獨孤楷。〔註47〕

左、右領軍：右領軍大將軍楊爽。〔註48〕

表示此諸衛應已於周末陸續進行改制，故隋乃得於建祚初始即全面施行。至於其中之左右衛、左右武衛、左右武候，應即是周末之左右司衛、左右司武與左右武候再度改制後的府名，而左右領左右則是左右宮伯的回復舊稱，此即是隋唐十二衛領軍建制的奠定。由於領軍、左右衛、武衛皆是魏晉以來禁衛軍的舊府名，觀此可知，所謂還「依漢魏之舊」也者，實是依漢魏舊名而予以改制。

次論第二點兵役改革。

史載宇文護被誅之前，已於保定元年（561）三月改「八丁兵為十二丁兵，率歲一月役」，〔註49〕是則府兵已往減輕勤務負擔的方向調整，此舉實有利於日後徵兵制之施行。及至護誅翌年「建德二年（573），改軍士為侍官，募百姓充之，除其縣籍，是後夏人半為兵矣」，〔註50〕則是局部徵兵制的開始施行。擴充兵源的後果將是軍人禁衛化，以及擴大軍隊的社會基礎。

按：宇文泰接掌西征軍時總兵力已發展至三、四萬人，其時已經「軍士多是關西之人」。降至大統九年（543），「廣募關隴豪右以增軍旅」，則關西軍人更多矣。因此建德二年之再度擴充兵源，遂使得日漸衰老的舊北鎮軍人，在軍中之結構益不成比例。「是後夏人半為兵」的後果，就是軍隊主力重回漢

〔註43〕弘見《隋書》本傳，卷四三，頁1211。

〔註44〕仁恭見《北史》本傳，卷六五，頁2314；禮成見《隋書》本傳，卷五十，頁1316。

〔註45〕榮定見《北史》本傳，卷六一，頁2177；《隋書》本傳，卷三九，頁1150。

〔註46〕《開皇令》本府各置大將軍一人、將軍二人，但元年未見任大將軍者，僅見左領左右將軍獨孤羅、右領左右將軍獨孤陁（分見《隋書》本傳，卷七九，頁1790）；楊爽本傳（《隋書》，卷四十，頁1223）則僅謂「領左右將軍，俄遷右領軍大將軍」，未言是左抑右。

〔註47〕《開皇令》本府僅各置將軍一人、僅考見獨孤楷任右監門將軍（《隋書》本傳，卷五五，頁1377；《北史》本傳同），左則失載。

〔註48〕《開皇令》本府不置將軍，爽任右領軍大將軍見前註《隋書》本傳引文。

〔註49〕請參《周書·武帝紀上》保定元年三月丙寅條（卷五，頁81），及《五代史志·食貨志》（見《隋書》卷二十四，頁680）所載。

〔註50〕見同上註《五代史志·食貨志》。

人手中，使得部落兵制之維持受到空前的挑戰。史載再度擴充兵源之同年六月壬子，武帝跟著「大選諸軍將帥。丙辰，帝御露寢，集諸軍將，勗以戎事。庚申，詔諸軍旌旗皆畫以猛獸、鷙鳥之象」，〔註51〕表示已著手大舉調整軍官人事，並振興軍人精神，使諸軍將士之領導統御、精神士氣得以改革，脫離宇文護舊系統的影響。

　　武帝將隱寓部落聯盟之府兵制，一者朝建制禁衛化的方向改革，一者朝國家徵兵制的方向改革，幾乎同時進行。此即是建德四年之同年七月，武帝遂能親統六軍凡總兵力二十一萬人進攻北齊的原因；並且，翌年十月又有力量再度親征也。〔註52〕及至六年二月關東悉平，移并州軍人四萬戶於關中，而山東諸州仍有兵，是則北周軍中原有的北鎮舊人就更式微了。武帝崩於宣政元年（578）六月，宣帝嗣位。同年十二月，命上柱國、河陽總管滕王逌為行軍元帥伐陳，而「免京師見徒，並令從軍」，〔註53〕則是竟將軍隊的社會基礎擴大到邊緣階層，難怪隋朝開皇八年（588）即能派遣五十一萬大軍平陳。兵源擴充快速如此，軍人結構變化如彼，在此量變質變之時，則三十六國、九十九姓之賜復姓以及「所統軍人亦改從其姓」的部落兵制，豈能再予維持。

　　今再論戎秩之散階化及其作用。

　　戎秩為宇文泰所創的軍事人事行政制度，隱寓有規範準部酋諸將地位高下之意，其於政、軍二部門間的原始作用已如上述。及至宇文護專政，柱國以下已開始濫授，其目的殆以沖淡北鎮將領的勢力或影響力為主，其初似無瓦解剛成立之部落聯盟集團之意。然而揆諸歷史發展，自趙貴、獨孤信、李遠等柱國被誅除之後，高級戎秩的勢力及影響力即已江河日下，無復當年聲勢，更無以牽制護之專政，故《周書》卷十六論云：

> 初，魏孝莊帝以爾朱榮有翊戴之功，拜榮柱國大將軍，位在丞相上。
> 榮敗後，此官遂廢。大統三年，魏文帝復以太祖建中興之業，始命
> 為之。其後功參佐命，望實俱重者，亦居此職。自大統十六年以前，

〔註51〕 請參《周書・武帝紀下》該年月日條，卷五，頁82。
〔註52〕 建德四年之戰據《周書・武帝紀下》該年月條紀載，武帝直屬前、後各三軍共有六萬人，另遣別動部隊齊王憲率眾二萬趣黎陽，隨國公楊堅率舟師三萬自渭入河，柱國侯莫陳芮率眾一萬守太行道，申國公李穆帥眾三萬守河陽道，常山公于翼帥眾二萬出陳、汝，合六軍共有總兵力二十一萬人。五年之戰總兵力不詳，但武帝之行軍序列仍是直屬六軍，另有前軍一軍，別動八軍，推其總兵力應與去年相當。見卷六，頁92～93及95。
〔註53〕 見《周書・宣帝紀》該年月條，卷七，頁117。

任者凡有八人。太祖位總百揆，督中外軍。……此外六人，各督二
大將軍，分掌禁旅，當爪牙禦侮之寄。當時榮盛，莫與為比。故今
之稱門閥者，咸推八柱國家云。……

自大統十六年以前，十二大將軍外，念賢及王思政亦作大將軍。然
賢作牧隴右，思政出鎮河南，並不在領兵之限。此後功臣，位至柱
國及大將軍者眾矣，咸是散秩，無所統御。六柱國、十二大將軍之
後，有以位次嗣掌其事者，而德望素在諸公之下，不得預於此列。

大統十六年之時，柱國以下不帶（大）都督職銜者即不屬於領兵軍將，而其
員額也不限於六員或十二員，驃騎大將軍以下更無論矣。換句話說，都督、
大都督自漢末以來原為實際領兵之職，故柱國大將軍、大將軍、驃騎大將軍
以下秩級而帶大都督者，在軍隊統率系統中即為實職軍官的職稱，猶如今之
方面軍司令、集團軍司令、軍長等；不帶者則為散階，在軍事人事系統中僅
為軍階而已，猶如今之元帥、上將、中將等，故謂之戎秩。其後——尤其宇文
護專政以後——推廣其散階性質，位至柱國及大將軍者只日益濫授，「咸是散
秩，無所統御」即指此而言。至於以後之軍官雖升遷至柱國或大將軍而帶有
大都督職銜者，也就是所謂的「有以位次嗣掌其事者」，其在中央軍的勢力及
聲望均不及當年的六柱國、十二大將軍，故謂「德望素在諸公之下，不得預
於此列」也，顯示那些準大酋長的高級軍官，在政軍中的勢力及聲望已獲致
沖淡。

　　待宇文護被誅之後，武帝於建德四年（575）十月，「初置上柱國、上大將
軍官，改開府儀同三司為開府儀同大將軍，儀同三司為儀同大將軍，又置上開
府、上儀同官」，〔註54〕將原本七級的編階增加為十一級，遂使軍階制度漸往
酬庸勳勞之人事系統方向轉變，而與統率系統的領兵都督實職漸漸脫離，以致
導至以戎秩形式結合準部落聯盟的體制，備受另一種空前的挑戰，而瓦解之命
運遂不可避免。史載周宣帝嗣位之次年正月改元大成（579，二月復改大象），
「受朝於露門，帝服通天冠、絳紗袍，群臣皆服漢魏衣冠」，〔註55〕殆即是準
部落聯盟解體之象徵。

　　大象二年五月宣帝崩，楊堅以上柱國・揚州總管・隨國公為假黃鉞・左大

〔註54〕見《周書・武帝紀下》該年月條，卷六，頁93。
〔註55〕見《周書・宣帝紀》大象元年正月條，卷七，頁117。按：是年正月改元大成，
　　　　二月改大象。

丞相輔政，尋即百官總己以聽。雖有尉遲迥、司馬消、王謙三總管舉兵，但亦尋即被楊堅發關中兵所討平；然後堅兼為都督內外諸軍事，誅殺宇文氏諸王，進位大丞相，再加大冢宰，而將五府總於天官，終成篡易。史臣雖說楊堅「始以外戚之尊，受託孤之任，與能之議，未為當時所許，是以周室舊臣，咸懷憤惋。既而王謙……、尉迥……一戰而亡，斯乃非止人謀，抑亦天之所贊也。乘茲機運，遂遷周鼎」；〔註56〕然而觀其討滅殺戮之輕易，即知宇文護當年之排除北鎮舊將、分裂宇文家屬，以及武帝上述的種種改革，的確已削弱了宇文周政權的基礎，並促使準部落聯盟軍事集團的解體，以故楊堅始能「乘茲機運，遂遷周鼎」。在此機運之下，楊堅雖仍以關隴舊將討平三藩之亂，但這些將士已因集團日漸解體，其人仍然認同此集團或願意繼續支持宇文政權者，究竟尚有幾人，誠值可疑。何況楊堅不僅利用日漸離心的關隴舊將，並且也起用其他新人，宜乎其能崛起如此之快且易也。〔註57〕同年十二月，楊堅假周靜帝之詔曰：

> 詩稱「不如同姓」，傳曰「異姓為後」，蓋明辨親疏，皎然不雜。太祖（宇文泰）受命，龍德猶潛。籙表革代之文，星垂除舊之象，三分天下，志扶魏室，多所改作，冀允上玄。文武群官，賜姓者眾，本殊國邑，實乖胙土。不歆非類，異骨肉而共烝嘗；不愛其親，在行路而敘昭穆。……不可仍遵謙挹之旨，久行權宜之制。諸改姓者，悉宜復舊。

表示改姓不合華夏宗法文化，諸改胡人姓名者必須全部回復舊姓。翌年改元大定，楊堅更於二月壬子直接下令重申：「已前賜姓，皆復其舊。」並於是日，由靜帝下詔百官同往勸進，敦促楊堅接受禪讓。〔註58〕賜復姓是宇文泰促使百官加入其部落聯盟的重要政策措施，如今楊堅一再下令復舊，重視如此，顯示他深知當年賜姓與當今復舊的政治意義；如今客觀現實是夏人已半為兵或超過半為兵，因此遂以不符華夏宗法文化作為理據而革除之。此舉完成，則遷鼎之事可以「大定」矣，因而同月稍後遂即受禪篡周。翌月即開皇元年二月，楊

〔註56〕請參《隋書·高祖紀下》史臣曰，卷二，頁55。
〔註57〕所謂「關隴集團」諸將，在北周時已受到排斥與約束，前揭呂春盛書及張偉國之《關隴武將與周隋政權》（廣州：中山大學出版社，1933年6月）皆有較詳細的論說，至於楊堅起用新人促成「關隴集團」的質變，其概略可參林靜薇〈關隴集團的初次質變〉（《中國中古史研究》8，民國97年12月，頁108～132）。
〔註58〕見《隋書·高祖紀》大定元年春二月條，卷一，頁7。

堅自相府常服入宮，備禮即皇帝位，大赦改元，同日立即下詔「易周氏官儀，依漢、魏之舊」，正式將復古調回依舊。

如今，天王封建制已然切實回歸皇帝制，準部落聯盟賴以依托的軍隊建制、部落兵制以至胡姓賜復等制度、政策、措施亦已遭重大改革或廢除，則規範部酋武將高下的戎秩制度亦將喪失其效用，所以隋文帝遂將戎秩定位為散實官，用以酬庸文武群臣的勤勞。降至唐高祖，更於《武德令》中進一步將之正名為勳官，使其政軍作用全消，純為勳賞之用。史謂唐高宗「已後，戰士授勳者動盈萬計。每年納課，亦分番於兵部及本郡當上省司；又分支諸曹，身應役使，有類僮僕。據令乃與公卿齊班，論實在於胥吏之下，蓋以其猥多，又出自兵卒，所以然也」，〔註59〕一代煌煌制度，轉變竟然如此之大。

六、結　論

匈奴裔鮮卑人宇文泰，乘魏末喪亂，思欲以割據關隴、挾持天子而徐圖天下作為國策。為了達成此國策，他因應關隴河西的民族複雜、情勢險峻，設計一套為各族大多數可以接受的新文化與新體制，塑造一個以自己為中心的新集團與新武力，以為政治軍事上的妥協適應，此即是其國家戰略構想。既然是因應情勢需要而設計的戰略構想，以故必是「一時權宜文飾之過渡工具，而非其基本霸業永久實質之所在」，陳寅恪先生論之是也。

宇文泰與劉曜均系出匈奴，亦均是外來政權，而面臨以劣勢人口君臨優勢人口的局面亦相同，以故思考如何統治的途徑也同出一轍。但是，宇文泰沒有效法劉曜當年強行以匈奴遊牧封建帝國體制統治關隴，而是揉合關隴漢族、鮮卑與匈奴三個最有社會勢力的族系文化，將匈奴系之軍制，鮮卑系之部落聯盟，以及漢族系之姬周天王封建制結合，創造出一套自劉淵模式以來、另具創意的「外周內胡軍事封建部落體式」，此即史臣所謂的「擯落魏晉，憲章古昔」，「恆以反風俗，復古始為心」之多元復古主義，故雖是「一時權宜文飾之過渡工具」，但也非率爾為之。

宇文泰自大統初期即率諸將移駐華州，用作政軍大本營，表面的態勢是策援前線、拱衛京畿，實則是作為其發號施令的霸府基地，用以挾制朝廷。此與建立十二軍於相府及對諸將漸行賜復姓政策，均為其國家戰略的展開，而皆以復古主意作為指導。及至大統元年（535）正月魏文帝進泰以丞相「督

〔註59〕見《舊唐書·職官一》勳官，卷四二，頁1808。

中外諸軍事」，即是將其西征軍改編為直屬武力的中央軍之始，此為其實踐國家戰略最關鍵的一年。大統十六年（550）的六柱國軍制成立，則意味著形式上的天子六軍已建成，且在軍制上具有建制層級標準化，以及各級主帥編階標準化的意義，其後結合三十六國、九十九姓的鮮卑聯盟舊俗而重新部勒，於是關隴準部落聯盟集團正式完成，自後中央軍統帥即是聯盟盟主，可用此支部落軍與部落聯合體掌握政軍，挾持天子，以待徐圖天下。就此而言，其就地在關隴建立直屬武力，並將此武力部勒於準部落聯盟體制內，而又復將此準部落聯盟體制依托於姬周封建制度內的戰略構想，遂得到充分的實踐。因而，恭帝三年（556）之據《周禮》建置六官，即是底定其將此戰略體系寓托於姬周命卿在朝執政、在軍將兵的文武合一、出將入相的精神制度之中。宇文護繼泰而興，但資歷遠較北鎮舊將為淺，然而之所以驟能實行篡魏建周、屠戮將相、弒君易主等大事也者，即是拜能操持此新體制所賜。

武帝於建德元年（572）誅護後，當務之急就是收回最高統帥權，因為收回此權始能確保皇帝制度的回復。皇帝制度與部落體制之相容性不大，以故皇帝制度的回復，無異就是周、隋還歸漢魏的第一步。周武帝初步解決了皇帝權與統帥權分離的體制，切實回歸漢式的皇帝國體，表示至此國策已然改移，現行的準部落體制勢將被揚棄，而漢式政體以及衣冠禮樂之改革亦勢將隨之而來。

為了避免霸主再以部落體制挾持天子，俾能完全恢復皇帝制度，則武帝必須先從準部落聯盟所寓的中央軍開始改革，其重要者有三：一、徹底改革軍隊建制，朝「以衛領軍」的建制禁衛化與中央化方向改革；二、改革兵役制度以擴充兵源及擴大軍隊的社會基礎，往軍人國家化的方向改革；三、讓戎秩進一步散階化，促使帶有酋長性質的將領漸漸脫離權力，往不領民亦即不領兵的部落離散方向改革。此三種軍事改革，皆為繼收回統帥權之後，落實確保皇帝制度，並收解散準部落聯盟之效。

究其實際，則是周武帝將中央軍改編為天子的侍衛部隊，並將之整編入新改置的宿衛機關，此即是中央軍建制的禁衛化，是繼宇文泰致力將軍隊中央化及部落化之後的重大改革，其後果是使中央軍逐漸擺脫酋長領兵的部落兵制色彩而直隸於天子，與北魏建國初期道武帝的「離散諸部」有異曲同工之妙。一再擴充兵源，使「夏人半為兵」，則是局部徵兵制的開始實施。擴充兵源的後果是軍人在地化以及軍隊社會基礎擴大化，使軍隊變為「官軍」——即國軍

——亦即軍人國家化。至於戎秩，在宇文護濫授，用以沖淡北鎮舊將勢力的政策之下，其初雖無瓦解準部落聯盟集團之意；然而其後果已令戎秩的影響力日漸削弱。及至武帝推行軍隊禁衛化及軍人國家化之軍事改革的同時，乃將戎秩增編為十一級，使之變為酬庸勳勞的人事制度，促使以戎秩領兵的諸將脫離領兵實職。其政策後果亦與魏初「離散諸部」而使酋、庶長不領民的後果相當，促成以戎秩形式結合準部落聯盟的體制加速瓦解。

在軍隊已以夏人為主力的前提下，隋文帝沿著周武帝以來的改革，在篡周前夕假詔批評宇文泰當年賜復姓的政策不符合華夏文化，僅是「權宜之制」，而命令「諸改姓者，悉宜復舊」；並於受禪翌月立即下詔還「依漢魏之舊」，徹底瓦解宇文泰所創建的「外周內胡軍事封建部落體式」及其部落兵制。由於宇文泰生前所塑造的準部落聯盟集團為時尚短，尋即為其子武帝邕所改革，是則所謂「關隴胡漢混合集團」，其人及其後人，此後尚殘存多少胡漢混合的團體意識，則已不易經由分析或統計而知之。

不過，雖然如此，但是宇文泰之新文化新體制的開創性以及當時的有效性，仍然不容許忽視。因為他是繼「五胡之亂」漢趙劉淵、北魏元宏（孝文帝）以來嘗試開創新體制新格局的第三人，也是「嘗試錯誤統治歷程」的最後一次創新性嘗試，因此歷史地位實不易抹煞。

宇文泰創制的特色界於劉淵、元宏之間。前者是承認現實而採二元雙軌統治，後者是否認現實而採一元漢化政策。筆者所謂之承認與否認，是指劉淵承認漢族及其文化與其本民族文化——即匈奴往日的榮光——相當，故可共存發展，因而採取二元雙軌體制；所謂否認，是指元宏認識漢族及其文化對其本民族文化——即鮮卑部落性質以及征服王朝體制——具有巨大優勢，因而否認其本民族若不與之融合而仍能長期維持二元共存的可能，以故大舉漢化。在二百餘年胡夷迭興迭改之統治模式出現「隨時推移遞變遞減效應」的趨勢下，宇文泰折中於劉、元兩者之間，嘗試了「外周內胡軍事封建部落體式」的創建。雖然歷史的發展是時間愈後則漢制愈顯而胡制愈隱，而宇文泰的新嘗試被後世評為「權宜之制」，甚至是「一時權宜文飾之過渡工具」，但是其創新改制的思想以及嘗試錯誤的勇氣，即使揆諸漢族建國的歷史，則能者又竟有幾人？曹操與劉裕，所建國祚不過僅較北周長久一點而已，但此魏武、宋武，其創新思想與嘗試勇氣，真的能邁越周文、周武兩父子而過之嗎？史臣說「校德論功，綽有餘裕」，可謂信矣。

　　周文、周武兩父子均可算是英年早逝（前者 52 歲，後者 36 歲），天若假之以年，宇文泰之創制不需假其子孫奉行，則歷史發展有何格局尚未可知；但建國之後天子必不容許臥榻之旁猶有霸府存在，故「權宜之制」往君主專制的皇帝制度回歸，應是可以想像之事。茲假設鐘擺有兩端，而北魏孝文帝元宏的政策為全盤漢化，是鐘擺的左端；北周文帝宇文泰的外華內胡政策為實質胡化，是鐘擺的右端；則漢趙光文帝劉淵的二元兩制政策恰巧居於其中間，為當時最多非漢族政權所效法。然而，除非此鐘停擺，否則不是擺向左則會擺向右，事後歷史的證實，周武帝之回歸皇帝制度政策改革，顯然是向左擺動，雖因年壽而未竟其功，尚未能完全擺脫胡夷統治中國的歷史趨勢，但已在擺盪於胡、漢文化之間，仍為回歸漢舊打下了厚實的基礎，終使隋文帝能迅速竟其全功，收到兩者涵化於時間愈後則漢制愈顯而胡制愈隱之效果。胡制愈隱並不意謂胡族文化與制度完全消失於歷史舞臺，主源啟溯於胡制之隋唐府兵制即是其中的一個顯例，請容另文論之。

《中國中古史研究》第 9 期，2009 年。

第二篇　逐鹿中原及其實質統治

從漢匈關係的演變略論劉淵屠各集團復國的問題——兼論其一國兩制的構想

一、前　言

　　在世界史的分畫中，匈奴被畫屬烏拉——阿爾泰遊牧民族（The Ural-Altaic Nomads）。烏拉——阿爾泰，是指中亞高原和裏海平原一帶的地區，蓋烏拉山至阿爾泰山之間也。在這裏，古代住過許多遊牧部落，裏海平原提供了他們進入歐洲大陸的捷徑，匈奴即沿此西進，終至造成羅馬帝國所謂的「匈禍」（Scourge of Huns），故羅馬史家對匈人的身材面貌，極盡醜詆的能事。〔註1〕

　　其實，匈奴發源於陰山山脈，包括河套以南——秦漢稱為「河南」——今日的鄂爾多斯草原一帶。〔註2〕他們從崛起，經歷與漢長期競爭失敗，然後於西元一世紀後半期，逐漸「遠引而去」，至西元九十一年，中國史書記載北匈奴「逃亡不知所在」。〔註3〕羅馬歷史記載西元三七五年，越過伏爾加河西進，壓逼哥德人（Goths）倉惶強渡多腦河，造成羅馬帝國蠻族入侵，使之墮入黑暗時期（The Dark Age）的匈人，〔註4〕史家多認為即上述之北匈奴後裔。不過，自 1940's 以來，阿提拉（Attila）所領導的匈人（Huns），究竟是否即中國

〔註1〕Carl Stephenson, *Mediaeval History*, pp. 57-59.臺北，皇家圖書有限公司影印，五十七年第一版。

〔註2〕參馬長壽，《北狄與匈奴》，頁 22～23。（出版者不詳）

〔註3〕參《後漢書・南匈奴列傳》元和二年及永元三年，卷八九，頁 2950 及 2954。台北：鼎文書局新校本，下同。

〔註4〕Cyril E. Robinson, *A History of Rome*, pp. 421-422.臺北，新月圖書股份有限公司影印原第五版，民國 59 年。

邊疆民族匈奴（Hsiung-nu on China's borders），經已在國際間引起討論。其關鍵在：一般認為後者異是蒙古種人（Mongoloids），故歐洲匈人也須是蒙古種人；不過根據近代地下發掘，發現匈人有歐洲人（Europids）體質，且其西進路線也未能重建呈現，是以引發疑論。〔註5〕

　　無獨有偶，北匈奴逃亡遠引而去，其留在中國北邊餘種，或散居漠北，或投靠鮮卑，或以匈奴分裂政權姿態附塞。西元三〇四年（晉惠帝永興元年），劉淵率領匈奴起兵，造成西京蒙塵、二帝之難，史稱「五胡之亂」，中國北方幾陷於半蠻化。劉淵與阿提拉相差不及一個世紀，但匈奴何以能及何以有能，於四世紀間分布中國、歐陸，掀起巨浪？劉淵起兵時所部成員是否真為匈奴？其民族結構對其復國意識是否有影響？此復國意識對其統治政策和制度是否亦有影響？上述意識、政策、制度是否又對「五胡亂華」史有所影響？筆者誠所究心。

　　匈奴系在華，先後曾建立過前趙（漢）、後趙、西夏、北涼四個政權，本文所謂「復國」，主要針對劉淵領導的漢趙而言，餘三國容後另論。論其復國，則勢不能不溯及漢匈關係，而此「漢」也者，蓋泛指漢魏晉三朝而言也。

　　馬長壽將匈奴歷史大致分為三個時期：一是從上古至西元前三世紀末約千餘年間，匈奴由原始氏族演進成部落聯盟時期。二是從西元前二〇九年冒頓單于即位，以至一世紀中葉匈奴分裂、北匈奴遠引而去的國家建立時期。三是二世紀至五世紀，匈奴變成中國境內少數部族之一，從奴隸社會轉入封建社會時期。〔註6〕此分期法頗嫌粗疏，因為第二期國家建立前後有甚大的變化，而第三期由國家變為部族前後變化更大故也。

　　依余拙見，馬氏之第一期畫分應無疑問，《史記》已述之，其時匈奴「時大時小，別散分離」。〔註7〕

　　匈奴冒頓單于在秦二世元年（西元前二〇九年）即位，繼始皇統一塞南之後，漸至「盡服從北夷」——征服東胡、月氏、樓煩、白羊、渾庾、屈射、丁零、鬲昆、薪犂諸國，統一塞北，創建了遊牧封建帝國。〔註8〕自此降至東漢

〔註5〕 Otto J. Maenchen-Helfen, *The World of the Huns-Studies in Their History and Culture*, pp. 367-368.　University of California, Berkeley, Los Angeles; London, 1973.

〔註6〕 《北狄與匈奴》，頁 22。

〔註7〕 《史記・匈奴列傳》，卷一一〇，頁 2890，臺北：鼎文書局民國 75 年 3 月三版。

〔註8〕 同上註。

末，約於西元二一六（建安二十一年）被曹操分化，凡四百二十餘年，匈奴皆以「國家」姿態存在，與兩漢相始終。此為第二期。

自被分化以至三○四年劉淵起兵，此期間匈奴淪降為中國邊疆少數民族之一，以部落狀態為魏晉政府所管束奴役，應為匈奴發展史的第三期。

自劉淵起兵，匈奴先後建立前趙、後趙、西夏、北涼四政權，至四三九年北涼亡於北魏，是年為南北朝之始，凡一三五年，是匈奴由復國運動輾轉變成中國地方割據政權的時代，應為第四期。

北涼亡後，匈奴名稱日漸於史書消失，其部落以雜胡狀態呈現，陸續融入他族。隋唐時代的契胡，即為滲有很大比例匈奴血統的雜胡，約至唐中葉亦與唐人融合了，此應為第五期。

五期發展，時間長達二千年。如此畫分，庶幾可窺匈奴興亡的大趨，而有助於本文的論述。本文重心，即在略論第三期以前的變化，尤以針對漢、匈「國家」制度之相對關係論之。

匈奴本身始終無文字，故迄今未發現匈奴人自撰的歷史紀錄。西遷歐洲的若真是北匈奴，記載他們事蹟的，厥以羅馬史家 Ammianus Marcellinus（330～400A. D.）為首。他和後繼的羅馬史家，由於匈奴是入侵其帝國的蠻族，故對之記述，立場嫌偏頗，而且事涉其人在東方事蹟者少，[註9]於本文助益較少。中國史家自司馬遷、班固以來，對匈奴頗有記載，但亦頗從漢人的價值觀點論述之。是以降至陳壽，對匈奴即不立專傳，視之為內部問題，分散於漢人列傳之中。《晉書》將劉淵起兵前簡記於〈四夷列傳〉，將其起兵以後分撰〈載記〉，視為中國分裂政權。從一個匈奴分裂及流亡政權，漸至變成中國分裂偏霸政權，其間變化，可云大矣。不過，中國此時的史家頗同於羅馬史家，對匈奴不免醜詆，如《晉書》史臣，竟稱「彼戎狄者，人面獸心，見利則棄君親，臨財則忘仁義者也」云云。[註10]

及至劉淵建國初期，未遑修史。起事約十二三年後，其子劉聰乃命公師或領左國史，撰〈高祖（劉淵）本紀〉及功臣列傳，稍後以「訕謗先帝」被殺，尋而又有和苞撰《漢趙記》，此皆漢趙的官史，而為崔鴻《十六國春秋》所本者。不過，劉淵為了號召匈奴人及晉人，故分別攀附虛連題氏和劉氏王室（詳

[註9] O. J. Maenchen-Helfen, pp. 1-17.
[註10]《晉書・劉曜載記》，卷一○三，頁 2702。台北：鼎文書局，民國 72 年 7 月四版。

後）；而公師彧則在劉淵起事前已巴結之，所謂「深相崇敬，推分結恩」，是則漢趙官史所述，有否隱諱虛美，殊屬可疑。〔註11〕

今公師彧及和苞所撰已佚，崔鴻所撰僅遺輯本，縱北《魏書》和《晉書》據鴻書而撰有劉氏屠各諸列傳載記，要之原貌已不可覆案，欲據上述篇章以解決所懸問題，誠為不易。幸好筆者之意不在考證，而以提出假說、疏通解釋為主，俾所妄論可供學界參考，所以仍敢不揣淺陋試為之也。

二、南匈奴附塞前的漢匈關係與匈奴國際地位的變動

匈奴第二期發展，其實依漢匈關係的變動，尚可細分為四階段：

（一）兩國對等競爭階段：蓋由冒頓之興起以至於呼韓邪一世時代的分裂；是匈奴首次大分裂，造成下一階段的國格淪降。

（二）南匈奴第一帝國向漢稱臣階段：從西元前五十一年（甘露三年）呼韓邪入朝漢宣帝，在漢監護之下復國統一，以至於新莽之亂。

（三）國格恢復階段：從西元九年（新，建國元年），因王莽貶抑外國地位引起單于交戰始，匈奴——已恢復統一的原南匈奴——要求恢復對等國格；但尋因單于繼承權之爭，造成二次大分裂，南匈奴第二帝國稱臣附塞而止。

（四）南匈奴第二帝國附塞稱臣階段：由西元五十年（建武二十六年）呼韓邪二世單于入居塞內，以至漢末被分化。

這四個階段的發展大趨，是匈奴國格地位日降，終至成為被漢監護，喪失其領土、屬國，成為類似流亡政權的國家；漢朝則相對的地位日升，由監護匈奴，使之變為漢的屬國，乃至更甚者降為漢邊的編戶部民。這種趨勢，正是劉淵復國的強烈動機所在，故需略加疏論。

第一階段之特色在兩國對等關係的形成，基本上主導權在匈奴。蓋冒頓在秦漢中國大亂之際，「盡服從北夷，而南與中國為敵國」。儘管此時匈奴有「精兵四十萬騎」，卻誠如閼氏勸冒頓所言：「兩主不相困，今得漢地，終非能居之也。」於是西元前二〇〇年（漢高祖七年）的平城之役乃告結束。〔註12〕此則冒頓單于不欲置漢高祖於死地，不欲征服塞南，反而視漢高祖為與己分統塞南北的匹敵「兩主」，國策邦交顯然可見。

〔註11〕 參《史通通釋‧古今正史》（臺北，里仁書局，民國69年9月。）卷十二，頁358～364。公師彧事見《十六國春秋輯補‧前趙錄一‧劉淵》（收入鼎文新校本《晉書》）卷一，頁2。

〔註12〕 《史記‧匈奴列傳》，卷一一〇，頁2894。

漢高祖震於匈奴兵強，採劉敬和親之策以對付之。《漢書‧婁敬傳》云：

> 上患之，問敬。敬曰：「天下初定，士卒罷於兵革，未可以武服也。
> 冒頓殺父代立，妻群母，以力為威，未可以仁義說也。獨可以計久
> 遠子孫為臣耳，然陛下死不能為。」上曰：「誠可，何為不能！顧為
> 奈何？」敬曰：「陛下誠能以適長公主妻單于，厚奉遺之，彼知漢女
> 送厚，蠻夷必慕，以為閼氏，生子必為太子，代單于。何者？貪漢
> 重幣。陛下以歲時漢所餘彼所鮮數問遺，使辯士風諭以禮節。冒頓
> 在，固為子婿，死，外孫為單于。豈曾聞孫敢與大父亢禮哉？可毋
> 戰以漸臣也。若陛下不能遣長公主，而（今）〔令〕宗室及後宮詐稱
> 公主，彼亦知不肯貴近，無益也。」高帝曰：「善」欲遣長公主。呂
> 后泣曰：「妾唯以一太子、一女，奈何棄之匈奴！」上竟不能遣長公
> 主，而取家人子為公主，妻單于。使劉敬往結和親。〔註13〕

觀劉敬之言，和親之策需有遣主和厚遺兩條件，表面有屈辱之嫌，故謂「陛下
恐不能為」；然而於兩國的長遠關係計，可收「毋戰以漸臣」匈奴之效，真可
謂為長策。

　　據《史記‧匈奴列傳》記載：「高帝乃使劉敬奉宗室女公主為單于閼氏；
歲奉匈奴絮、繒、酒、米、食物，各有數；約為昆弟以和親。」〔註14〕此即以
後二國所常提及的《故約》。《漢匈和親故約》由奉宗女，歲奉一定數目數量的
物質，及二國以「兄弟」相交三條構成，或頗有片面惠國的性質。值得注意的，
是劉敬原構想本欲使兩國國格平等，而將兩國王室私交變成舅甥關係，俾其長
遠有利於漢；然而此次所「奉」的宗室女，不知以何身份——漢帝的姑姑、姐
妹，抑或女兒身份——前去和親？既能使兩主以兄弟相交，此女當以漢帝姐妹
身份前往也。於是兩國不論公、私交，皆呈平等相對的形式。

　　不過，此《故約》之內容似乎尚有延伸協定，是引伸「和」平友好而言，
故西元前一七七年（文帝三年）因右賢王入寇河南時，漢文帝下詔，聲明「漢
與匈奴約為昆弟，無侵害邊境，所以輸遺匈奴甚厚。今右賢王離其國，將眾居
河南地，非常故。……非約也。」〔註15〕目的是譴責匈奴右賢王入寇，違犯了
「無侵害邊境」的協定。是故十五年後，文帝於後元二年〈報老上單于（冒頓

〔註13〕婁敬即劉敬，詳《漢書》，卷四三，頁 2121～2122，臺北：鼎文書局，民國 72
　　　　年 10 月五版。
〔註14〕《史記》，卷一一〇，頁 2895。《漢書‧匈奴傳上》所述同。
〔註15〕參《漢書‧匈奴傳上》，卷九四上，頁 3756。

子）書〉，即明白引用高祖當年制書，重申此協定。《漢書・匈奴傳上》錄其文云：

> 孝文後二年，使使（遣）〔遺〕匈奴書曰：「皇帝敬問匈奴大單于無恙，使當戶且渠雕渠難郎中韓遼遣朕馬二匹，已至，敬受。先帝制，長城以北引弓之國受令單于，長城以內冠帶之室朕亦制之，使萬民耕織，射獵衣食，父子毋離，臣主相安（居）〔俱〕無暴虐。今聞渫惡民貪降其趨，背義絕約，忘萬民之命，離兩主之驩，然其事已在前矣。書云『二國已和親，兩主驩說，寢兵休卒養馬，世世昌樂，翕然更始』，朕甚嘉之。聖者日新，改作更始，使老者得息，幼者得長，各保其首領，而終其天年。朕與單于俱由此道，順天恤民，世世相傳，施之無窮，天下莫不咸嘉。〔註16〕」

文帝國書強調二國分治，互不暴虐侵犯的同時，也不忘記引用匈奴國書中所提及和親之後，「寢兵休卒養馬，世世昌樂」之文，顯示兩國《和親故約》之中，確實有和平友好互不侵犯協定，故文帝尋而更下詔布告天下，重申「匈奴無入塞，漢無出塞，犯令、約者殺之」的協定。〔註17〕

基本上，第一階段的前半期，兩國邦交穩定與否的主導權操在匈奴，而匈奴單于對漢甚高傲，國書中常自稱「天所立匈奴大單于」，或「天地所生日月所置匈奴大單于」云云，這種加上尊號的通訊方式，即有陵壓漢朝之意。自西元前一三三年（武帝元光二年）馬邑事變，漢匈交戰之後，姿態始稍改，而正式的兩國對等競爭亦告展開。

西元前一世紀中期，由於匈奴分裂，十年（58B.C.～49B.C.）之間先後出現了八個單于，最後分裂為南北兩匈奴。南單于呼韓邪「眾裁數萬人」，原據單于庭，不久即在西元前五十三年（甘露元年），為其兄北單于郅支所敗，南撤退出單于庭。呼韓邪單于接受部下建議，欲「稱臣入朝事漢」，而郅支亦遣侍子入侍，爭取漢之支持。《漢書・匈奴傳下》云：

> 呼韓邪之敗也，左伊秩訾王為呼韓邪計，勸令稱臣入朝事漢，從漢求助，如此匈奴乃定。呼韓邪議問諸大臣，皆曰：「不可。匈奴之俗，本上氣力而下服役，以馬上戰鬥為國，故有威名於百蠻。戰死，壯士所有也。今兄弟爭國，不在兄則在弟，雖死猶有威名，子孫常長

〔註16〕參《漢書・匈奴傳上》，卷九四上，頁3762。
〔註17〕參《史記・匈奴列傳》，卷一一〇，頁2903。《漢書・匈奴傳上》相同。

> 諸國。漢雖彊，猶不能兼并匈奴，奈何亂先古之制，臣事於漢，卑
> 辱先單于，為諸國所笑！雖如是而安，何以復長百蠻！」左伊秩訾
> 曰：「不然。彊弱有時，今漢方盛，烏孫城郭諸國皆為臣妾。自且鞮
> 侯單于以來，匈奴日削，不能取復，雖屈彊於此，未嘗一日安也。
> 今事漢則安存，不事則危亡，計何以過此！」諸大人難相久之。呼
> 韓邪從其計，引眾南近塞，遣子右賢王銖婁渠堂入侍。郅支單于亦
> 遣子右大將駒于利受入侍。〔註18〕

匈奴是宰制百蠻的大國，具有光榮的歷史傳統，雖兄弟鬩牆而死也不應向漢
「稱臣入朝」。大臣們「相難久之」的，就是根據此民族精神與歷史傳統，堅
決反對卑辱國格。但在呼韓邪主導之下，最後仍然決定採取忍辱外交「稱臣入
朝」，將漢匈關係史帶進了第二階段。

翌年，呼韓邪為了表示真誠，要求入朝明年（甘露三年，西元前 51 年）
正旦。漢廷對此一個半世紀以來的匹敵政權元首如何接待，竟為之困窘，至召
開公卿會議，史云：

> 初，匈奴呼韓邪單于來朝，詔公卿議其儀，丞相霸、御史大夫定國
> 議曰：「聖王之制，施德行禮，先京師而後諸夏，先諸夏而後夷狄。
> 詩云：『率禮不越，遂視既發；相土烈烈，海外有截。』陛下聖德充
> 塞天地，光被四表，匈奴單于鄉風慕化，奉珍朝賀，自古未之有也。
> 其禮儀宜如諸侯王，位次在下。」望之以為「單于非正朔所加，故
> 稱敵國，宜待以不臣之禮，位在諸侯王上。外夷稽首稱藩，中國讓
> 而不臣，此則羈縻之誼，兼亨之福也。書曰『戎狄荒服』，言其來服，
> 荒忽亡常。如使匈奴後嗣卒有鳥竄鼠伏，闕於朝享，不為畔臣。信
> 讓行乎蠻貉，福祚流于亡窮，萬世之長策也。」天子采之，下詔曰：
> 「蓋聞五帝三王教化所不施，不及以政。今匈奴單于稱北藩，朝正
> 朔，朕之不逮，德不能弘覆。其以客禮待之，令單于位在諸侯王上，
> 贊謁稱臣而不名。」〔註19〕

以黃霸、于定國為代表的當權派，竟以史無前例，真視單于之來，如其他蠻夷
君長般「慕化」「朝賀」，主張壓低其地位至於漢的諸侯王之下。蕭望之則反對
之，指出匈奴實為「非正朔所加」的「敵國」，故應「讓而不臣」。

〔註18〕《漢書》，卷九四下，頁 3797。
〔註19〕《漢書·蕭望之傳》，卷七八，頁 3282～3283。

匈奴衰亂分裂、入朝稱臣之時，正是中國的「昭宣之治」時代，英果的宣帝則折衷之，待呼韓邪以「客禮」，位在諸侯王上，「稱臣而不名」，顯示宣帝實未敢真視單于為藩臣屬國也。不過，客氣是一回事，在國際地位上匈奴已貶為漢的臣屬則已是真確的事，匈奴元首單于，從此即接受漢的黃金璽及軍援監護。《漢書‧匈奴傳下》對此有記載：

> 單于正月朝天子于甘泉宮，漢寵以殊禮，位在諸侯王上，贊謁稱臣而不名。賜以冠帶衣裳，黃金璽盭綬，玉具劍，佩刀，弓一張，矢四發，棨戟十，安車一乘，鞍勒一具，馬十五匹，黃金二十斤，錢二十萬，衣被七十七襲，錦繡綺縠雜帛八千匹，絮六千斤。禮畢，使使者道單于先行，宿長平。上自甘泉宿池陽宮。上登長平，詔單于毋謁，其左右當戶之群臣皆得列觀，及諸蠻夷君長王侯數萬，咸迎於渭橋下，夾道陳。上登渭橋，咸稱萬歲。單于就邸，留月餘，遣歸國。單于自請願留居光祿塞下，有急保漢受降城。漢遣長樂衛尉高昌侯董忠、車騎都尉韓昌將騎萬六千，又發邊郡士馬以千數，送單于出朔方雞鹿塞。詔忠等留衛單于，助誅不服，又轉邊穀米糒，前後三萬四千斛，給贍其食。〔註20〕

郅支知不敵漢，單于庭西遷堅昆，這是匈奴第一次西遷。西元前三十六年（元帝建昭三年），郅支且被漢西域部隊所殺，北政權遂亡。呼韓邪「且喜且懼」，「自言願婿漢氏以自親」；並願為漢保塞，因侯應提出十點理由反對而止。〔註21〕此期間南匈奴稍稍復盛，大臣們多勸單于北歸復國，而漢使韓昌和張猛，竟擅與呼韓邪訂立《諾水盟約》，讓他有機會北還。《漢書‧匈奴傳下》詳載之：

> 昌、猛見單于民眾益盛，塞下禽獸盡，單于足以自衛，不畏郅支。聞其大臣多勸單于北歸者，恐北去後難約束，昌、猛即與為盟約曰：「自今以來，漢與匈奴合為一家，世世毋得相詐相攻。有竊盜者，相報，行其誅，償其物；有寇，發兵相助。漢與匈奴敢先背約者，受天不祥。令其世世子孫盡如盟。」昌、猛與單于及大臣俱登匈奴諾水東山，刑白馬，單于以徑路刀金留犁撓酒，以老上單于所破月氏王頭為飲器者共飲血盟。昌、猛還奏事，公卿議者以為「單于保

〔註20〕《漢書》，卷九四下，頁3798。
〔註21〕詳同上卷，頁3803～3805。

塞為藩，雖欲北去，猶不能為危害。昌、猛擅以漢國世世子孫與夷
狄詛盟，令單于得以惡言上告於天，羞國家，傷威重，不可得行。
宜遣使往告祠天，與解盟。昌、猛奉使無狀，罪至不道。」上薄其
過，有詔昌、猛以贖論，勿解盟。其後呼韓邪竟北歸庭，人眾稍稍
歸之，國中遂定。〔註22〕

《諾水盟約》不僅是友好和平之約，且也具有引渡和聯防的規範。二使擅立如
此嚴重的盟約，故被控以「罪至不道」。公卿認為此約「羞國家，傷威重」，即
指不能接受匈奴地位一下子由臣屬變為幾乎對等的巨大變化，因而主張悔約。
元帝是一個優悠寡斷的皇帝，且盟誓用辭太重，故不了了之。

　　儘管匈奴大臣們民族、國家的意識濃厚，但呼韓邪及其繼任的單于們，始
終能保持兩個基本態度：一是與漢的王室私關係保持舅甥關係。這與先前《和
親故約》所形成的兄弟關係，頗有不同。其次是在正式邦交時，匈奴對漢仍保
持其臣屬的公關係。對匈奴來說，《和親故約》帶來了一個半世紀與漢公、私
交皆完全平等的關係，而《諾水盟約》則規範了此下三十餘年及東漢以後，與
漢公、私交皆卑屈一等的關係，影響及於呼韓邪二世的內附，和劉淵初期之不
敢立即稱「漢皇帝」。

　　漢朝公卿其實頗有羈留單于於近塞，以就近監護控制，使其難以完全恢復
舊觀元氣，不致構成漢朝國家安全之意，惜元帝不決。呼韓邪既已復國，且仍
稱臣，公卿們也莫可如何。此下至一世紀前半期的光武中興時代，漢君臣內心
意識基本上仍視匈奴為「不可使隙」、「未易可輕」，「五帝所不能臣，三王所不
能制」的「真中國堅敵」，因而對其保持「欲朝者不距，不欲者不強」的外交
原則。揚雄上書所言，可作此意識態度的代表。〔註23〕

　　西元九年新莽建國，遣使至單于庭更換璽綬印信，改易單于的印文，變
「璽」為「章」，又加「新」朝國號冠於前，此在漢制，乃是正式臣下而又位
於諸侯王下的印制，大大與「匈奴單于璽」所代表的國交——上述的客禮公關
係——不同，故引發糾紛。《漢書‧匈奴傳下》記述這次交涉糾紛云：

　　　王莽之篡位也，建國元年，遣五威將王駿率甄阜、王颯、陳饒、帛
　　　敞、丁業六人，多齎金帛，重遺單于，諭曉以受命代漢狀，因易單

〔註22〕《漢書》，卷九四下，頁3801。按諾水在陰山北麓、磧口之南。
〔註23〕揚雄在西元前三年（哀帝建平四年），因朝廷不批准烏珠留若鞮單于來朝而上
　　　書反對，引文即見此書，詳《漢書‧匈奴傳下》，卷九四下，頁3812～3816。

于故印。故印文曰「匈奴單于璽」，莽更曰「新匈奴單于章」。將率
既至，授單于印綬，詔令上故印綬。單于再拜受詔。譯前，欲解取
故印綬，單于舉掖授之。左姑夕侯蘇從旁謂單于曰：「未見新印文，
宜且勿與。」單于止，不肯與。請使者坐穹廬，單于欲前為壽。五
威將曰：「故印綬當以時上。」單于曰：「諾。」復舉掖授譯。蘇復
曰：「未見印文，且勿與。」單于曰：「印文何由變更！」遂解故印
綬奉上，將率受。著新綬，不解視印，飲食至夜乃罷。右率陳饒謂
諸將率曰：「鄉者姑夕侯疑印文，幾令單于不與人。如令視印，見其
變改，必求故印，此非辭說所能距也。既得而復失之，辱命莫大焉。
不如椎破故印，以絕禍根。」將率猶與，莫有應者。饒，燕士，果
悍，即引斧椎壞之。明日，單于果遣右骨都侯當白將率曰：「漢賜單
于印，言『璽』不言『章』，又無『漢』字，諸王已下乃有『漢』言
『章』。今（印）〔即〕去『璽』加『新』，與臣下無別。願得故印。」
將率示以故印，謂曰：「新室順天制作，故印隨將率所自為破壞。單
于宜承天命，奉新室之制。」當還白，單于知已無可奈何，又多得
賂遺，即遣弟右賢王輿奉馬牛隨將率入謝，因上書求故印。〔註24〕

觀匈奴大臣對中國的懷疑態度，烏珠留若鞮單于並非真的接受印信而入謝，反
是派重臣來華交涉故印，則知此事將由外交交涉，會進一步變成邦交惡化，乃
至交戰也，第三階段關係因而展開。

王莽與匈奴交戰的同時，也採用分化手段，分匈奴為十五個單于，此舉有
助於促成日後匈奴的真正分裂。不過，新朝尋亡，西元二十四年，東漢更始皇
帝遣使復交，而匈奴要求的已不是第二階段的關係了？單于輿——上次被派入
謝者——援引漢輔立呼韓邪之先例，要求漢朝「當復尊我」——意指回復第一
階段的國際地位與尊嚴。同上傳對此亦有記載，說：

更始二年冬，漢遣中郎將歸德侯颯、大司馬護軍陳遵使匈奴，授單
于漢舊制璽綬，王侯以下印綬，因送云、當餘親屬貴人從者。單于
輿驕，謂遵、颯曰：「匈奴本與漢為兄弟，匈奴中亂，孝宣皇帝輔立
呼韓邪單于，故稱臣以尊漢。今漢亦大亂，為王莽所篡，匈奴亦出
兵擊莽，空其邊境，令天下騷動思漢，莽卒以敗而漢復興，亦我力
也，當復尊我！」遵與相學距，單于終持此言。其明年夏，還。會

〔註24〕《漢書》，卷九四下，頁3820～3821。

赤眉入長安，更始敗。〔註25〕

西元三十年（建武六年），東漢局面略定，光武再遣使修舊好，賂以金幣，而此時的單于輿仍本其兄烏珠留單于的政策，「驕踞，自比冒頓，對使者辭語悖慢」；光武雖善待之，匈奴仍鈔暴日增。〔註26〕直至西元四十六年（建武二十二年），蒲奴單于立，值匈奴連年旱蝗，人畜飢疫，死耗太半，國力大削，且畏漢乘其敝，蒲奴始遣使至漢求和親。稍後因國內不服蒲奴之立，形成內戰，分裂為南、北匈奴，而南匈奴以呼韓邪單于為元首。漢匈關係自此急轉直下，進入第四階段。

匈奴由分裂而產生南、北兩政權，這是第二次出現的南、北匈奴帝國。不過，值得注意的是，南匈奴分裂情勢不但略同於上次分裂，而且其單于也襲用「呼韓邪」之名；是則由此呼韓邪二世的產生，也可推知南匈奴第二帝國的政策了。《後漢書·南匈奴列傳》記述頗詳，說：

> 二十四年（西元四十八年）春，八部大人共議立比為呼韓邪單于，以其大父嘗依漢得安，故欲襲其號。於是款五原塞，願永為蕃蔽，扞禦北虜。帝用五官中郎將耿國議，乃許之。其冬，比自立為呼韓邪單于。二十五年……南單于復遣使詣闕，奉蕃稱臣，獻國珍寶，求使者監護，遣侍子，修舊約。
>
> 二十六年，遣中郎將段郴、副校尉王郁使南單于，立其庭，去五原西部塞八十里。單于乃延迎使者。使者曰：「單于當伏拜受詔。」單于顧望有頃，乃伏稱臣。拜訖，令譯曉使者曰：「單于新立，誠慙於左右，願使者眾中無相屈折也。」骨都侯等見皆泣下。郴等反命，詔乃聽南單于入居雲中。……又轉河東米糒二萬五千斛，牛羊三萬六千頭，以贍給之。令中郎將置安集掾〔吏〕〔史〕將弛刑五十人，持兵弩隨單于所處，參辭訟，察動靜。單于歲盡輒遣奉奏，送侍子入朝，中郎將從事一人將領詣闕。漢遣謁者送前侍子還單于庭，交會道路。元正朝賀，拜祠陵廟畢，漢乃遣單于使，令謁者將送，賜綵繒千匹，錦四端，金十斤，太官御食醬及橙、橘、龍眼、荔支；賜單于母及諸閼氏、單于子及左右賢王、左右谷蠡王、骨都侯有功善

〔註25〕《漢書》，卷九四下，頁3829。
〔註26〕《後漢書·南匈奴列傳》，卷八九，頁2940。按：呼都而尸道皋單于名輿，王莽封之為孝單于，《後漢書》仍用此名。

者，繒絺合萬四。歲以為常。〔註27〕

由「當復尊我」變為「拜伏受詔」的稱臣關係，至劉淵起兵凡兩個半世紀，自此展開。值得留意的，是呼韓邪一世不顧大臣反對，決心忍辱偷生以便徐圖復國，出於其政策性的自願決定；而呼韓邪二世君臣則頗異，他們並不甘心卑屈臣伏，但又勢不能不接受漢朝的政治監護、軍援及財政支援。他們君臣的反應表現，給予漢廷甚大的警惕，殷鑒不遠，這是後來漢廷羈留南匈奴於塞內，以便控制，而不使之北還復國的原因。西元六十五年（永平八年），為防南、北二匈奴交通，「由是始置度遼營」以進一步監視之，〔註28〕是則漢明帝的分化羈留政策明顯可知。

創置度遼營以監視匈奴後七、八年後，明帝展開了對北匈奴的大舉撻伐，而且常是與鮮卑、烏桓、南匈奴等聯軍作戰。降至西元八十五年（元和二年）左右，即使原來的屬國也多已加入相攻陣營，於是「北虜虛耗，黨眾離畔，南部攻其前，丁零寇其後，鮮卑擊其左，西域侵其右，不復自主，乃遠引而去」。〔註29〕在遠引過程中，北匈奴始終被攻擊，至九十一年（和帝永元三年），「北單于復為右校尉耿夔所破，逃亡不知所在」，此即本文〈前言〉所提的北匈奴第二次西遷也，請參圖一。

這段期間，南匈奴休蘭尸逐侯鞮單于新立（88～93 A.D.）與大臣議，欲乘北匈奴內爭，而舉兵收復北庭，上書聲言「出兵討伐，破北成南，并為一國，令漢家長無北念」云。臨朝竇太后決定命竇憲統兵出征，連獲大捷，但卻也無意讓南單于統一北庭，只是施用耿秉「以夷伐夷」之策，以利漢朝而已。〔註30〕因此，儘管北匈奴逃亡西遷，漢廷羈留南匈奴的政策是清楚而穩定的，不再重蹈當年呼韓邪一世的舊轍。由是，南匈奴遂成為附屬於漢朝，接受其監護，而本身失去領土的流亡政權，只得長期忍受屈辱了。

〔註27〕詳《後漢書》，卷八九，頁 2942～2944。
〔註28〕詳同上卷，頁 2949。
〔註29〕詳同上卷，頁 2950。按：「南部」蓋謂南匈奴也。
〔註30〕詳同上卷，頁 2952～2953。

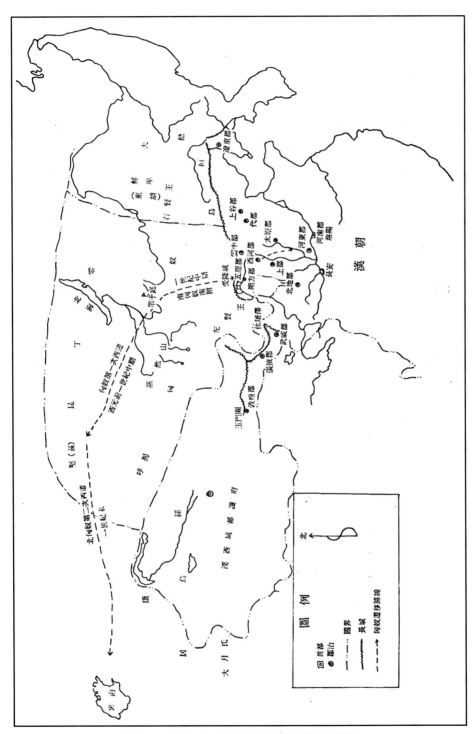

圖一　漢匈全盛時期及匈奴遷徙路線

三、南匈奴的成員結構與虛連題氏政權的解體

匈奴皇族姓虛連題氏，[註31]始終未改，大臣們反對呼韓邪一世，聲稱「兄弟爭國，不在兄則在弟」，若稱臣入朝，則是亂先古之制，卑辱先單于，「雖如是而安，何以復長百蠻」？

匈奴之成為遊牧封建帝國，是因為他能宰制百蠻；但其國內除了臣屬的部份西域城居國家外，其本部及其他屬國成員皆為遊牧部落。根據《史記·匈奴列傳》及《漢書·匈奴傳》記述，大體上匈奴單于及其直轄部落的遊牧分地，當值漢的代郡和雲中郡北方，單于庭約位於今蒙古烏蘭巴托附近。此外，分設賢王以下二十四長，并劃分為左、右二系，左系居東方，值上谷郡以東；右系居西方，值上郡以西。二十四長即二十四個本部直屬國，相當於二十四個王室子弟受封的諸侯。他們「各有分地，逐水草移徙，而左右賢王、左右谷蠡王最為大國」。這二十四長各統其分地人民，各有其王廷官史和直屬部隊，并兼制附近臣屬於匈奴的諸國；諸長則需每年於正月、五月和七月朝貢於單于，以會商國情、舉行典禮、課校人畜。漢文帝時中行說謂「匈奴人眾，不能當漢之一郡」，西漢戶十二萬即為大郡，是則匈奴人口大約可知。

南匈奴第一任單于虛連題·比未入臣於漢前，原為「右奧鞬日逐王，部領南邊及烏桓」，也就是統領南邊分地直屬八部落，并兼制烏桓的遊牧封建諸侯王。他叛離蒲奴單于，「欸所主南邊八部眾四、五萬人」入漢時，「八部大人共議立比為呼韓邪單于」。[註32]由此可知匈奴遊牧封建帝國的組織結構，應如圖二。至於其帝國貴臣及組織，視《史》、《漢》所記已略有不同，但「各以權力優劣、部眾多少為高下次第」，國家組織及行為，與前應無大異，《後漢書·南匈奴列傳》云：

> 匈奴俗，歲有三龍祠，常以正月、五月、九月戊日祭天神。南單于既內附，兼祠漢帝，因會諸部，議國事，走馬及駱駝為樂，其大臣貴者左賢王，次左谷蠡王，次右賢王，次右谷蠡王，謂之四角；次左右日逐王，次左右溫禹鞬王，次左右漸將王，是為六角，皆單于子弟，次第當為單于者也。異姓大臣左右骨都侯，次左右尸逐骨都

[註31]《史記·匈奴列傳》及《漢書·匈奴傳》皆作攣鞮氏，《後漢書·南匈奴列傳》作虛連題氏，蓋匈奴無文字，乃漢譯音轉之異，如鬲昆之於堅昆也。以《後漢書》時代接近，從之。

[註32]《後漢書·南匈奴列傳》，卷八九，頁2939～2942。

侯，其餘日逐、且渠、當戶諸官號，各以權力優劣，部眾多少為高下次第焉。單于姓虛連題。異姓有呼衍氏、須卜氏、丘林氏、蘭氏四姓，為國中名族，常與單于婚姻。呼衍氏為左，蘭氏、須卜氏為右，主斷獄聽訟，當決輕重，口白單于，無文書簿領焉。

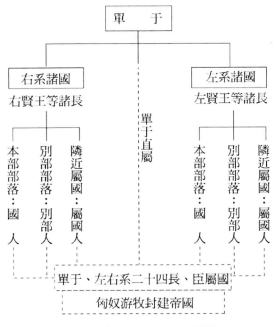

圖二　匈奴帝國組織結構

　　呼韓邪率八部四、五萬人內附稱臣，力量殆當全盛時帝國二十四君長之一部而已，又非正統應立的元首，故其不被匈奴人——有國家民族尊嚴者——所重視和歸心，可想而知。據《後漢書‧南匈奴列傳》記載，由西元四十九年呼韓邪來附之年起，至九十四年南匈奴人口最盛後發生首次大叛亂時止，凡五十年間，北匈奴部眾來降者凡四次，八十年代因受漢軍及鮮卑等攻擊的關係，來降即佔其中兩次，這兩次人數共達二十四萬餘人，是呼韓邪初來附時人口的四、五倍，則南匈奴實力可知，未被北匈奴人認同亦可見。西元九十年時，「南部（南匈奴）連克獲納降，黨眾最盛，領戶三萬四千，口二十三萬七千三百，勝兵五萬一百七十」，〔註33〕則其極盛時的人口，有六分之五來自上述兩次新附人。請詳表一。

〔註33〕按：西元八五年（永和二年）有七十三人逃亡入塞，恐不能算是降附。請詳同上卷，頁2953～2954。

來附初期的三十年，一次來降三萬餘人，一次來降千餘人，但在西元五十年時，新降的三萬餘人復叛歸塞北。不過他們並非回歸北匈奴懷抱，而是另立單于，至自我內亂而後亡，這對南、北兩二單于皆為極大的諷刺。又在戶口最盛四年之後——永元六年，新降胡十五部二十餘萬人，亦因不滿南匈奴領導階層而復反叛北還，另擁逢侯為單于。當時北匈奴已西遷「不知所在」，這二十萬新降胡顯有復國之意，是則南單于的統治聲望可想而知也。〔註34〕

表一　南匈奴早期（49～94 A.D.）人口流動

西元	中國紀元	入　塞		出　塞	備　註
49	建武二十五年	俘	10,000＋		是年南匈奴八部四、五萬人入附稱臣。
		來歸	30,000＋		
50	建武二十六年			叛歸　30,000＋	新附叛出另立單于，與南、北庭抗禮。
57	建武中元二年	來降	1,000＋		
83	初建八年	來降	38,000		
85	元和二年	來亡	73	勒南匈奴贖還所掠得生口於北匈奴。	是年北匈奴遠引而去。
87	章和二年	來降口	200,000		是年，鮮卑攻殺北單于，北庭大亂，入降二十餘萬，凡五十八部之多。
		兵	8,000		
89	永元元年	首虜	200,000＋		竇憲出擊的結果。
90	永元二年	生虜	N×1,000		是歲南匈奴人口最盛，口：237,300　兵：50,170　翌年北匈奴亡不知所在。
94	永元六年			十五部二十餘萬新降胡反出塞，立逢侯為單于。	至108 A.D.還降入塞，漢徙之於潁川郡。

北匈奴西遷，南單于不僅不能取代其地位，反而國內有多次大規模的叛出，擾漾久之。其北匈奴未隨西遷的餘部，或投奔原來的屬國，如僅投鮮卑

〔註34〕兩次叛出皆另立單于，後者規模尤大，詳同上卷，頁2943，2955～2957。

即有十餘萬落，人口遠多於南匈奴，〔註35〕或留在塞北游離。這些游離部落
在鮮卑、烏桓強大，入據匈奴舊領土時，亦先後臣屬之；〔註36〕或陸續就近
向漢郡投降，至魏晉不輟。茲作表二以概見劉淵起兵前塞外匈奴部落來附的
情況。

表二　魏晉間匈奴來附〔註37〕

西元	中國紀年	降　附	備　註
240	魏正始元年	涼州屠各種落二千餘家附雍州。郭淮奏使居安定郡之高平，為民保障，其後因置西州都尉。	見《三國志·郭淮傳》。
247	正始八年	涼州胡率眾附蜀漢，姜維居之于繁縣（四川新都縣）。	《晉書·四夷·匈奴列傳》。
265	晉泰始元年	塞外匈奴大水、塞泥、黑難等二萬餘落歸化，納之於河西，由是平陽、西河、太原、新興、上黨、樂平諸郡，靡有焉。	《晉書·四夷·匈奴列傳》。
277	咸寧三年	西北雜虜、匈奴、鮮卑等各族，前後十餘輩，各率種人部落內附。	《晉書·武帝紀》。
279	咸寧五年	匈奴都督拔奕虛、匈奴余渠都督獨雍等先後率部落歸附。	同上紀。
284	太康五年	塞外匈奴胡太阿厚率部落二萬九千三百人歸附，處之於塞內西河。	《晉書·四夷·匈奴列傳》。
286	太康七年	匈奴胡都大博及萎沙胡各率種落十餘萬口詣雍州歸附。	同上傳。
287	太康八年	塞外匈奴都督大豆得一育鞠等率種落萬餘口來歸。	同上傳。

此為劉淵起兵前半個世紀的八次降附，包括屠各、萎沙、大水、塞泥、黑難
等種落及其他雜胡，約凡若干部數萬落二、三十萬口，主要分置於雍、并二州之
地，其中的二四〇、二四七及二八六年三次來附者，顯然皆未歸屬南單于統領。

〔註35〕按：依南匈奴最盛時一戶約有七人計，十餘萬落應有七、八十萬人，為南匈奴
　　　　最盛時的三倍。請參《三國志·烏桓鮮卑東夷傳》注引《魏書》，卷三〇，頁83。
〔註36〕如匈奴宇文氏居遼東塞外，依鮮卑拓跋氏而與慕容氏交戰，最後為慕容氏征
　　　　服，己身為別部所殺，殘部五千餘落被遷至昌黎而瓦解，此為魏晉之間事也。
　　　　詳《北魏書·匈奴宇文莫槐列傳》，卷一〇三，頁 2304～2305；《北史》卷九
　　　　八同傳，文字幾全同。建立夏的赫連氏早期情況略同於此。
〔註37〕本表據林幹《匈奴歷史年表》中編〈魏晉南北朝時期紀事〉緝述，史料出處可
　　　　詳索該書。北京：中華書局，一九八四年九月北京第一次印刷。

　　從西元四十九年呼韓邪率八部四、五萬人入附，至西元九十年人口最盛為
二十三萬餘。四年之後，逢侯引領其中十五部二十餘萬人復叛出塞自立，南匈
奴以後又屢遭大小規模叛出，故雖陸續有塞外來降附者，估計二百餘年間，人
口始終不能大增，恢復元氣，以再成大國。〔註38〕

　　南匈奴人口不能大增，叛出是一項重要因素，但是似乎未及受漢制管束此
因素來得更重要。

　　自西漢以來，塞外降附部族人口移入塞內，即被所居邊郡守、尉管束。
西元前一二一年（漢武帝元狩二年），匈奴渾邪王殺休屠王，併其眾共四萬餘
人來降，翌年漢將之分徙於隴西、北地、上郡、朔方、雲中「五郡故塞外，
而皆在河南，因其故俗為屬國」，〔註39〕是漢始置屬國都尉以統治降附蠻夷。
這些蠻夷，大體為匈奴的別部，如休屠王所部為匈奴別部屠各種（詳後）。匈
奴制度以部落為種類，本族以外之臣屬種落應即為別部——與直屬的二十四
國不同，故武帝喜霍去病上役受降之功，說「驃騎將軍去病，率師攻匈奴西
域王、渾邪王及厥眾萌，……降異國之主三十二人」云云。〔註40〕北狄部落
又稱國落，此異國當含別部，異國主當即別部王之類也。武帝將之各按種類
（部落），依其本國（本部落）習俗，分置於五郡，作為漢之屬國，而創設屬
國都尉以統治之。西漢凡有八個屬國都尉，東漢則有十個，魏晉以降改為護
軍制度。〔註41〕這些官署管內，原為匈奴的諸部族屬國者，未必此時仍為南
單于的部落臣民也。史書記匈奴部民來降不絕，而南匈奴人口最盛時竟僅止
二十餘萬人，由此或可得到解釋，亦即除非來降者直詣南單于，此則為南匈
奴人，否則各歸其降附地屬國都尉統領也。這就是匈奴帝國析離的制度性因
素。《晉書・四夷・匈奴列傳》云：

〔註38〕田村實造研究五胡移動，其書首從南匈奴開始，但論其人口，僅以初附及極盛
　　　　時數字見述。南匈奴於逢侯之叛時，人口已降為三、四萬人左右而已，估計以
　　　　後降附、反叛頻仍，部眾當不致劇增；若人口逾二十三萬，則《後漢書》或應
　　　　有所記載，而不致稱九十年代為「最盛」也。田村所述見其《中國史上の政治
　　　　と社會》（一），頁10～12，日本：創文社一九八五年。
〔註39〕詳《史記・匈奴列傳》卷一一〇，頁2909；同書〈衛將軍驃騎列傳〉並注，卷
　　　　一一一，頁2933～2934。五郡杜佑有異說，詳嚴耕望先生《中國地方行政制
　　　　度史》上編《秦漢地方行政制度》，頁162～163，臺北：中研院史語所，民國
　　　　63年12月再版。
〔註40〕詳同上註〈衛將軍驃騎列傳〉，頁2933下。
〔註41〕關於西漢屬國都尉制度，請詳上引嚴書，頁157～165；護軍制度則請詳嚴著
　　　　同書《魏晉南北朝地方行政制度》下冊，頁817～835，民國52年7月出版。

> 前漢末，匈奴大亂，五單于爭立，而呼韓邪單于失其國，攜率部落
> 入臣於漢。漢嘉其意，割并州北界以安之，於是匈奴五千餘落入居
> 朔方諸郡，與漢人雜處。呼韓邪感漢恩，來朝，漢因留之，賜其郵
> 舍，猶因本號，聽稱單于，歲給綿絹錢穀，有如列侯，子孫傳襲，
> 歷代不絕。其部落隨所居郡縣，使宰牧之，與編戶大同，而不輸貢
> 賦。

這裏所述，當指東漢處置呼韓邪二世及其所屬部落的情況，匈奴部落入漢者，分由「所居郡縣使宰牧之」也。〔註42〕

冒頓單于當年極盛時，匈奴控弦之士三十餘萬，二十四長大者萬餘騎，小者數千騎，〔註43〕於今南匈奴所轄，最盛時人口二十三萬餘，勝兵五萬一百七十而已。這個數字已包括了西元八十七年（章和元年），因北匈奴大亂而來降的屈蘭、儲卑、胡都須等五十八部二十萬人及八千勝兵在內，可證四十年前呼韓邪二世來附時的貧弱，難怪漢廷開始即屢賜南單于以牛羊及他物若干萬矣。〔註44〕

即使最盛時期，南匈奴構成分子，猶似被南單于分為「國人」（本部族）、「諸部故胡（別部）及新降人」三種凡數十部，兵團則更由此之成份組成。〔註45〕西元九十四年新降胡十五部二十餘萬人叛出，另立逢侯為單于，原因之一當在不滿南匈奴領導階層的歧視。〔註46〕人少力薄，財經匱乏，而內部又自我分化，此為南匈奴積弱不振，先倚漢以抗北庭，後仍倚漢以抗鮮卑和烏桓，不能復國者也。漢廷對這個失去領土民心，而又長期依賴的政權，禮遇每況愈下，也就可想而知。

西元四十八年八部推立呼韓邪二世時，南匈奴政權是匈奴帝國的分裂政權。翌年他遣使「奉藩稱臣，獻國珍寶，求使者監護，遣侍子，修舊約」，〔註47〕蓋指前述的《諾水盟約》和呼韓邪一世時的漢匈關係也。西元五十年

〔註42〕 引文詳見《晉書》，卷九七，頁2548。按：所謂「前漢末」，蓋就晉朝而言。由於呼韓邪一世尋復國北還，故此處應指二世而言。

〔註43〕 《史記‧匈奴列傳》，卷一一〇。《漢書‧匈奴傳》同。

〔註44〕 《後漢書‧南匈奴列傳》，卷八九，頁2943～2944、2948及2954。另詳馬長壽，《北狄與匈奴》，頁88～89；林幹，《匈奴歷史年表》公元五〇年條，謂歲供南單于一億九十餘萬云，頁81。

〔註45〕 見同上傳南單于請求出兵復國書，卷八九，頁2952。

〔註46〕 同上傳，卷八九，頁2954～2956。

〔註47〕 同上傳建武二十五年，卷八九，頁2943。

（建武二十六年），漢遣中郎將段彬前往，立其庭去五原西部塞八十里，尋准其入居雲中，轉河東物資以贍給之，令中郎將派兵「持兵弩隨單于所處，參辭訟，察動靜」，前已引之。自此財政被控制、內部被干預，單于本人且被挾持，是則南單于尚能抗禮漢天子，而不「伏拜受詔」，乃至「兼祠漢帝」耶？〔註48〕是年冬，漢廷因南單于兵敗，尚有進一步措施規劃：

> 冬，前畔五骨都侯子復將其眾三千人歸南部，北單于使騎追擊，悉獲其眾。南單于遣兵拒之，逆戰不利。於是復詔單于徙居西河美稷，因使中郎將段郴及副校尉王郁留西河擁護之，為設官府、從事、掾史。令西河長史歲將騎二千，弛刑五百人，助中郎將衛護單于，冬屯夏罷。自後以為常，及悉復緣邊八郡。

> 南單于既居西河，亦列置諸部王，助為扞戍。使韓氏骨都侯屯北地，右賢王屯朔方，當于骨都侯屯五原，呼衍骨都侯屯雲中，郎氏骨都侯屯定襄，左南將軍屯鴈門，栗籍骨都侯屯代郡，皆領部眾為郡縣偵羅耳目。〔註49〕

此則是正式設立「使匈奴中郎將」，開府實行監督保護也。南單于部署勝兵於八郡，聯合漢軍防衛保塞，這是漢廷政策的一大變，與不准呼韓邪一世保塞的要求大不同。南單于自此長期居於西河郡的美稷縣，本身一者被中郎將政治監督，一者反被中郎將指揮的西河郡漢軍所保護，如此凡一個多世紀。十五年之後，漢明帝又置度遼營以監視兩匈奴，尤其針對於南匈奴，〔註50〕可謂步步加嚴，其形勢請參圖三。

〔註48〕同上傳，卷八九，頁2944。
〔註49〕同上傳，卷八九，頁2945。按：八郡地〈光武帝紀〉同年條多了上谷郡，而少了南單于所居之西河郡，應以上傳為是。
〔註50〕田村實造前引書頁12，謂度遼將軍等官之增置，蓋為對應於南匈奴人口的增加。按度遼營非為針對人口增加而置，該營置於西元六十五年；東漢度遼將軍是征伐將軍，警戒南匈奴僅是其任務之一，請參廖伯源〈東漢將軍制度之演變〉（《史語所集刊》六十本末刊稿）頁137～146。至於西元九十年南匈奴人口最盛時，中郎將府為之增加從事員額六倍之多，始真為針對人口而置也，史有明記，詳同上傳，卷八九，頁2949及2954。

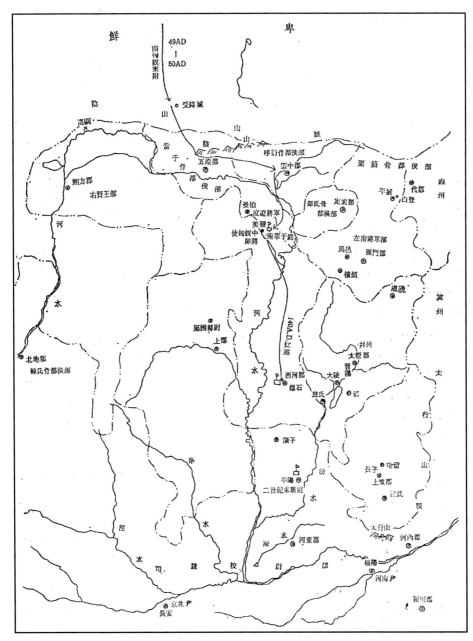

圖三　南匈奴附塞及并州刺史部

　　按照《諾水盟約》及此時南單于被策立的事實，南匈奴確為漢朝屬國無異，與被其他屬國都尉統治的蠻夷部落實質差別不大，故視之為漢朝國內最重要的少數民族，庶幾亦不致有太大誤差。南匈奴二十餘萬人被編戶、計口，且軍民分離，正是漢制化的措施也，與匈奴本俗大不相同，或謂之漢化的開

始。〔註51〕其實，中郎將與屬國都尉的差異，是前者較高級而已；而南匈奴元首與蠻夷君長的差異，在帶有一個曾「長百蠻」的「單于」頭銜而已；其喪失領土，對其部民行使監護下的主權，其實一致。

作為中國歷史上境內少數民族國部，南單于最大的致命傷即在寄漢籬下，到最後，其單于頭銜隨時間而日益貶值，下列三事件可為確證。

第一件發生於西元一四〇年（順帝永和五年）——南單于入居美稷九十年後。是年夏天，發生了繼逢侯新降胡集團叛亂以來的最大叛亂，左部句龍王吾斯、車紐等，聯合右賢王約共萬騎圍攻美稷，殺漢的朔方和代郡官員，度遼將軍馬續調集邊防兵團，聯合鮮卑、烏桓、羌胡等征伐之。當戰亂初起時，「天子遣使責讓單于，開以恩義，令相招降。單于（休利）本不豫謀，乃脫帽避帳，詣（中郎將梁）并謝罪。並以病徵，五原太守陳龜代為中郎將。龜以單于不能制下，逼迫之，單于及其弟左賢王皆自殺」。「龜又欲徙單于近親於內郡，而降者遂更狐疑，龜坐下獄免」。是則南單于直接接受使匈奴中郎將的監督，而中郎將對之能逼迫至死，且又隨意可遷徙其皇族者，權力之大可知。逼死一個單于和一個單于第一順位繼承人，也不過罪至下獄免而已。

亂事在該年底即告擴大，車紐被立為單于，聯烏桓、羌戎、諸胡大舉寇邊，經五年始漸被敉平。其間在單于休利及其繼承人被逼死後，南庭虛位三年，至一四三年（漢安二年），漢廷乃選擇時在洛陽的兜樓儲為南匈奴第十四任單于，順帝且臨軒策拜，遣中郎將護歸南庭。

這次選立的兜樓儲時任守義王。「守義王」於匈奴或漢皆為雜號王，漢廷或以賜匈奴本部酋長，或以賜別部酋長。漢廷似有意策立更親漢的匈奴人為南單于，新單于是否為虛連題氏子弟，史則未書。新單于五年後死，漢另立居車兒為第十五任單于，他是否虛連題氏子弟亦未詳。顯示漢廷對匈奴皇族繼承制度，在有意無意間已掉以輕心。〔註52〕

第二件發生於一五八年（桓帝延熹元年）——第一件事件的十八年之後。史稱是年「南單于諸部并畔，遂與烏桓、鮮卑寇緣邊九郡，以張奐為北中郎將

〔註51〕詳馬長壽《北狄與匈奴》，頁81～83；周偉洲《漢趙國史》（太原，山西人民出版社一九八六年七月第一次印刷）頁3～4。

〔註52〕詳《後漢書·南匈奴列傳》，卷八九，頁2960～2963；同書〈順帝紀〉漢安二年六月條，卷六，頁273。《匈奴歷史年表》下編（五）；此表〈金石〉部份，所錄諸歸義、率善王長諸印，可證未必以此號封給匈奴皇族子弟，其中「晉歸義胡王」即未必為匈奴本部國人，詳頁289～291。

討之，單于諸部悉平。奐以單于不能統理國事，乃拘之，上立左谷蠡王。桓帝詔曰：『《春秋》大居正。居車兒一心向化，何罪而黜？其遣還庭！』」，〔註53〕一個漢朝的區區中郎將，即可拘禁單于且廢立之，單于之無權威地位可想而知。只是居車兒較休利幸運，尚不致被中郎將逼死，而有桓帝的諒解赦免。

第三件發生於一七九年（靈帝光和二年）——第二件的二十一年之後。「中郎將張脩與單于（呼徵，第十七任，居車兒之孫）不相能，脩擅斬之，更立右賢王羌渠為單于。脩以不先請而擅誅殺，檻車徵詣廷尉抵罪」〔註54〕

中郎將由「逼迫」而「扣之」而「斬之」，如何復視「單于」為一國天子？班固曾親自參加過征伐匈奴之役，勒石燕然以紀功，應知匈奴本俗甚詳。《漢書》記云：「單于……，其國稱之曰『撐犁孤塗單于』。匈奴謂天為『撐犁』，謂子為『孤塗』，『單于』者，廣大之貌也，言其象天單于然也。」〔註55〕是則漢初匈奴國書自稱「天所立匈奴大單于」或「天地所生日月所置匈奴大單于」，正是此意的漢譯。昔日聲威、權勢、地位，如今安在哉？！

西元一八七年（中平四年），被張脩擅立而獲漢廷追認的第十八任羌渠單于，被其國內叛亂所殺，子於扶羅、呼厨泉以後相繼而立，這時中國已大亂，所以他們涉入漢朝亂局，最後寓居洛陽而終。北魏中書舍人常景論蠻夷來朝儀禮時，舉呼厨泉在晉武帝朝之例說：「咸寧（257～279 A.D.）中，單于來朝，晉世處之王公特進下。」〔註56〕這位末代南單于，這時即使對其僅餘的殘部也不能有效掌握了，也就難怪處於王公特進之下，連昔日呼韓邪一世處於諸侯王之上、稱臣而不名的優禮也被取消了。這對仍然懷有民族國家自尊的匈奴人來說，誠為痛心疾首之至。

西元三○四年劉淵起兵前，策動的主謀為右賢王劉宣，他對族人說：

　　昔我先人，與漢約為兄弟，憂泰同之。自漢亡以來，魏、晉代興，
　　我單于雖有虛號，無復尺土之業，自諸王侯，降同編戶。今司馬氏

〔註53〕《後漢書·南匈奴列傳》，卷八九，頁 2963～2964。
〔註54〕同上傳，卷八九，頁 2964。
〔註55〕語見《漢書·匈奴傳上》，卷九四，頁 3751。按：司馬遷未記此銜及說明。西歐史家懷疑 Attila 作為匈奴領袖，與其神權有關。Otto. J. Maenchen-Helfen 前引書，即曾引班固解釋，證明儘管阿提拉「in power of office he is like God」，但決非「a divine being」；詳該書 pp. 270～274。
〔註56〕參《洛陽伽藍記》，卷三，頁 5B；臺北：臺灣中華書局，五十八年四月臺二版。《晉書·禮志下》記晉元會議，匈奴南單于正居公、特進之下；卷二一，頁 650。

骨肉相殘，四海鼎沸，興邦復業，此其時矣！〔註57〕

大匈奴帝國往日的聲威，與此時寄人籬下的悲涼喪墮比較，確實難以令人釋懷。以此號召匈奴人復國，誰曰不宜？問題在此時的南匈奴是否即當日的南匈奴，而既欲復國，何以又不回歸塞北？欲在下節略析論之。

四、屠各與漢魏間南匈奴再分裂的關係

劉淵集團是否為南匈奴本部族人（或稱國人）抑或別部的屠各種人？他是否為左賢王劉豹之子，而劉豹又是否為南單于於扶羅之子？此皆對匈奴復國及其國策取向，有甚大影響者。

關於第一個問題，學者已大體肯定劉淵為屠各子。而屠各是否為匈奴別部，則尚有異說；至於第二個問題，爭議情況亦略同。〔註58〕此問題既生，則宜逆溯西元五十年呼韓邪二世入塞所率八部四、五萬人竟是何種，安置於何地，然後才能原始而察終也。

據〈表一〉及前引史料，南匈奴最初八部屬何種類不明，自南單于由五原西部塞外徙至雲中，由雲中入居西河美稷，此八部約五萬人即被單于列置於北地、朔方、五原、雲中、定襄、雁門、代郡及單于庭所在的西河等八郡之地。明顯的，以八部分置於八郡，即每部一郡平均約六千人左右，故稱「列置諸部王，……皆領部眾為郡縣偵羅耳目」。這是南匈奴本部部族最初期的情況。其後三十年間，北匈奴來降甚少，而光武朝卻另有記屠各族之事者。《後漢書·循吏·任延列傳》云：

（武威）郡北當匈奴，南接種羌，民畏寇抄，多廢田業。延到，選集武略之士千人，明其賞罰，令將雜種胡騎——休屠、黃石——屯據要害，其有警急，逆擊追討。虜恒多殘傷，遂絕不敢出。〔註59〕

〔註57〕引文見《晉書·劉元海載記》，卷一○一，頁2647。《十六國春秋輯補》卷一，劉宣作右賢王，與〈載記〉謂左賢王者異。按：劉淵既為左賢王，則劉宣當為右賢王也，茲從《十六國春秋輯補》。

〔註58〕認為劉淵是屠各子，而屠各為南匈奴分化出來的別部，故非南單于後裔，可詳姚薇元《北朝胡姓考》（臺北：華世出版社，民國66年6月初版）〈劉氏〉條；唐長孺〈魏晉雜胡考〉（收入前揭其《魏晉南北朝史論叢》頁382～403）所論〈屠各〉部份；馬長壽《北狄與匈奴》支持姚、唐二人之說（見頁92～97）。另林幹《匈奴史》、王仲犖《魏晉南北朝史》皆同之。但是，周偉洲認為「屠各」有廣義（泛指匈奴人）及狹義（專指屠各種）之分，提出異說反對上述諸人意見，詳前揭《漢趙國史》，頁29～25。

〔註59〕任延在建武間為武威太守，確定任期不詳，事見《後漢書》本傳，卷七六，頁2463。

是則此時期的「休屠」，應指狹義的專稱，而非為廣義的匈奴代稱，因為任延組織「休屠」攻擊「匈奴」故也。休屠之名，前漢未見，有之即前述的渾邪王併「休屠王」，合四萬餘眾降漢，於西元前一二二年被分置於隴西、北地、上郡、朔方和雲中五郡地者也。武威郡為休屠王分地，故史家多主張東漢之休屠，或稱休屠各、休著屠各、屠各者，應為西漢休屠王之後裔部族；劉氏父子被稱為屠各子，《(北)魏書·序紀》直書「匈奴別種劉淵反於離石」，正謂此「雜種胡」而言。〔註60〕

　　據任延事跡，可以推斷西元一世紀中期南單于來附前後，屠各族為匈奴別部種類，並非全部臣屬於匈奴。他們是「雜種」胡部，即使南匈奴附塞建國，光武帝也未必將此武威屠各撥歸南單于統領，事甚明顯。

　　其後在西元八十七年，北匈奴「屈蘭、儲卑、胡都須等五十八部」二十餘萬人來降，使南匈奴戶口激增而臻最盛，亦未詳其中是否有屠各部。儘管九十四年新降胡十五部二十餘萬人叛出塞，另立單于逢侯，使南匈奴戶口又劇減至於數萬人，但是南匈奴此數萬人約分為數十部，且猶可析為國人和諸部故胡。或許有一些屠各為其諸部故胡之一，不過即使有也恐怕人數甚少。

　　《晉書》記西晉時代匈奴陸續來歸（參〈表二〉），晉武「帝并撫納之」，其後復云：

> 北狄以部落為類，其入居塞者有屠各種、鮮支種、寇頭種、烏譚種、赤勒種、捍蛭種、黑狼種、赤沙種、鬱鞞種、萎莎種、禿童種、勃蔑種、羌渠種、賀賴種、譚跂種、大樓種、雍屈種、真樹種、力羯種，凡十九種，皆有部落，不相雜錯。屠各最豪貴，故得為單于，統領諸種。〔註61〕

屠各附塞入居，在西元前一二二年漢武帝時代，故這裏所謂十九種北狄，「其入塞居者」時間不詳，觀前後文意，當指魏晉——尤其晉武帝以來陸續入居的種類而言。這十九種之內，或有匈奴本族，或有別部故胡——當時稱為「雜胡」或「雜虜」者也。〔註62〕接著上引文之後，《晉書》同傳又云：

> 其國號有左賢王、右賢王、左奕蠡王、右奕蠡王、左於陸王、右於
> 陸王、左漸尚王、右漸尚王、左朔方王、右朔方王、左獨鹿王、右

〔註60〕詳註58所引姚、唐二人之書文。
〔註61〕《晉書·四夷·北狄·匈奴列傳》，卷九七，頁2549～2550。
〔註62〕如〈表二〉所見八居者，即有「屠各」、「萎沙胡」的名稱，與「匈奴」分列。
　　　　近世學者疑此十九種多為匈奴別部，是〈表二〉所謂「雜虜」者。

獨鹿王、左顯祿王、右顯祿王、左安樂王、右安樂王，凡十六等，皆用單于親子弟也。其左賢王最貴，唯太子得居之。其四姓，有呼延氏、卜氏、蘭氏、喬氏。而呼延氏最貴，則有左日逐、右日逐，世為輔相；卜氏則有左沮渠、右沮渠；蘭氏則有左當戶、右當戶；喬氏則有左都侯、右都侯。又有車陽、沮渠、餘地諸雜號，猶中國百官也。

此處所述南匈奴制度殆指晉世制度而言，故與前引《後漢書・南匈奴列傳》所記者已有差異，與《史》《漢》所載更不同。〈表二〉所列，即使塞外匈奴也有「都督」之官，顯示兩漢魏晉之間，匈奴塞內外存在者，制度已隨時間頗有因革，《晉書・四夷・北狄・匈奴列傳》所述入居十九種及南匈奴制度，應皆就晉世而言。

屠各在東漢初一見外，其事跡要至二世紀中期「桓、靈之禍」以後，始再較多見。前述第二件證明南單于權位低落的事件中，漢末著名儒將張奐，即曾先後於西元一五八及一五九年（永壽三年及延熹元年），平定過「休屠各」和「南匈奴」的叛亂也。〔註63〕

降至一八七年（中平四年）——三十年之後，《後漢書・靈帝紀》載是年十二月「休屠各胡叛」。翌年正月，「休屠各胡寇西河，殺郡守邢紀」；三月，「休屠各胡攻殺并州刺史張懿，遂與南匈奴左部胡合，殺其單于」。〔註64〕此即殺前述第三件事證中張脩擅立、漢廷追認的羌渠單于也，《後漢書・南匈奴列傳》云：

單于羌渠，光和二年立。中平四年，前中山太守張純反畔，遂率鮮卑寇邊郡。靈帝詔發南匈奴兵，配幽州牧劉虞討之。單于遣左賢王將騎詣幽州。國人恐單于發兵無已，五年，右部醢落與休著各胡白馬銅等十餘萬人反，攻殺單于。

〔註63〕《後漢書・張奐列傳》謂奐「遷使匈奴中郎將，時休屠各及朔方烏桓並同反叛，燒度遼將軍門」（卷六五，頁2139）。考同書〈桓帝紀〉，此事應在延熹元年以前及永壽二年以後，當為永壽三年事。翌年——延熹元年，又見「南匈奴諸部並叛」。《資治通鑑》（臺北，宏泰書局新校標點本）將此兩年分由休屠各、南匈奴諸部反叛之事，視為同一件事，置於延熹元年十二月合述之，恐誤（卷五四，頁1736～1741）。《後漢書・張奐列傳》全抄《東觀漢記・張奐列傳》（臺北，臺灣中華書局，五十六年十一月臺二版；卷二一，頁2B～3A）文，顯見東漢史官當時知道此「休屠各」叛亂，並非彼「南匈奴諸部」叛亂也。

〔註64〕《後漢書・靈帝紀》該年月條，卷八，頁354～355。

是則休屠各胡為反叛主力，藉南匈奴本部「國人」恐懼南單于發兵助漢平亂的心理，因而擴大，至連南匈奴右部的「醯落」等部落攻殺羌渠單于。當時左賢王領兵出征，蓋右部恐發兵及己而叛；叛者除「國人」外，并且尚有其他「右部胡」。〔註65〕

所謂左部、右部，殆即左系諸部及右系諸部也。當時出征之左賢王不考。要之，繼任的第十九任南單于於扶羅，則為羌渠之子，時任右賢王。〔註66〕右部國人叛殺其父單于，當然也就不太可能接納其子為單于，因而南匈奴遂生變局，另立單于，導致於扶羅和呼廚泉兄弟長期流亡，建單于庭於河東郡的平陽。同上傳復云：

> 持至尸逐侯單于於扶羅，中平五年立。國人殺其父者遂畔，共立須卜骨都侯為單于，而於扶羅詣闕自訟。會靈帝崩，天下大亂，單于將數千騎與白波賊合兵寇河內諸郡。時民皆保聚，鈔掠無利，而兵遂挫傷。復欲歸國，國人不受，乃止河東。須卜骨都侯為單于一年而死，南庭遂虛其位，以老王行國事。

> 單于於扶羅立七年死，弟呼廚泉立。

> 單于呼廚泉，興平二年立。以兄被逐，不得歸國，數為鮮卑所鈔。建安元年，獻帝自長安東歸，右賢王去卑與白波賊帥韓暹等侍衛天子，拒擊李傕、郭汜。及車駕還洛陽，又徙遷許，然後歸國。二十一年，單于來朝，曹操因留於鄴，而遣去卑歸監其國焉。

南匈奴平陽政權特別值得注意，它應是由虛連題氏第十九任單于於扶羅建立的，後由二十任單于呼廚泉繼續，至二一六年（漢獻帝建安二十一年）被曹操羈留於魏國都——鄴時，曹操乃命其右賢王去卑回平陽監國。至於仍留在西河郡離石的屠各、南匈奴「國人」及諸胡部，則另立須卜骨都侯為單于。前引《後漢書·南匈奴列傳》及《史》《漢》，須卜氏為匈奴立國以來著姓貴

〔註65〕 是「左部胡」抑「右部胡」並無確證，《資治通鑑》從〈南匈奴列傳〉。胡注稱右部醯落乃醯逐鞮單于比（即呼韓邪二世）之支庶而分居於右部者，證據未確；因為入居十九種中有羌渠種，是否也因此理斷為單于羌渠之裔？參《資治通鑑》漢中平五年三月條並注，卷五九，頁1889。

〔註66〕 《十六國春秋輯補》謂中平中，羌渠使子於扶羅將兵助漢討平黃巾，值其父被弒，乃以其眾留漢，自立為單于（卷一，頁1），與《後漢書》所載頗不同。是則恐怕羌渠一面命右賢王於扶羅助討黃巾，一面又命左賢王助討張純，故引起國人「發兵無已」之懼。《資治通鑑》同於《後漢書》。

族,常與單于聯婚;異姓大臣以骨都侯最高級,次為尸逐骨都侯等以下官號。是則此之須卜骨都侯決非虛連題氏可知。於是西元一八九年至一九○年,南匈奴有西河離石及河東平陽兩政權,前者為異姓貴族所主持,後者為虛連題氏子弟所延續。

離石政權既有單于,則亦必有左右兩部。而此政權為南匈奴部份國人、右部胡與屠各人共十餘萬人以上所建,且單于已為異姓貴種之人,則左、右賢王以下為異姓貴種之人可能性遂大增,其中包括本為雜種的屠各——漢化較早之劉氏家族,於理無礙。儘管須卜單于一年而死,「南庭虛位,以老王行國事」,要之,離石政權不願於扶羅、呼厨泉兄弟回國復位的決心可知;而在單于虛位情況下,左、右兩系王將仍將各統所部,以為實際存在的政治實體亦可知。呼厨泉在西元二二○年曹丕篡漢時仍接受「魏璽綬」等,西元二六五年似仍參與司馬炎篡魏的大會,[註67]則此被漢魏晉承認的虛連題氏流亡分裂政權,尚有一段時間延續國祚,不致驟亡;不過轄屬國人,則殆不會太多——數千騎及其家屬,或帶一些隨後效忠來附者而已,此時更與屬國都尉所轄之屬國君長無異也。

元首虛位的并州離石政權,經半個世紀而入晉,其間政情部署不詳,不過,奉曹操命回去監國的右賢王去卑,所監對象為離石政權所部的可能性不大。陳壽為魏晉時人,他聲稱「魏世匈奴遂衰」,蓋指南匈奴分裂後「建安中,呼厨泉南單于入朝,遂留內侍,使右賢王撫其國,而匈奴折節過於漢舊」以言也。[註68]國家一分再分,力量一散再散,至於「虎落平陽」,安得不衰,亦安敢不折節過於昔日在漢朝時代?!而晉武帝將南單于由漢時位於諸侯王上,改為位於公、特進下,亦即此政情事實的反映也。

一八八年(中平五年)是繼匈奴帝國在東漢初分裂為南、北政權後,再分裂為平陽及離石兩政權的一年,近代史家對劉淵集團懷疑討論者,對此殆皆未賦予足夠的重視,故使所疑所論問題叢生。周偉洲是少數能指出,自南匈奴入附以來,至魏晉之時已分化為二支的學者,不過接下所論述則亦混亂不明。他認為南匈奴一支深入并州諸郡,以於扶羅子劉豹為首的一部分,因與漢人雜

〔註67〕呼厨泉接受魏璽綬,見《三國志·文帝紀》黃初元年十一月條(卷二,頁76)。參與晉武帝受禪南郊大會的「匈奴南單于」(《晉書·武帝紀》泰始元年冬十二月條,卷三,頁50),和前文所述咸寧中入朝,而班於公、特進下的南單于,殆皆為呼厨泉。

〔註68〕詳《三國志·烏丸鮮卑東夷傳》及卷末〈評曰〉,卷三○,頁831。

處，逐漸漢化，故當時稱劉豹與其子淵一族及所領導南匈奴部眾為「屠各」；另一支在新興北，以南匈奴右賢王去卑為首的一部，因與南下的鮮卑族雜處，逐漸融合，故當時人稱去卑子孫劉虎為「鐵弗」。周偉洲此論極為大膽。他執著「屠各」分為廣、狹二義的觀念，以魏晉時「屠各」已泛指漢化匈奴人，正指劉豹所屬的并州五部系統而言，因而再進一步斷定「劉淵一族原確係出於南匈奴單于後裔」，以推翻姚薇元、唐長孺等人論證。〔註69〕

筆者以為，南匈奴此時已分為二政權而非二支，以離石為中心者活動範圍蓋在并州，後被曹操分為五部；他們是否「與漢族融合」，劉豹是否南單于皇族，周氏并未舉確證，待下論之。要之，另一支為右賢王去卑所監領的，應在河東平陽。平陽在東漢屬河東郡，至魏晉屬平陽郡，皆為司州之屬郡，而不屬於并州，故若謂去卑所監者即并州的五部，理應錯誤。蓋去卑在平陽監國，未聞北調至新興——蓋此地為并州五部的北部帥庭所在也；因為這時分裂為二政權，并州五部如何肯接受去卑率平陽所部來北部帥庭監臨？鐵弗匈奴自稱居於肆盧川（即新興，今山西忻縣西），劉聰以「宗室」封劉虎為樓煩公，其後此部落遂壯大成赫連氏而建夏國。是則此之「宗室」乃指并州五部屠各劉氏宗室而言，赫連勃勃後來自稱「右賢王去卑之後」，就疑似如劉淵之自稱南單于於扶羅之子也。而且，劉虎所部居於新興，乃在劉聰時代或以前，時間與去卑監平陽南匈奴相差甚多。將二者連合為一，殆正坐輕信史書自我虛美之誤。〔註70〕

因此，可見南匈奴附屬政權在東漢末，復分裂為南、北兩政權。南庭寄寓在河東郡之平陽，元首呼廚泉單于則長期被羈留在魏、晉首都，由右賢王去卑監國，所部成份殆以南匈奴本族人為主。至於北政權則缺元首，由老王長期代行國事，所統雖有南匈奴族人，但似以屠各等故胡為主，而大體上仍以西河郡之離石為中心（請參圖三）。劉淵集團，正屬并州五部的北政權系統。

〔註69〕參其《漢趙國史》，頁22～23。周氏又謂當初南遷的「二十餘萬」南匈奴分為二支亦不確，南匈奴自逢侯之亂後，已不致有二十餘萬之多，十餘萬離石匈奴，恐多為魏晉間陸續來附者，請參〈表一〉及〈表二〉。

〔註70〕赫連氏自稱夏后氏之後，故以名其國。夏之苗裔淳維北遷，遂成秦漢之匈奴，《史》《漢》已言之，故赫連氏又自稱匈奴人也。至於先世居新興北，姓劉氏，為屠各劉氏政權宗室，恐亦出於夏國史官依君主意思而撰，未敢確（請參《十六國春秋輯補·夏錄》，《晉書·赫連勃勃載記》及《史通通釋·古今正史》頁359～364）。姚薇元考證，疑赫連氏「本居於祁連山之西部鮮卑，以役屬於匈奴」者，詳《北朝胡姓考·赫連氏》條，頁244～246。

五、劉氏的種姓及其在魏晉間的危機與反應

匈奴皇族姓虛連題氏，至末代單于呼廚泉止，未聞改姓劉氏，是則史所記劉淵世系種姓，不無可疑，《十六國春秋輯補・前趙錄一》云：

> 劉淵，字元海，新興匈奴人，冒頓之後也。先夏后氏之苗裔曰淳維，世居北狄，千有餘歲，至冒頓，襲破東胡，西走月氏，北服丁零，內侵燕岱，控弦之士四十萬。漢祖患之，使劉敬奉公主以妻冒頓，約為兄弟，故子孫遂冒母姓為劉氏。建武初，烏珠留若鞮單于子右奧鞮日逐王比自立為南單于，入居西河美稷，今離石左國城，即單于所徙庭是也。後漢中平中，單于姜渠使子於扶羅將兵助漢，討平黃巾，會姜渠為國人所殺，於扶羅以其眾留漢，自立為單于。屬董卓之亂，寇掠太原河東，屯於河內。於扶羅死，弟呼廚泉立，以於扶羅子豹為左賢王，即元海之父也。

《晉書・劉元海載記》除姜渠作羌渠外，餘文正同，顯襲《十六國春秋》。這段文字指出劉氏家族出於冒頓與漢高祖所嫁宗女之後，《(北)魏書・匈奴劉聰列傳》謂劉聰（淵第四子）乃「冒頓之後也。漢高祖以宗女妻冒頓，故其子孫以母姓為氏。祖豹，為左賢王」，〔註71〕可謂直截了當。

不過，這段文字也有破綻可疑之處：如首任南單于虛連題・比入居西河郡之美稷，絕非晉代之「今離石左國城」。左國城為劉淵發跡之地，將它與美稷此舊單于庭扯上關係，殆有特殊意義，或欲與南單于王室拉上關係。〔註72〕其次，於扶羅、呼廚泉兄弟未見改姓以臣事漢魏，何以竟任由其宗室改姓劉氏，放棄原姓氏？〔註73〕復次，呼廚泉立於一九五年（獻帝興平二年），若如史所云任命其侄劉豹為左賢王，則劉豹死年約在晉世——三世紀七十年代，壽約八十歲。他在二一六年（建安二十一年）被曹操任命為左部帥。何以平陽政權的左賢王，能長期擔任離石系統的左部帥？難道此時曹操已將二政

〔註71〕北《魏書》，卷九五，頁2043。

〔註72〕首任南單于於西元五十年由雲中入居西河郡之美稷，前已言之。西元一四〇年（順帝永和五年）左部句龍王等叛亂，圍攻美稷，導致陳龜逼死南單于，至於西漢早已將西河郡治移至離石（今山西離石縣），單于庭或在此以後亦移至離石，直至一八八年羌渠被殺，於扶羅輾轉流亡至河東平陽為止。劉淵扯上此有一百餘年歷史的舊庭，殆欲與南匈奴王室拉上關係。

〔註73〕改姓劉氏的厥為於扶羅子劉豹以下的一代，但後來起兵主謀的劉宣是劉淵的從祖，於輩份即為於扶羅的同輩。同輩及下一代皆改姓劉氏，何以獨於扶羅和呼廚泉兄弟未改姓？竊可疑也。

權重整為一？而且，劉豹為呼厨泉之左賢王，當時被曹操任命回平陽監國的去
卑則為右賢王。去卑似未改姓劉氏，右賢王位於左賢王下，若兩政權已復合，
為何反以下位之右賢王監國，而以單于繼承第一順位的左賢王為左部帥？此
亦極為可疑。唐長孺雖未就此提出疑問，但其另有三疑，由此推論漢趙王室及
其基本群眾是屠各，劉淵不可能為南單于嫡裔，他的世系出於史官的偽託修
飾，其言皆未可輕易駁斥。〔註74〕

　　劉淵出自北部屠各應可相信。當年攻殺羌渠單于的叛亂事件中，雖有南匈
奴本部「國人」參加，但以屠各及右部胡為主應無可疑，叛眾且達十餘萬之多。
他們驅逐虛連題氏及其效忠國人後，另立須卜氏異姓為單于。單于可推異姓為
之，賢王以下當更無問題。江統〈徙戎論〉有云：「并州之胡，本實匈奴桀惡
之寇也。」〔註75〕此說正得真相。因為并州西河離石系統原為匈奴國人及故
胡，後以屠各及諸部胡為主攻殺羌渠，推翻親漢的虛連題氏王室，故不論從虛
連題氏政權或中國政權看，這些雜胡無異皆為「桀惡之寇」。屠各為叛亂的主
力，他們的領袖若為劉氏，則劉氏宗族被推為左賢王以下王長，顯非不可能之
事。或許劉氏領導屠各參與攻殺羌渠，推翻舊王室後，一時不便自為單于，故
另推異姓貴種須卜氏作為過渡性元首，亦未可知。

　　并州離石系統諸胡在一八九年須卜單于死後，即再無真正的單于，可能呈
名王各擁部落分據地盤的狀態。二○六年（建安十一年）曹操平定袁紹集團控
制的并州，任命梁習領并州刺史。當時并州界內胡狄「張雄跋扈」，梁習遂以
拉攏、徵發、殺戮等措施對付之，使此十餘萬以上的「桀惡之寇」，「服從供職，
同於編戶」。《三國志‧梁習傳》云：

> 并土新附，習以別部司馬領并州刺史。時承高幹荒亂之餘，胡狄在
> 界，張雄跋扈。吏民亡叛，入其部落，兵家擁眾，作為寇害，更相
> 扇動，往往桀跱，習到官，誘諭招納，皆禮召其豪右，稍稍薦舉，
> 使詣幕府，豪右已盡，乃次發諸丁彊以為義從；又因大軍出征，分
> 請以為勇力。吏兵已去之後，稍移其家，前後送鄴，凡數萬口；其
> 不從命者，興兵致討，斬首千數，降附者萬計。單于恭順，名王稽
> 顙，部曲服事供職，同於編戶。邊境肅清，百姓布野，勸勸農桑，

〔註74〕唐氏所疑三點，周偉洲加以駁辯，但論據甚薄弱，參前揭周著《漢趙國史》頁
　　　　20～21。唐氏推論，請詳前引〈魏晉雜胡考〉，頁396～403。
〔註75〕《晉書‧江統列傳》，卷五六，頁158B。

令行禁止。〔註76〕

并州諸胡部「豪右」被舉為刺史幕僚，次強者徵發為義從、勇力等吏兵，并在其服役期間，將其家屬送往曹操大本營所在之鄴，以為人質，頑強者即殺之，於是連附屬國家和部落社會的形式也解體了，轉變為魏朝的士家編戶，屠各劉氏的改姓，可能即在此時或稍後，劉宣所謂「魏晉代興……諸王侯降同編戶」是也。這是中國對南匈奴部落採取直接統治政策的大轉變。此時對平陽政權形式上雖仍為間接統治，其實單于以下馴服，已與直接統治無異。〔註77〕此傳所謂「單于恭順，名王稽顙」甚是。平陽單于、離石名王二系，皆在曹魏強力控制下無以自立自濟，故陳壽所謂「魏世匈奴遂衰」，若就上述的統治政策及因此形成的體制看，可謂信然勿疑，再無為匈奴作列傳的必要。

由於離石系統諸部複雜而人口眾多，對魏之重要性遠超平陽政權及呼廚泉單于此傀儡。是以在梁習整頓後約十年，曹操即將之整合為五部，「部立其中貴者為帥，選漢人為司馬以監督之」，而「部帥皆以劉氏為之」。〔註78〕此即中國曹魏政權，繼漢朝將南匈奴變為臣屬寄寓政權後之又一轉變，他使呼廚泉政權繼續上述形式而進一步內地化和傀儡化外，同時將離石匈奴永遠劃出正統的南匈奴政權之外，并將之由「國家」形式轉變為「部落」形式，由一分之為五，逐漸進行直接統治。

稍後——梁習整頓後約二十五年——西元二三一年、魏明帝太和五年，魏廷復置「護匈奴中郎將」，且常由并州刺史加將軍號兼充之，以加重其事權和加促匈奴統治的地方化。恢復中郎將建制，可能與并州胡部權力結構的變化有關，大概這時已有強部出現，如正始（西元二四〇～二四八）間的「匈奴王劉靖部眾強盛」，乃選派孫禮為并州刺史、護匈奴中郎將。〔註79〕及至西元二四九年（嘉平元年）司馬懿兵變殺曹爽，控制了政權，并相次由其二子師、昭繼承衣缽，此時并州胡部權力結構的變化已然明顯，左賢王劉豹已

〔註76〕見該書卷一五，頁469。

〔註77〕呼廚泉在建安時期，由原先的助袁紹集團，改變為向曹操屈服恭順，乃至入朝被軟禁，由去卑監國，政權名號仍在，表面上曹操仍為間接統治而已。概況詳《三國志·張既傳》（卷一五，頁472），同書〈袁紹傳〉（卷六，頁206～207）及〈武帝紀〉建安十年及十一年條。

〔註78〕事在建安中，詳《晉書·四夷·北狄·匈奴列傳》卷九七，頁2548；同書〈劉元海載記〉卷一〇一，頁2645。

〔註79〕魏正始間并州匈奴情況，請參《三國志》卷二六〈田豫傳〉及卷二四〈孫禮傳〉。

合併諸部為一，加上與漢人雜居共為「姦宄」，隱然構成了國防上及邊疆治安上的危機，《三國志・鄧艾傳》云：

> 是時并州右賢王劉豹并為一部，艾上言曰：「戎狄獸心，不以義親，彊則侵暴，弱則內附，故周宣有獫狁之寇，漢祖有平城之圍。每匈奴一盛，為前代重患。自單于在外，莫能牽制長卑。誘而致之，使來入侍。由是羌夷失統，合併無主。以單于在內，萬里順軌。今單于之尊日疏，外土之威寖重，則胡虜不可不深備也。聞劉豹部有叛胡，可因叛割為二國，以分其勢。去卑功顯前朝，而子不繼業，宜加其子顯號，使居雁門。離國弱寇，追錄舊勳，此御邊長計也。」又陳：「羌胡與民同處者，宜以漸出之，使居民表崇廉恥之教，塞姦宄之路。」大將軍司馬景王新輔政，多納用焉。〔註80〕

分勢離國以弱寇的分化政策，正是曹操以來的「御邊長計」，但是為長久安全著想，出羌胡使不與漢人同處的徙戎論點，則是司馬氏最親重名將之一的鄧艾所首先提出，而後郭欽、江統等相次重提強調之。三世紀五十年代的南匈奴情況，是傀儡政權入侍在內，而「單于之尊日疏」；并州「桀惡之寇」原本就非單于所能「牽制尊卑」，此時更因五部合一，致「外土之威寖重」。「每匈奴一盛，為前代重患」，若其與民同處，則危機更大，在此前提假設下，故鄧艾建議下述三措施：第一是因劉豹部之叛亂而順勢分化其為二部。第二是拜命平陽故右賢王去卑之子，令其統率所部北調雁門郡，以收移藩及兼制居於新興郡的北部屠各之效，此即「離國弱寇」也。第三即是將羌胡漸徙出之。司馬師多納用焉，則必須假并州刺史兼護匈奴中郎將執行。

中郎將原有隨意廢殺單于的行為，刺史亦有徵殺匈奴的前例，今「使」匈奴中郎將改名為「護」匈奴中郎將，其意義就是由大使改變為監護者，且與并州刺史二者相兼，則匈奴豪右族人遭受控制壓逼，乃至被賣為奴婢，亦可想見，石勒叛晉即可為顯例。〔註81〕

〔註80〕見該書卷二八，頁776。按：陳壽於此稱劉豹為「右」賢王，與他書所載異。這時右賢王去卑已死，其意劉豹左遷為右賢王歟？陳壽或將離石及平陽二政權合一處理耶？待考。要之，去卑死後，其部眾仍在平陽，鄧艾建議令其移居雁門──新興之北，是「離國弱寇」的措施。去卑所部北移，或在鄧艾建議以後始出現，由於新地分接近鐵伐劉虎所居，故其後被劉虎冒認為去卑之後人耶？

〔註81〕并州刺史販賣匈奴雜胡為奴婢，及石勒被販賣的情況，請詳《三國志》卷二二〈陳泰傳〉，《晉書》卷一○四〈石勒載記〉。

　　據江統〈徙戎論〉所言,「咸熙(西元二六四～二六五年)之際,以一部太強,分為三率;泰始(西元二六五～二七四年)之初,又增為四。於是劉猛內叛,連結外虜;近者郝散之變,發於穀遠。今五部之眾,戶至數萬;人口之盛,過於西戎。然其天性驍勇、弓馬便利,倍於氐羌。若有不虞,風塵之慮,則并州之域,可為寒心」。〔註82〕此論在西元二九九年(晉惠帝元康九年)提出。表示自鄧艾首議至此凡五十年間,司馬氏確實採取了分化政策,但未採行徙戎政策。

　　由魏末咸熙間,開始分化原已合併為一部的并州匈奴為三部,至晉武帝泰始間再分化為四部,連劉豹保留之部眾合共五部,此即恢復曹操當年的形勢也。不過,魏、晉有極大的不同處,即是魏制欲令并州諸胡以「部落」型態存在;而晉武帝則在恢復五部型態後不久,於太康(西元二八〇年～二八九年)中更進一步改革,推動漢式都尉制。《晉書‧四夷‧北狄‧匈奴列傳》云:

> 魏武帝始分其眾為五部,部立其中貴者為帥,選漢人為司馬以監督之。魏末,復改帥為都尉。其左部都尉所統可萬餘落,居於太原故茲氏縣;右部都尉可六千餘落,居祁縣;南部都尉可三千餘落,居蒲子縣;北部都尉可四千餘落,居新興縣;中部都尉可六千餘落,居大陵縣。

五部凡三萬落,若一帳落即為一戶,則正合江統「戶至數萬」之說,依南匈奴最盛期一戶落約七人計,則五部約有二十一萬人左右,此為經歷兩個半世紀後并州原南匈奴諸胡的人口。〔註83〕根據《十六國春秋輯補‧前趙錄一‧劉淵》及《晉書‧劉元海載記》,「劉氏雖分居五部,然皆家居晉陽汾澗之濱」,并且

〔註82〕《晉書‧江統列傳》,卷五六,頁1533～1534。
〔註83〕引文見《晉書》,卷九七,頁2548。按:同書〈劉元海載記〉不書帳落數目,左部的茲氏縣誤作汯氏縣,又魏末作太康中,使時間相差約二十年。今據《十六國春秋輯補‧前趙錄一》作茲氏縣則同於引文,繫太康中則同於〈劉元海載記〉。前引田村實造書(頁14～16,88～89),推測南匈奴五部三萬落有百餘萬人,應不可信。其說法不可信的原因出在估測方法上:第一,他根據今日蒙古盟、旗制度作推算基礎。第二,他推定一落有五包,一包約有六、七人之比例。若從其方法,則并州胡有五部約三萬落十五萬包百餘萬人也。其實匈奴部落制未必同於盟旗制,一落即應為一帳落——今之一包也,并州有三萬落應即江統所說的有數萬戶,每戶落約以七人計,即有二十一萬人而已。另〈表二〉所列泰始元年新入附的塞外匈奴二萬餘落,似未計入此五部體系之內。

有「侍子」在洛陽作人質。

這種改革，極值留意：

第一，匈奴部落被分化為五部，且被限制於特定地區小範圍生活。請參
〈圖四〉。

第二，五部領袖雖仍為劉氏，但卻被強逼離國而居，共同家居於太原汾水
流域，以便并州刺史就近管制；且又另需送侍子至洛陽作人質，以
使晉廷能加強管制作用。

第三，由部落酋長的「部帥」制，改革為漢式地方政府組織的「都尉」制，
即將匈奴貴族正式納入中國管制中，漸將之轉化為完全直接統治的
中國官吏和編民。

第四，既將五部都尉納入中國管制，則都尉的遷免賞懲等即不免依照晉朝
的人事行政制度運作。劉淵曾由左部帥轉為北部都尉，又曾坐事免
官，正是依制運作的情況。任期遷轉的人事制度，對部族原俗破壞
極大，對部酋有離國之痛，對晉廷有移藩之用。〔註84〕

〔註84〕輪調任期等，因史料缺乏不詳，要之《晉書‧劉元海載記》謂淵「為左部帥，
太康末拜北部都尉」；晉武帝以劉宣為右部都尉，但起事前己曾任北部都尉，
凡此皆輪調之概況。唐長孺謂屠各採部落制，劉淵不可能以北部人身份而作
左部帥，復又從左部帥調為北部都尉（前引〈魏晉雜胡考〉頁400～401）。周
偉洲駁之，認為「很容易理解」，因為匈奴王長此時已由直接統治方式變為間
接統治方式，官銜僅是「虛號」而已（《漢趙國史》頁24～25）。其實也不盡
如其言之易。問題出在未瞭解晉廷由直接統治政策進一步推行漢制化，納入
國家人事行政體系，以漢制的輪調隱寓移藩之實也。

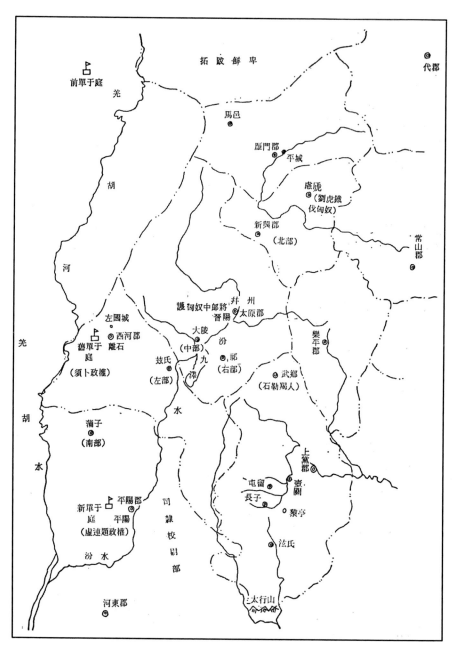

圖四　魏晉并州匈奴五部分布形勢

是則漢廷視南匈奴為國家，魏廷視南匈奴為傀儡與臣屬部族，至晉武帝則將之置於直接的、中國式的統治，視之為地方中下級官吏和編民，對匈奴來說，變化之大而劇，誠亡國家、亡部民、亡傳統的巨大挑戰也，茲作〈圖五〉，使由 A 型而 B 型而 C 型以概見之。

〔A型〕

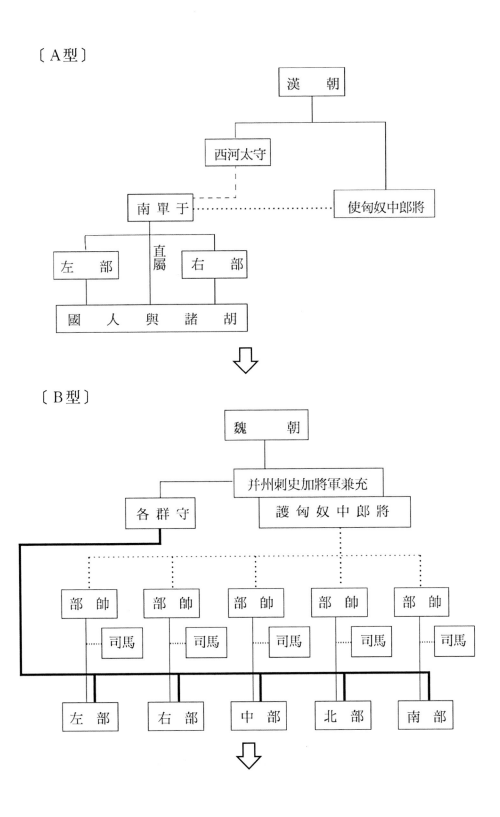

〔B型〕

〔C型〕

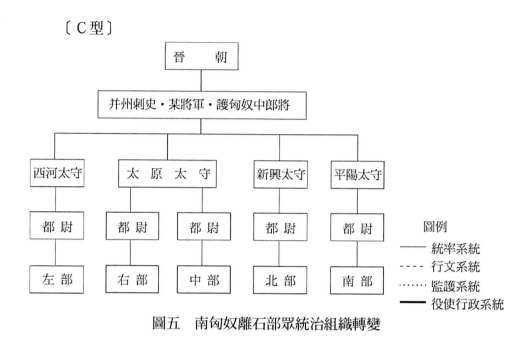

圖五　南匈奴離石部眾統治組織轉變

　　江統〈徙戎論〉頗謂劉猛（西元二七一年，武帝泰始七年）和郝散（二九四年，惠帝元康四年）的叛亂，與晉廷對匈奴一再分化有關，《晉書・四夷・北狄・匈奴列傳》皆未交代原因，謹略述其事云：

> 單于猛叛，屯孔邪城。武帝遣婁侯何楨持節討之。楨素有志略，以
> 猛眾凶悍，非少兵所制，乃潛誘猛左部督李恪殺猛。於是匈奴震服，
> 積年不敢復反。其後稍因忿恨殺害長史，漸為邊患。……元康中，
> 匈奴郝散攻上黨殺長史，入守上郡。明年，散弟度元又率馮翊、北
> 地羌胡，攻破二郡。自此已後，北狄漸盛，中原亂矣。〔註85〕

三十三年後，劉宣向劉淵說：「晉為無道，奴隸御我，是以右賢王猛，不勝其忿。屬晉綱未弛，大事不遂，右賢王塗地，單于（蓋指劉淵）之恥也！」〔註86〕劉宣是劉淵起事的謀主，也擔任右賢王，恐即劉猛的繼任人。據其此追述，劉猛所以「不勝其忿」而舉兵者，主因即在「晉為無道，奴隸御我」──也就是反奴役的鬥爭；并且肯定此鬥爭乃匈奴的「大事」，而其失敗則

〔註85〕見《晉書》卷九七，頁2549。按：《晉書・武帝紀》泰始八年作「左部帥李恪」，
　　　　應為「左部督」之誤。魏晉戰時編有督將編制，故匈奴有「都督」諸官，〈表
　　　　二〉可證；〈石勒載記上〉謂勒初起時曾任「前隊督」、「前鋒都督」等官，亦
　　　　此之例也。
〔註86〕《漢書・劉元海載記》，卷一○一，頁2648。

為國「恥」。由於劉猛以右賢王起事，自稱為單于，是則在反奴役中兼有恢復傳統國家體制之意義。如此，則劉猛無異發起了一次救國復民、振興傳統的「大事」，是以其起事失敗，誠為其族人的國「恥」也。《晉書》謂其叛亂凶悍，正見史官的偏見，而忽略了劉猛起事對匈奴人的積極性意義及其作用；〔註87〕也就因此不太瞭解何以劉猛失敗後，仍有「因忿恨殺害長史，漸為邊患」，以至於郝散兄弟及劉宣發起的起事，屢仆屢起，終至造成「五胡之亂」的大動盪局面了。呼韓邪一世入臣事漢時，反對派以「匈奴之俗，本上氣力而下服役」為由以反對之，論者當從此處思考劉猛、劉宣等之「叛亂」才是。

挼諸《後漢書・南匈奴列傳》所述南匈奴附屬史，自前述的新降胡二十餘萬人擁逢侯叛出塞自立為單于以後，此下南匈奴族人或胡部諸叛亂，頗與其人反其王室漢化或過份親漢有關。南單于在此衝突架構之下的尷尬，可想而知。他親漢則國人不滿，以至於反叛；他不親，則常被監護官逼迫、扣禁或廢殺。反奴役、反親漢、反漢化，始終為匈奴叛亂因素之一，也可謂是起事的傳統；相對的，爭國格、救民族、救傳統，也就成了起事傳統的積極面。是否人民反奴役成份多些，或貴族復國意識多些，則頗難論定之。劉猛起事，並未引起全匈奴的大舉，似與某些都尉王長，判斷「晉綱未弛」，不敢貿然參與，作無謂犧牲有關。至於劉猛殘部，後來即發展成鐵弗匈奴，建立了夏國，走的仍是復國獨立的路線。〔註88〕

六、劉淵集團起事的構想、政策及其體制

屠各劉氏原為南匈奴「桀惡之寇」的領袖，不屬於被他們驅逐至平陽的虛連題氏政權之王長，而是留在離石的叛亂集團須卜氏異姓政權之王長。西元三〇四年（惠帝永興元年）劉淵、劉宣起事於離石，號稱「復呼韓邪之業」，於是向劉淵「深相崇敬，推分結恩」而成其史官的公師彧，遂為之托附潤飾，攀劉豹系出於扶羅——因南匈奴末代單于呼厨泉時間太接近，不便攀附——開

〔註87〕祝總斌曾論劉猛「只能是一次匈奴貴族為恢復舊日地位，反對統一王朝的叛亂」；「只是一次匈奴貴族為爭奪權力、地盤，而不惜對抗匈奴族之漢化和進步。想把匈奴族重新拉回塞外，擺脫統一王朝管轄的叛亂！」未免舉證不足，析證不精，而帶大漢沙文主義和天朝意識也，可詳其所著〈評晉武帝的民族政策——兼論匈奴劉猛、鮮卑樹機能反晉之性質〉（收入中國魏晉南北朝史學會編之《魏晉南北朝史研究》頁193；四川社科院，一九八六年三月成都）。
〔註88〕詳《晉書》卷一三〇〈赫連勃勃載記〉，《魏書》卷九五〈鐵弗劉虎列傳〉。

始即述首任南單于虛連題．比「入居西河美稷，今離石左國城，即單于所徙庭是也」，欲使劉淵政權，獲得血緣與地域的正統地位，為其起事開國提出理論根據。此後世人逐漸以「屠各」泛稱「匈奴」。公師或後被人「譖其訕謗先帝」以誅，良有以也。〔註89〕

劉氏集團所建國號有二，初為漢，後稱趙。而此兩階段建國，國策目標，取向有異；就胡族文化言，稱漢階段蓋以呼韓邪為取向，稱趙階段蓋以冒頓為取向，而皆對其各種政策體制有所影響，於茲略論其前者。

第一階段以呼韓邪作目標，其實殆非劉淵本意，而是劉宣等匈奴貴族發起倡導時之共識，並以之作政戰號召者也。

原夫劉豹雖非於扶羅單于之子，但其系出反虛連題氏諸劉氏屠各家族，并於須卜氏政權時被任為左賢王，約可無疑。稍後魏朝分并州離石原南匈奴族人及其諸胡為五部，「以左賢王劉豹為左部帥，其餘部帥，皆以劉氏為之」，是則劉氏屠各乃此系統匈奴人之貴種可知矣。劉淵原為劉豹送至洛陽當人質的侍子，史稱其「師事上黨崔游，習《毛詩》、《京氏易》、《馬氏尚書》，尤好《春秋左氏傳》、《孫吳兵法》，略皆誦之，《史》《漢》諸子，無不綜覽，……文學武事，並皆工絕」云云，〔註90〕雖或出於史官虛美，要之其少年在洛，頗習漢化，大體可信。

劉豹死於何時不確，晉武帝遂命劉淵代為左部帥。太康間推行都尉制，即由左部帥改調為北部都尉。推行都尉制原有離國移藩，更深一層的分化作用，或可能針對當年劉豹曾合五部為一的狀況而為者也。不過，西晉失政，即於劉淵任官情況可見之，《十六國春秋輯補·前趙錄一·劉淵》云：

> 會父豹卒，帝以淵代為左部帥，太康末，拜北部都尉，明刑法，禁姦邪，輕財好施，推誠接物，五部儁傑，無不至者，幽冀名儒，後門秀士，不遠千里，亦皆游焉。晉惠帝以劉元海為離石將兵都尉。楊駿輔政，以元海為建威將軍五部大都督，封漢光鄉侯。元康末，坐部人叛出塞免官，成都王穎鎮鄴，表元海行寧朔將軍監五部軍事。〔註91〕

按：劉淵以左部帥·左賢王任北部都尉即已移藩，此時他延接五部人物，應是

〔註89〕史官虛美事詳本文〈前言〉，至於初期以呼韓邪為目標，則容下文詳之。
〔註90〕見《十六國春秋輯補·前趙錄一·劉淵》，卷一，頁5。
〔註91〕請詳該書卷一，頁3。按：《晉書·劉元海載記》不載其「離石將兵都尉」一官。

以左賢王身份為之。〔註92〕劉淵承父聲望，延接五部人物，晉廷早應留意才是，然而惠帝反而任之為「離石將兵都尉」。此官不知職權之詳，要之，離石乃原來單于王庭所在，「將兵」應專指其統率故庭軍隊，或許五部人民分地而居，而其精兵則合駐舊日王庭耶？兵、民分離之漢制，南匈奴人口最盛時已然，不待此時而後推行，但將舊庭軍隊交給劉淵一人指揮，是晉廷失策者一也。其後，又拜劉淵「建威將軍・五部大都督」而封侯，權位皆在五部都尉之上可知。晉廷由分化政策演變至此，可謂一錯再錯。蓋「五部大都督」應即指都督五部都尉而言，魏晉都督權任甚重，劉淵無異能以此制，統合五部之眾，此為晉廷失策者二也。

楊駿以外戚輔政於西元二九○年（永熙元年），翌年被誅，晉朝楊、賈之禍，八王之亂，自此肇始，故無暇注意劉淵之都督五部耶？值得留意的是，劉淵都督五部歷時頗久，中間除了元康末免官外，尋即復以「行寧朔將軍，監五部軍事」。成都王穎於二九九年（元康九年）鎮鄴，是則劉淵免官時間甚短促，復起時稱為「監」，乃是較「都督」為低之職稱，以示薄懲之而已，殆非權任與都督時不同。〔註93〕

四年之後，劉宣等密議起事。宣曾以右賢王任北部都尉，且是劉淵從祖之尊長，卻共推淵為「大單于」者，雖以劉淵人才出眾的個人條件為言，其實內裏恐與劉豹餘蔭和劉淵長期統合五部的事實有關；蓋當年劉猛失敗，或即與未能統合五部有關也。前引《晉書・四夷・北狄・匈奴列傳》，稱入居塞者十九種，而「屠各最豪貴，故得為單于，統領諸種」，當即指屠各等攻殺羌渠以來的情勢環境，且尤指晉初并州五部諸種而言也。〔註94〕

劉氏屠各勢力以并州五部為限，劉淵又任左賢王──單于闕位下的第一

〔註92〕 如陳元達原為後部人，「元海之為左賢王，聞而招之」。詳《十六國春秋輯補・前趙錄五・劉聰》，卷五，頁41。

〔註93〕 魏晉統軍有都督、監、督之名號，監較都督為低，較督為高，詳嚴耕望先生前引書卷中《魏晉南北朝地方行政制度》，頁87～110。北朝都督制度頗同魏晉，該書論北朝部份亦已論及。

〔註94〕 屠各若為休屠王之後，於匈奴理應算是貴種之一。但自攻殺羌渠，驅逐虛連題氏而擁立須卜骨都侯為單于以來，凡百餘年間，屠各在離石系「最豪貴」是可想而知的。其他地區的匈奴屠各等種人，各由所在地守尉治之，前文已論，即使郝散兄弟的起事於上黨、上郡、馮翊、北地，亦未聞劉淵因此坐罪，可證劉氏勢力以并州五部為限。唐長孺疑屠各最豪貴一語，「僅僅適用於劉淵起事之後」（見〈魏晉雜胡考〉頁398），殆誤。至於謂匈奴王室即屬屠各種，恐怕要有更多史料始能詳考之。

順位王長，且有督監五部之實；故并州匈奴起事，即以「最豪貴」而被推為「大單于」。史云：

> 劉宣等竊議曰：「昔我先人，與漢約為兄弟，憂泰同之。自漢亡以來，魏晉代興，我單于雖有虛號，無復尺土之業，自諸王侯，降同編戶。今司馬氏骨肉相殘，四海鼎沸，興邦復業，此其時矣！左賢王元海，姿器絕人，幹宇超世，天若不恢崇單于，終不虛生此人也！」於是密共奉元海為大單于，乃使其黨呼延攸詣鄴以謀告之。〔註95〕

蓋劉猛在晉綱未弛時起事，故失敗，至三十餘年後的此時，劉宣等久候的起大事機會，主、客觀條件皆已成熟——即晉綱已弛而匈奴天生領袖已出，遂決計繼劉猛恢復單于體制起事的方向，結合五部以「興邦復業」，遣使密請劉淵回來舊單于庭主持大事。

當時劉淵在鄴助成都王穎。穎不許其回歸。值并州刺史司馬騰等起兵聯鮮卑、烏丸軍團攻鄴，乃有機會建議回部糾眾來助戰。史稱「穎悅，拜元海為『北單于‧參丞相軍事』。元海至左國城，劉宣等上『大單于』之號。二旬之間，眾已五萬，都於離石」。〔註96〕

按，此事極值留意，蓋對其國家目標及戰略實有重要影響：

第一，司馬穎以皇太弟、丞相‧都督中外諸軍事之尊，拜淵為「北單于」，大概用以避正統單于——平陽政權的「南單于」。〔註97〕因「南單于」一向用以稱虛連題氏元首者也，是以拜劉淵為「北單于」，一者用以分別於「南單于」，一者指其所部為并州離石部眾，與平陽匈奴新王庭所部不同也。

第二，從一八九年（漢靈帝中平六年）離石的須卜單于死亡以來，迄此已一百一十五年，而再立單于之號。「北單于」之官稱，終究與「五部大都督」等極不相同，對匈奴人尤然，蓋「北單于」實象徵了離石匈奴之復國可能也。如劉淵第四子劉聰，與劉淵同由鄴還部，「元海為北單于，立為右賢王，隨還

〔註95〕《晉書‧劉元海載記》，卷一○一，頁2647。

〔註96〕此段引文《十六國春秋輯補‧前趙錄一》及《晉書‧劉元海載記》全同。按：永興元年（三○四年）正月，司馬穎為丞相，二月拜皇太弟，都督中外諸軍事，故此期間劉淵先後任「太弟屯騎校尉」及「參丞相軍事」等官職。七月，司馬騰攻鄴，而劉淵還部。八月淵自號大單于。

〔註97〕呼廚泉於一九五年（漢獻帝興平二年）就任南單于，曾會觀曹丕受禪禮；晉受禪仍有南單于觀禮之位，晉武帝咸寧間（二七五～二七九）來朝之南單于，位在公、特進下者，當亦是呼廚泉。若是，則呼廚泉恐已八十餘歲至百歲矣；若否，則不詳晉初以來之「南單于」是何人。

右部。及（淵）即大單于位，更拜鹿蠡王」。〔註98〕是則劉淵以「北單于」還部途中或至右部所在之祁縣時，即已著手部署恢復匈奴制度。及至離石北郊的左國城，接受「大單于」稱號，立即定都於離石此舊王庭，其後又遷都於平陽，蓋以收五部乃至其他各地原日匈奴舊人故胡之心也。

第三，前文估計五部三萬餘落有二十一萬人。南匈奴入附最盛時人口約為二十四萬，另有勝兵五萬，是則劉淵此時有眾五萬，應亦指軍人而言，蓋其長期督領的五部舊部也。兵力所限，應對其國家戰略的決定有所影響。

當此之時，成都王穎被政敵王浚所部與鮮卑兵團攻擊，兵敗奔洛陽。劉淵聞訊，「於是命右於陸王劉景、左獨鹿王劉延年等，率步騎二萬，將討鮮卑」。此舉顯示劉淵雖被擁立復國，卻仍有助晉之心，並無真欲「亂華」的企圖。也就是說，劉淵這時的目標，僅欲恢復作為一個臣屬於中國的五部匈奴大單于而已，遂引起劉宣等反對，導致一場國策與戰略的討論，使國策明確化。史云：

> 劉宣等固諫曰：「晉為無道，奴隸御我，是以右賢王猛，不勝其忿，屬晉綱未弛，大事不遂，右賢王塗地，單于之恥也！今司馬氏父子兄弟，自相魚肉，此天厭晉德，授之於我，奈何距之而拯仇敵？今天假手於我，不可違也；違天不祥，逆眾不濟，天與不取，反受其咎，願單于勿疑」。淵曰：「善。當為崇岡峻阜，何能為培塿乎！夫帝王豈有常哉，大禹出於西戎，文王生於東夷，顧惟德所授耳。今見眾十餘萬，皆一當晉十，鼓行而摧亂晉，猶拉枯耳！上可成漢高之業，下不失為魏武，何呼韓邪足道哉！雖然，晉人未必同我，漢有天下世長，恩德結於人心，是以昭烈崎嶇於一州之地，而能抗衡於天下，吾又漢氏之甥，約為兄弟，兄亡弟紹，不亦可乎。且可稱漢，追尊後主，以懷人望」。宣等稱善。〔註99〕

觀劉宣等元謀起事貴族之言，知他們志欲繼承劉猛反奴役、興邦族的志業，而以「復呼韓邪之業」為目標。這裏所指的呼韓邪，不知指一世抑或二世，要之呼韓邪一世入朝稱臣而最後北還復國，呼韓邪二世入塞內附而亦志欲光復王庭，雖終未成功，目標在返回故土復興邦族則一也。回顧自東漢以來，南匈奴

〔註98〕劉聰也曾任右部都尉，後與父在鄴，其事跡引文，詳《十六國春秋輯補・前趙錄三・劉聰》（卷三，頁15）及《晉書・劉聰載記》（卷一〇二，頁2657）。

〔註99〕《十六國春秋輯補・前趙錄二・劉淵》，卷一，頁4～5。《晉書・劉元海載記》同。

內部叛亂多次，以至於劉猛，皆以反出塞外另立單于方式進行。因此，劉宣等人原來的目標，似未以永久在華建國為鵠的，也未以重建冒頓之匈奴帝國事業為鵠的，故需保持原已不甚強的戰力，并亟欲尋求與鮮卑、烏丸的軍事合作，以達成目標也。

劉淵漢化頗深，受激勵後慷慨激昂，所見與他們顯有不同。他不得不收攬安撫劉宣等元謀集團的意識和情緒，同意其復興邦族的構想，但同時更想達到的是崇岡峻阜的更大志業——也就是儘管身為胡夷，卻志在作中國帝王；其高標準為漢高祖，低標準為魏武帝，「何呼韓邪足道哉」。此國策目標的釐定，即為其日後發展的方向，而不再以叛出塞外，復興邦族為目標。

既決定了在華復興邦族兼作中國帝王，則區區二十萬并州匈奴之眾及五萬兵力，必不能成此大事，而必須有一號召全匈奴人和晉人的政略及體制，然後始克言成功，兼收「反奴（役）復匈」及「反晉復漢」之效。

對匈奴人而言，他已身為大單于，興邦的號召與體制已定。石勒為羯人，「其先匈奴別部羌渠之胄」，亦即入塞十九種之一也，與劉淵同年異地起兵。三〇七年（永嘉元年）於平原兵敗，投奔另一上黨胡部大人張匐督與馮莫突，說服二人歸靠劉淵，可見劉淵恢復單于稱號體制之影響力。《十六國春秋輯補·後趙錄一·石勒》云：

> （勒）因說匐督曰：「劉單于舉兵誅晉，部大（即部落大人）距而不
> 從，豈能獨立乎？」曰：「不能。」勒曰：「如其不能者，兵馬當有所
> 屬。今部落皆已被單于賞募，往往取議，欲叛部大而歸單于矣，宜
> 早為之計！」匐督等素無智略，懼部眾之貳己也，乃潛隨勒單騎歸劉
> 淵。劉署匐督為親漢王，莫突為都督部大，以勒為輔漢將軍·平晉王
> 以統之。〔註100〕

劉淵以單于身分賞募族人故胡，以反晉廷、反奴役作號召，而胡部歸附者如此。劉淵署石勒等輔漢、親漢、平晉諸名號，蓋其自立為漢王已年餘，假此類名號以增強政戰之效也。

從上述與劉宣的討論中，知劉淵稱「漢」，是以《漢匈和親故約》為基礎，以匈奴兄終弟及習俗為根據之決策，以收晉、匈人心，而尤以懷晉人之望為主，亦即加強對晉人的政戰號召。此取向既定，乃由離石匈奴舊庭遷於左國

〔註100〕詳該書卷一一，頁 75。《晉書·石勒載記上》同。羯人有西域胡人血統，詳
〈魏晉雜胡考〉頁 414～427。此即印歐人種者也。

城，立即造成「晉人東附者數萬」人的盛況。劉宣等欲上尊號，劉淵則以「今晉氏猶在，四方未定，可仰遵（漢）高祖初法，且稱『漢王』，權停『皇帝』之號。待宙宇混一，當更議之」見卻。〔註101〕十月即漢王位，下令稱述漢諸帝功過，聲言「自社稷淪喪，宗廟之不血食，四十年於茲矣（蜀漢已亡四十一年）」，於今晉亂，欲「紹修三祖（漢高祖、光武帝、昭烈帝）之業」。乃立漢朝三祖五宗之神主而祭之。

　　按匈奴單于祭漢帝，自南匈奴入附初期即然，故此舉令匈奴人不會奇怪，而使晉人之思漢者歸心，可謂一舉兩得。劉淵為號召匈奴、安撫其貴族的復興邦族意志，故不得不以「復呼韓邪之業」相對，實際上則心常小之，志欲為中國帝王，於是乃以「紹修三祖之業」，并祠漢帝，建立漢式政府為方針。并包華夷，兼統漢胡，一國之內遂行兩制，而又一身雙兼君主，下開此後五胡政權雙兼君主的一國兩制體系。

　　一國兩制最初構想在實行一國之內而胡（匈奴）漢分治，是因上述匈奴貴族復國意識、劉淵主觀意志、政戰心理的需求等等雜複因素形成，不過與另一甚重要的客觀因素的變化亦有關。

　　前論冒頓平城之役，因其意識「今得漢地，終非能居之也」而結束；此意識蓋指遊牧文化與農業文化終究不同，雖征服之而不能居之。但冒頓死後，其子老上、孫軍臣兩單于相繼立，中行說即已謂「單于好漢繒絮食物」，而有「今單于變俗好漢物，漢物不過什二，則匈奴盡歸於漢矣」的警告。物質的交換促使文明的交流，故馬邑事變之後，漢仍以關市套住匈奴，「匈奴自單于以下皆親漢，往來長城下」，「尚樂關市，耆漢財物」等描述，史不絕書。〔註102〕加上漢人投匈奴者如衛律等，教之以穿井、築城、治樓以藏穀等農業城居文明，故匈奴從西元前兩世紀以來，當已有漢化的痕跡可尋，近代考古發掘，已頗印證此事。〔註103〕而且南匈奴由雲中而美稷，由美稷而離石，由離石而平陽，涉入中國愈深，則農耕漢化愈甚。劉淵集團活動統治範圍屬農牧咸宜地區，其後五胡政權亦多如此，〔註104〕為了兼治農耕城居之漢人和漢化胡夷，與及仍

〔註101〕　詳《十六國春秋輯補·前趙錄二·劉淵》，卷二，頁7。
〔註102〕　詳《漢書·匈奴傳上》，卷九四上，頁3759及3765。
〔註103〕　詳《北狄與匈奴》頁59～80，及毛漢光先生〈從考古發現看魏晉南北朝生活型態〉一文（未刊手抄稿）。近年馬利清之《原匈奴·匈奴歷史與文化的考古學探索》，有更深入廣泛的研究，可詳其第七章。呼和浩特：內蒙古大學出版社，二〇〇五年三月。
〔註104〕　同上註所引毛先生文。

然遊牧的胡夷，〔註105〕則劉淵等勢必不能不採一國兩制也。

一國兩制是否就是「征服王朝」體制，與遼金相似？〔註106〕不易輕言之。因為一國兩制或多體制，在五胡十六國中即頗有不同的類型，就以漢趙而論，劉淵稱漢王時期，採行的是雙兼君主型的一國兩制，應是地地道道的二元統治二元體制；及其推展至完成起事目標──作中國皇帝──以後，則以漢制為主，匈奴制為輔，政體或仍可視作二元，而國體則實為一元，即「皇帝」之下，以丞相以下百官治國為主，而以單于以下王長掌兵征伐為輔──二元統治之中又頗有文、武分途之意，且有胡漢雜用以使兩制合一的色彩，〔註107〕是一種一君兩制體系。這是基於漢匈姻親血緣、匈奴兄終弟及本俗，而由「復呼韓邪之業」進至「紹修三祖之業」的制度性必然調整。

劉淵是否以征服者姿態自居？答案不易驟下。不過，若就劉淵集團起兵的意識看，淵與劉宣等元謀集團，當初殆均無「征服」漢人及其他戎夷之意。其首先恢復「大單于」制度，最初不在重建冒頓型的宰制百蠻之遊牧帝國。以冒頓作國策取向，是在攻破晉朝兩京、俘虜懷愍二帝，劉曜即位以後；這時匈奴實力強而信心盛，早已由反奴役變成征服奴役他族的帝國了。劉淵用單于體制以組織起事，而頗鄙之，立意作中國帝王，故旋建漢制。〔註108〕是則不論他採取雙兼君主型或一君兩制型的一國兩制，皆不意謂以征服者自居，反而是出於仰慕漢化、拉攏漢族者也。

關於這些國體政體諸問題，當容另文論述之，於此雅不欲詳贅焉。

七、結 論

匈奴自稱系出夏淳維之苗裔，此下千有餘歲，時大時小，別散分離，世傳不可得而次，逐漸由原始氏族進展成部落聯盟。頭曼單于之時，相當於秦始皇

〔註105〕據羅馬史家 A. Marcellinus 以來的記述，所有文獻皆一致否定西邊的匈奴人有任何農業知識，他們不耕不犁，肉食而不麵食，且輕視農業。晚至五世紀中葉，絕大部份猶過著和他們祖先相似的遊牧生活，以畜牧為經濟主要來源，而以漁獵為副業，明顯的與入塞匈奴發展不同，詳 O. J. Maenchen-Helfen 前引書，頁 169、107～108。留在東方農牧咸宜地區的胡夷當亦如此。

〔註106〕征服王朝體制，請詳《姚崇吾先生全集（二）‧遼金元史講義》，頁 102～112，臺北：正中書局，六十一年四月臺初版。

〔註107〕略參周偉洲《漢趙國史》第七章〈漢趙國的政治制度〉之論述。

〔註108〕劉淵最初採用的是漢型制度，至稱帝後，才吸收魏晉以來官制，逐漸完善。詳同上註所引書，頁 183。

之世，其活動範圍在長城以北、陰山山脈一帶。陰山是其發跡成帝國之地，是故《漢書》記述邊長老言「匈奴失陰山之後，過之未嘗不哭也」。〔註109〕及秦始皇死，二世元年（西元前二〇九年），而冒頓弒父自立，以武功征服塞北諸國，建立其遊牧封建帝國，而以「廣大的天子」自居，南與秦、漢匹敵。

西元前二〇〇年，匈、漢雙方發生平城之役，各投入約四十萬軍隊，然後始知兩主不相困，雖能以武力征服其地，而「終非能居之也」，於是推行和親邦交，訂立《和親故約》，友好協定；建立兩國分塞而治，國交平等，王室則以兄弟私交為關係。這種關係，直至西元前五十三年，匈奴分裂，南政權呼韓邪「稱臣入朝事漢」而止。

呼韓邪此舉，是將一個半世紀的平等邦交結束，使匈奴成為漢朝監護下的屬國政權。其後雖在漢廷支持同意之下復國，訂《諾水盟約》，將二國關係固定，但是於公則為君臣，於私則為舅甥，由此確定。及至王莽之亂，匈奴一度要求「當復尊我」，尋而因再度分裂，呼韓邪二世內附稱臣而不果。相對的，從甘露入朝至光武中興，漢廷對匈奴單于待以客禮殊儀，維持君臣形式而已，未敢真將之屈辱為一般的屬國蠻夷君長。

一世紀中葉的匈奴分裂，應是其走上失根飄零、衰亡墮落途徑之關鍵。北匈奴稍後即在漢朝、鮮卑等聯合力量驅逼之下西遷，一去不復東還；南匈奴則再度成為漢朝監護的流亡政權，且由於長期失去領土及大部份人民，故無力效法呼韓邪一世般復國興邦。寄寓他國，仰人鼻息，於是單于被挾持，政財被控制，人民被編戶，部落被分散，日漸朝漢化及漢制化發展，雖仍有「國家」形式，卻實為漢之邊疆少數「部族」。於是愈久愈難重振，「單于」亦隨時貶值，常被監護系統逼迫、扣禁及廢殺；至魏即成傀儡，至晉則如列侯，且降至位於公、特進之下矣。亡尊嚴、亡國家、亡民族、亡文化的四亡憂患與危機，常成為南匈奴叛亂的原因，復國（國家）興邦（民族與文化），遂為不斷起事的積極性因素；而且愈後危機愈大，憂患愈深，於是此起事意識也愈明顯。西元一八八年，南匈奴國人聯合屠各——匈奴雜種胡之一——及故胡攻斬羌渠單于，驅逐虛連題氏政權至平陽，即與虛連題氏親漢有關。此系王室經千餘年，至此漸變為傀儡與寓公，無足號召輕重者。

離石匈奴與屠各共同推翻其王室，擁立異姓單于王長，連根拔起了虛連題

〔註109〕　事在呼韓邪一世與漢使訂立《諾水盟約》的時代，詳《漢書·匈奴傳下》，卷九四下，頁3803。

氏的基礎。這就是《晉書》所述附塞「十九種，皆有部落，不相雜錯，屠各最豪貴，故得為單于，統領諸種」的背景。

這十餘萬人的離石叛亂部落，當然如江統〈徙戎論〉所言，是「并州之胡，本實匈奴桀惡之寇也」。他們的活動範圍在并州，人口結構以屠各及其他胡部為主，南匈奴「國人」似不多；他們叛亂推翻王室，故得謂之桀惡之寇。而且在須卜單于死後，元首即長期虛位，由屠各劉氏各領諸部，是以亦以之最為豪貴。

離石屠各及南匈奴胡部，原本即以反親漢和反奴役，作為起事原因。中國政府的對策似乎很傳統，并未對此加以分析重視，反而對其愈動亂則愈加強控制，朝徹底分化離國，使之完全漢化及漢制化推進。

二〇六年并州刺史梁習奉曹操任命而治并，對所屬匈奴加以整肅整頓，瓦解其殘存的國家形式，使之「服從供職，同於編戶」。約十年後，曹操又將之整合為五部，任命漢人為司馬，分別監視其部帥。五部帥雖仍為屠各劉氏貴種豪酋，但在司馬──相當於監軍──的監控之下，其權貴亦已大不如當年。此即離石匈奴由附屬國家而中國邊疆部落化也。

魏末，左部帥劉豹曾一度合併五部，即引起鄧艾的嚴重關切，上書建議徙戎、分化及離國。司馬氏似除了徙戎之外，餘多採納之。三世紀六十年代魏晉之間，司馬氏就「部帥」制基礎上，進一步改革為「都尉」制，使之完全漢制化，而且是地方官制化，其「部落」形式也有解體之虞了。加上，晉廷一方面推行此制，一方面集中五帥家族於晉陽附近就近由并州刺史管束，另又責其侍子入朝於洛陽為人質。於是豪貴有分化之恨和離國之痛，而人民則有失根之徬徨和編民之疾苦，此為劉猛憤而起事的原因。離石系統的屠各及胡部，對劉猛失敗極為痛心和重視，他們認為這是復國興邦的「大事」，大事不遂則是國「恥」，由此醞釀出不少小叛變起事，終於匯成了三十餘年後劉淵集團的大起。

劉淵之所以被奉為起事領袖，是由於他的個人條件與制度因素，即長期為「五部大都督」監領五部的因素。基本上，他的起事意識與劉宣等元謀貴族集團實有差別，後者目標為「復呼韓邪之業」的復國興邦大事，而劉淵則欲為晉朝助戰或想作中國帝王。調和之道，是先以「大單于」「復呼韓邪之業」號召屠各、故胡及南匈奴國人，先後據南匈奴舊單于庭離石及新庭平陽作號召。但呼韓邪是北還出塞，欲復其國的，今則不欲北返，而欲於華地作中國帝王，所

以理應而且也不得不對晉人號召。劉淵假定晉人有思漢之心，而漢於匈奴有
《諾水盟約》的關係，復援引匈奴兄終弟及本俗，因而創建「漢」國，「紹修
三祖之業」。因此，劉宣等原來的爭國格、救民族和救文化目標，遂變成劉淵
的既要「復呼韓邪之業」，又要「紹修三祖之業」的混合性國家目標，產生雙
兼君主型的一國兩制。

　　劉淵集團欲以胡制號召及統治諸胡，因此不得不攀附虛連題氏王室；欲以
漢制號召及統治晉人，因此也不得不攀附冒頓與漢宗女的婚生關係。他們原出
離石屠各種類的豪貴家族，此下以「屠各」泛稱「匈奴」，胥與此有關。他們
援兄終弟及制以釋匈奴胡部之疑，用舅甥婚姻關係及劉氏宗女血緣關係，以
繫晉人之望，以申其改姓劉氏之是，此則又是劉氏、曹氏及司馬氏偽託祖宗源
出先聖，以示正統遙繼的故智也。〔註110〕這個漢化甚深的離石屠各領袖，隨
著續發的目標──作中國帝王──的逐漸完成，於是「復呼韓邪之業」的比重，
日漸不及「紹修三祖之業」；目標之轉移，使體制必須隨之調整，往胡漢雜用、
兩制合一──即漢制為主、胡制為輔的方向發展，由雙兼君主型的一國兩制進
展至一君兩制型的一國兩制。至此，平陽──匈奴虛連題氏流亡政權最後之
都，已不可能作為中國漢皇帝復國之都了。劉淵乃繼建都離石以號召并州諸
部，遷都平陽以號召全匈奴及故胡之後，貫徹其侍中劉殷等人原訂的戰略，放
棄「顓守偏方」，實行「鼓行而南，剋長安而都之，以關中之眾，席卷洛陽」
之當年高皇帝劉邦的策略。〔註111〕劉淵意識到必須取得漢朝之二京，始克能
安身立命，內外無愧。於是，劉淵死後一年──西元三一一年（懷帝永嘉五年）
──首先攻陷了洛陽，俘虜懷帝君臣，史稱「永嘉之亂」。劉淵雖未及身睹，
但其「上可成漢高之業，下不失為魏氏」的志願目標，大體可謂完成了。只是
需遲至劉曜遷都長安，才改行單一漢式王朝體制罷了。

　　「五胡亂華」系列中，原以西元三〇一年（永寧元年）反於蜀的巴氐李氏
率先。李雄於三〇四年稍晚於劉淵稱「漢王」一個月而稱「成都王」，但卻在

〔註110〕　東漢假託劉氏系出帝堯，屬火德。曹氏原出姬周，為了符合土繼火而舜繼堯
　　　　　之序列，使魏繼漢取得根據，故詐託曹氏源出於舜。司馬氏格於《史記·太
　　　　　史公自序》所述世系舉世皆知，只得承認系出顓頊，但強調重黎曾為夏官，
　　　　　以舍棄應得之水而偽託金德。三朝的遙繼說，請詳拙著《中國古代史學觀念
　　　　　史》，第七至九章，北京：北京師範大學出版社，二〇一八年一月。
〔註111〕　參《十六國春秋輯補·前趙錄二·劉淵》卷二，頁 8～9；《晉書·劉元海載
　　　　　記》同。

翌年即首先稱帝，較劉淵稱帝早了兩年餘。巴氐李氏雖以成漢為名，其實是繼蜀漢之後割據四川，以漢政權形式獨立，這與劉淵起事很不相同，且區位亦異，所以此下「五胡亂華」，拔得起事頭籌的巴氐之影響力，遂大大不如劉淵屠各集團。劉淵屠各集團及其所建的漢趙王朝，歷史意義及地位，反而後來居上，為其他晚起胡夷所效法繼承也。

《東吳文史學報》第 8 期，1990 年。